코드로 배우는 리액트

코드로 배우는 리액트

초 판 | 1쇄 2023년 12월 01일
         2쇄 2024년 05월 20일

지은이 | 구멍가게 코딩단, 유영진
발행인 | 이민호

발   행 | 남가람북스
등   록 | 2014년 12월 31일 제 2014-000040호
주   소 | 인천광역시 연수구 송도미래로 30, E동 1910호
전   화 | 032-506-3536
팩   스 | 0303-3446-3536
홈페이지 | www.namgarambooks.co.kr
이 메 일 | namgarambooks@naver.com

편   집 | 남가람북스 편집팀
디자인 | 김혜정

ISBN | 979-11-89184-11-7

이 책은 저작권법에 따라 보호받는 저작물이므로 무단 전재와 무단 복제를
금지하며, 이 책 내용의 전부 또는 일부를 이용하려면 반드시 저작권자와
남가람북스의 서면 동의를 받아야 합니다. 책값은 표지 뒷면에 있습니다.
잘못된 책은 구입하신 곳에서 바꾸어 드립니다.

코드로 배우는 리액트

회사에서 개발할 때 쓰는
리액트와 스프링 부트

구멍가게 코딩단, 유영진 지음

남가람북스

이 책을 내며 1

언제부터 시작되었는지 확실하지는 않지만, 웹 개발은 프런트 엔드와 백 엔드로 구분되고 있고 웹과 앱의 경계 역시 점점 모호해지는 시대가 되었습니다. 이런 과정에서 자바스크립트(JavaScript)는 여러 프로그래밍 언어 중에서 가장 저평가되었던 위치에서 당당하게 웹의 중심을 차지하게 되었습니다. 국내에서도 점차 웹 개발을 위해 리액트(React)나 뷰(Vue.js) 등을 도입하면서 프런트 엔드에 대한 전문적인 수요가 생기고 있습니다. 백 엔드 역시 이제 서버에서는 더 이상 HTML을 생성하지 않고 데이터를 주고받는 역할로 변하고 있습니다.

서버 사이드 프레임워크들과 달리 리액트나 뷰를 도입하면서 가장 고민되는 점은 적절한 방법론이 없다는 것이었습니다. 더 이상 단순한 예제만으로는 프로젝트 전체를 개발할 수 없기 때문에 백 엔드와 프런트 엔드 전체를 그려볼 수 있는 개발자들의 수요가 점차 늘어나고 있는 상황이 계속되고 있습니다. 그래서 이 책은 기업체들이 요구하는 학습을 반영하고 컨설팅 내용을 정리한 것이 주요 내용입니다.

이 책은 이론적인 설명 대신 실제 프로젝트 위주의 진행 과정에 맞게 단원을 구성하고 리액트와 스프링 부트의 개발 과정 전체를 볼 수 있게 하는데 중점을 두었습니다. 책의 내용을 학습한 이후에 이론적인 부분과 관련 추가적인 라이브러리들을 학습한다면 더욱 도움이 될 것이라고 생각합니다.

아름다운 풍경을 자아내는 2023년 10월에...
구멍가게 코딩단 드림

이 책을 내며 2

현대 웹 개발은 끊임없이 진화하고 있습니다. 사용자들은 더 빠르고 동적인 웹 애플리케이션을 원하며, 이에 발맞춰 웹 개발 기술 또한 끊임없이 발전하고 있습니다. 최근 몇 년간 웹은 정말 놀라운 변화를 거듭해 왔습니다.

자바스크립트는 이러한 변화에 핵심적인 역할을 하고 있습니다. 사용자 인터페이스(UI)의 중요성이 커짐에 따라 자바스크립트 역시 UI 개발에 큰 중요성을 갖게 되고 기존에는 웹페이지의 보조 기능을 담당하던 자바스크립트가 이제는 웹 애플리케이션의 핵심 기술로 떠오르고 있습니다.

이 중에서도 페이스북에서 개발한 리액트(React)는 현대 웹 개발의 핵심적인 기술로 자리 잡았습니다. 사용자 인터페이스(UI)를 구축하기 위한 강력한 도구로, 독특한 접근 방식을 통해 웹 애플리케이션의 성능을 획기적으로 개선합니다. 가상 DOM을 활용하여 UI를 효율적으로 업데이트하고 관리함으로써 사용자에게 원활하고 빠른 UX를 제공하고 컴포넌트 기반 아키텍처를 통해 애플리케이션을 재사용하는 것이 가능하고 관리가 쉬운 단위로 분리하여 개발할 수 있는 환경을 제공합니다.

이 책에서는 웹 개발의 변화와 리액트의 중요성을 이해하고, 리액트를 효과적으로 활용하는 방법을 배우고자 하는 분들을 위해 구성되어 있습니다. 독자 여러분은 리액트의 기본 개념을 탄탄하게 다지고, 실전 예제를 통해 더 높은 수준의 스킬을 습득할 수 있습니다.

마지막으로, 출판사와 관계자분들께 깊은 감사의 말씀을 드리며, 이 책이 완성될 때까지 지지하고 응원해 준 가족과 주변에 여러 선생님, 동료들의 도움에도 감사드립니다.

2023년 선선해진 가을의 문턱에서…
구멍가게 코딩단 유영진 드림

들어가며

리액트와 스프링 부트를 이용해서 프런트 엔드와 백 엔드를 분리한다면?

이 책은 리액트의 문법이나 기능을 다루는 책이 아닙니다. 이 책에서 다루는 주제는 '**리액트를 어떻게 활용하는가**'입니다. 리액트는 많은 기능을 제공하지만, 그 자체로 프레임워크는 아니기 때문에 설계의 자유도가 높고 활용하는 라이브러리에 따라서 구현 방식도 천차만별입니다. 따라서, 기존 웹 개발에서는 예상하지 못했던 문제들이 발생합니다(예를 들어 URI에 따라서 원하는 화면을 보여주거나 새로고침에 따른 애플리케이션의 초기화 등).

이 책은 리액트를 이용하면서 겪는 문제들의 방법론에 관한 이야기입니다. 과감하게 이론적인 설명은 줄이고 현실적으로 자주 사용하는 함수형 컴포넌트와 훅스를 이용하는 처리, Tailwind CSS를 사용하는 빠른 CSS 처리 등 최소한의 시간으로 확장 가능한 리액트 애플리케이션의 구조를 만드는 방식을 설명한 실습서입니다.

이 책에서 사용하는 스프링 부트는 화면 구성이 하나도 없는 상태로 제작됩니다. REST 방식으로 데이터를 제공하고, 세션이나 쿠키를 사용하지 않기 때문에 JWT를 통해서 인증 처리를 합니다. 스프링 시큐리티와 JPA를 활용해서 데이터를 처리하는데 각 단계에서는 Postman을 이용해서 작성된 코드의 결과를 확인하는 방식으로 구현하고 이를 리액트 애플리케이션과 연동하도록 구현하는 절차를 보여줍니다.

이 책의 대상 독자

- Java 개발에 어느 정도 익숙하고 JavaScript나 React를 경험해본 개발자
- Java의 경우 스프링이나 스프링 부트를 활용해서 개발 경험이 있는 개발자
- 리액트의 컴포넌트 상태, 속성 등에 대한 실습 경험이 있는 개발자

예제 프로젝트에서 리액트의 활용

- Tailwind CSS를 이용하는 화면 구성과 레이아웃 설계
- React Router를 사용해서 URI에 따른 화면 분기, 코드 스플리팅
- 함수형 컴포넌트와 훅스(Hooks)를 활용한 상태, 통신, 커스텀 훅스 제작
- Redux Toolkit과 브라우저의 쿠키를 이용한 로그인 상태 관리
- JWT를 사용한 인증 처리와 Access Token/Refresh Token 처리
- 애플리케이션 내에서 카카오 로그인 연동 기능의 구현

예제 프로젝트에서 스프링 부트의 활용

- REST 방식의 API 서비스 제작과 예외 처리
- 스프링 시큐리티의 적용과 JWT 인증 처리
- Spring Data JPA를 이용한 데이터베이스 연동
- 파일 업로드 및 썸네일 처리
- AWS 빈즈톡을 이용한 배포

소스코드 다운로드 및 Q&A

이 책으로 공부하다가 이해하기 어려운 부분이나 궁금한 사항이 생기면 구멍가게 코딩단 카페에서 질문하여 해결하기 바랍니다. 또한, 소스코드 다운로드는 카페 자료실에서 확인할 수 있습니다.

URL ▶ http://cafe.naver.com/gugucoding

목차

이 책을 내며 1 … 4

이 책을 내며 2 … 5

들어가며 … 6

Chapter 01
개발 환경설정 … 17

1.1 리액트 환경설정 … 19
1.1.1 리액트 프로젝트 생성 … 20

1.2 VSCode 설치 … 21
1.2.1 VSCode 설정 … 22
1.2.2 Tailwind CSS 설치 … 25

1.3 Maria DB 설정 … 28
1.3.1 실습용 스키마/계정 생성 … 29

1.4 스프링 부트 설정 … 30
1.4.1 JDK 설치 … 31
1.4.2 STS 플러그인 설치 … 32
1.4.3 스프링 부트 프로젝트 생성 … 32

Chapter 02
React-Router … 39

2.1 개발 목표의 이해 … 41
2.1.1 React-Router 추가 … 41

2.2 React-Router 설정 … 42
2.2.1 페이지용 컴포넌트 추가와 설정 … 44

2.3 <Link>를 통한 이동 … 47
2.3.1 페이지 컴포넌트 레이아웃 … 50

- 2.4 레이아웃 컴포넌트와 children ... 50
- 2.5 상단 메뉴 컴포넌트 구성 ... 54
  - 2.5.1 새로운 단위 기능과 라우팅 ... 56
- 2.6 하위 경로의 설정과 <Outlet> ... 58
- 2.7 todo/list 경로 처리 ... 61
  - 2.7.1 React-Router의 중첩 라우팅 ... 62
- 2.8 중첩 라우팅의 분리와 리다이렉션(Redirection) ... 63
  - 2.8.1 리다이렉션 처리 ... 65
- 2.9 URL Params 사용하기 ... 66
  - 2.9.1 페이지 추가 ... 66
- 2.10 경로 처리를 위한 useParams( ) ... 68
  - 2.10.1 useSearchParams( ) ... 69
  - 2.10.2 useNavigate( ) ... 70
- 2.11 동적 페이지 이동 ... 73
  - 2.11.1 조회 -> 수정/삭제 이동 ... 73
  - 2.11.2 조회 -> 목록 이동 ... 77
  - 2.11.3 수정/삭제 페이지 ... 78

Chapter 03
스프링 부트와 API 서버 ... 81

- 3.1 프로젝트 설정 ... 83
  - 3.1.1 Spring Data JPA 설정 ... 85
  - 3.1.2 엔티티 클래스 작성 ... 86
- 3.2 TodoRepository 테스트 ... 88
  - 3.2.1 데이터 추가 ... 91
  - 3.2.2 데이터 조회 ... 93
  - 3.2.3 데이터 수정 ... 93
  - 3.2.4 데이터 삭제 ... 95
  - 3.2.5 페이징 처리 ... 96
- 3.3 서비스 계층과 DTO 처리 ... 98
  - 3.3.1 서비스 선언 ... 99
  - 3.3.2 ModelMapper 라이브러리 ... 101

3.4	**서비스 계층의 구현**	103
	3.4.1 등록 기능의 구현	103
	3.4.2 조회 기능의 구현	105
	3.4.3 수정/삭제 기능의 구현	106
3.5	**목록 처리와 DTO**	108
	3.5.1 목록(페이징) 처리 구현	110
	3.5.2 RESTful 서비스를 위한 컨트롤러	113
3.6	**@RestControllerAdvice**	115
3.7	**REST관련 툴을 이용한 POST/PUT/DELETE**	118
	3.7.1 Formatter를 이용한 LocalDate 처리	118
	3.7.2 POST 방식의 등록 처리	120
	3.7.3 PUT 방식의 수정 처리	121
	3.7.4 DELETE 방식의 삭제 처리	122

Chapter 04
리액트와 API 서버 통신   125

4.1	**개발 목표의 이해**	127
4.2	**Ajax 통신 처리**	130
4.3	**useEffect( )**	131
	4.3.1 조회를 위한 컴포넌트	132
4.4	**네비게이션 관련 커스텀 훅**	137
	4.4.1 목록 페이지로 이동	137
	4.4.2 수정/삭제 페이지로 이동	141
4.5	**목록 데이터 처리**	144
	4.5.1 목록 데이터 가져오기	145
	4.5.2 페이징 처리	148
	4.5.3 동일 페이지 클릭 시 문제	152
	4.5.4 조회 페이지 이동	155
4.6	**등록 컴포넌트와 모달창 처리**	157
	4.6.1 서버 호출 결과 확인	162
	4.6.2 모달 컴포넌트의 제작	164
	4.6.3 페이지 이동	168

4.7	수정/삭제 처리	169
	4.7.1 수정/삭제 호출 기능 작성	170
	4.7.2 수정/삭제를 위한 컴포넌트	170
	4.7.3 서버 데이터 출력	173
	4.7.4 수정/삭제와 모달창	176

Chapter 05
상품 API 서버 구성하기   181

5.1	파일 업로드를 위한 설정	183
	5.1.1 상품 정보 처리를 위한 DTO	183
5.2	컨트롤러에서의 파일 처리	185
	5.2.1 썸네일 이미지 처리	189
	5.2.2 업로드 파일 보여주기	191
	5.2.3 서버 내부에서 파일 삭제	195
5.3	엔티티 처리	196
	5.3.1 레퍼지토리 처리	199
	5.3.2 상품 조회와 Lazy loading	201
	5.3.3 상품의 삭제	205
	5.3.4 상품의 수정	208
	5.3.5 이미지가 포함된 목록 처리	209
5.4	서비스 계층과 컨트롤러 연동	211
	5.4.1 목록 기능의 처리	212
	5.4.2 등록 기능의 처리	217
	5.4.3 조회 기능의 처리	222
	5.4.4 수정 기능의 처리	226
	5.4.5 삭제 기능의 처리	232

Chapter 06
리액트와 상품 API 서버 연동   235

6.1	상품 관련 React-Router 설정	237
	6.1.1 상품 IndexPage	242
	6.1.2 ListPage	244
6.2	등록 페이지와 컴포넌트 처리	246

	6.2.1 라우팅 설정	246
	6.2.2 상품의 AddComponent와 API 호출	248
6.3	**목록 페이지와 목록 컴포넌트 처리**	**264**
	6.3.1 ListComponent 처리	265
	6.3.2 페이지 이동	269
6.4	**조회 페이지와 조회 컴포넌트**	**271**
	6.4.1 ReadComponent 처리	272
	6.4.2 데이터 출력과 이동	276
6.5	**수정/삭제 페이지와 컴포넌트 처리**	**279**
	6.5.1 ModifyComponent 처리	281
	6.5.2 삭제 버튼의 동작 처리	294

Chapter 07
시큐리티와 API 서버 — 297

7.1	**스프링 시큐리티 설정**	**299**
	7.1.1 API 서버를 위한 기본 설정	301
	7.1.2 Member 엔티티 처리	304
	7.1.3 테스트 코드를 이용한 등록/조회 확인	306
7.2	**DTO와 인증 처리 서비스**	**309**
	7.2.1 UserDetailsService 구현	311
	7.2.2 로그인 성공 후 JSON 데이터 생성	315
7.3	**JWT 문자열 생성**	**321**
	7.3.1 JWT 문자열 생성과 검증	322
7.4	**Access Token 체크 필터**	**327**
	7.4.1 필터를 통한 검증/예외 처리	330
	7.4.2 @PreAuthorize를 통한 접근 권한 처리	334
7.5	**Refresh Token**	**341**
	7.5.1 Refresh Token의 발행	342
	7.5.2 애플리케이션에서의 시나리오	346

Chapter 08

리덕스 툴킷 347

8.1 리덕스 툴킷 설정 349
- 8.1.1 스토어 설정 350
- 8.1.2 슬라이스와 리듀서 352

8.2 useSelector( ) / useDispatch( ) 354
- 8.2.1 로그인 페이지와 로그인 354
- 8.2.2 로그아웃 페이지와 로그아웃 365

8.3 비동기 호출과 createAsyncThunk( ) 370
- 8.3.1 로그인 후처리 373
- 8.3.2 로그인 관련 기능 처리를 위한 커스텀 훅 378
- 8.3.3 로그인이 필요한 페이지 380
- 8.3.4 로그아웃 처리 381

8.4 쿠키를 이용한 애플리케이션 상태 저장 383
- 8.4.1 로그인 결과의 쿠키 보관 384

8.5 Axios 인터셉터와 Refresh Token 387
- 8.5.1 Access Token의 전달 390
- 8.5.2 Refresh Token을 이용한 자동 갱신 393

Chapter 09

리액트 소셜 로그인 399

9.1 소셜 로그인과 OAuth2.0 401
- 9.1.1 예제 구현 방식 401

9.2 카카오 연동 설정 403
- 9.2.1 로그인 동의 설정 405

9.3 리액트에서 카카오 로그인 407
- 9.3.1 인가 코드의 처리 407
- 9.3.2 Access Token 받기 412

9.4 API 서버에서 Access Token 처리 415
- 9.4.1 MemberService의 개발 416
- 9.4.2 SocialController의 개발 418
- 9.4.3 리액트의 호출 테스트 419

9.5 자동 회원 추가 및 회원정보의 반환 ... 421
- 9.5.1 MemberService 회원 처리 ... 421
- 9.5.2 컨트롤러의 결과 처리 ... 424
- 9.5.3 리액트의 로그인 처리 ... 426
- 9.5.4 화면 이동 처리 ... 429

9.6 회원정보 수정 ... 431
- 9.6.1 회원정보 수정 화면 처리 ... 431
- 9.6.2 API 서버의 회원정보 수정 ... 434
- 9.6.3 리액트와 API 연동 ... 437

Chapter 10
장바구니 API 만들기 ... 443

10.1 장바구니 엔티티의 설계 ... 445
- 10.1.1 장바구니 관련 엔티티 ... 445

10.2 장바구니 DTO의 설정 ... 447

10.3 Repository의 설정 ... 449
- 10.3.1 CartRepository ... 450
- 10.3.2 CartItemRepository ... 450

10.4 장바구니 서비스 계층의 설계/구현 ... 459

10.5 컨트롤러 계층과 테스트 ... 462
- 10.5.1 장바구니 아이템의 추가/수정 ... 462
- 10.5.2 사용자의 장바구니 목록 ... 465
- 10.5.3 장바구니 아이템의 삭제 ... 466

Chapter 11
리액트 장바구니 구성 ... 467

11.1 API 서버와 통신 ... 469
- 11.1.1 cartSlice의 작성 ... 469

11.2 장바구니용 컴포넌트 ... 471
- 11.2.1 로그인 상태 체크와 장바구니 ... 473
- 11.2.2 커스텀 훅으로 정리하기 ... 477

11.3 장바구니 아이템 컴포넌트 ... 479

	11.3.1 장바구니 아이템 출력	481
11.4	**상품 조회에서 장바구니 추가**	**488**
	11.4.1 상품 조회 기능 수정	489

Chapter 12
리액트 쿼리와 리코일 493

12.1 리액트 쿼리 495
12.1.1 리액트 쿼리의 설정 495
12.1.2 useQuery( )를 이용한 상품 조회 497

12.2 상품목록 페이지 501
12.2.1 중복적인 쿼리 키(key) 501
12.2.2 invalidateQueries( ) 504
12.2.3 refresh 활용 506

12.3 상품등록 처리 507
12.3.1 useMutation( )의 반환값 509

12.4 상품 수정 처리 512
12.4.1 조회 및 상태 처리 512
12.4.2 삭제 처리 518
12.4.3 수정 처리 519

12.5 리코일(Recoil) 라이브러리 521
12.5.1 리코일 설치와 설정 522
12.5.2 로그인용 Atom 523

12.6 장바구니 처리 530
12.6.1 리코일의 Selector 530
12.6.2 장바구니 데이터 보관 531
12.6.3 장바구니 아이템 추가 534
12.6.4 로그아웃 처리 536

Appendix A
AWS Elastic Beanstalk 539

A.1 빈즈톡과 IAM 서비스 541
A.1.1 IAM 서비스 541

A.2	**빈즈톡 애플리케이션 생성**	543
	A.2.1 애플리케이션 생성	544
A.3	**빈즈톡에 데이터베이스 설정**	548
	A.3.1 데이터베이스 외부 연결	549
	A.3.2 데이터베이스 시간/문자셋 변경	553
	A.3.3 데이터베이스 생성과 계정 생성	557
A.4	**API 서버 수정**	558
	A.4.1 API 서버 애플리케이션 등록	559
	A.4.2 빈즈톡의 애플리케이션 추가	559
A.5	**리액트 연동 확인**	561
	A.5.1 파일 업로드의 사이즈 변경	563
A.6	**S3 업로드 처리**	565
	A.6.1 IAM을 이용한 S3 사용자 생성	565
	A.6.2 버킷 정책 설정	568
A.7	**API 서버의 S3 설정**	572
	A.7.1 application.properties 설정	572
	A.7.2 S3 업로드 코드 작성 및 테스트	573
	A.7.3 프로젝트에서 S3 업로드 처리	576
	A.7.4 빈즈톡 배포	582
A.8	**리액트 애플리케이션의 배포**	584
	A.8.1 카카오 로그인 설정 변경	586

찾아보기 589

Chapter 01

개발 환경설정

이 장에서는 앞으로 작성할 예제 프로젝트 개발을 위한 프로그램의 설치와 환경설정을 진행합니다. 예제 프로젝트는 리액트(React)로 단독 애플리케이션을 개발하고 스프링 부트를 이용해서 데이터를 제공하는 API 서버를 구성할 것입니다. 코드 개발에 필요한 VSCode를 사용하고 리액트와 스프링 부트 프로젝트를 독립적으로 구성하도록 합니다.

1장의 개발 목표는 다음과 같습니다.

- ➡ 리액트 개발 환경설정
- ➡ 리액트 프로젝트 초기화
- ➡ MariaDB 환경설정
- ➡ 스프링 부트 프로젝트 생성과 실행 확인

1.1 리액트 환경설정

리액트 개발을 위해서는 node.js를 설치해야 합니다. https://nodejs.org/ko에서 다운로드할 수 있으며 LTS 버전이 오랫동안 지원되므로 이를 설치합니다.

node.js의 정상적인 설치 여부는 터미널 혹은 명령 프롬프트 환경에서 node라는 명령어를 실행해서 확인할 수 있습니다. 아래 화면은 node 명령어 실행 후 간단한 수식을 입력해서 실행 결과를 확인한 것입니다(실행되는 node는 'Ctrl+c'로 종료할 수 있습니다.).

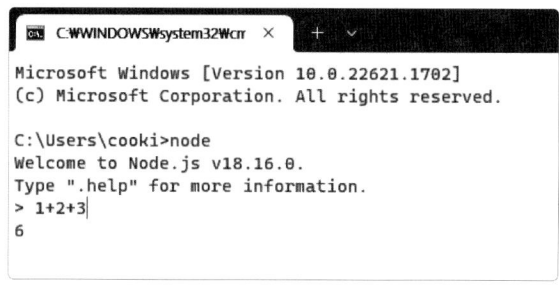

터미널 환경에서 'mkdir' 명령어를 치거나 탐색기로 frontend 이름의 폴더를 생성합니다. 이후 'cd' 명령어를 통해 생성된 폴더로 이동합니다.

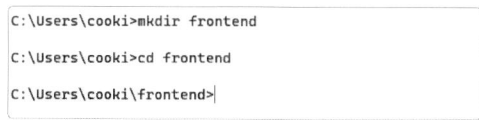

1.1.1 리액트 프로젝트 생성

리액트 프로젝트를 생성하는 방법은 크게 'CRA(create-react-app)'를 이용하는 방법과 'Vite(https://vitejs.dev/)'를 이용하는 방법이 있습니다. 예제에서는 가장 쉽게 사용할 수 있는 'CRA'를 이용하도록 하겠습니다. 리액트 프로젝트 생성은 'npx create-react-app 프로젝트이름'으로 생성합니다. 주의할 점은 프로젝트를 생성할 때 대문자가 들어가지 않도록 영문 소문자와 숫자로 작성해야 합니다.

리액트 예제 프로젝트의 이름은 mall이라고 지정하고 생성합니다. 프로젝트의 생성 과정에서 'create-react-app'을 이용하면 프로젝트에 필요한 라이브러리들이 자동으로 추가됩니다(이 과정에서 문제가 생긴다면 우선 'npm install -g create-react-app'을 먼저 실행한 후에 다시 시도해 봅니다.).

```
C:\Users\cooki\frontend>npx create-react-app mall
Need to install the following packages:
  create-react-app@5.0.1
Ok to proceed? (y) y
npm WARN deprecated tar@2.2.2: This version of tar is no longer supported,
 upgrade asap.

Creating a new React app in C:\Users\cooki\frontend\mall.

Installing packages. This might take a couple of minutes.
Installing react, react-dom, and react-scripts with cra-template...
```

생성이 완료되면 아래와 같이 실행 가능한 명령어들이 출력됩니다. 개발 과정에서는 'npm start'를 이용해서 실행하고 개발이 완료되면 'npm run build'를 이용해서 하나의 웹페이지로 동작하는 index.html과 관련 파일들을 생성하게 됩니다(개발 단계에서는 'npm start'만을 이용해서 개발합니다.).

```
npm start
  Starts the development server.

npm run build
  Bundles the app into static files for production.

npm test
  Starts the test runner.

npm run eject
  Removes this tool and copies build dependencies, configuration files
  and scripts into the app directory. If you do this, you can't go back!

We suggest that you begin by typing:

  cd mall
  npm start

Happy hacking!
```

프로젝트가 생성되면 frontend 폴더 내부에는 mall이라는 폴더가 생성되고 많은 파일이 만들어진 것을 확인할 수 있습니다.

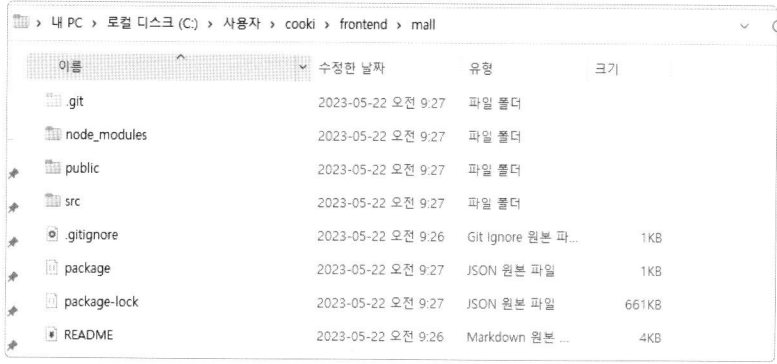

1.2 VSCode 설치

VSCode는 무료로 사용할 수 있으면서도 많은 종류의 개발에 활용할 수 있는 오픈소스입니다. 예제 프로젝트는 VSCode만으로 리액트 개발과 스프링 부트 개발을 진행할 것입니다. VSCode는 https://code.visualstudio.com/Download에서 다운로드 받을 수 있습니다(맥의 경우에는 인텔칩인지 실리콘칩인지(M1, M2) 주의).

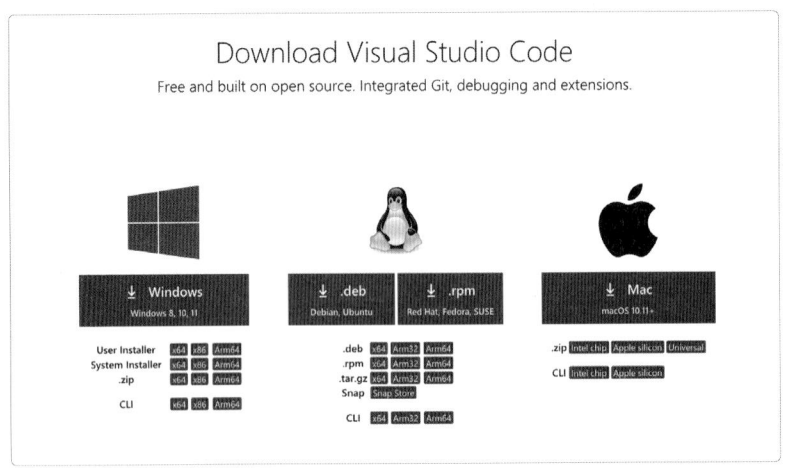

1.2.1 VSCode 설정

VSCode 설치가 완료되면 반드시 기존에 실행 중인 터미널이나 명령 프롬프트는 종료해야만 합니다. 실행 중인 프로그램을 종료하지 않으면 새로 설치된 VSCode의 명령어를 인식하지 못하기 때문에 주의해야 합니다. 리액트 프로젝트 생성은 CRA를 이용해서 했지만, 개발 단계에서 VSCode에 몇 가지 플러그인을 설치해서 개발의 생산성을 높이도록 합니다.

리액트 플러그인 설정

리액트 개발을 더 쉽게 하기 위해서는 리액트 관련 플러그인을 추가해 주면 좋습니다. VSCode 왼쪽 메뉴(Activity bar라고 합니다.)의 플러그인 메뉴를 선택하고 'React'로 검색하면 여러 종류의 플러그인이 나오는 것을 볼 수 있습니다. 예제에서는 'Simple React Snippets'를 설치해서 사용합니다. Simple React Snippets는 약간의 단어만으로 리액트 소스코드를 완성해 주는 기능을 가지고 있습니다.

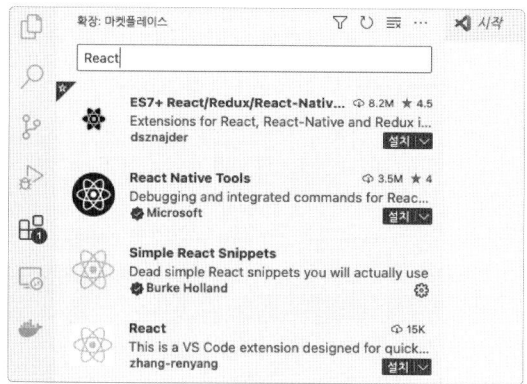

VSCode 실행 점검

VSCode 설치가 완료되었다면 frontend 폴더 내 mall 폴더로 이동해서 VSCode를 실행하는 'code .' 명령어를 실행합니다(code는 VSCode를 실행하고 '.'은 현재 폴더를 의미합니다.).

```
C:\Users\cooki\frontend\mall>code .
C:\Users\cooki\frontend\mall>
```

VSCode가 mall 폴더에서 실행되면 메뉴 중에 터미널 메뉴를 실행해서 'npm start'를 이용해서 리액트 프로젝트를 실행할 수 있습니다(mall 폴더가 아래 그림과 같이 시작 경로가 되도록 주의합니다.).

프로젝트가 실행되면 브라우저에서 'http://localhost:3000'이 자동으로 실행되는 것을 확인할 수 있습니다.

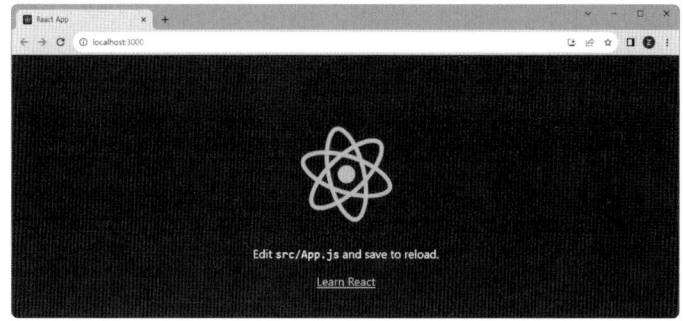

프로젝트 종료는 터미널 환경에서 'Ctrl + c'로 할 수 있습니다.

1.2.2 Tailwind CSS 설치

최근 리액트에서는 CSS 설정을 편하게 하기 위해서 Tailwind CSS 라이브러리를 많이 사용합니다. 앞으로 작성하는 모든 예제에서 사용하기 위해서 설정을 추가합니다. 현재 프로젝트의 터미널 창 혹은 명령 프롬프트 환경에서 'npm install -D tailwindcss'를 이용해 Tailwind CSS 라이브러리를 추가합니다(실행 중인 프로젝트를 종료한 후에 하는 것이 좋습니다.).

```
PS C:\Users\cooki\frontend\mall> npm install -D tailwindcss
up to date, audited 1486 packages in 2s

234 packages are looking for funding
  run `npm fund` for details
```

Tailwind CSS 설정을 위해서 'npx tailwindcss init' 명령어를 실행합니다.

```
PS C:\Users\cooki\frontend\mall> npx tailwindcss init
Created Tailwind CSS config file: tailwind.config.js
```

명령어가 실행된 후에는 프로젝트 내에 tailwind.config.js 파일이 생성된 것을 볼 수 있습니다.

```
∨ MALL
  > node_modules
  > public
  > src
  ◆ .gitignore
  {} package-lock.json          M
  {} package.json               M
  ① README.md
  JS tailwind.config.js         U
```

tailwind.config.js 파일을 열어서 content 부분을 수정합니다.

```js
/** @type {import('tailwindcss').Config} */
module.exports = {
  content: [
    "./src/**/*.{js,jsx,ts,tsx}",
  ],
  theme: {
    extend: {},
  },
  plugins: [],
}
```

마지막으로 프로젝트 내에 src/index.css를 수정합니다. 기존의 파일 내용은 모두 삭제하고 아래와 같은 내용으로 수정합니다.

```css
@tailwind base;
@tailwind components;
@tailwind utilities;
```

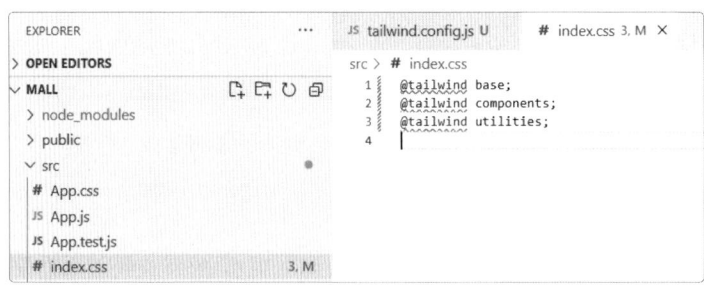

Tailwind CSS 설정 확인

모든 설정이 끝나면 src/App.js 파일을 수정해서 Tailwind CSS의 적용 여부를 확인할 수 있습니다. App.js 파일을 아래와 같이 수정해 봅니다.

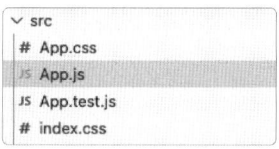

```
function App() {
  return (
    <h1 className="text-3xl font-bold underline">
      Hello world!
    </h1>
  );
}

export default App;
```

수정된 내용을 저장하고 'npm start'를 통해서 다음과 같은 결과가 나오는지 확인합니다.

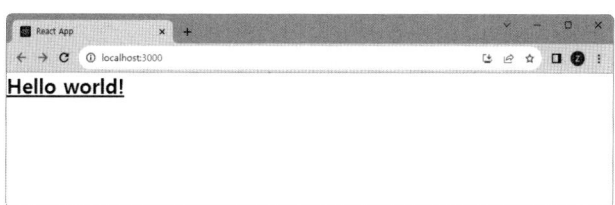

리액트에서는 class 속성을 대신해서 className 속성을 사용합니다. Tailwind CSS의 경우 'text-3xl'는 텍스트의 크기를 의미하고 underline은 밑줄을 의미합니다.

Tailwind CSS InteliSense

VSCode에서 Tailwind CSS를 좀 더 쉽게 사용하기 위해서 Tailwind CSS InteliSense를 추가합니다.

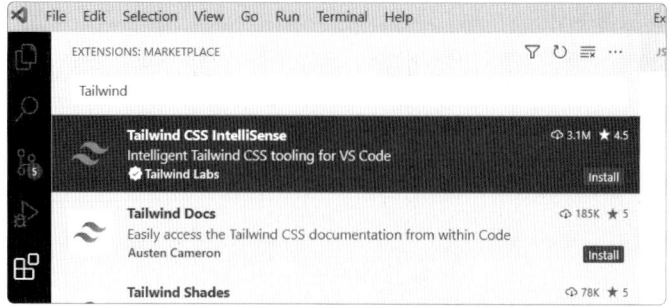

플러그인 설치 후에는 Tailwind CSS 코드를 작성할 때 아래 그림과 같이 자동완성 기능이 지원됩니다.

1.3 Maria DB 설정

예제에서 사용하는 MariaDB를 설치하는 방법은 윈도의 경우와 맥의 경우가 많이 다릅니다. 설치 과정에서는 반드시 root 계정의 패스워드를 잊지 않도록 주의합니다. 윈도의 경우에는 https://mariadb.org/download/를 이용해서 10 버전을 다운로드합니다(최신 버전 보다는 한 버전 정도 낮은 것을 추천합니다. 최신 버전은 개발 언어 지원 등의 문제가 생길 수 있습니다.).

설치 과정에서는 'root' 계정의 패스워드를 반드시 기억해 두어야 합니다. 데이터베이스 내의 모든 문자셋은 'UTF-8'로 지정합니다(맥은 Homebrew를 이용해서 설치하는 것이 가장 무난합니다.).

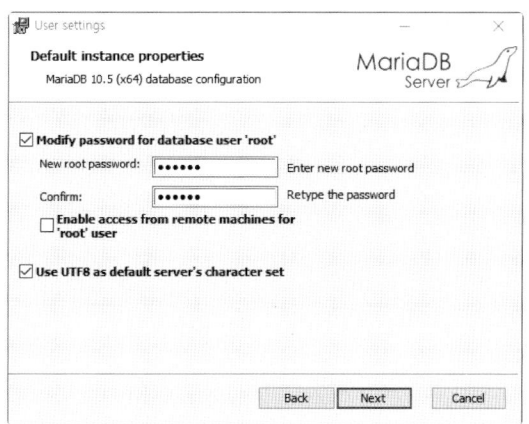

1.3.1 실습용 스키마/계정 생성

데이터베이스가 설치된 후에는 root 계정으로 로그인해서 필요한 스키마와 계정을 생성해 줍니다. 윈도의 경우 데이터베이스 설치 시에 같이 설치되는 Heidisql 프로그램을 통해서 root 계정으로 데이터베이스 연결이 가능합니다(맥은 'sudo mysql -u root'를 이용해서 로그인할 수 있습니다.).

root 계정이 연결되면 아래의 SQL문들을 이용해서 스키마와 계정을 생성합니다.

```sql
CREATE DATABASE malldb;

CREATE USER 'malldbuser'@'localhost' IDENTIFIED BY 'malldbuser';
CREATE USER 'malldbuser'@'%' IDENTIFIED BY 'malldbuser';

GRANT ALL PRIVILEGES ON malldb.* TO 'malldbuser'@'localhost';

GRANT ALL PRIVILEGES ON malldb.* TO 'malldbuser'@'%';
```

스키마와 계정을 생성한 후에는 생성된 계정과 스키마로 데이터베이스 접속이 가능한지 반드시 확인해 주도록 합니다.

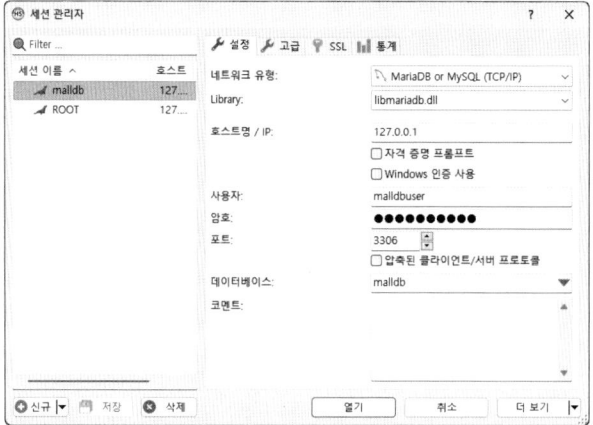

1.4 스프링 부트 설정

데이터를 제공하는 API 서버 역할을 할 스프링 부트 프로젝트를 생성하기 위해서는 JDK 의 설치와 STS 설치를 해야 합니다.

1.4.1 JDK 설치

스프링 부트 설정은 JDK의 버전에 따라 지원되는 버전이 다르므로 3.x 이상 버전을 사용하려면 반드시 JDK 버전이 17 이상이어야만 합니다(낮은 버전은 컴파일 등의 문제가 발생합니다.).

예제에서는 OpenJDK로 활용할 수 있는 'AWS의 Amazon Corretto 17' 버전을 사용합니다(https://docs.aws.amazon.com/corretto/latest/corretto-17-ug/downloads-list.html).

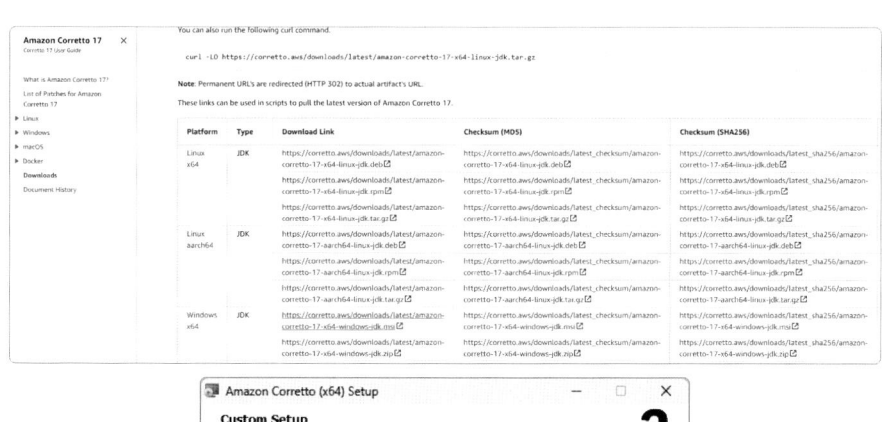

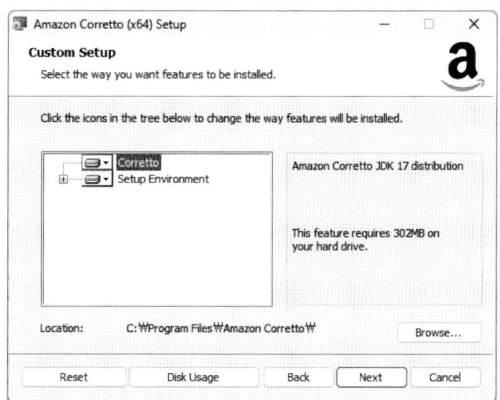

1.4.2 STS 플러그인 설치

스프링 부트의 개발 역시 VSCode를 이용할 것이므로 VSCode에 STS(Spring Tool Suites)를 플러그인으로 설치해 주어야 합니다. https://spring.io/tools를 보면 VSCode용 플러그인을 제공하므로 링크를 통해서 설치할 수 있습니다(STS 플러그인이 설치되면 내부적으로 여러 플러그인이 같이 설치되기 때문에 시간이 걸릴 수 있습니다.).

1.4.3 스프링 부트 프로젝트 생성

스프링 부트 프로젝트는 별도의 서버로 구성해서 Ajax 호출을 이용해서 개발이 진행될 것이므로 backend 폴더를 생성하고 VSCode를 실행합니다.

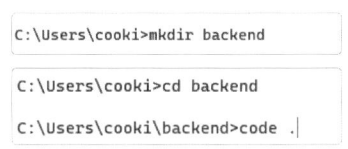

플러그인 설치 후에는 VSCode의 '명령 팔레트' 메뉴에서 'Spring..'으로 검색하거나 왼쪽 상단의 'Explorer'에서 보이는 'Create Java Project' 메뉴를 선택하면 Spring Boot 메뉴를 이용해서 프로젝트 생성이 가능합니다.

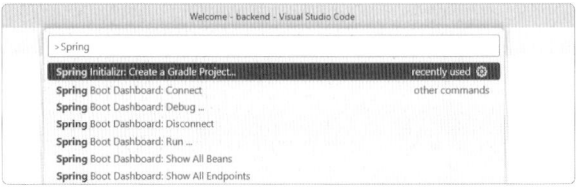

생성하는 프로젝트는 'Gradle Project'를 선택합니다. 스프링 부트 프로젝트의 경우 3.x 버전을 이용합니다(3.x 이상의 프로젝트는 JDK 17 이상 버전을 이용해야 하므로 주의합니다.).

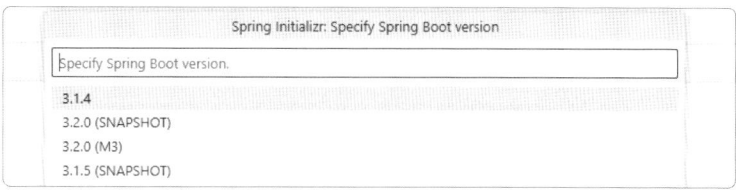

예제 프로젝트의 'Group Id'는 'org.zerock'으로 지정하는데 이는 원하는 패키지 경로를 지정해도 무방합니다.

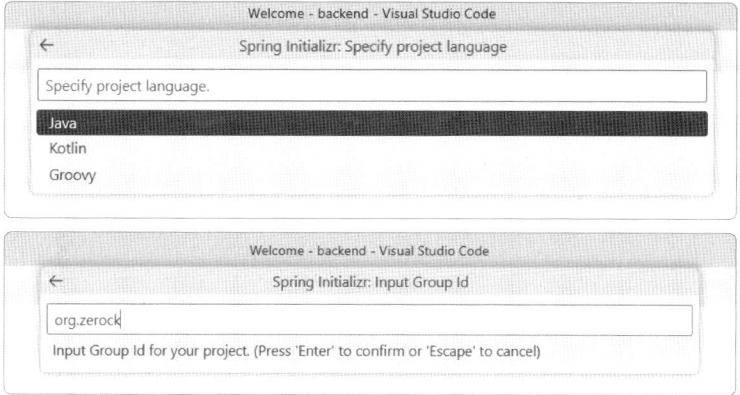

Artifact Id는 프로젝트 이름 역할을 하는데 예제에서는 mallapi라는 이름을 사용합니다(프로젝트 패키지명의 일부가 되기 때문에 소문자로만 구성합니다.).

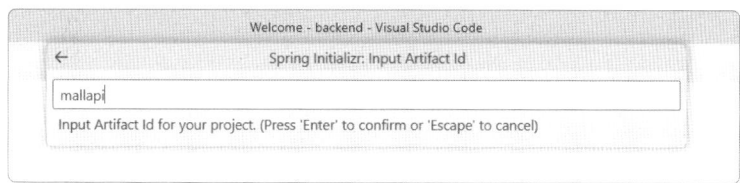

packging type은 단독으로 실행해서 사용할 때는 jar로 지정하고 별도의 WAS를 이용할 때는 war로 지정하는데 예제에서는 jar로 지정합니다.

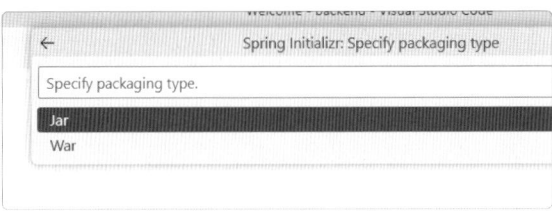

Java Version은 17을 지정합니다.

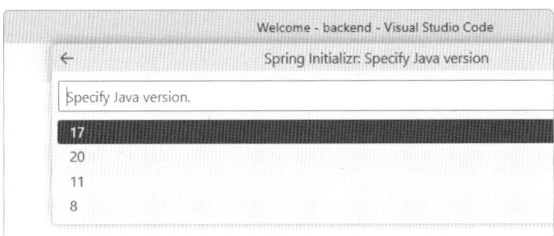

의존성 라이브러리의 지정은 'Spring Boot DevTools, Lombok, Spring Web, Spring Data JPA, MariaDB Driver'를 선택합니다.

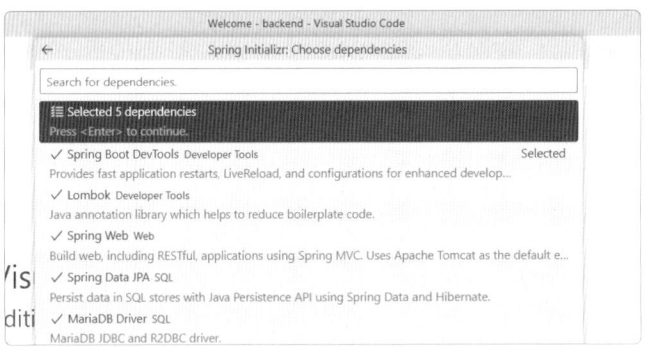

마지막으로 프로젝트 생성 경로는 미리 생성해 둔 backend 폴더를 지정합니다. 프로젝트 생성이 완료되면 화면 오른쪽 구석에 생성한 프로젝트를 열 수 있는 링크가 보이게 됩니다.

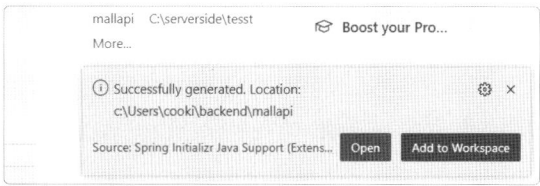

생성된 mallapi 폴더를 VScode로 열어 보면 다음 그림과 같은 형태가 됩니다(VScode의 실행 경로가 backend 폴더 밑 mallapi 폴더임을 주의해야 합니다.).

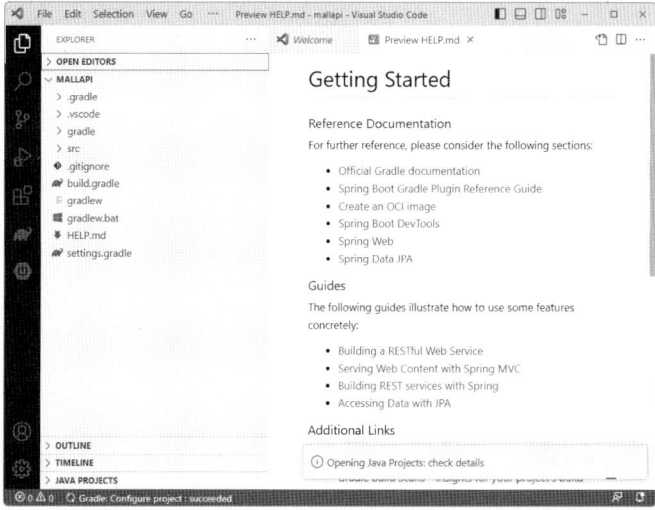

라이브러리를 지정하는 build.gradle 파일의 dependencies 항목은 다음과 같이 작성되었는지 확인합니다(만일 빠진 내용이 있다면 아래와 같이 수정해 줍니다.).

```
dependencies {
    implementation 'org.springframework.boot:spring-boot-starter-data-jpa'
    implementation 'org.springframework.boot:spring-boot-starter-web'
    compileOnly 'org.projectlombok:lombok'
    developmentOnly 'org.springframework.boot:spring-boot-devtools'
    runtimeOnly 'org.mariadb.jdbc:mariadb-java-client'
    annotationProcessor 'org.projectlombok:lombok'
    testImplementation 'org.springframework.boot:spring-boot-starter-test'
}
```

프로젝트 실행 확인

프로젝트 내 생성되어 있는 src 폴더 내에는 MallapiApplication.java 파일이 존재하는데 이를 실행해서 스프링 부트의 동작 여부를 확인할 수 있습니다(VSCode는 프로젝트의 초기화에 시간이 좀 필요합니다. 실행 환경의 성능 차이로 인해 아래 그림의 'Run | Debug'가 조금 늦게 보일 수 있습니다.).

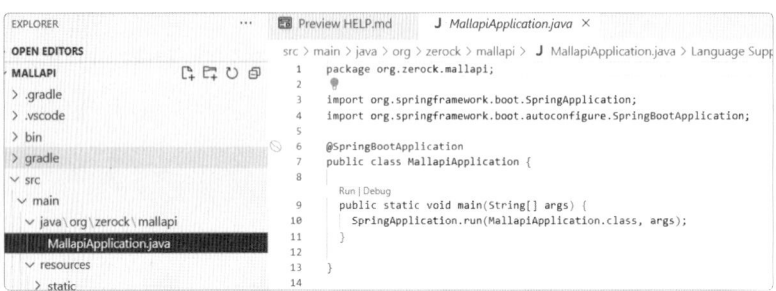

프로젝트의 첫 시작은 에러 메시지가 출력되는데 이는 스프링 부트의 설정이 자동으로 데이터베이스 관련된 설정이 필요하기 때문입니다.

> **NOTE: 스프링 부트의 Auto Configuration**
>
> 스프링 부트의 중요한 특징 중 하나로 부트와 관련된 라이브러리가 추가되면 별도의 설정을 하지 않아도 해당 라이브러리의 기능을 이용한다고 가정하고 프로젝트 실행 시에 기능을 포함합니다. 예제는 Spring Data JPA 관련 기능을 추가했기 때문에 프로젝트가 JPA 기능을 실행하면서 데이터베이스 관련 설정이 없기 때문에 에러가 발생하게 됩니다.
>
> ```
> ***************************
> APPLICATION FAILED TO START
> ***************************
>
> Description:
>
> Failed to configure a DataSource: 'url' attribute is not specified and no embedded datasource could be configured.
>
> Reason: Failed to determine a suitable driver class
>
> Action:
> ```

데이터베이스 설정 및 확인

데이터베이스 관련 설정은 main/resources 폴더 내 application.properties 파일을 이용해서 설정합니다.

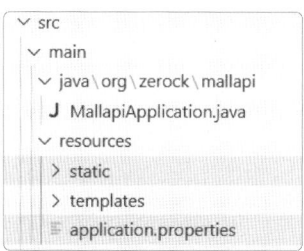

Spring Data JPA와 관련된 설정들을 다음과 같이 작성합니다(위의 4라인은 데이터베이스 관련 설정이고, 아래 3라인은 JPA에서 생성하는 SQL에 대한 설정입니다.).

```
spring.datasource.driver-class-name=org.mariadb.jdbc.Driver
spring.datasource.url=jdbc:mariadb://localhost:3306/malldb
spring.datasource.username=malldbuser
spring.datasource.password=malldbuser

spring.jpa.hibernate.ddl-auto=update
spring.jpa.properties.hibernate.format_sql=true
spring.jpa.show-sql=true
```

application.properties 파일의 수정/저장 후에 다시 프로젝트를 실행했을 때 아래와 같이 8080 포트로 실행된다는 메시지가 출력되는지 확인합니다.

```
o.hibernate.jpa.internal.util.LogHelper    : HHH000204: Processing PersistenceUnitInfo [name: default]
org.hibernate.Version                      : HHH000412: Hibernate ORM core version 6.2.2.Final
org.hibernate.cfg.Environment              : HHH000406: Using bytecode reflection optimizer
o.h.b.i.BytecodeProviderInitiator          : HHH000021: Bytecode provider name : bytebuddy
o.s.o.j.p.SpringPersistenceUnitInfo        : No LoadTimeWeaver setup: ignoring JPA class transformer
com.zaxxer.hikari.HikariDataSource         : HikariPool-1 - Starting...
com.zaxxer.hikari.pool.HikariPool          : HikariPool-1 - Added connection org.mariadb.jdbc.Connection@61533a0e
com.zaxxer.hikari.HikariDataSource         : HikariPool-1 - Start completed.
org.hibernate.orm.dialect                  : HHH035001: Using dialect: org.hibernate.dialect.MariaDBDialect, version: 10.11
o.h.b.i.BytecodeProviderInitiator          : HHH000021: Bytecode provider name : bytebuddy
o.h.e.t.j.p.i.JtaPlatformInitiator         : HHH000490: Using JtaPlatform implementation: [org.hibernate.engine.transaction.jta.platform.internal.NoJtaPlatform
j.LocalContainerEntityManagerFactoryBean   : Initialized JPA EntityManagerFactory for persistence unit 'default'
JpaBaseConfiguration$JpaWebConfiguration   : spring.jpa.open-in-view is enabled by default. Therefore, database queries may be performed during view rendering.
o.s.b.d.a.OptionalLiveReloadServer         : LiveReload server is running on port 35729
o.s.b.w.embedded.tomcat.TomcatWebServer    : Tomcat started on port(s): 8080 (http) with context path ''
org.zerock.mallapi.MallapiApplication      : Started MallapiApplication in 2.295 seconds (process running for 2.558)
```

실행 중인 프로젝트는 상단의 메뉴를 이용해서 종료하거나 위와 같이 로그가 출력되는 환경에서 'Ctrl+c'로 종료할 수 있습니다.

Chapter 02

React-Router

웹사이트를 만들 때 중요한 작업 중 하나는 IA(Information Architecture)를 기획하는 것입니다. IA는 쉽게 말해서 '메뉴 경로'를 정리한 것입니다. 각 페이지 간의 링크나 <form>을 통해서 필요한 정보를 조회하거나 처리하는 작업을 설계합니다.

리액트는 기본적으로 SPA(Single Page Application)이기 때문에 기존의 웹 프로그램과 동작 방식이 다릅니다. 기존의 웹 애플리케이션이 주로 페이지 단위로 개발되는 것에 비해 리액트는 여러 개의 컴포넌트(Component)를 사용해서 개발하는데, 하나의 페이지(Single Page)에서 보여주는 방식으로 작성되기 때문에 기존과는 전혀 다른 접근이 필요합니다. 이번 장에서는 기존의 웹페이지와 유사하게 브라우저의 주소창에 따라 다른 화면이 보이게 처리하기 위해서는 React-Router를 활용하는 방법에 관해서 알아봅니다.

2장의 개발 목표는 다음과 같습니다.

- ➡ React-Router를 적용해서 페이지의 이동이 가능하도록 컴포넌트들을 구성
- ➡ Tailwind CSS를 이용해서 공통의 레이아웃을 구성하고 이를 통해서 페이지 기반의 애플리케이션을 구성

2.1 개발 목표의 이해

이번 장에서는 React-Router를 활용해서 마치 기존의 웹페이지처럼 브라우저 주소창에 따라서 다양한 컴포넌트를 보여주도록 구성합니다. 예제는 애플리케이션을 구성하기 위해서 목록 페이지, 등록 페이지, 조회 페이지, 수정/삭제 페이지를 구성합니다.

모든 페이지는 동일한 레이아웃과 동일한 상단 메뉴를 사용하는 구조로 하나의 레이아웃을 구성하고 예제마다 필요한 부분만을 구현하는 형태로 진행합니다(구성되는 레이아웃은 나중에 로그인 처리를 통해서 특정 메뉴들을 노출할 수 있도록 구성될 것입니다.).

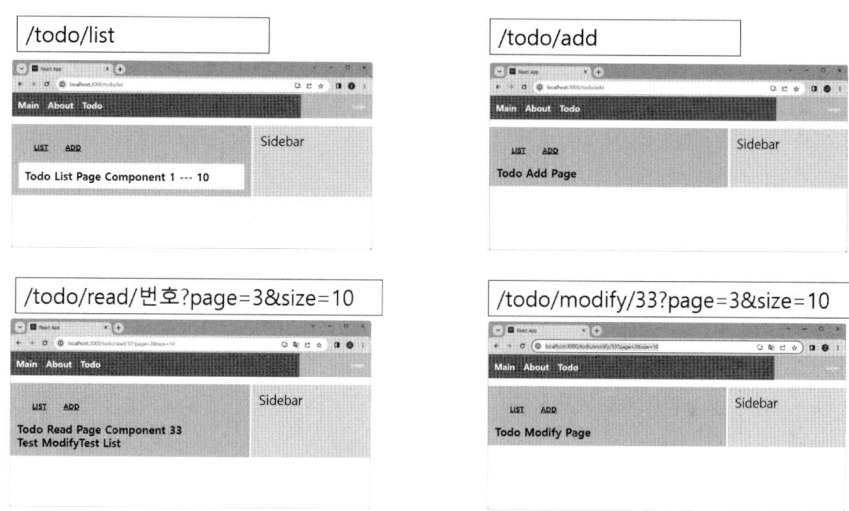

리액트 프로젝트에서 React-Router를 이용하는 이유는 위의 그림처럼 마치 기존의 웹서비스와 동일하게 이동하거나 주소에 대한 공유 작업을 처리할 수 있기 때문입니다. 브라우저의 주소창은 SNS 등을 통해서 다른 사람들이 쉽게 접근할 수 있는 방법이 됩니다.

2.1.1 React-Router 추가

현재 예제 프로젝트는 mall이라는 폴더를 기준으로 Tailwind CSS가 적용되어 있는 상태입니다.

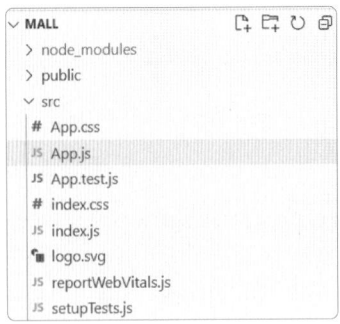

터미널 환경을 이용해서 React-Router 모듈을 추가합니다.

```
npm install react-router-dom
```

React-Router가 정상적으로 추가되었다면 프로젝트 내 package.json 파일의 일부가 다음과 같이 변경된 것을 확인합니다.

```
"dependencies": {
  "@testing-library/jest-dom": "^5.17.0",
  "@testing-library/react": "^13.4.0",
  "@testing-library/user-event": "^13.5.0",
  "react": "^18.2.0",
  "react-dom": "^18.2.0",
  "react-router-dom": "^6.15.0",
  "react-scripts": "5.0.1",
  "web-vitals": "^2.1.4"
},
```

2.2 React-Router 설정

React-Router 설정은 다양하지만 예제에서 사용하는 방식은 '브라우저 주소창에 맞는 컴포넌트를 보여준다'고 할 수 있습니다. 프로젝트 내에 router 폴더를 생성하고 root.js 파일에서 기본 라우팅 설정을 추가합니다.

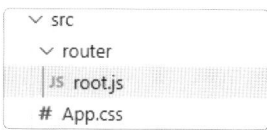

```
import { createBrowserRouter } from "react-router-dom";
const root = createBrowserRouter([

])
export default root;
```

root.js는 createBrowserRouter( )를 통해서 어떤 경로(path)에는 어떤 컴포넌트를 보여줄 것인지를 결정하는 역할을 합니다. 경로의 추가는 파라미터로 전달되는 배열의 내용물로 결정됩니다. 실행되는 리액트 애플리케이션을 root.js를 이용해서 경로에 맞는 컴포넌트를 보여주어야 합니다. 이를 처리하기 위해서 프로젝트 실행 시 가장 먼저 실행되는 App.js 파일을 수정해 줍니다.

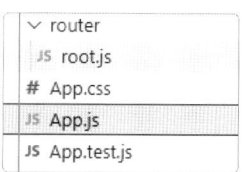

```
import {RouterProvider} from "react-router-dom";
import root from "./router/root";

function App() {
 return (
 <RouterProvider router={root}/>
 );
}

export default App;
```

프로젝트를 실행하면 root.js에 있는 설정을 활용해서 주소창의 경로를 기준으로 컴포넌트들을 보여주게 됩니다. 아직은 아무런 설정이 존재하지 않기 때문에 빈 화면만을 보게 됩니다.

2.2.1 페이지용 컴포넌트 추가와 설정

위와 같이 빈 화면이 정상적으로 출력되는 것을 확인했다면 실제 페이지에 해당하는 컴포넌트를 추가하고 이를 설정해서 주소창에 따라서 다른 컴포넌트가 보이는지 확인합니다.

프로젝트의 src 폴더에 pages라는 이름의 폴더를 생성하고 MainPage.js 파일을 추가합니다.

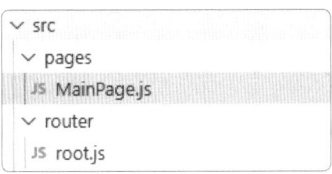

```
const MainPage = () => {
 return (
 <div className=" text-3xl">
  <div>Main Page</div>
 </div>
 );
}

export default MainPage;
```

MainPage는 React-Router의 동작을 확인하기 위한 것이므로 아직은 단순한 문자열만 출력되도록 합니다. 리액트 프로젝트가 실행될 때 첫 화면은 MainPage 컴포넌트가 보일 수 있도록 root.js 파일에 설정을 추가합니다.

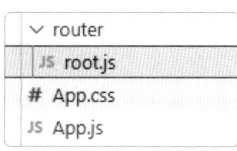

```
import { Suspense, lazy } from "react";

const { createBrowserRouter } = require("react-router-dom");

const Loading = <div>Loading....</div>
const Main = lazy(() => import("../pages/MainPage"))

const root = createBrowserRouter([

  {
  path: "",
  element: <Suspense fallback={Loading}><Main/></Suspense>
  }

])

export default root;
```

root.js 파일은 여러 곳이 수정되었는데 내용을 정리하면 다음과 같습니다.

- 경로가 '/' 혹은 아무것도 없을 때는 MainPage 컴포넌트를 보여줍니다.
- 〈Suspense〉와 lazy( )는 필요한 순간까지 컴포넌트를 메모리상으로 올리지 않도록 지연로딩을 위해서 사용합니다.
- 아직 컴포넌트의 처리가 끝나지 않았다면 화면에 간단히 'Loading....' 메시지를 보여주도록 합니다.

root.js 설정이 반영되면 'http://localhost:3000' 주소가 호출되었을 때 MainPage 컴포넌트가 출력되는 것을 볼 수 있습니다.

root.js 설정에서 lazy( )를 이용하는 지연로딩이 어떻게 동작하는지를 확인해 보기 위해 또 다른 페이지용 컴포넌트로 AboutPage.js를 추가합니다.

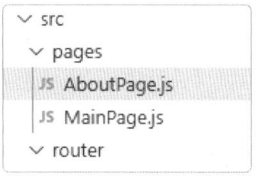

```
const AboutPage = () => {
 return (
 <div className=" text-3xl">About Page</div>
 );
}

export default AboutPage;
```

AboutPage 컴포넌트는 브라우저의 경로가 '/about'인 경우에 동작하도록 root.js 파일에 설정을 추가합니다.

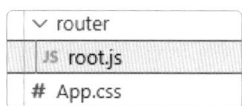

```
import { Suspense, lazy } from "react";

const { createBrowserRouter } = require("react-router-dom");

const Loading = <div>Loading....</div>
const Main = lazy(() => import("../pages/MainPage"))

const About = lazy(() => import("../pages/AboutPage"))

const root = createBrowserRouter([

  {
   path: "",
   element: <Suspense fallback={Loading}><Main/></Suspense>
  },
  {
   path: "about",
   element: <Suspense fallback={Loading}><About/></Suspense>
  }
])

export default root;
```

변경된 설정이 반영된 후에는 '/about' 경로로 접근하면 AboutPage 컴포넌트가 보이게 됩니다.

2.3 <Link>를 통한 이동

앞의 화면과 같이 브라우저 주소창에서 원하는 컴포넌트가 출력되도록 구성할 수 있지만, 리액트가 SPA(Single Page Application)라는 사실을 항상 기억해야 합니다. 브라우저 주소창을 변경한다는 것은 모든 것을 지우고 새로 시작한다는 의미가 됩니다. 따라서 리액트 애플리케이션은 단순히 보이는 컴포넌트가 변경되는 것이 아니라 완전히 처음부터 새로 애플리케이션이 로딩되고 처리된다는 뜻이 됩니다. 이 때문에 리액트와 같은 SPA에서는 새로운 창을 띄우거나 브라우저의 '새로고침'과 같이 새로운 경로를 실행하는 것을 매우 조심해야 합니다.

기존의 HTML에서 사용했던 〈a〉 태그는 브라우저 주소창을 변경하면서 애플리케이션 자체의 로딩부터 새로 시작되기 때문에 React-Router에서는 사용하지 않도록 주의해야 합니다. React-Router를 활용하는 경우에 다른 경로에 대한 링크는 〈Link〉를 이용합니다. MainPage 컴포넌트에 '/about' 경로로 이동할 수 있는 링크를 추가합니다.

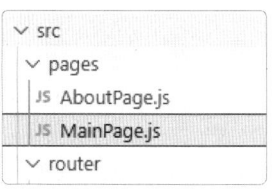

```
import { Link } from "react-router-dom";

const MainPage = () => {
 return (
 <div>
  <div className="flex">
  <Link to={'/about'}>About</Link>
  </div>
  <div className=" text-3xl">Main Page</div>
 </div>

 );
}

export default MainPage;
```

MainPage에 추가된 〈Link〉는 리액트 내부에서 해당 컴포넌트만을 처리합니다. 현재 예제에서는 〈Suspense〉와 lazy( )를 이용해서 해당 컴포넌트가 필요한 순간까지는 로딩하지 않도록 되어 있으므로 브라우저에서 '/' 혹은 빈 경로로 접근할 경우 MainPage 컴포넌트만을 로딩해서 보여줍니다.

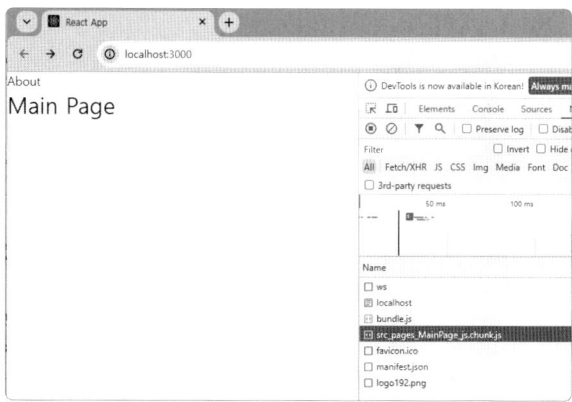

화면에서 〈Link〉로 처리된 'About'을 클릭하면 AboutPage 컴포넌트만 추가적으로 로딩되는 것을 확인할 수 있습니다.

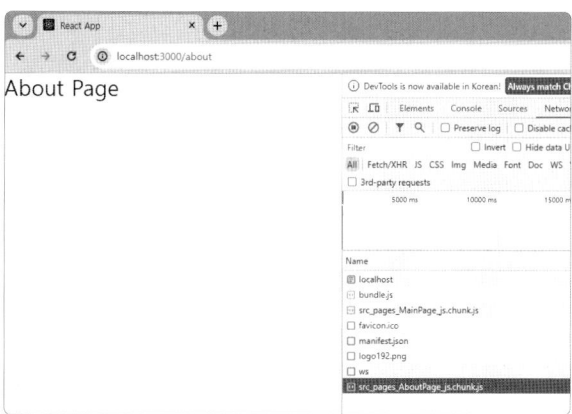

반면에 직접 브라우저 주소창에서 '/about' 경로를 호출할 때는 화면상의 결과는 동일하지만, 실행 과정에서 리액트가 아예 처음부터 다시 실행됩니다. 현재 예제의 경우 애플리케이션의 크기가 작아서 크게 문제가 되지 않겠지만 규모가 커지면 리액트가 시작되는 것만으로도 많은 시간이 소모됩니다.

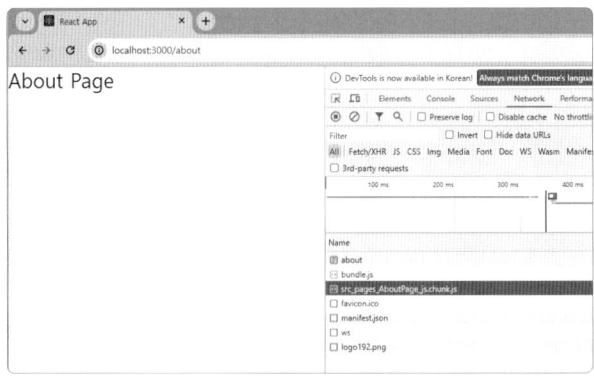

SPA 방식의 리액트 애플리케이션은 처음에 필요한 모든 컴포넌트를 로딩하기 때문에 초기 실행 시간이 오래 걸리는 단점이 있습니다. 이를 해결하기 위해서 〈Suspense〉와 〈Lazy〉를 이용해서 분할 로딩을 하는데 이를 '코드 분할(Code Splitting)'이라고 합니다.

2.3.1 페이지 컴포넌트 레이아웃

React-Router를 이용하면 마치 웹페이지 간의 이동처럼 컴포넌트들을 처리할 수 있기 때문에 각 페이지 역할을 하는 컴포넌트는 다른 페이지 컴포넌트를 볼 수 있게 〈Link〉를 제공해서 사용자들이 브라우저의 새로고침을 가능하면 피할 수 있게 구성하는 것이 좋습니다.

프로젝트에서는 공통의 레이아웃 템플릿을 구성하고 메뉴 구조를 만들어서 자주 사용하는 링크들에 대한 처리를 재사용할 수 있게 구성합니다.

2.4 레이아웃 컴포넌트와 children

프로젝트 내에 layouts 폴더를 생성하고 BasicLayout.js라는 이름으로 컴포넌트를 생성합니다.

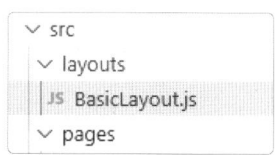

BasicLayout 컴포넌트는 화면 상단에 공통적인 메뉴와 링크를 보여주고 아래쪽으로 각 페이지 컴포넌트를 출력하는 구조로 작성합니다. 리액트의 컴포넌트는 'children' 속성을 활용해서 컴포넌트 내부에 다른 컴포넌트를 적용할 수 있습니다.

우선 간단한 확인을 위한 BasicLayout.js는 다음과 같이 〈nav〉와 〈div〉로 구분해서 작성합니다(React-Router의 경우에는 〈Outlet〉이라는 컴포넌트를 이용하는 방식도 가능합니다. 이에 대한 예제는 조금 뒤쪽에서 작성하겠습니다.).

```
const BasicLayout = ({children}) => {
 return (
 <>
 <header
 className="bg-teal-400 p-5">

  <h1
  className="text-2xl md:text-4xl">
  Header
  </h1>
 </header>

 <div
 className="bg-white my-5 w-full flex flex-col space-y-4 md:flex-row md:space-x-4 md:space-y-0">

  <main
  className="bg-sky-300 md:w-2/3 lg:w-3/4 px-5 py-40">
   {children}
  </main>

  <aside
  className="bg-green-300 md:w-1/3 lg:w-1/4 px-5 py-40">

   <h1
   className="text-2xl md:text-4xl">
   Sidebar
```

```
    </h1>
   </aside>
  </div>
 </>
 );
}
export default BasicLayout;
```

BasicLayout의 선언부에는 '{children}'으로 자신이 출력해야 하는 다른 내용물을 전달 받고, 화면의 내용을 담당하는 <div> 내에 이를 이용합니다. MainPage 컴포넌트의 내용 물은 <BasicLayout>을 이용해서 수정합니다.

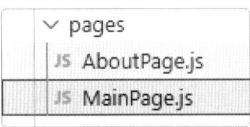

```
import BasicLayout from "../layouts/BasicLayout";

const MainPage = () => {
 return (
 <BasicLayout>

  <div className=" text-3xl">Main Page</div>
 </BasicLayout>

 );
}

export default MainPage;
```

BasicLayout이 반영된 후에는 MainPage의 내용이 아래와 같이 적용된 것을 확인할 수 있습니다.

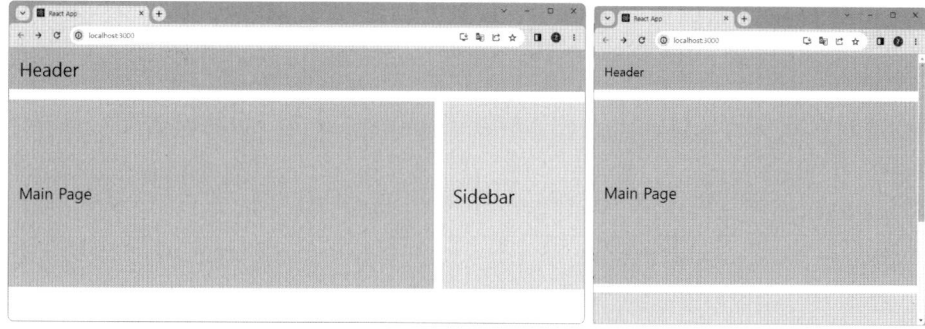

동일한 방식으로 AboutPage 역시 〈BasicLayout〉을 적용하도록 코드를 수정합니다.

```
import BasicLayout from "../layouts/BasicLayout";

const AboutPage = () => {
 return (
 <BasicLayout>
  <div className=" text-3xl">About Page</div>
 </BasicLayout>

 );
}

export default AboutPage;
```

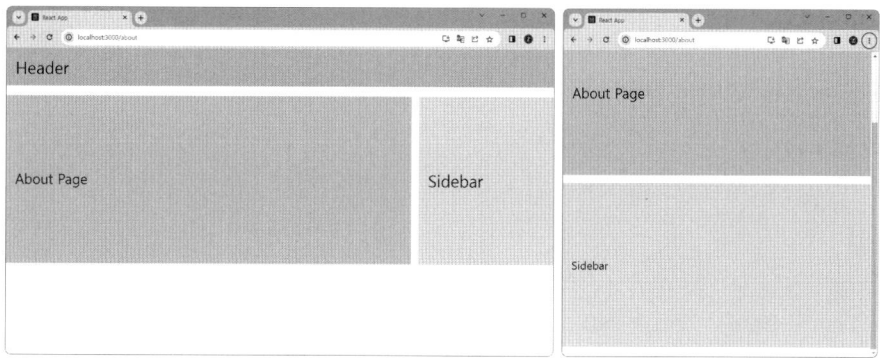

2.5 상단 메뉴 컴포넌트 구성

레이아웃 화면 상단에 Header부분에 들어가야 할 부분은 별도의 컴포넌트를 구성해서 활용합니다. components, menu 폴더를 생성하고 menu 폴더 안에 BasicMenu.js 파일을 추가합니다.

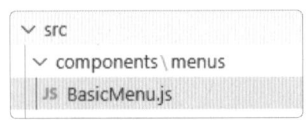

```
import { Link } from "react-router-dom";

const BasicMenu = () => {
 return (
 <nav id='navbar' className=" flex bg-blue-300">

 <div className="w-4/5 bg-gray-500" >
  <ul className="flex p-4 text-white font-bold">
  <li className="pr-6 text-2xl">
   <Link to={'/'}>Main</Link>
  </li>
  <li className="pr-6 text-2xl">
   <Link to={'/about'}>About</Link>
  </li>
  </ul>
 </div>

 <div className="w-1/5 flex justify-end bg-orange-300 p-4 font-medium">
  <div className="text-white text-sm m-1 rounded" >
   Login
  </div>
 </div>
 </nav>
 );
}

export default BasicMenu;
```

작성한 BasicMenu 컴포넌트를 BasicLayout에 상단메뉴로 추가해서 각 화면에 공통의 메뉴가 나오도록 구성합니다.

```
import BasicMenu from "../components/menus/BasicMenu";

const BasicLayout = ({children}) => {
 return (
 <>
 <BasicMenu></BasicMenu>

 <div className="bg-white my-5 w-full flex flex-col space-y-4
 md:flex-row md:space-x-4 md:space-y-0">
  <main className="bg-sky-300 md:w-2/3 lg:w-3/4 px-5 py-40">
   <h1 className="text-2xl md:text-4xl">{children}</h1>
  </main>
  <aside className="bg-green-300 md:w-1/3 lg:w-1/4 px-5 py-40">
   <h1 className="text-2xl md:text-4xl">Sidebar</h1>
  </aside>
 </div>
 </>
 );
}

export default BasicLayout;
```

MainPage와 AboutPage에 BasicLayout이 적용되어 있다면 브라우저에는 메뉴가 적용된 모습을 확인할 수 있고, 메뉴를 이동한 페이지의 이동이나 뒤로 가기 등 브라우저에서 주소창을 통한 동작 모두 가능해집니다.

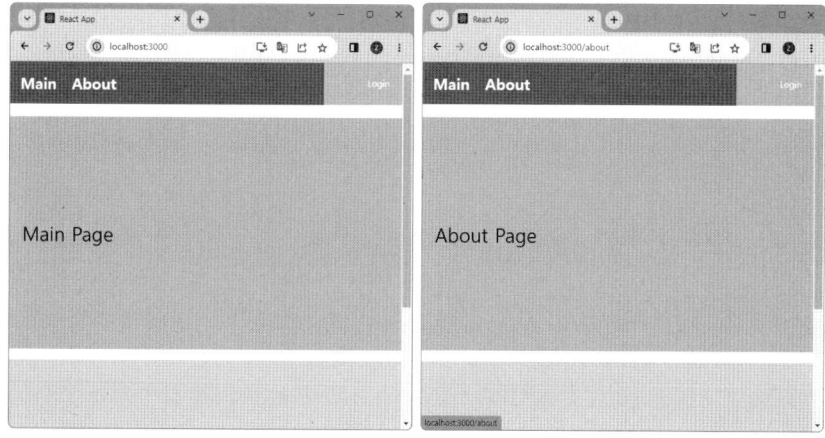

2.5.1 새로운 단위 기능과 라우팅

애플리케이션의 컴포넌트가 많아질수록 React-Router의 설정은 복잡해지고 메뉴 구조 역시 복잡해지게 됩니다. 웹에서 관련 있는 기능들을 묶어서 '모듈'이라고 부르기도 합니다. 예컨대 게시판 모듈, 회원 모듈, 상품 모듈과 같이 기능들의 목적을 모듈의 단위로 삼는 경우가 많습니다.

각 모듈은 내부적으로 자신만의 메뉴를 가지는 경우가 많은데 이를 위해서 React-Router의 〈Outlet〉을 활용하면 편리합니다. 예제에서는 앞으로 개발할 Todo 기능 개발을 염두에 두고 다음과 같은 경로들을 작성할 것입니다.

경로	설명	쿼리
/todo/list	목록 페이지	page, size
/todo/add	등록 페이지	
/todo/read/번호	조회 페이지	번호, page, size
/todo/modify/번호	수정/삭제 페이지	번호, page, size

이처럼 '/todo/'로 시작하는 경로를 처리하기 위해서 React-Router는 하위 경로를 children으로 지정할 수 있는 기능을 제공합니다. 새로운 Todo 기능을 위해서 BasicMenu 컴포넌트에는 '/todo/'로 이동할 수 있는 링크를 추가합니다(경로의 마지막을 '/'로 처리하는 부분을 주의).

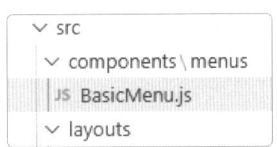

```
import { Link } from "react-router-dom";

const BasicMenu = () => {
 return (
 <nav id='navbar' className=" flex bg-blue-300">

 <div className="w-4/5 bg-gray-500" >
  <ul className="flex p-4 text-white font-bold">
   <li className="pr-6 text-2xl">
    <Link to={'/'}>Main</Link>
   </li>
```

```
      <li className="pr-6 text-2xl">
        <Link to={'/about'}>About</Link>
      </li>
      <li className="pr-6 text-2xl">
        <Link to={'/todo/'}>Todo</Link>
      </li>
    </ul>
  </div>

  <div className="w-1/5 flex justify-end bg-orange-300 p-4 font-medium">
    <div className="text-white text-sm m-1 rounded" >
      Login
    </div>
  </div>
  </nav>
  );
}

export default BasicMenu;
```

브라우저에서 새로운 Todo 메뉴가 추가된 것을 확인할 수 있고, 클릭 시에는 '/todo/' 경로에 맞는 컴포넌트가 존재하지 않기 때문에 에러가 발생하는 것을 볼 수 있습니다.

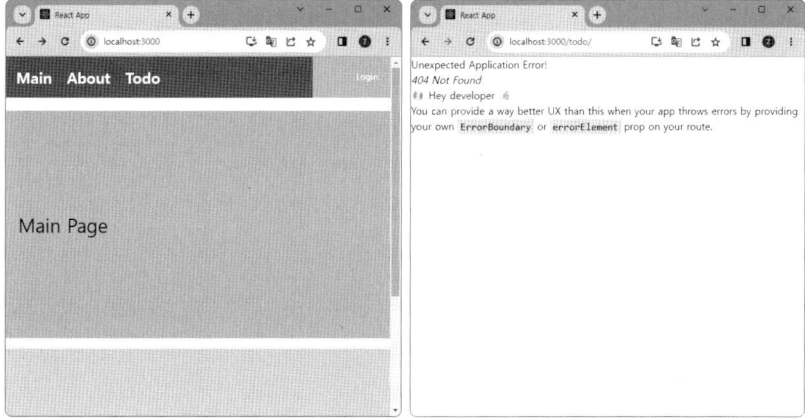

2.6 하위 경로의 설정과 <Outlet>

일반적으로 웹에서는 특정한 모듈에 접근했을 때의 기본적인 화면은 대시보드(Dashboard) 와 같은 여러 상태를 한눈에 볼 수 있는 화면이나 목록 페이지를 보여주는 것입니다. 예제에서는 '/todo/list' 대신에 '/todo/' 경로의 링크만을 남겨두었는데 이렇게 하는 이유는 모듈의 이름 자체가 하나의 경로가 된다는 원칙을 세우고 새로운 모듈들의 개발 방식을 통일하기 위함입니다.

프로젝트의 pages 폴더에 todo 폴더를 생성해 두고 위의 경로에는 존재하지 않는 IndexPage.js 파일을 추가합니다. IndexPage.js는 BasicLayout을 이용해서 전체적인 레이아웃이 적용된 가운데에서 다시 Todo와 관련된 메뉴나 화면을 구성합니다.

개발에 앞서 BasicLayout에서 영역을 알아보기 위해 설정한 padding이나 flex 관련 설정을 조정합니다.

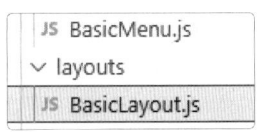

```
import BasicMenu from "../components/menus/BasicMenu";

const BasicLayout = ({children}) => {
 return (
 <>

 {/* 기존 헤더 대신 BasicMenu*/ }
 <BasicMenu/>

 {/* 상단 여백 my-5 제거 */}
 <div
 className="bg-white my-5 w-full flex flex-col space-y-1 md:flex-row 
 md:space-x-1 md:space-y-0">

   <main
   className="bg-sky-300 md:w-4/5 lg:w-3/4 px-5 py-5">
   {/* 상단 여백 py-40 변경 flex 제거 */}
    {children}
```

```
      </main>

      <aside
      className="bg-green-300 md:w-1/5 lg:w-1/4 px-5 flex py-5">
      {/* 상단 여백 py-40 제거 flex 제거 */}

        <h1 className="text-2xl md:text-4xl">Sidebar</h1>

      </aside>

    </div>
    </>
    );
}

export default BasicLayout;
```

todo 폴더의 IndexPage에서는 '/todo/' 이하 메뉴에서 필요한 하위 메뉴를 보여주고 하위 페이지들의 화면을 보여주는 〈Outlet〉 설정을 추가합니다.

```
import { Outlet } from "react-router-dom";
import BasicLayout from "../../layouts/BasicLayout";

const IndexPage = () => {

  return (
  <BasicLayout>
    <div className="w-full flex m-2 p-2 ">
    <div className="text-xl m--1 p-2 w-20 font-extrabold text-center
    underline">LIST</div>
    <div className="text-xl m--1 p-2 w-20 font-extrabold text-center
    underline">ADD</div>
    </div>
    <div className="flex flex-wrap w-full">
    <Outlet/>
    </div>
  </BasicLayout>
```

```
  );
}

export default IndexPage;
```

IndexPage를 보면 React-Router의 〈Outlet〉이 적용된 것을 볼 수 있습니다. 〈Outlet〉은 중첩적으로 라우팅이 적용될 때 기존 컴포넌트의 구조를 유지할 수 있게 하는데 이를 통해서 '/todo/list'와 같이 하위 경로에 맞는 페이지 컴포넌트를 제작할 때 IndexPage의 구조가 유지될 수 있게 됩니다. 〈Outlet〉을 활용하면 좀 더 세밀한 레이아웃의 재사용 단위를 구성할 수 있습니다.

IndexPage에는 LIST, ADD와 같이 링크를 위한 〈div〉들을 생성해 두었습니다. 이 링크는 IndexPage를 사용하는 모든 컴포넌트에 공통으로 사용할 수 있습니다. Todo 기능과 관련된 라우팅 설정을 위해 router/root.js에 '/todo' 관련 경로를 추가합니다.

> router
>> JS root.js

```
import { Suspense, lazy } from "react";

const { createBrowserRouter } = require("react-router-dom");

...

const TodoIndex = lazy(() => import("../pages/todo/IndexPage"))

const root = createBrowserRouter([

  ....
  {
  path: "todo",
  element: <Suspense fallback={Loading}><TodoIndex/></Suspense>
  }
])

export default root;
```

브라우저에서 확인해 보면 BasicLayout의 메뉴를 통해서 '/todo/'로 접근할 때 todo/IndexPage 컴포넌트가 출력되는 것을 확인할 수 있습니다.

2.7 todo/list 경로 처리

<Outlet>을 활용하면 중첩적인 라우팅 설정 시 레이아웃을 유지할 수 있는데 이를 확인하기 위해서 'todo/list'와 같이 중첩적인 경로를 처리해 보겠습니다. 먼저, 프로젝트의 pages/todo 폴더에 ListPage.js 파일을 추가합니다.

```
const ListPage = () => {
 return (
 <div className="p-4 w-full bg-white">
 <div className="text-3xl font-extrabold">
  Todo List Page Component
 </div>
 </div>
 );
}

export default ListPage;
```

ListPage 컴포넌트는 별도의 레이아웃에 대한 처리 없이 필요한 내용만으로 작성된 것을 확인할 수 있습니다. 이런 방식으로 실제 페이지들을 구성하면 공통적인 메뉴나 레이아웃 없이 코드를 독립적으로 제작할 수 있게 됩니다.

2.7.1 React-Router의 중첩 라우팅

React-Router는 하나의 경로 설정에서 children 속성을 이용해서 하위로 중첩적인 경로를 지정할 수 있습니다. router/root.js 파일을 아래와 같이 수정합니다.

```
...생략
const TodoList = lazy(() => import("../pages/todo/ListPage"))
const root = createBrowserRouter([
 ...생략
 {
 path: "todo",
 element: <Suspense fallback={Loading}><TodoIndex/></Suspense>,
 children: [
  {
  path: "list",
  element: <Suspense fallback={Loading}> <TodoList/> </Suspense>
  }
 ]
 }
])
export default root;
```

위의 설정을 적용하면 브라우저에서 'todo/list'로 접근할 경우 〈Outlet〉 부분이 ListPage 컴포넌트로 처리되는 것을 확인할 수 있습니다.

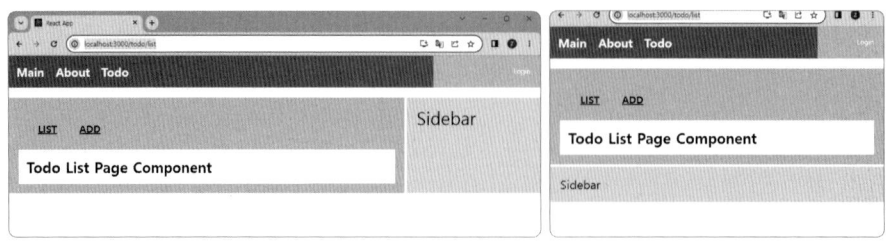

2.8 중첩 라우팅의 분리와 리다이렉션(Redirection)

위와 같이 하나의 라우팅 설정에 children 속성을 이용해서 중첩적인 라우팅 설정을 적용할 수 있지만 페이지가 많아지면 root.js 파일이 너무 복잡해지는 단점이 있습니다. 그렇기 때문에 이럴 때는 별도의 함수에서 children 속성값에 해당하는 설정을 반환하는 방식이 좀 더 알아보기 수월합니다.

router 폴더에 todoRouter.js 파일을 추가하고 '/todo/' 하위의 설정들을 반환하도록 함수를 작성합니다(일반적으로 리액트에서 파일의 이름은 컴포넌트를 제외하면 소문자로 작성합니다.).

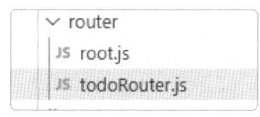

```
import { Suspense, lazy } from "react";
const Loading = <div>Loading....</div>
const TodoList = lazy(() => import("../pages/todo/ListPage"))

const todoRouter = () => {
  return [
    {
      path: "list",
      element: <Suspense fallback={Loading}><TodoList/></Suspense>
    }
  ]
}
export default todoRouter;
```

todoRouter.js 파일은 기존의 root.js 파일의 설정 일부를 별도의 파일로 분리하고 설정을 반환하도록 한 것입니다. 기존의 '/todo/'와 관련된 children 설정을 담고 있는 라우팅 설정은 todoRouter를 호출하는 형태로 수정합니다.

```
router
  JS root.js
  JS todoRouter.js
```

```js
import { Suspense, lazy } from "react";
import todoRouter from "./todoRouter";

const { createBrowserRouter } = require("react-router-dom");

const Loading = <div>Loading....</div>

const Main = lazy(() => import("../pages/MainPage"))

const About = lazy(() => import("../pages/AboutPage"))

const TodoIndex = lazy(() => import("../pages/todo/IndexPage"))

const root = createBrowserRouter([

 {
 path: "",
 element: <Suspense fallback={Loading}><Main/></Suspense>
 },
 {
 path: "about",
 element: <Suspense fallback={Loading}><About/></Suspense>
 },
 {
 path: "todo",
 element: <Suspense fallback={Loading}><TodoIndex/></Suspense>,
 children: todoRouter()
 }
])

export default root;
```

수정된 부분을 보면 '/todo/' 경로와 관련된 설정은 todoRouter( )를 이용하도록 변경된 것을 볼 수 있습니다.

2.8.1 리다이렉션 처리

todoRouter 내에, 경로에 대한 설정을 추가하긴 하지만 '/todo/' 경로로 접근하는 경우 자동으로 '/todo/list'를 바라볼 수 있도록 처리해 주면 〈Outlet〉 설정을 유지한 상태에서 사용이 가능합니다. React-Router에는 〈Navigate〉의 replace 속성을 이용해서 특정 경로로 진입 시에 자동으로 리다이렉션을 처리할 수 있습니다.

todoRouter.js에서 '/todo/' 이하의 경로가 지정되지 않았을 때 동작하는 빈 경로의 설정을 아래와 같이 추가합니다.

```
import { Suspense, lazy } from "react";
import { Navigate } from "react-router-dom";

const Loading = <div>Loading....</div>
const TodoList = lazy(() => import("../pages/todo/ListPage"))

const todoRouter = () => {

 return [
 {
  path: "list",
  element: <Suspense fallback={Loading}><TodoList/></Suspense>
 },
 {
  path: "",
  element: <Navigate replace to="list"/>
 }

 ]

}

export default todoRouter;
```

추가된 설정으로 인해 브라우저에서 'Todo' 메뉴를 선택하거나 '/todo/' 경로를 호출하는 경우 자동으로 '/todo/list'로 이동되는 것을 확인할 수 있습니다.

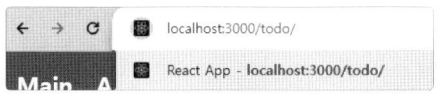

2.9 URL Params 사용하기

예제가 완성된다면 목록 페이지에서 조회 페이지로 이동할 때 경로가 변경됩니다. 최근 웹에서는 주로 경로의 마지막에 고유한 식별번호를 사용하는 것이 일반적입니다. 예제에서는 특정한 번호의 Todo를 조회할 경우 '/todo/read/33'과 같은 경로로 이동하는 방식을 적용합니다. React-Router는 경로에 필요한 데이터가 있을 때는 ' : '을 활용합니다.

2.9.1 페이지 추가

pages/todo 폴더 내에 조회할 때 사용할 ReadPage.js 파일을 추가합니다.

```
const ReadPage = () => {
 return (
 <div className="text-3xl font-extrabold">
  Todo Read Page Component
 </div>
 );
}
export default ReadPage;
```

router/todoRouter.js에는 ReadPage 컴포넌트에 대한 경로 설정을 추가합니다.

```jsx
import { Suspense, lazy } from "react";
import { Navigate } from "react-router-dom";

const todoRouter = () => {

  const Loading = <div>Loading....</div>
  const TodoList = lazy(() => import("../pages/todo/ListPage"))
  const TodoRead = lazy(() => import("../pages/todo/ReadPage"))

  return [
  {
   path: "list",
   element: <Suspense fallback={Loading}><TodoList/></Suspense>
  },
  {
   path: "",
   element: <Navigate replace to="/todo/list"/>
  },
  {
   path: "read/:tno",
   element: <Suspense fallback={Loading}><TodoRead/></Suspense>
  },
  ]

}

export default todoRouter;
```

추가된 'read/:tno'의 부분에서 ':'은 경로의 일부를 변수로 사용하기 위한 설정으로 브라우저에서 특정한 번호를 조회하는 용도로 사용합니다. 브라우저에서 '/todo/read/33'과 같은 경로를 호출하면 ReadPage 컴포넌트가 실행되는 것을 확인할 수 있습니다(마지막의 번호는 식별자의 의미를 가집니다.).

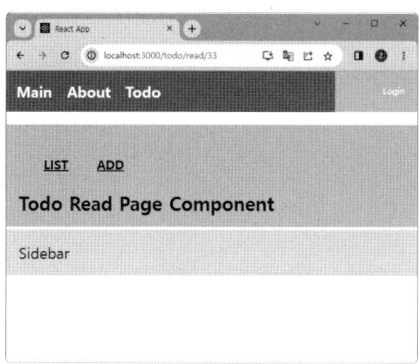

2.10 경로 처리를 위한 useParams( )

위의 화면과 같이 특정 번호의 경로를 사용하는 경우 컴포넌트에서는 주소창에 있는 경로의 일부를 활용해야 합니다. React-Router에서는 useParams( )를 이용해서 지정된 변수를 추출할 수 있습니다. ReadPage 컴포넌트에서 tno 변수로 전달되는 값을 추출해서 출력합니다.

```
import { useParams } from "react-router-dom";

const ReadPage = () => {

  const {tno} = useParams()

  return (
  <div className="text-3xl font-extrabold">
   Todo Read Page Component {tno}
  </div>
  );

}

export default ReadPage;
```

useParams( )경로의 일부가 변수로 처리된 경우 해당 이름의 변수를 추출할 수 있습니다. 브라우저를 통해서 전달되는 번호의 값을 확인할 수 있습니다. 아래 화면은 '/todo/read/33'과 같은 경로가 호출되는 경우의 결과입니다.

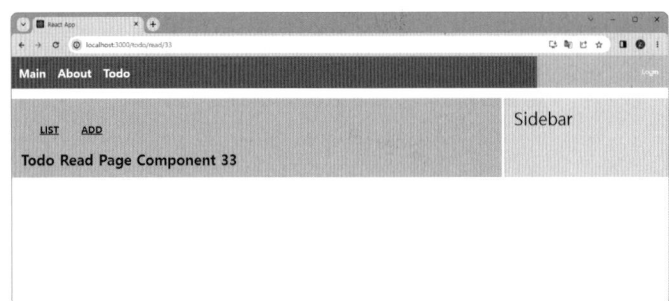

2.10.1 useSearchParams( )

useParams( )가 경로 자체의 값을 사용하는데 비해 '?' 이후에 나오는 쿼리스트링은 useSearchParams( )를 이용할 수 있습니다. 예를 들어 목록 페이지에는 페이징/검색 기능으로 인해서 '/todo/list?page=3&size=20'과 유사한 형태의 경로와 쿼리스트링이 사용되는데 이 경우 useSearchParams( )를 이용해서 원하는 쿼리스트링의 값을 추출할 수 있습니다.

```
import { useSearchParams } from "react-router-dom";

const ListPage = () => {

  const [queryParams] = useSearchParams()

  const page = queryParams.get("page") ? parseInt(queryParams.get("page")) : 1
  const size = queryParams.get("size") ? parseInt(queryParams.get("size")) : 10

  return (
  <div className="p-4 w-full bg-white">
  <div className="text-3xl font-extrabold">
   Todo List Page Component {page} --- {size}
  </div>
  </div>
  );
}

export default ListPage;
```

수정된 코드가 반영되면 경로에 쿼리스트링이 있는 경우(/todo/list?page=2&size=20)에는 해당 값을 이용하고 그렇지 않으면 1, 10과 같은 값을 사용하게 됩니다.

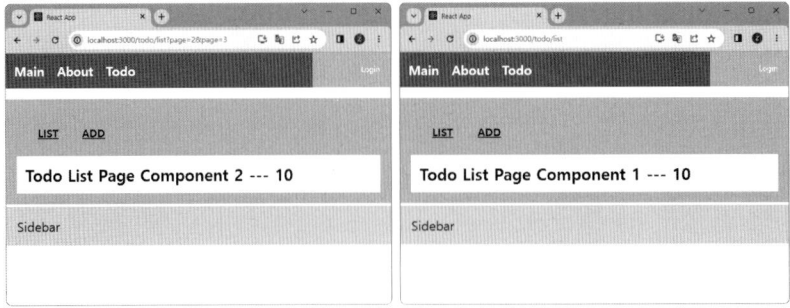

2.10.2 useNavigate( )

React-Router를 이용하면 고정된 링크로 이동할 때도 있지만, 대부분은 상황에 따라서 동적으로 데이터를 처리해서 이동하는 경우가 더 많습니다. 이럴 때는 〈Navigate〉나 〈Link〉 대신에 useNavigate( )를 이용해서 해결합니다.

IndexPage.js에는 목록 페이지(LIST)와 등록 페이지(ADD)로 이동할 수 있는 링크를 제공하는데 〈Link〉 대신에 useNavigate( )를 이용해서 이를 처리해 보겠습니다. pages/todo/IndexPage 컴포넌트의 각 링크에 대한 이벤트 처리는 다음과 같이 적용합니다.

```
import { Outlet, useNavigate } from "react-router-dom";
import BasicLayout from "../../layouts/BasicLayout";
import { useCallback } from "react";

const IndexPage = () => {

  const navigate = useNavigate()

  const handleClickList = useCallback(() => {
    navigate({ pathname:'list' })
  })

  const handleClickAdd = useCallback(() => {
    navigate({ pathname:'add' })
  })
```

```
  return (
  <BasicLayout>
   <div className="w-full flex m-2 p-2 ">
   <div
   className="text-xl m-1 p-2 w-20 font-extrabold text-center underline"
   onClick={handleClickList}>
    LIST
   </div>

   <div
   className="text-xl m-1 p-2 w-20 font-extrabold text-center underline"
   onClick={handleClickAdd}>
    ADD
   </div>

   </div>
   <div className="flex flex-wrap w-full">
   <Outlet/>
   </div>
  </BasicLayout>
  );
 }
 export default IndexPage;
```

새로운 Todo를 등록할 수 있는 페이지 컴포넌트를 pages/todo/AddPage.js 파일을 생성해서 추가합니다.

```
∨ pages
 ∨ todo
  JS AddPage.js
  JS IndexPage.js
  JS ListPage.js
  JS ReadPage.js
```

```
  const AddPage = () => {

  return (
  <div className="text-3xl font-extrabold">
   Todo Add Page
  </div>
  );
```

```
}

export default AddPage;
```

router/todoRouter.js에는 '/todo/add' 경로에 대한 설정을 추가합니다.

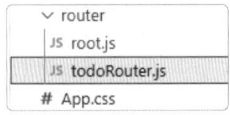

```
import { Suspense, lazy } from "react";
import { Navigate } from "react-router-dom";

const Loading = <div>Loading....</div>
const TodoList = lazy(() => import("../pages/todo/ListPage"))
const TodoRead = lazy(() => import("../pages/todo/ReadPage"))
const TodoAdd = lazy(() => import("../pages/todo/AddPage"))

const todoRouter = () => {

 return [
 {
  path: "list",
  element: <Suspense fallback={Loading}><TodoList/></Suspense>
 },
 {
  path: "",
  element: <Navigate replace to="list"/>
 },
 {
  path: "read/:tno",
  element: <Suspense fallback={Loading}><TodoRead/></Suspense>
 },
 {
  path: "add",
  element: <Suspense fallback={Loading}><TodoAdd/></Suspense>
 }

 ]

}

export default todoRouter;
```

'/todo/'로 접근하면 todo/IndexPage가 제공하는 하위 메뉴들을 볼 수 있고 'ADD'를 클릭해서 이동이 가능해집니다.

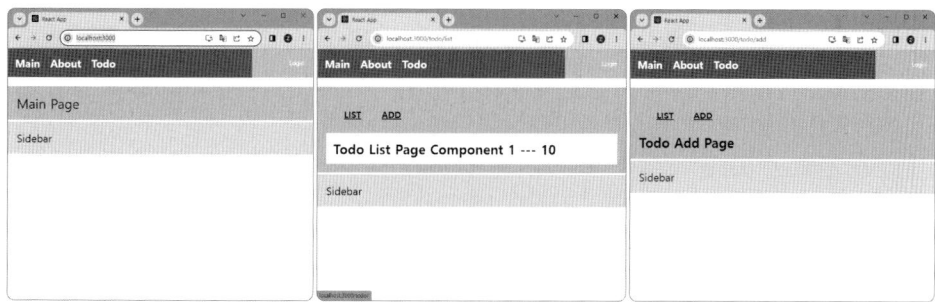

2.11 동적 페이지 이동

조회 화면에서는 수정/삭제로 이동할 수 있는 버튼을 추가해 봅니다. 수정/삭제 작업은 매번 달라지는 번호(tno)를 사용하기 때문에 고정된 링크가 아니라 useParams( )로 찾아낸 번호를 사용해야만 합니다. 또한, 조회 화면에서 다시 목록(todo/list) 화면으로 이동할 때는 페이지 번호가 매번 달라질 수 있으므로 이에 대한 동적 처리 역시 필요합니다.

2.11.1 조회 -> 수정/삭제 이동

ReadPage에서는 수정/삭제가 가능한 '/todo/modify/번호' 경로로 이동할 수 있는 기능을 추가합니다.

```
import { useCallback } from "react";
import { useNavigate, useParams } from "react-router-dom";

const ReadPage = () => {

  const {tno} = useParams()

  const navigate = useNavigate()

  const moveToModify = useCallback((tno) => {

    navigate({pathname:`/todo/modify/${tno}`})

  },[tno])
  return (
  <div className="text-3xl font-extrabold">
   Todo Read Page Component {tno}

   <div>
   <button onClick={() => moveToModify(33)}>Test Modify</button>
   </div>

  </div>
  );

}
export default ReadPage;
```

브라우저에서는 화면에 임시로 만든 〈button〉을 이용해서 '/todo/modify/33'으로 이동하는 것을 확인할 수 있습니다. 테스트를 위해 '/todo/read/33'으로 접근한 후에 버튼을 클릭해서 '/todo/modify/33'으로 이동하는지 확인합니다.

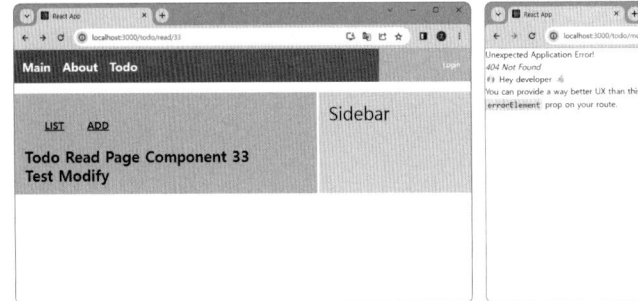
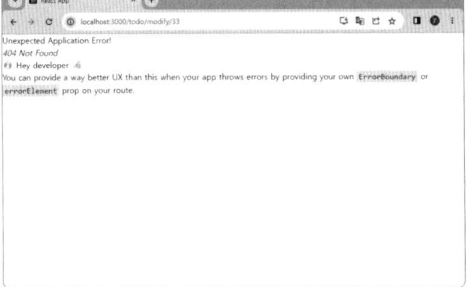

쿼리스트링의 유지

조회 페이지는 다시 목록으로 이동할 수 있기 때문에 page와 size처럼 쿼리스트링으로 전달되는 데이터들을 유지하면서 이동해야 합니다. 예를 들어 아래와 같이 사용자가 page, size를 유지하고 있는 경우를 생각해 봅니다.

위의 상황에서 'Test Modify'를 클릭하면 쿼리스트링은 유지가 되지 않는 것을 확인할 수 있습니다.

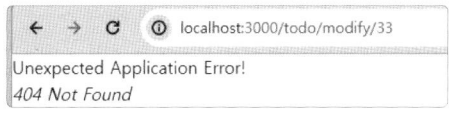

useSearchParams( )를 이용해서 쿼리스트링으로 전달된 데이터를 확인하고 createSearchParams( )라는 React-Router의 함수를 이용해서 '/todo/modift/xx'로 이동 시에 필요한 쿼리스트링을 만들어내서 navigate( )를 이용한 이동 시에 활용합니다.

```
import { useCallback } from "react";
import { createSearchParams, useNavigate, useParams, useSearchParams }
from "react-router-dom";

const ReadPage = () => {

  const {tno} = useParams()

  const navigate = useNavigate()

  const [queryParams] = useSearchParams()
```

```
  const page = queryParams.get("page") ? parseInt(queryParams.get("page"))
: 1
  const size = queryParams.get("size") ? parseInt(queryParams.get("size"))
: 10

  const queryStr = createSearchParams({page,size}).toString()

  const moveToModify = useCallback((tno) => {

    navigate({
      pathname: `/todo/modify/${tno}`,
      search: queryStr
    })

  },[tno, page, size])

  return (
  <div className="text-3xl font-extrabold">
    Todo Read Page Component {tno}

    <div>
    <button onClick={() => moveToModify(tno)}>Test Modify</button>
    </div>

  </div>
  );

}

export default ReadPage;
```

브라우저를 통해서 조회 화면에서 수정 화면으로 이동할 때 쿼리스트링이 유지되는지 확인해 봅니다.

2.11.2 조회 -> 목록 이동

조회 화면에서는 다시 목록으로 이동하는 경우도 많기 때문에 이를 위한 함수도 추가합니다.

```jsx
import { useCallback } from "react";
import { createSearchParams, useNavigate, useParams, useSearchParams } from "react-router-dom";

const ReadPage = () => {

 ...생략

 const moveToModify = useCallback((tno) => {

 ...생략

 },[tno, page, size])

 const moveToList = useCallback(() => {

    navigate({pathname:`/todo/list`, search: queryStr})

    }, [page, size])
 return (
 <div className="text-3xl font-extrabold">
  Todo Read Page Component {tno}

  <div>
  <button onClick={() => moveToModify(tno)}>Test Modify</button>

  <button onClick={() => moveToList()}>Test List</button>
  </div>

 </div>
 );
}
export default ReadPage;
```

화면에는 'Test List'를 이용해서 쿼리스트링을 유지한 채로 목록 화면으로 이동하는 것을 확인할 수 있습니다.

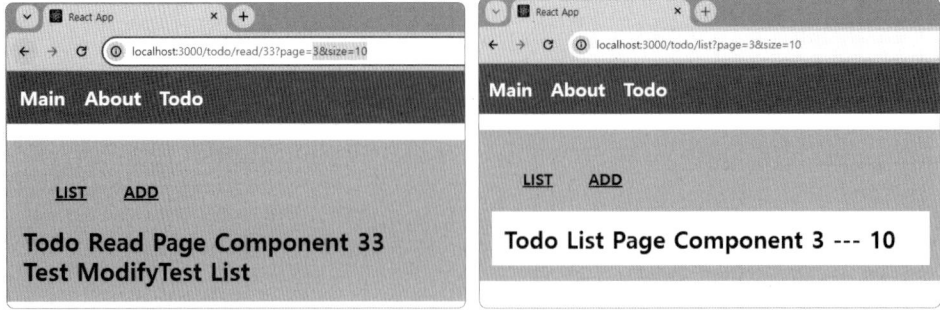

2.11.3 수정/삭제 페이지

수정/삭제 페이지는 pages/todo 폴더 내에 ModifyPage라는 이름으로 작성합니다.

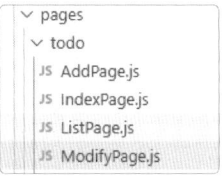

```
const ModifyPage = ({tno}) => {
 return (
 <div className="text-3xl font-extrabold">
  Todo Modify Page
 </div>
 );
}

export default ModifyPage;
```

todoRouter.js를 이용해서 ModifyPage의 라우팅 설정을 추가합니다.

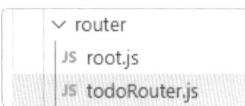

```
import { Suspense, lazy } from "react";
import { Navigate } from "react-router-dom";

const Loading = <div>Loading....</div>
const TodoList = lazy(() => import("../pages/todo/ListPage"))
const TodoRead = lazy(() => import("../pages/todo/ReadPage"))
const TodoAdd = lazy(() => import("../pages/todo/AddPage"))
const TodoModify = lazy(() => import("../pages/todo/ModifyPage"))

const todoRouter = () => {

  return [
    ...생략
    {
      path: "modify/:tno",
      element: <Suspense fallback={Loading}><TodoModify/></Suspense>
    }

  ]

}

export default todoRouter;
```

브라우저에서는 조회 화면에서 수정/삭제로 이동하거나 직접 "/todo/modify/33'과 같은 주소를 통해 ModifyPage의 동작을 확인합니다.

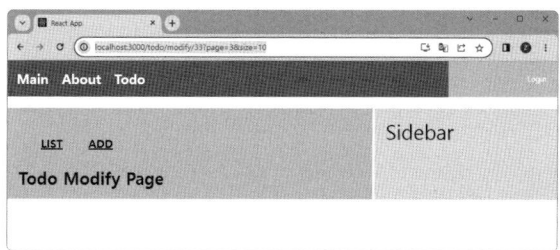

수정/삭제 처리 후 이동

수정의 경우 수정된 결과를 확인할 수 있는 조회 화면으로 다시 이동이 가능해야 하고, 삭제의 경우 목록 화면으로 이동하는 경우가 많습니다. ModifyPage에서는 이를 위한 기능들을 useNavigate( )를 이용해서 작성해 두도록 합니다(API 서버를 이용하면서 완성하도록 합니다.).

```
∨ pages
  ∨ todo
    JS AddPage.js
    JS IndexPage.js
    JS ListPage.js
    JS ModifyPage.js
```

```js
import { useNavigate } from "react-router-dom";

const ModifyPage = ({tno}) => {

  const navigate = useNavigate()

  const moveToRead = () => {

    navigate({pathname:`/todo/read/${tno}`})

  }

  const moveToList = () => {

    navigate({pathname:`/todo/list`})

  }

  return (
  <div className="text-3xl font-extrabold">
    Todo Modify Page
  </div>
  );
}

export default ModifyPage;
```

리액트를 이용하는 애플리케이션의 경우 가장 먼저 결정해야 하는 포인트는 현재 구성하려는 애플리케이션이 URL 중심으로 처리되어야 하는지에 대한 고민입니다. 대부분의 프로젝트의 경우 URL을 기준으로 SNS나 메일, 검색엔진 등을 이용해서 정보를 배포하므로 본격적인 프로젝트의 개발 전에 이동해야 하는 모든 경로들을 설계할 필요가 있습니다.

Chapter 03

스프링 부트와 API 서버

최근의 애플리케이션 개발 방향은 화면을 구성하는 프런트 엔드와 화면에 필요한 데이터를 제공하는 백 엔드의 철저한 분리입니다. 이런 구조에서 프런트 엔드 애플리케이션에 데이터를 전달하는 서버를 API 서버라고 합니다.

API 서버는 화면을 구성하는 대신에 데이터를 전달하는 것만을 처리합니다. 기존의 GET/POST 전송 방식을 벗어나 PUT/DELETE/OPTIONS 등의 다양한 방식을 활용하고 XML이나 JSON 등을 이용하는데 이처럼 다양한 방식으로 특정한 자원을 처리하는 서비스를 'RESTful'하다고 표현합니다. 이번 장에서는 스프링 부트를 이용해서 RESTful한 API 서버를 구성해 봅니다.

3장의 개발 목표는 다음과 같습니다.

- Spring Data JPA를 이용한 데이터 처리
- DTO와 엔티티 객체의 변환과 처리
- 스프링 부트 RESTful 서비스 개발

3.1 프로젝트 설정

예제 프로젝트는 1장에서 구성된 mallapi 프로젝트로 하겠습니다. VSCode에 추가된 STS(Spring Tool Suites) 플러그인으로 프로젝트를 생성하였습니다.

> **NOTE:**
>
> 스프링 부트는 웹사이트에서도 프로젝트를 생성하고, 다운로드해서 사용하는 방식도 가능합니다. https://start.spring.io/에서 프로젝트를 생성해서 사용할 수 있는데 개발 도구에서 스프링 부트를 지원하는 않는 경우 유용하게 사용할 수 있는 방법입니다.
>
> 공식적으로 스프링 프레임워크는 스프링 부트로 전환되었기 때문에 스프링의 개발에는 STS 4 버전이 사용됩니다. STS 3 버전은 기존의 스프링 프레임워크를 지원했지만, 비공식적인 지원만이 남아있습니다.

프로젝트의 src/main/resources 폴더에 있는 application.properties 내용을 다시 확인합니다.

```
spring.datasource.driver-class-name=org.mariadb.jdbc.Driver
spring.datasource.url=jdbc:mariadb://localhost:3306/malldb
spring.datasource.username=malldbuser
spring.datasource.password=malldbuser

spring.jpa.hibernate.ddl-auto=update
spring.jpa.properties.hibernate.format_sql=true
spring.jpa.show-sql=true
```

application.properties에 작성된 내용 중 위의 4라인은 데이터베이스 관련 설정입니다. 스프링 부트의 경우 데이터베이스 처리는 HikariCP라는 커넥션풀을 사용하는데 위의 정보들이 가장 최소한의 정보입니다. 만일 세밀한 설정이 더 필요하다면 'spring.datasource...' 설정들을 추가할 수 있습니다(maximunPoolSize, connectionTimeout 등등).

스프링 프레임워크는 설정이 잘못되면 프로젝트 자체가 실행되지 않기 때문에 항상 개발 전에 프로젝트의 실행 여부를 확인해야 합니다. VSCode는 프로젝트의 내용이 변경되면 자동으로 다시 시작하는 기능(hot swapping)이 지원되기 때문에 매번 서버를 다시 시작하는 불편함을 줄일 수 있습니다.

프로젝트의 정상 동작은 프로젝트 생성 시에 자동으로 만들어진 'MallapiApplication.java'를 실행해서 확인합니다.

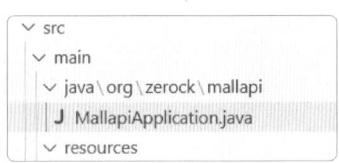

프로젝트의 실행이 준비된 상태라면 아래의 그림처럼 'Run | Debug'을 선택할 수 있습니다.

```
@SpringBootApplication
public class MallapiApplication {

  Run | Debug
  public static void main(String[] args) {
    SpringApplication.run(primarySource:MallapiApplication.class, args);
  }

}
```

3.1.1 Spring Data JPA 설정

스프링 부트는 다양한 방식으로 데이터베이스와의 연동을 지원하지만, 프로젝트에서는 JPA를 쉽게 이용할 수 있는 'Spring Data JPA'를 이용합니다. 'Spring Data JPA'는 설정에 따라서 자동으로 테이블의 생성까지도 지원하고 데이터베이스 처리에 필요한 SQL의 생성도 자동으로 해주기 때문에 개발 시간을 단축시킬 수 있습니다.

application.properties 파일에 자동으로 테이블이 생성되거나 변경될 수 있는 옵션이 추가되어 있습니다.

```
spring.jpa.hibernate.ddl-auto=update
spring.jpa.properties.hibernate.format_sql=true
spring.jpa.show-sql=true
```

spring.jpa.hibernate.ddl-auto 설정은 SQL의 DDL(테이블 생성이나 객체 생성할 때 사용) 기능을 의미하는데 다음과 같은 속성값을 이용할 수 있습니다.

- create: 기존 테이블 삭제 후 다시 생성(DROP + CREATE)
- create-drop: create와 같으나 종료 시점에 테이블 DROP
- update: 변경분만 반영(개발 환경에서만 사용할 것)
- validate: 엔티티와 테이블이 정상적인지만 확인
- none: DDL 처리에 관여하지 않음

프로젝트 설정에 사용한 update는 변경된 내용을 다시 데이터베이스에 반영해 주고 기존의 테이블을 삭제하지 않기 때문에 테스트에 적합합니다(간혹 문제가 발생하는 경우에는 테이블을 삭제하고 다시 실행하면 테이블이 생성됩니다.).

spring.jpa.properties.hibernate.format_sql=true는 스프링 부트가 실행되면서 사용하는 SQL들의 포맷팅을 의미하는데 true인 경우 줄바꿈 처리가 되기 때문에 좀 더 알아보기 쉬워집니다. spring.jpa.show-sql=true는 말 그대로 실행 과정에서 만들어지는 SQL을 출력할 것인지를 의미합니다.

3.1.2 엔티티 클래스 작성

JPA는 엔티티(entity) 객체를 사용해서 데이터베이스와 애플리케이션 사이에 데이터를 동기화하고 관리합니다. 엔티티 객체를 생성하기 위해서는 엔티티 클래스를 생성하는데 이를 위해서 domain 패키지를 추가하고 Todo 클래스를 추가합니다.

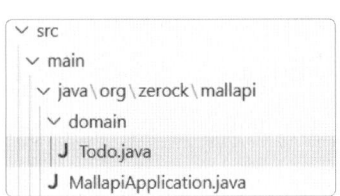

Spring Data JPA에서 엔티티를 설정하는 방법은 어노테이션들을 추가해서 처리합니다. @Entity가 있는 클래스는 엔티티 클래스가 되는데 엔티티 클래스의 경우 반드시 데이터베이스의 PK를 의미하는 @Id가 있도록 작성해야만 합니다.

```
package org.zerock.mallapi.domain;

import java.time.LocalDate;

import jakarta.persistence.*;
import lombok.*;

@Entity
@Table(name = "tbl_todo")
```

```java
@Getter
@ToString
@Builder
@AllArgsConstructor
@NoArgsConstructor
public class Todo {

  @Id
  @GeneratedValue(strategy = GenerationType.IDENTITY)
  private Long tno;

  private String title;

  private String writer;

  private boolean complete;

  private LocalDate dueDate;

}
```

Todo의 경우 고유한 PK를 가지기 위한 방법으로는 @GeneratedValue를 이용해서 사용자가 지정하지 않고 자동으로 생성되는 방식을 이용하였습니다. @GenerationType.IDENTITY는 PK의 생성 방식을 데이터베이스 쪽에서 알아서 처리한다는 의미로 MariaDB는 자동으로 생성되는 auto_increment 방식으로 처리됩니다.

Todo 클래스를 추가한 후에 스프링 부트 프로젝트를 실행하면 중간에 아래와 같이 테이블 생성에 필요한 DDL이 실행되는 것을 확인할 수 있습니다.

```
Hibernate:
    create table tbl_todo (
        tno bigint not null auto_increment,
        complete bit not null,
        due_date date,
        title varchar(255),
        writer varchar(255),
        primary key (tno)
    ) engine=InnoDB
```

Repository 설정과 테스트

엔티티 처리에 대한 기능은 Spring Data JPA의 JpaRepository로 처리합니다. 프로젝트 내에 repository 패키지를 생성하고 TodoRepository 인터페이스를 추가합니다.

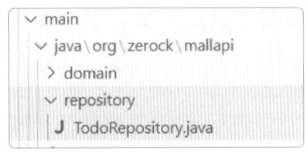

```
package org.zerock.mallapi.repository;

import org.springframework.data.jpa.repository.JpaRepository;
import org.zerock.mallapi.domain.Todo;

public interface TodoRepository extends JpaRepository<Todo, Long>{

}
```

JpaRepository를 상속해서 만드는 TodoRepository는 별도의 메서드 등을 작성하지 않아도 CRUD와 페이징 처리 등의 기능이 제공됩니다.

3.2 TodoRepository 테스트

스프링 부트는 기본적으로 테스트 환경을 지원하기 때문에 이미 생성되어 있는 test 폴더를 이용해서 테스트 코드를 작성하고 실행할 수 있습니다. 프로젝트에서는 Lombok의 로그를 좀 더 적극적으로 활용하기 위해서 테스트 환경에서도 Lombok을 이용할 수 있는 설정으로 변경합니다.

기존 설정에 테스트 환경에서 Lombok 설정을 변경합니다.

```
dependencies {
  ...생략

  testCompileOnly 'org.projectlombok:lombok'
  testAnnotationProcessor 'org.projectlombok:lombok'
}
```

build.gradle의 설정은 프로젝트 전체에 영향을 주기 때문에 주의해야 합니다. build.gradle 설정을 변경한 후에는 새로운 설정이 반영될 수 있도록 작업 영역을 초기화해야 합니다.

'View -> Command Palette' 메뉴에서 'clean' 키워드로 검색해서 'Server Workspace' 항목을 선택하고 VSCode를 다시 시작합니다.

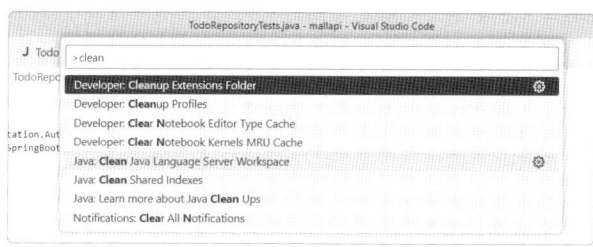

Test 폴더에는 repository 패키지를 생성하고 TodoRepositoryTests.java 파일을 추가합니다.

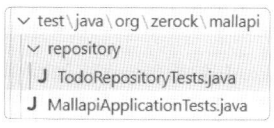

```
package org.zerock.mallapi.repository;

import org.junit.jupiter.api.Test;
import org.springframework.beans.factory.annotation.Autowired;
```

```
import org.springframework.boot.test.context.SpringBootTest;

import lombok.extern.log4j.Log4j2;

@SpringBootTest
@Log4j2
public class TodoRepositoryTests {

  @Autowired
  private TodoRepository todoRepository;

  @Test
  public void test1() {

    log.info("--------------------------");
    log.info(todoRepository);

  }
}
```

테스트 메서드는 메서드 오른쪽의 표시를 이용해서 실행하거나 VSCode 오른쪽에 있는 메뉴 중에 테스트 메뉴에서 test1( )을 확인하고 실행할 수 있습니다.

실행 결과로 TodoRepository 타입의 객체가 생성된 것을 확인합니다(원래의 테스트 주도 개발 방식에서는 Assertions의 API를 활용하는 것이 좋지만, 예제에서는 눈으로 확인할 수 있도록 출력하는 방식을 이용합니다.).

3.2.1 데이터 추가

JPA는 엔티티 클래스에서 만들어진 엔티티 객체를 저장하는 것으로 데이터베이스의 insert나 update가 실행될 수 있습니다. 새로운 데이터를 추가하는 것은 Todo 엔티티 객체를 생성한 후에 TodoRepository의 save( )를 이용합니다.

TodoRepositoryTests 클래스에 데이터를 추가하는 테스트 코드를 추가합니다.

```java
package org.zerock.mallapi.repository;

import java.time.LocalDate;

import org.junit.jupiter.api.Test;
import org.springframework.beans.factory.annotation.Autowired;
import org.springframework.boot.test.context.SpringBootTest;
import org.zerock.mallapi.domain.Todo;

import lombok.extern.log4j.Log4j2;

@SpringBootTest
@Log4j2
public class TodoRepositoryTests {

  @Autowired
  private TodoRepository todoRepository;

  @Test
  public void testInsert() {

    for (int i = 1; i <= 100; i++) {

      Todo todo = Todo.builder()
        .title("Title..." + i)
        .dueDate(LocalDate.of(2023,12,31))
        .writer("user00")
        .build();

      todoRepository.save(todo);
    }
  }

}
```

testInsert( )가 실행되면 100개의 insert문이 실행되는 것을 확인할 수 있습니다.

```
Hibernate:
    insert
    into
        tbl_todo
        (complete,due_date,title,writer)
    values
        (?,?,?,?)
Hibernate:
    insert
    into
        tbl_todo
        (complete,due_date,title,writer)
    values
        (?,?,?,?)
```

데이터베이스를 조회할 수 있는 툴을 이용해서 tbl_todo 테이블에 추가된 데이터를 확인할 수 있습니다(데이터베이스 툴에 따라서 boolean 타입은 다르게 보일 수 있습니다. 예를 들어 DataGrip 제품의 경우에는 true/false로 표시됩니다. 아래 그림은 DBeaver 프로그램의 결과입니다.).

 간혹 잘못된 코드를 실행해서 다시 테이블을 만들어야 한다면 데이터베이스 내에서 테이블을 삭제하고 테스트 코드를 실행하면 테이블 생성과 데이터 추가는 함께 처리됩니다.

3.2.2 데이터 조회

특정한 번호의 데이터를 알아내기 위해서는 findById( ) 기능을 이용합니다. TodoRepositoryTests 클래스에 테스트 코드를 추가합니다. findById( ) 기능은 리턴 타입이 java.util.Optional입니다.

```java
@Test
public void testRead() {

    //존재하는 번호로 확인
    Long tno = 33L;

    java.util.Optional<Todo> result = todoRepository.findById(tno);

    Todo todo = result.orElseThrow();

    log.info(todo);
}
```

테스트에서 사용하는 번호는 데이터베이스에 존재하는 번호로 확인합니다. 테스트 중에 'select...'문이 실행되는 것을 확인할 수 있습니다.

```
Hibernate:
    select
        t1_0.tno,
        t1_0.complete,
        t1_0.due_date,
        t1_0.title,
        t1_0.writer
    from
        tbl_todo t1_0
    where
        t1_0.tno=?
```

3.2.3 데이터 수정

데이터 수정은 등록과 동일하게 save( )로 수정합니다. 일반적으로 엔티티 객체는 가능하면 불변(immutable)하게 만들어지는 것이 좋지만 상황에 따라서 수정이 가능한 객체를 만들기도 합니다.

Todo 엔티티 클래스에서는 수정이 가능한 부분에 대해서 변경 가능하게 수정합니다. Todo의 제목(title)이나 완료여부(complete), 만료일(dueDate) 등은 수정할 수 있습니다.

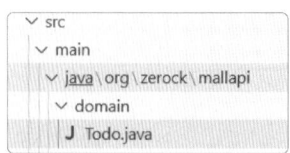

```
public class Todo {

  ...생략

  public void changeTitle(String title){
    this.title = title;
  }

  public void changeComplete(boolean complete){
    this.complete = complete;
  }

  public void changeDueDate(LocalDate dueDate){
    this.dueDate = dueDate;
  }

}
```

테스트 코드에서는 1) 우선 해당 번호의 데이터를 조회한 후에, 2) 필요한 내용을 변경하고, 3) save( )로 실행합니다.

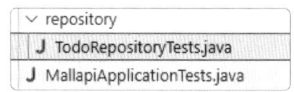

```
@Test
public void testModify() {

  Long tno = 33L;

  Optional<Todo> result = todoRepository.findById(tno); //java.util
패키지의 Optional
```

```
    Todo todo = result.orElseThrow();
    todo.changeTitle("Modified 33...");
    todo.changeComplete(true);
    todo.changeDueDate(LocalDate.of(2023,10,10));

    todoRepository.save(todo);
}
```

위의 테스트 코드에서는 findById( )에서 한 번의 select가 이루어지고 save( )하기 위해서 다시 select와 update가 이루어집니다.

```
Hibernate:                  Hibernate:                  Hibernate:
    select                      select                      update
        t1_0.tno,                   t1_0.tno,                   tbl_todo
        t1_0.complete,              t1_0.complete,          set
        t1_0.due_date,              t1_0.due_date,              complete=?,
        t1_0.title,                 t1_0.title,                 due_date=?,
        t1_0.writer                 t1_0.writer                 title=?,
    from                        from                            writer=?
        tbl_todo t1_0               tbl_todo t1_0           where
    where                       where                           tno=?
        t1_0.tno=?                  t1_0.tno=?
```

테스트 실행 후에는 데이터베이스에서 업데이트 결과를 확인해 둡니다.

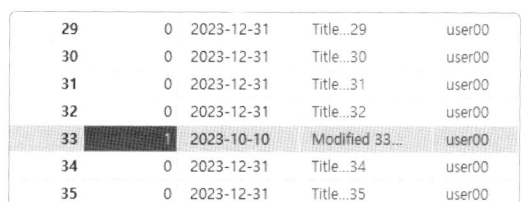

3.2.4 데이터 삭제

데이터의 삭제는 deleteById( )로 쉽게 처리할 수 있습니다. 삭제의 경우도 먼저 데이터베이스에서 select를 수행한 후에 delete가 실행됩니다.

```
@Test
  public void testDelete() {
    Long tno = 1L;

    todoRepository.deleteById(tno);

  }
```

```
Hibernate:
    select
        t1_0.tno,
        t1_0.complete,
        t1_0.due_date,
        t1_0.title,
        t1_0.writer
    from
        tbl_todo t1_0
    where
        t1_0.tno=?
Hibernate:
    delete
    from
        tbl_todo
    where
        tno=?
```

JPA가 select를 먼저 실행한 후에 update/delete를 실행하는 이유는 JPA가 결과적으로 원하는 것이 애플리케이션의 데이터와 데이터베이스의 동기화이기 때문입니다. JPA는 객체로 관리되는 상태를 데이터베이스에 자동으로 반영해 주는데 이 때문에 데이터베이스만 접근하는 것이 아니라 데이터를 관리하는 존재(엔티티 매니저라고 합니다.)를 통해서 모든 작업이 이루어집니다. 특정한 엔티티 객체를 변화시키기 위해서는 우선 엔티티 매니저의 관리하에 있어야만 하기 때문에 select문을 통해서 메모리상으로 로딩하는 과정을 수행하게 됩니다.

3.2.5 페이징 처리

개발 단계에서 반드시 필요한 페이지 처리는 Spring Data JPA에서는 Pageable 타입을 사용해서 별도의 코드 작성없이 페이징 처리를 할 수 있습니다. JpaRepository에는 findAll( ) 메서드를 통해서 한 번에 페이지에 대한 처리가 가능합니다.

findAll( )의 파라미터 타입인 Pageable은 PageRequest.of(페이지 번호, 사이즈)의 형태로 생성하는데 주의할 점은 페이지 번호가 0부터 시작한다는 점을 주의해야 합니다. findAll( )의 결과는 Page<엔티티> 타입으로 생성되는데 데이터의 수가 충분하면 내부적으로 데이터베이스에 count 쿼리를 같이 실행합니다.

테스트를 위해 testPaging( ) 메서드를 작성합니다(import 주의).

```java
package org.zerock.mallapi.repository;

...

import org.junit.jupiter.api.Test;
import org.springframework.beans.factory.annotation.Autowired;
import org.springframework.boot.test.context.SpringBootTest;
import org.springframework.data.domain.Page;
import org.springframework.data.domain.PageRequest;
import org.springframework.data.domain.Pageable;
import org.springframework.data.domain.Sort;
import org.zerock.mallapi.domain.Todo;

import lombok.extern.log4j.Log4j2;

@SpringBootTest
@Log4j2
public class TodoRepositoryTests {

  ...

  @Test
  public void testPaging() {

    //import org.springframework.data.domain.Pageable;

     Pageable pageable =
      PageRequest.of(0,10, Sort.by("tno").descending());

    Page<Todo> result = todoRepository.findAll(pageable);

    log.info(result.getTotalElements());

    result.getContent().stream().forEach(todo -> log.info(todo));

  }
}
```

위의 테스트 코드를 실행하면 데이터를 조회하는 쿼리에 limit가 적용되어 있고, 데이터의 개수를 가져오는 쿼리가 실행되는 것을 확인할 수 있습니다.

```
Hibernate:
    select
        t1_0.tno,
        t1_0.complete,
        t1_0.due_date,
        t1_0.title,
        t1_0.writer
    from
        tbl_todo t1_0
    order by
        t1_0.tno desc limit ?,
        ?
```

```
Hibernate:
    select
        count(t1_0.tno)
    from
        tbl_todo t1_0
```

테스트 결과로 99개의 데이터가 존재(1개는 앞에서 삭제)하고 tno의 역순으로 정렬된 것을 볼 수 있습니다.

```
o.z.m.repository.TodoRepositoryTests     : 99
o.z.m.repository.TodoRepositoryTests     : Todo(tno=100, title=Title...100, writer=user00, complete=false, dueDate=2023-12-31)
o.z.m.repository.TodoRepositoryTests     : Todo(tno=99, title=Title...99, writer=user00, complete=false, dueDate=2023-12-31)
o.z.m.repository.TodoRepositoryTests     : Todo(tno=98, title=Title...98, writer=user00, complete=false, dueDate=2023-12-31)
o.z.m.repository.TodoRepositoryTests     : Todo(tno=97, title=Title...97, writer=user00, complete=false, dueDate=2023-12-31)
o.z.m.repository.TodoRepositoryTests     : Todo(tno=96, title=Title...96, writer=user00, complete=false, dueDate=2023-12-31)
o.z.m.repository.TodoRepositoryTests     : Todo(tno=95, title=Title...95, writer=user00, complete=false, dueDate=2023-12-31)
o.z.m.repository.TodoRepositoryTests     : Todo(tno=94, title=Title...94, writer=user00, complete=false, dueDate=2023-12-31)
o.z.m.repository.TodoRepositoryTests     : Todo(tno=93, title=Title...93, writer=user00, complete=false, dueDate=2023-12-31)
o.z.m.repository.TodoRepositoryTests     : Todo(tno=92, title=Title...92, writer=user00, complete=false, dueDate=2023-12-31)
o.z.m.repository.TodoRepositoryTests     : Todo(tno=91, title=Title...91, writer=user00, complete=false, dueDate=2023-12-31)
j.LocalContainerEntityManagerFactoryBean : Closing JPA EntityManagerFactory for persistence unit 'default'
```

3.3 서비스 계층과 DTO 처리

엔티티 객체는 단순한 자바의 인스턴스가 아니라 JPA를 통해서 관리되고 있는 객체(영속 객체)입니다. 따라서 실제 데이터를 서비스할 때는 엔티티 객체의 내용물을 복사해서 사용하는 DTO를 이용합니다.

프로젝트 내 dto 패키지를 생성하고 TodoDTO를 생성합니다.

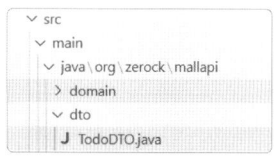

```
package org.zerock.mallapi.dto;

import com.fasterxml.jackson.annotation.JsonFormat;
import lombok.AllArgsConstructor;
import lombok.Builder;
import lombok.Data;
import lombok.NoArgsConstructor;

import java.time.LocalDate;

@Data
@Builder
@AllArgsConstructor
@NoArgsConstructor
public class TodoDTO {

  private Long tno;

  private String title;

  private String writer;

  private boolean complete;

  @JsonFormat(shape = JsonFormat.Shape.STRING, pattern = "yyyy-MM-dd")
  private LocalDate dueDate;
}
```

TodoDTO는 Lombok의 기능을 활용해서 getter/setter를 생성하고 날짜는 화면에서 쉽게 처리하도록 @JsonFormat을 이용해서 '2023-12-31'과 같은 포맷으로 구성합니다.

3.3.1 서비스 선언

서비스 계층은 DTO 타입으로 데이터를 주고받도록 구성합니다. service 패키지를 구성하고 TodoService.java 인터페이스와 TodoServiceImple.java 클래스를 추가합니다.

TodoService 인터페이스에는 등록 기능을 선언합니다. 등록 기능은 반환값으로 새로 등록된 Todo의 번호를 반환하도록 합니다.

```java
package org.zerock.mallapi.service;

import org.zerock.mallapi.dto.TodoDTO;

public interface TodoService {

    Long register(TodoDTO todoDTO);

}
```

TodoServiceImpl은 TodoService 인터페이스의 구현체로 아직 내용은 없이 구성만을 추가합니다.

```java
package org.zerock.mallapi.service;

import org.springframework.stereotype.Service;
import org.springframework.transaction.annotation.Transactional;
import org.zerock.mallapi.dto.TodoDTO;

import lombok.extern.log4j.Log4j2;

@Service
@Transactional
@Log4j2
public class TodoServiceImpl implements TodoService {

    @Override
    public Long register(TodoDTO todoDTO) {
```

```
        log.info(".........");
        return null;
    }
}
```

3.3.2 ModelMapper 라이브러리

서비스 계층의 파라미터와 리턴 타입은 DTO를 이용하지만 내부적으로는 엔티티 객체를 사용해야 하는 경우가 많기 때문에 'DTO ↔ 엔티티' 처리를 수월하게 할 수 있는 ModelMapper를 활용하는 것이 편리합니다.

build.gradle 파일에 ModelMapper 라이브러리를 추가합니다

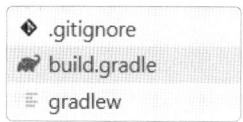

```
dependencies {
    ...생략

    implementation 'org.modelmapper:modelmapper:3.1.1'

}
```

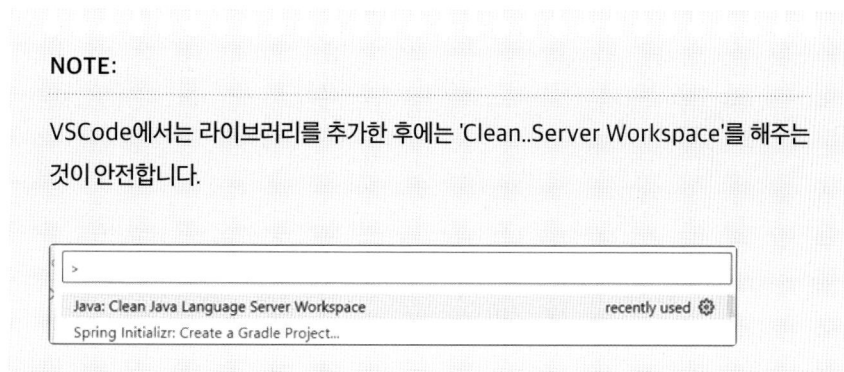

NOTE:

VSCode에서는 라이브러리를 추가한 후에는 'Clean..Server Workspace'를 해주는 것이 안전합니다.

프로젝트에는 config 패키지를 추가하고 RootConfig.java 파일을 추가합니다.

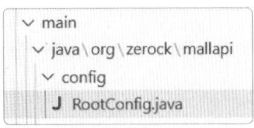

RootConfig는 스프링에서 설정 파일의 역할을 하는 @Configuration 어노테이션을 추가하고 ModelMapper를 설정합니다.

```java
package org.zerock.mallapi.config;

import org.springframework.context.annotation.Configuration;

import org.modelmapper.ModelMapper;
import org.modelmapper.convention.MatchingStrategies;
import org.springframework.context.annotation.Bean;

@Configuration
public class RootConfig {

  @Bean
  public ModelMapper getMapper() {
    ModelMapper modelMapper = new ModelMapper();
    modelMapper.getConfiguration()
            .setFieldMatchingEnabled(true)
            .setFieldAccessLevel(org.modelmapper.config.Configuration.AccessLevel.PRIVATE)
            .setMatchingStrategy(MatchingStrategies.LOOSE);

    return modelMapper;
  }
}
```

3.4 서비스 계층의 구현

서비스 계층의 구현은 TodoDTO 타입으로 파라미터나 리턴 타입을 처리합니다. 그리고 TodoRepository로 Todo 엔티티 객체를 처리해야 하기 때문에 ModelMapper로 간단하게 처리하는 방법을 사용합니다.

3.4.1 등록 기능의 구현

TodoServiceImpl의 등록 기능은 다음과 같이 작성됩니다. 서비스 객체를 구성할 때는 항상 트랜잭션 처리를 설정해 두고 작업해야 합니다.

```java
package org.zerock.mallapi.service;

import org.modelmapper.ModelMapper;
import org.springframework.stereotype.Service;
import org.springframework.transaction.annotation.Transactional;
import org.zerock.mallapi.domain.Todo;
import org.zerock.mallapi.dto.TodoDTO;
import org.zerock.mallapi.repository.TodoRepository;

import lombok.RequiredArgsConstructor;
import lombok.extern.log4j.Log4j2;

@Service
@Transactional
@Log4j2
@RequiredArgsConstructor   // 생성자 자동 주입
public class TodoServiceImpl implements TodoService {

    //자동주입 대상은 final로
    private final ModelMapper modelMapper;

    private final TodoRepository todoRepository;

    @Override
    public Long register(TodoDTO todoDTO) {

        log.info(".........");

        Todo todo = modelMapper.map(todoDTO, Todo.class);
```

```
        Todo savedTodo = todoRepository.save(todo);

        return savedTodo.getTno();

    }
}
```

test 폴더에는 service 패키지를 추가하고 TodoServiceTests.java 파일을 추가해서 작성된 TodoService의 테스트를 진행합니다.

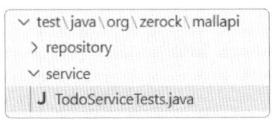

```
package org.zerock.mallapi.service;

import java.time.LocalDate;

import org.junit.jupiter.api.Test;
import org.springframework.beans.factory.annotation.Autowired;
import org.springframework.boot.test.context.SpringBootTest;

import org.zerock.mallapi.dto.TodoDTO;

import lombok.extern.log4j.Log4j2;

@SpringBootTest
@Log4j2
public class TodoServiceTests {

    @Autowired
    private TodoService todoService;

    @Test
    public void testRegister() {

        TodoDTO todoDTO = TodoDTO.builder()
            .title("서비스 테스트")
            .writer("tester")
            .dueDate(LocalDate.of(2023,10,10))
            .build();
```

```
        Long tno = todoService.register(todoDTO);

        log.info("TNO: " + tno);

    }

}
```

테스트 코드를 실행해서 새로운 번호의 Todo 데이터가 생성되는지 확인하고 데이터베이스에서도 결과를 확인합니다.

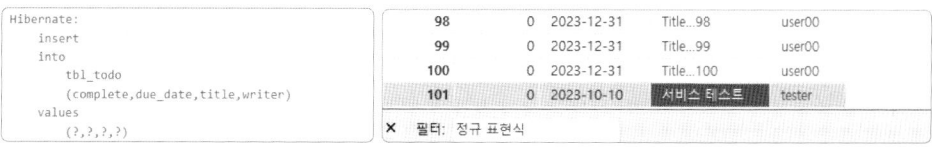

3.4.2 조회 기능의 구현

TodoService에는 TodoDTO를 반환하는 조회용 메서드를 추가합니다.

```
public interface TodoService {

    Long register(TodoDTO todoDTO);

    TodoDTO get(Long tno);
}
```

TodoServiceImpl에서의 구현은 Todo 엔티티 객체를 구하고 이를 ModelMapper를 이용해 TodoDTO로 변환해서 반환합니다.

```java
@Override
public TodoDTO get(Long tno) {

  Optional<Todo> result = todoRepository.findById(tno);

  Todo todo = result.orElseThrow();

  TodoDTO dto = modelMapper.map(todo, TodoDTO.class);

  return dto;
}
```

테스트 코드에서 현재 데이터베이스에 있는 번호로 확인해 봅니다.

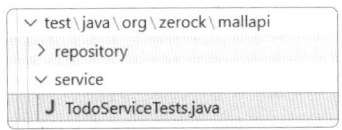

```java
@Test
public void testGet() {

  Long tno = 101L;

  TodoDTO todoDTO = todoService.get(tno);

  log.info(todoDTO);

}
```

3.4.3 수정/삭제 기능의 구현

TodoService에 수정 기능과 삭제 기능을 선언합니다.

```java
public interface TodoService {

  Long register(TodoDTO todoDTO);

  TodoDTO get(Long tno);

  void modify(TodoDTO todoDTO);

  void remove(Long tno);
}
```

TodoServiceImpl에서 수정 기능의 구현은 기존의 Todo를 먼저 로딩한 후에 TodoDTO 에서 변경된 내용(title, complete, dueDate)을 반영하고 다시 저장하는 방식으로 구현됩니다.

```java
@Override
public void modify(TodoDTO todoDTO) {

  Optional<Todo> result = todoRepository.findById(todoDTO.getTno());

  Todo todo = result.orElseThrow();

  todo.changeTitle(todoDTO.getTitle());
  todo.changeDueDate(todoDTO.getDueDate());
  todo.changeComplete(todoDTO.isComplete());

  todoRepository.save(todo);

}

@Override
public void remove(Long tno) {

  todoRepository.deleteById(tno);

}
```

앞의 기능들과 동일하게 테스트 코드를 통해서 동작 여부를 확인해 두는 것이 좋습니다.

3.5 목록 처리와 DTO

페이징 처리가 되는 목록 데이터는 크게 1) 해당 페이지의 TodoDTO 리스트와 2) 페이지 번호, 전체 데이터의 수, 이전/다음 페이지 처리에 필요한 부가적인 데이터로 구성될 수 있습니다. 부가적인 데이터를 리액트와 같은 프런트 엔드쪽에서 처리할 수도 있지만 서버에서 데이터의 가공이 많을수록 리액트에서 작업이 편해집니다.

TodoRepository에서 목록 데이터는 Spring Data JPA 관련된 API들을 이용하기 때문에 Pageable 타입의 파라미터를 사용하고 리턴 타입 역시 Page〈Todo〉의 형태로 결과를 생성해 냅니다. 엔티티와 그에 관련된 처리는 가능하면 최소한의 영역에서만 처리하고 나머지는 DTO를 이용하는 것이 안전하기 때문에 TodoRepository의 Page〈Todo〉의 Todo와 Page를 다른 DTO 타입으로 만들어서 사용하도록 합니다.

API 서버의 경우 화면이 없고 순수한 데이터만을 전달하기 때문에 서버에서도 데이터의 구조를 만들어 두면 편리합니다. 특히 목록 데이터와 같이 반복적으로 자주 사용되는 기능의 경우 매번 데이터를 구성하는 방식보다는 정해진 DTO로 규정해 두어서 개발의 공통적인 표준처럼 사용하는 것이 편리합니다.

dto 패키지에 페이지 번호나 사이즈 등을 처리하기 위한 PageRequestDTO 클래스와 목록 처리에 필요한 모든 데이터를 반환하는 PageResponseDTO 클래스를 선언합니다.

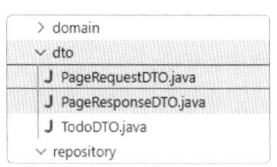

```
package org.zerock.mallapi.dto;

import lombok.AllArgsConstructor;
import lombok.Builder;
import lombok.Data;
```

```
import lombok.NoArgsConstructor;
import lombok.experimental.SuperBuilder;

@Data
@SuperBuilder
@AllArgsConstructor
@NoArgsConstructor
public class PageRequestDTO {

  @Builder.Default
  private int page = 1;

  @Builder.Default
  private int size = 10;
}
```

PageResponseDTO는 나중에 다른 타입의 DTO들을 이용할 수 있도록 제네릭 타입으로 작성합니다. PageResponseDTO는 DTO의 리스트와 전체 데이터의 수를 지정하면 페이지 처리에 필요한 번호(pageNumList)나 이전/다음에 대한 처리가 이루어집니다.

```
package org.zerock.mallapi.dto;

import lombok.Builder;
import lombok.Data;

import java.util.List;
import java.util.stream.Collectors;
import java.util.stream.IntStream;

@Data
public class PageResponseDTO<E> {

  private List<E> dtoList;

  private List<Integer> pageNumList;

  private PageRequestDTO pageRequestDTO;

  private boolean prev, next;

  private int totalCount, prevPage, nextPage, totalPage, current;

  @Builder(builderMethodName = "withAll")
```

```java
    public PageResponseDTO(List<E> dtoList, PageRequestDTO pageRequestDTO,
long totalCount) {

        this.dtoList = dtoList;
        this.pageRequestDTO = pageRequestDTO;
        this.totalCount = (int)totalCount;

        int end =   (int)(Math.ceil( pageRequestDTO.getPage() / 10.0 )) *  10;

        int start = end - 9;

        int last =  (int)(Math.ceil((totalCount/(double)pageRequestDTO.getSize())));

        end =  end > last ? last: end;

        this.prev = start > 1;


        this.next =   totalCount > end * pageRequestDTO.getSize();

        this.pageNumList = IntStream.rangeClosed(start,end).boxed().collect(Collectors.toList());

        if(prev) {
            this.prevPage = start -1;
        }

        if(next) {
            this.nextPage = end + 1;
        }

        this.totalPage = this.pageNumList.size();

        this.current = pageRequestDTO.getPage();

    }
}
```

3.5.1 목록(페이징) 처리 구현

목록 데이터의 처리는 PageRequestDTO 타입으로 파라미터를 처리하고, PageResponseDTO 타입을 리턴 타입으로 지정합니다.

```
package org.zerock.mallapi.service;

import org.zerock.mallapi.dto.PageRequestDTO;
import org.zerock.mallapi.dto.PageResponseDTO;
import org.zerock.mallapi.dto.TodoDTO;

public interface TodoService {

  ...생략

  PageResponseDTO<TodoDTO> list(PageRequestDTO pageRequestDTO);
}
```

TodoServiceImpl의 구현은 아래와 같습니다(org.springframework.data.domain 패키지의 타입을 이용하므로 import 시에 주의합니다.).

```
package org.zerock.mallapi.service;

import java.util.List;
import java.util.Optional;
import java.util.stream.Collectors;

import org.modelmapper.ModelMapper;
import org.springframework.data.domain.Page;
import org.springframework.data.domain.PageRequest;
import org.springframework.data.domain.Pageable;
import org.springframework.data.domain.Sort;
import org.springframework.stereotype.Service;
import org.springframework.transaction.annotation.Transactional;
import org.zerock.mallapi.domain.Todo;
import org.zerock.mallapi.dto.PageRequestDTO;
import org.zerock.mallapi.dto.PageResponseDTO;
import org.zerock.mallapi.dto.TodoDTO;
import org.zerock.mallapi.repository.TodoRepository;

import lombok.RequiredArgsConstructor;
import lombok.extern.log4j.Log4j2;
```

```java
@Service
@Transactional
@Log4j2
@RequiredArgsConstructor  // 생성자 자동 주입
public class TodoServiceImpl implements TodoService {

  //자동주입 대상은 final로
  private final ModelMapper modelMapper;

  private final TodoRepository todoRepository;

...생략

  @Override
  public PageResponseDTO<TodoDTO> list(PageRequestDTO pageRequestDTO) {

    Pageable pageable =
      PageRequest.of(
        pageRequestDTO.getPage() - 1 ,  // 1페이지가 0이므로 주의
        pageRequestDTO.getSize(),
        Sort.by("tno").descending());

    Page<Todo> result = todoRepository.findAll(pageable);

    List<TodoDTO> dtoList = result.getContent().stream()
      .map(todo -> modelMapper.map(todo, TodoDTO.class))
      .collect(Collectors.toList());

    long totalCount = result.getTotalElements();

    PageResponseDTO<TodoDTO> responseDTO =
PageResponseDTO.<TodoDTO>withAll()
        .dtoList(dtoList)
        .pageRequestDTO(pageRequestDTO)
        .totalCount(totalCount)
        .build();

    return responseDTO;
  }
}
```

테스트 코드를 이용해서 목록 처리를 확인합니다.

```
test\java\org\zerock\mallapi
  repository
  service
    J TodoServiceTests.java
```

```java
@Test
public void testList() {

    PageRequestDTO pageRequestDTO = PageRequestDTO.builder()
    .page(2)
    .size(10)
    .build();

    PageResponseDTO<TodoDTO> response = todoService.list(pageRequestDTO);

    log.info(response);

}
```

테스트 코드를 실행하면 SQL이 실행되면서 TodoRepository에서 만들어진 결과물은 모두 DTO 타입으로 변환된 것을 확인할 수 있습니다.

```
o.z.mallapi.service.TodoServiceTests       : PageResponseDTO(dtoList=[TodoDTO(tno=91, title=T
, complete=false, dueDate=2023-12-31), TodoDTO(tno=89, title=Title...89, writer=user00, comp
3-12-31), TodoDTO(tno=87, title=Title...87, writer=user00, complete=false, dueDate=2023-12-
le=Title...85, writer=user00, complete=false, dueDate=2023-12-31), TodoDTO(tno=84, title=Tit
 complete=false, dueDate=2023-12-31), TodoDTO(tno=82, title=Title...82, writer=user00, compl
age=2, size=10), prev=false, next=false, totalCount=100, prevPage=0, nextPage=0, totalPage=1
j.LocalContainerEntityManagerFactoryBean  : Closing JPA EntityManagerFactory for persistence
```

3.5.2 RESTful 서비스를 위한 컨트롤러

서비스 계층까지의 구현이 끝났다는 의미는 필요한 기능에 대한 구현은 모두 끝났다고 할 수 있습니다. 남은 작업은 컨트롤러로 앱이나 웹으로 데이터를 제공하는 RESTful 서비스를 구현하는 것입니다.

프로젝트에 controller 패키지를 구성하고 TodoController 클래스를 추가합니다.

TodoController에는 우선 별도의 도구 없이 테스트가 가능한 GET 방식으로 동작하는 메서드들만을 처리합니다.

```java
package org.zerock.mallapi.controller;

import org.springframework.web.bind.annotation.GetMapping;
import org.springframework.web.bind.annotation.PathVariable;
import org.springframework.web.bind.annotation.RequestMapping;
import org.springframework.web.bind.annotation.RestController;
import org.zerock.mallapi.dto.PageRequestDTO;
import org.zerock.mallapi.dto.PageResponseDTO;
import org.zerock.mallapi.dto.TodoDTO;
import org.zerock.mallapi.service.TodoService;

import lombok.RequiredArgsConstructor;
import lombok.extern.log4j.Log4j2;


@RestController
@RequiredArgsConstructor
@Log4j2
@RequestMapping("/api/todo")
public class TodoController {

  private final TodoService service;

  @GetMapping("/{tno}")
  public TodoDTO get(@PathVariable(name ="tno") Long tno) {

    return service.get(tno);
  }

  @GetMapping("/list")
  public PageResponseDTO<TodoDTO> list(PageRequestDTO pageRequestDTO ) {

    log.info(pageRequestDTO);
```

```
        return service.list(pageRequestDTO);
    }
}
```

GET 방식은 별도의 프로그램 없이도 테스트가 가능하므로 프로젝트를 실행하고 브라우저를 통해서 JSON 데이터가 출력되는지를 확인합니다.

'/api/todo/33'과 같이 조회 결과와 '/api/todo/list?page=3&size=10'과 같은 목록 결과를 확인합니다.

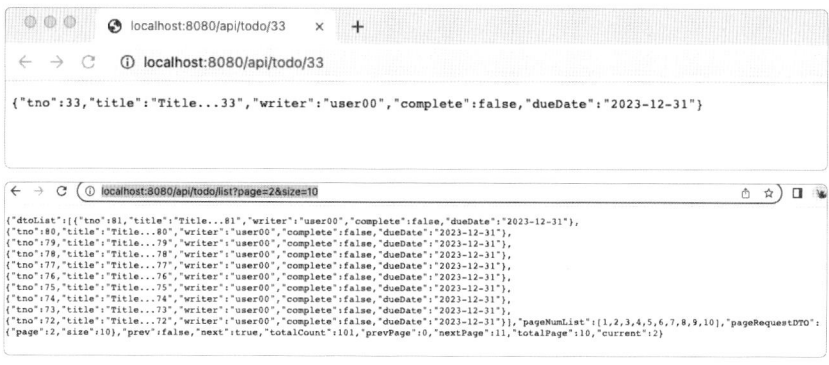

3.6 @RestControllerAdvice

API 서버는 화면이 없는 상태에서 개발되기 때문에 잘못된 파라미터 등으로 인한 서버 내부의 예외 처리를 @RestControllerAdvice로 처리해 주는 것이 안전합니다. 예를 들어 존재하지 않는 번호의 Todo를 조회하면 NoSuchElementException이 발생합니다.

페이지 번호를 숫자가 아닌 문자로 전달하면 MethodArgumentNotValidException이 발생합니다.

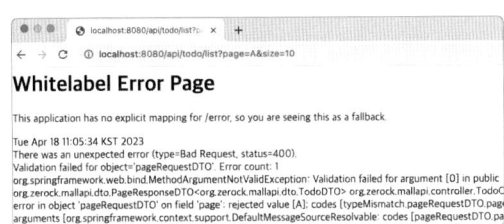

이러한 예외를 처리하기 위해서 controller 패키지 내에 advice 패키지를 추가하고 CustomControllerAdvice.java 파일을 추가합니다.

예외 처리는 @ExceptionHandler를 이용해서 특정한 타입의 예외가 발생하면 이에 대한 결과 데이터를 만들어내는 방식으로 작성합니다.

```
package org.zerock.mallapi.controller.advice;

import java.util.Map;
import java.util.NoSuchElementException;

import org.springframework.http.HttpStatus;
```

```
import org.springframework.http.ResponseEntity;
import org.springframework.web.bind.MethodArgumentNotValidException;
import org.springframework.web.bind.annotation.ExceptionHandler;
import org.springframework.web.bind.annotation.RestControllerAdvice;

/**
 * CustomControllerAdvice
 */
@RestControllerAdvice
public class CustomControllerAdvice {

  @ExceptionHandler(NoSuchElementException.class)
  protected ResponseEntity<?> notExist(NoSuchElementException e) {

      String msg = e.getMessage();

      return ResponseEntity.status(HttpStatus.NOT_FOUND).body(Map.of("msg", msg));
  }

  @ExceptionHandler(MethodArgumentNotValidException.class)
  protected ResponseEntity<?> handleIllegalArgumentException(MethodArgumentNotValidException e) {

      String msg = e.getMessage();

      return ResponseEntity.status(HttpStatus.NOT_ACCEPTABLE).body(Map.of("msg", msg));
  }
}
```

@RestControllerAdvice가 적용되면 예외가 발생해도 호출한 쪽으로 HTTP 상태 코드와 JSON 메시지를 전달할 수 있게 됩니다.

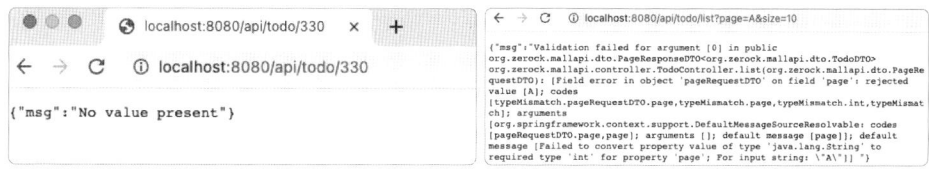

3.7 REST관련 툴을 이용한 POST/PUT/DELETE

GET 방식과 달리 POST 방식은 브라우저에서 확인이 어렵기 때문에 별도의 테스트 방식을 고민해야 합니다. 크롬 확장 프로그램을 사용할 수도 있고, Postman같은 프로그램을 사용할 수도 있습니다. 이 책에서는 Postman으로 POST/PUT/DELETE 방식을 테스트합니다.

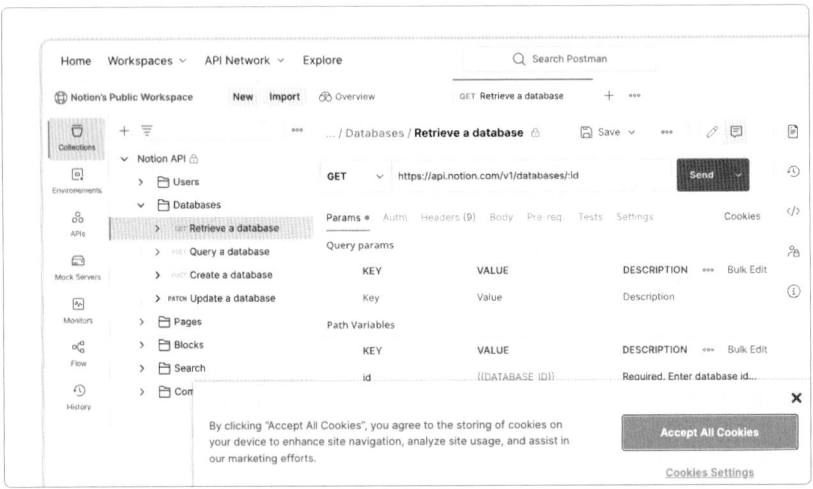

3.7.1 Formatter를 이용한 LocalDate 처리

처리를 위해서 전달되는 데이터는 JSON 형식의 데이터일 수도 있고 첨부파일 등이 포함되는 경우에는 form-data 혹은 일반적인 웹에서 사용하는 x-www-form-urlencoded일 수도 있습니다. 예제에서는 JSON 데이터를 가정하고 @RequestBody를 이용해서 TodoDTO로 처리합니다.

이러한 처리 과정에서 날짜/시간은 항상 주의해야 합니다. 날짜/시간은 브라우저에서 문자열로 전송되지만, 서버에서는 LocalDate 혹은 LocalDateTime으로 처리됩니다. 그렇기 때문에 이를 변환해 주는 Formatter를 추가해서 이 과정을 자동으로 할 수 있도록 설정합니다.

controller 패키지 하위로 formatter 패키지를 선언하고 LocalDateFormatter 클래스를 추가합니다.

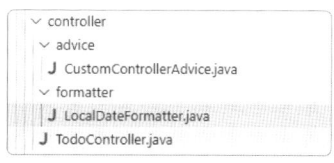

```
package org.zerock.mallapi.controller.formatter;

import java.time.LocalDate;
import java.time.format.DateTimeFormatter;
import java.util.Locale;

import org.springframework.format.Formatter;

/**
 * LocalDateFormatter
 */
public class LocalDateFormatter implements Formatter<LocalDate>{

  @Override
  public LocalDate parse(String text, Locale locale) {
      return LocalDate.parse(text, DateTimeFormatter.ofPattern("yyyy-MM-dd"));
  }

  @Override
  public String print(LocalDate object, Locale locale) {
      return DateTimeFormatter.ofPattern("yyyy-MM-dd").format(object);
  }

}
```

작성된 LocalDateFormatter는 스프링 MVC의 동작 과정에서 사용될 수 있도록 설정을 추가해 주어야 합니다. config 패키지에 CustomServletConfig 클래스를 추가합니다.

```
∨ java / org / zerock / mallapi
  ∨ config
    J CustomServletConfig.java
    J RootConfig.java
  ∨ controller
```

```java
package org.zerock.mallapi.config;

import org.springframework.context.annotation.Configuration;
import org.springframework.format.FormatterRegistry;
import org.springframework.web.servlet.config.annotation.WebMvcConfigurer;
import org.zerock.mallapi.controller.formatter.LocalDateFormatter;

@Configuration
public class CustomServletConfig implements WebMvcConfigurer{

  @Override
  public void addFormatters(FormatterRegistry registry) {

    registry.addFormatter(new LocalDateFormatter());
  }

}
```

3.7.2 POST 방식의 등록 처리

새로운 Todo의 등록은 단순 JSON 데이터라고 가정하고 이를 처리하기 위한 메서드를 TodoController에 추가합니다.

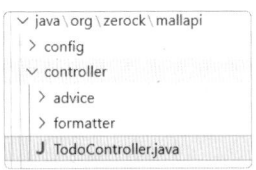

```java
@PostMapping("/")
public Map<String, Long> register(@RequestBody TodoDTO todoDTO){

  log.info("TodoDTO: " + todoDTO);
```

```
    Long tno = service.register(todoDTO);

    return Map.of("TNO", tno);
}
```

프로젝트를 실행하고 Postman을 사용해서 POST 방식으로 JSON 데이터를 전달해서 동작 여부를 확인합니다. 실행 결과로는 새로운 번호(tno)가 생성됩니다.

```
{
    "title":"Sample Title",
    "writer": "user1",
    "dueDate": "2023-10-10"
}
```

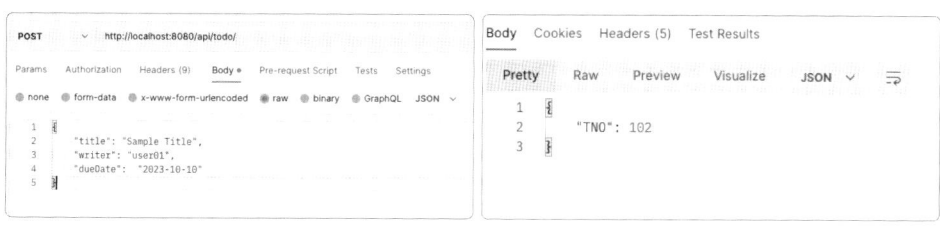

3.7.3 PUT 방식의 수정 처리

Todo의 수정은 PUT 방식으로 합니다. 수정될 수 있는 필드는 제목(title), 완료여부(complete), 만료일(dueDate)입니다. TodoController에 @PutMapping으로 메서드를 추가합니다.

```
@PutMapping("/{tno}")
public Map<String, String> modify(
  @PathVariable(name="tno") Long tno,
  @RequestBody TodoDTO todoDTO) {

  todoDTO.setTno(tno);

  log.info("Modify: " + todoDTO);

  service.modify(todoDTO);
```

```
    return Map.of("RESULT", "SUCCESS");
}
```

Postman에서 아래와 같은 문자열을 이용해서 테스트를 진행합니다.

```
{
    "tno": 103,
    "title": "Updated Title",
    "complete": true,
    "dueDate": "2023-05-05"
}
```

[Postman PUT http://localhost:8080/api/todo/103 요청 화면]

REST 방식은 특별히 정해진 규격이 있는 것이 아니기 때문에 반드시 수정 작업을 PUT 방식으로 해야할 필요는 없습니다. 경우에 따라서 POST 방식을 이용하더라도 잘 못 설계된 것은 아닙니다.

3.7.4 DELETE 방식의 삭제 처리

TodoController에서 삭제 처리는 번호를 이용해서 처리합니다.

```
@DeleteMapping("/{tno}")
public Map<String, String> remove( @PathVariable(name="tno") Long tno ){

    log.info("Remove:  " + tno);

    service.remove(tno);
```

```
    return Map.of("RESULT", "SUCCESS");
}
```

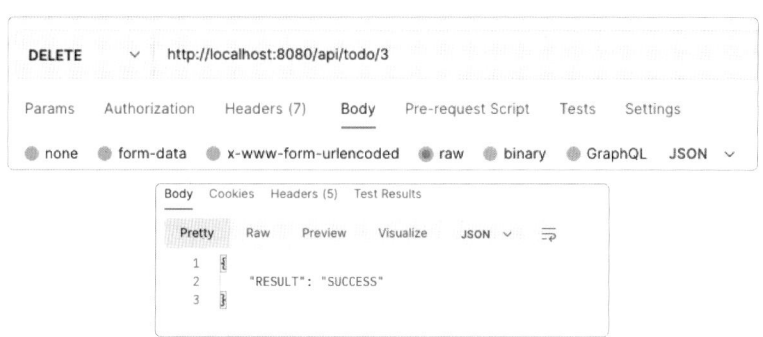

 DELETE 방식의 경우 POST/PUT과 달리 전달하는 데이터(payload)가 제한적입니다. URL에서 사용되는 특수문자 등을 이용하기 위해서는 URL 인코딩 처리를 해 주어야 합니다. 공백 문자나 특수문자가 포함된 데이터는 정상적으로 처리가 되지 않기 때문에 주의해야 합니다.

CORS관련 설정

Ajax를 이용해서 서비스를 호출하게 되면 반드시 '교차 출처 리소스 공유(Cross-Origin Resource Sharing - 이하 CORS)'로 인해 정상적으로 호출이 제한됩니다. 리액트에서 스프링 부트로 동작하는 서버를 호출해야 하므로 CustomServletConfig에 추가적인 설정이 필요합니다.

 CORS 설정은 @Controller가 있는 클래스에 @CrossOrigin을 적용하거나 Spring Security를 이용하는 설정이 있습니다. @CrossOrigin 설정은 모든 컨트롤러에 개별적으로 적용해야 하므로 예제에서는 WebMvcConfigurer의 설정으로 사용합니다.

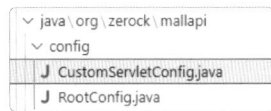

```java
package org.zerock.mallapi.config;

import org.springframework.context.annotation.Configuration;
import org.springframework.format.FormatterRegistry;
import org.springframework.web.servlet.config.annotation.CorsRegistry;
import org.springframework.web.servlet.config.annotation.WebMvcConfigurer;
import org.zerock.mallapi.controller.formatter.LocalDateFormatter;

@Configuration
public class CustomServletConfig implements WebMvcConfigurer{

  @Override
  public void addFormatters(FormatterRegistry registry) {

    registry.addFormatter(new LocalDateFormatter());
  }

  @Override
  public void addCorsMappings(CorsRegistry registry) {

      registry.addMapping("/**")
              .allowedOrigins("*")
              .allowedMethods("HEAD", "GET", "POST", "PUT", "DELETE", "OPTIONS")
              .maxAge(300)
              .allowedHeaders("Authorization", "Cache-Control", "Content-Type");
  }

}
```

Chapter 04

리액트와
API 서버 통신

대부분의 프런트 엔드 관련 기술들은 서버와의 비동기 통신을 포함합니다. 리액트 역시 Ajax로 서버의 데이터를 이용해서 필요한 기능을 완성합니다. 4장은 이전 장에서 구성한 서버를 이용해서 Todo의 기능을 완성해 봅니다.

4장의 개발 목표는 다음과 같습니다.

- Axios 라이브러리를 이용한 서버와의 통신
- useEffect( )를 활용한 비동기 처리와 상태 변경
- 커스텀 훅을 이용한 공통 코드 재사용하기
- 컴포넌트에서 모달창을 이용해서 결과 보여주기

4.1 개발 목표의 이해

React-Router로 브라우저의 주소창을 처리했고, 스프링 부트로 서버사이드에서 원하는 데이터를 처리할 수 있게 되었다면 이제 각 화면 내부에 필요한 컴포넌트들을 추가해서 실제 내용을 구현해 봅니다.

목록 화면은 '/todo/list' 경로로 접근합니다. 화면에서 페이지 번호를 출력하고 해당 페이지의 번호를 클릭하면 다른 페이지로 이동이 가능하도록 구현합니다. 페이지 이동에서 가장 중요한 부분은 주소창의 경로가 변경되는 것을 기준으로 해당 값들을 이용하게 설계한다는 점입니다. 이렇게 하는 이유는 GET 방식의 주소는 사용자들이 일반 웹페이지처럼 링크를 이용해서 메시지를 보내거나 메일 등의 링크로 설정할 수 있도록 하기 위함입니다.

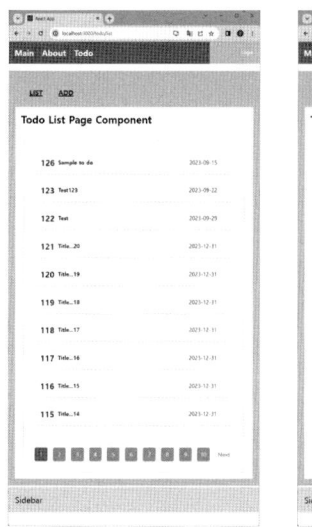

'/todo/list'의 메뉴 중에서 'ADD' 링크를 통하면 새로운 Todo를 등록할 수 있는 화면으로 이동하게 되고, 새로운 Todo가 등록되면 모달창에서 결과를 보여줍니다. 서버의 처리가 끝나기 전까지 다른 컴포넌트를 보여주지 않도록 처리되어야 합니다. 화면에서 모달창이 닫히면 추가된 결과를 확인할 수 있는 목록 화면인 '/todo/list'로 이동시켜 줍니다.

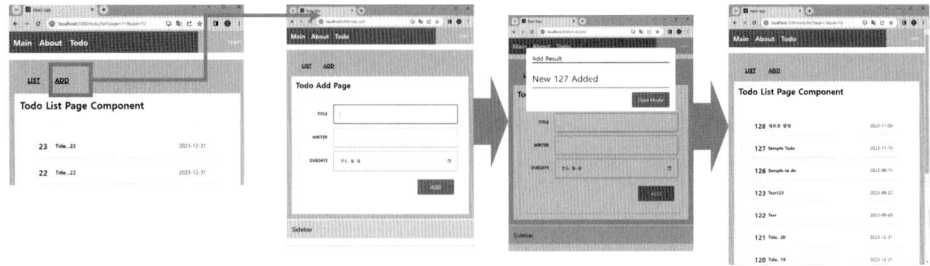

목록 화면에서 특정한 번호를 클릭하면 페이지 정보를 유지하면서 '/todo/read/번호?page=xxx&size=xxx'로 이동하게 됩니다. 이 화면 역시 사용자가 메신저 등을 이용해서 외부에 노출할 수 있도록 주소창에 필요한 모든 정보를 출력해야만 합니다.

조회 화면에서는 수정/삭제가 가능한 화면으로 이동하거나 원래의 목록 화면으로 돌아갈 수 있는 기능을 제공합니다. 이때는 기존의 페이지가 유지되도록 합니다.

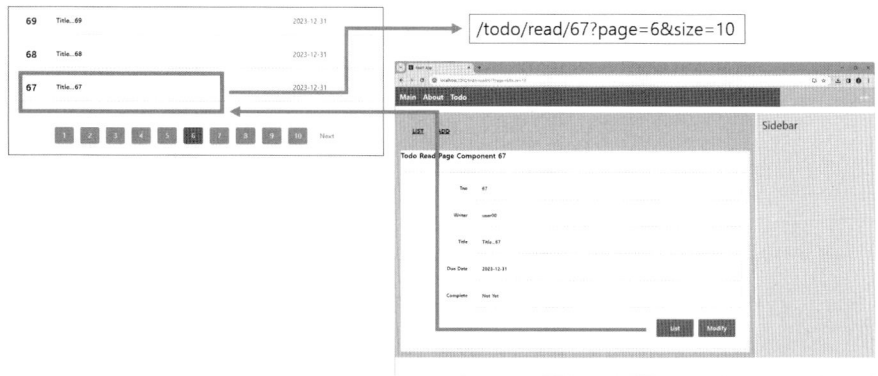

수정/삭제 화면에서 수정 작업을 할 때는 모달창에서 결과를 보여주고 조회 화면으로 이동시켜서 결과를 다시 확인할 수 있게 합니다.

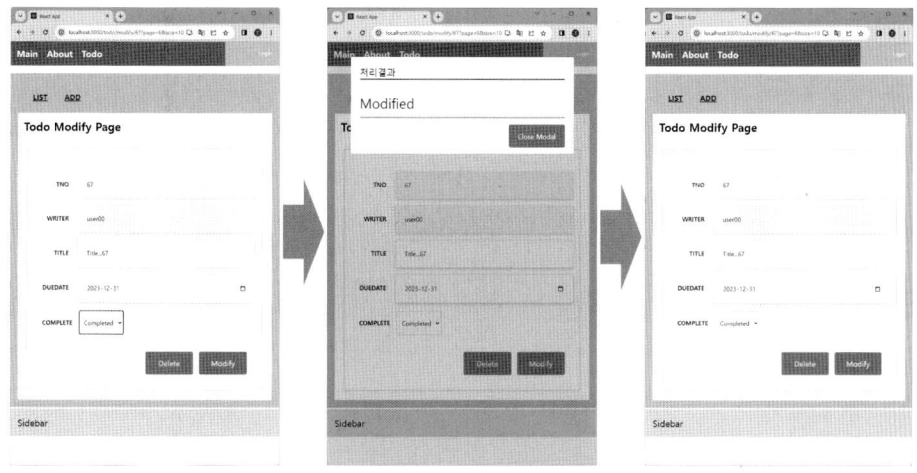

삭제 처리 후에는 모달창에서 결과를 보여주고 목록 화면으로 이동시킵니다.

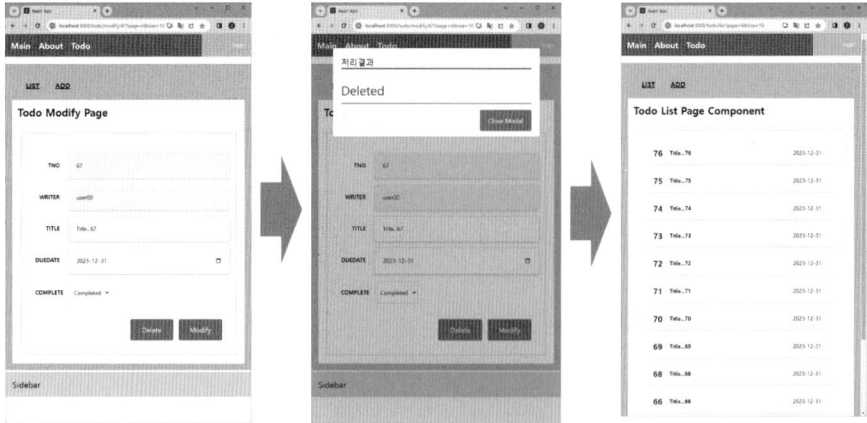

4.2 Ajax 통신 처리

Ajax를 이용하는 부분은 Axios 라이브러리를 추가해서 개발합니다. Axios의 경우 기본적으로 데이터 형식이 JSON을 사용하기 때문에 개발 분량도 적다는 장점이 있습니다.

프로젝트의 터미널 환경에서 Axios 라이브러리를 추가합니다.

```
npm install axios
```

Axios를 이용하는 부분은 컴포넌트에서 쉽게 사용할 수 있도록 별도의 함수들로 제작합니다. 프로젝트 내에 api 폴더를 추가하고 todoApi.js 파일을 추가합니다.

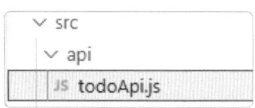

todoApi.js 파일 안에는 테스트가 쉬운 GET 방식으로 호출하는 기능을 함수로 작성합니다.

```
import axios from "axios"

export const API_SERVER_HOST = 'http://localhost:8080'

const prefix = `${API_SERVER_HOST}/api/todo`

export const getOne = async (tno) => {

  const res = await axios.get(`${prefix}/${tno}` )

  return res.data

}

export const getList = async ( pageParam ) => {

  const {page,size} = pageParam

  const res = await axios.get(`${prefix}/list`, {params: {page:page,size:size }})

  return res.data

}
```

getOne( )은 특정 번호의 Todo를 조회하기 위해서 사용하고, getList( )는 페이지 처리를 위해서 사용합니다.

4.3 useEffect( )

비동기 처리는 함수를 호출하고 호출 결과를 기다려서 다음 처리가 진행되는 방식이 아니고 나중에 결과를 처리하기 때문에 조금 다른 방식의 처리가 필요합니다.

리액트의 경우 컴포넌트에서 비동기 방식으로 호출했다면 호출 결과를 처리한 후에 상태 (state)를 변경해서 처리합니다. 문제는 컴포넌트의 상태가 변경되었기 때문에 컴포넌트는 다시 렌더링이 호출된다는 점입니다. 다시 렌더링이 되면서 비동기 호출을 하게 되고 잠시 후 다시 상태가 갱신되는 악순환이 계속됩니다.

리액트에서는 useEffect( )로 컴포넌트 내에 특정한 상황을 만족하는 경우에만 특정한 동작을 수행하는 방법을 제공합니다. useEffect( )를 사용해서 주로 다음과 같은 상황을 처리합니다.

- 컴포넌트 실행 과정에서 한 번만 실행해야 하는 비동기 처리
- 컴포넌트의 여러 상태 중에서 특정한 상태만 변경되었을 경우에 비동기 처리

4.3.1 조회를 위한 컴포넌트

pages 폴더는 주로 URL 처리를 위한 컴포넌트이고, 실제 작업은 components 폴더를 이용해서 구성합니다. 작성하려는 기능들은 todo 폴더를 작성해서 컴포넌트들을 추가합니다. todo 폴더에 조회 기능을 위한 ReadComponent.js 파일을 추가합니다.

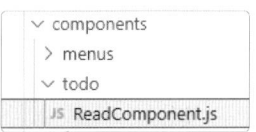

ReadComponent는 특정한 번호(tno)의 값에 의해서 todoApi.js의 getOne( )을 호출하도록 구성합니다. useEffect( )를 사용해서 번호(tno)가 변경되었을 때만 Axios를 이용하는 getOne( )을 호출하도록 구성합니다. 비동기 통신으로 가져온 데이터는 컴포넌트 상태로 반영합니다.

```
import { useEffect, useState } from "react"
import { getOne } from "../../api/todoApi"

const initState = {
  tno:0,
  title:'',
  writer: '',
  dueDate: null,
  complete: false
}

const ReadComponent = ({tno}) => {

  const [todo, setTodo] = useState(initState) //아직 todo는 사용하지 않음

  useEffect(() => {
    getOne(tno).then(data => {
      console.log(data)
      setTodo(data)
    })
  }, [tno])

  return (
    <div>

    </div>
  )
}

export default ReadComponent
```

pages/todo 폴더 내 ReadPage 컴포넌트에서는 작성된 ReadComponent를 import 합니다(기타 폰트의 크기나 넓이, 배경 색상 등을 같이 조정합니다.).

```
import { useCallback } from "react";
import { createSearchParams, useNavigate, useParams, useSearchParams }
from "react-router-dom";
import ReadComponent from "../../components/todo/ReadComponent";

const ReadPage = () => {

  ...생략

  const moveToList = useCallback(() => {

    navigate({pathname:`/todo/list`, search: queryStr})
  },[page, size])

  return (
    <div className="font-extrabold w-full bg-white mt-6">

      <div className="text-2xl ">
        Todo Read Page Component {tno}
      </div>

      <ReadComponent tno={tno}></ReadComponent>

    </div>
  );

}

export default ReadPage;
```

프로젝트를 실행하고 '/todo/read/33'과 같이 ReadPage 컴포넌트를 호출하면 화면에는 변화가 없지만 브라우저 내 개발자 도구로 확인해 보면 서버와 통신이 이루어지고 ReadComponent의 useEffect( )가 호출된 것을 확인할 수 있습니다(실행 전에 스프링 부트로 개발된 API 서버가 시작되어 있어야만 합니다.).

NOTE:

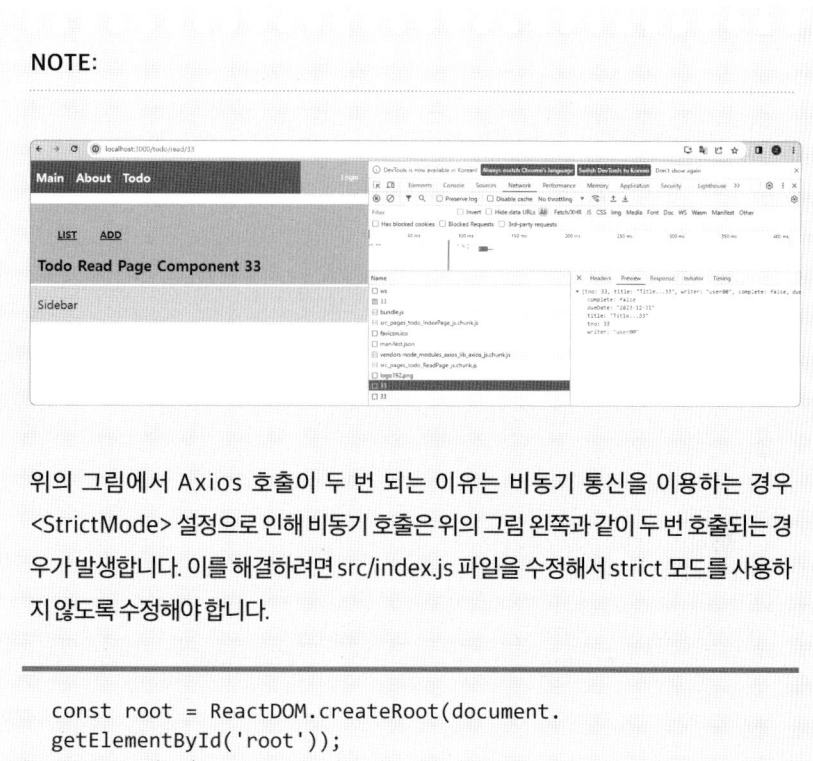

위의 그림에서 Axios 호출이 두 번 되는 이유는 비동기 통신을 이용하는 경우 <StrictMode> 설정으로 인해 비동기 호출은 위의 그림 왼쪽과 같이 두 번 호출되는 경우가 발생합니다. 이를 해결하려면 src/index.js 파일을 수정해서 strict 모드를 사용하지 않도록 수정해야 합니다.

```
const root = ReactDOM.createRoot(document.getElementById('root'));
root.render(
  <App />
);
```

ReadComponent 내부에서는 useState를 사용해서 서버에서 가져온 데이터를 보관했기 때문에 이를 출력합니다. 출력할 때는 공통적인 스타일과 구성이 많으므로 컴포넌트는 아니지만 JSX를 반환하는 함수를 사용해서 코드의 양을 줄일 수 있습니다.

```
import { useEffect, useState } from "react"
import {getOne} from "../../api/todoApi"

const initState = {
  tno:0,
  title:'',
  writer: '',
```

```
    dueDate: null,
    complete: false
}

const ReadComponent = ({tno}) => {

    const [todo, setTodo] = useState(initState) //아직 todo는 사용하지 않음

    useEffect(() => {
      getOne(tno).then(data => {
        console.log(data)
        setTodo(data)
      })
    }, [tno])

    return (
    <div className = "border-2 border-sky-200 mt-10 m-2 p-4 ">

      {makeDiv('Tno', todo.tno)}
      {makeDiv('Writer', todo.writer)}
      {makeDiv('Title', todo.title)}
      {makeDiv('Due Date', todo.dueDate)}
      {makeDiv('Complete', todo.complete ? 'Completed' : 'Not Yet')}

    </div>
    )
}

const makeDiv = (title,value) =>
<div className="flex justify-center">
  <div className="relative mb-4 flex w-full flex-wrap items--stretch">
    <div className="w-1/5 p-6 text-right font-bold">{title}</div>
    <div className="w-4/5 p-6 rounded-r border border-solid shadow-md">
    {value}
    </div>
  </div>
</div>


export default ReadComponent
```

코드상에서 화면을 구성하는 부분은 거의 동일하기 때문에 makeDiv( )라는 함수로 중복적인 코드를 없애도록 작성되었습니다. 브라우저를 통해서 보이는 결과는 아래 화면과 같습니다.

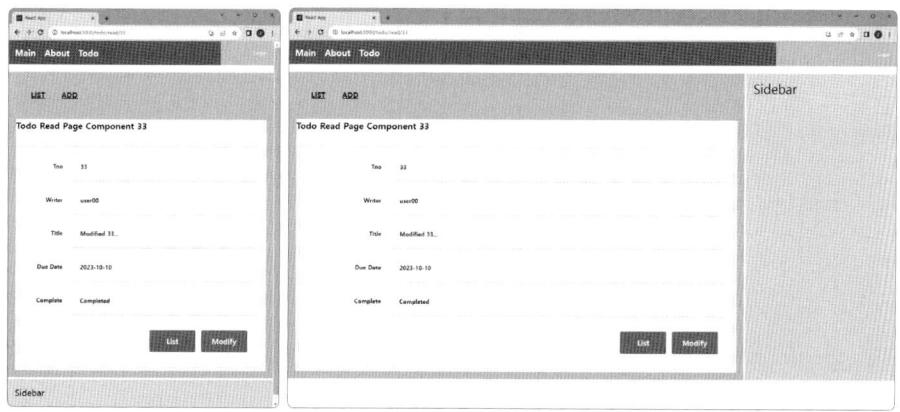

4.4 네비게이션 관련 커스텀 훅

ReadComponent가 완성되기 위해서 남은 작업은 다시 목록 화면으로 이동하는 기능이 추가되어야 합니다. 리액트에서 화면의 구성은 컴포넌트를 이용해서 처리할 수 있지만, 컴포넌트들 내부에서 만들어지는 공통적인 코드의 경우 커스텀 훅(custom hook)을 이용해서 작성합니다.

예제의 경우 조회 화면에서는 다시 목록 화면으로 이동해야 하는 기능이 필요하고 이를 구현하기 위해서 useNavigate이나 useSearchParams를 이용해야만 합니다. 이렇게 만들어진 기능은 등록이나 수정/삭제 화면에서도 동일하게 사용됩니다.

4.4.1 목록 페이지로 이동

커스텀 훅을 제작하기 위해서 프로젝트의 src 폴더에 hooks 폴더를 추가하고 useCustomMove.js 파일을 추가합니다(커스텀 훅은 반드시 'use-'로 시작해야 합니다.).

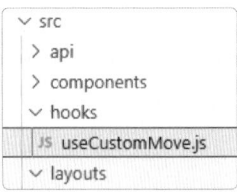

```
import { createSearchParams, useNavigate, useSearchParams } from "react-router-dom"

const getNum = (param, defaultValue) => {

  if(!param){
    return defaultValue
  }

  return parseInt(param)
}

const useCustomMove = () => {

  const navigate = useNavigate()

  const [queryParams] = useSearchParams()

  const page = getNum(queryParams.get('page'), 1)
  const size = getNum(queryParams.get('size'),10)

  const queryDefault = createSearchParams({page, size}).toString() //새로 추가

  const moveToList = (pageParam) => {

    let queryStr = ""

    if(pageParam){
      const pageNum = getNum(pageParam.page, 1)
      const sizeNum = getNum(pageParam.size, 10)

      queryStr = createSearchParams({page:pageNum, size: sizeNum}).toString()
    }else {
      queryStr = queryDefault
    }

    navigate({pathname: `../list`,search:queryStr})
  }

  return  {moveToList, page, size}
```

```
}
export default useCustomMove
```

useCustomMove( )의 내부에는 useNavigate( )와 useSearchParams( )를 이용해서 원하는 기능을 moveToList( )로 만들고 이를 page, size와 함께 반환합니다. 외부에서 useCustomMove( )를 이용하면 이전에 비해서 간단히 useNavigate( )를 이용하게 되고 반환된 데이터들 중에서 필요한 데이터만 선별해서 사용할 수 있습니다.

ReadComponent에서 useCustomMove( )의 실행 결과 중에서 moveToList( )를 이용하고 버튼을 추가해 봅니다.

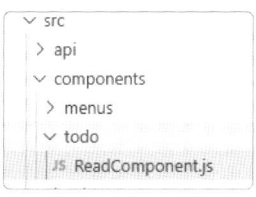

```
import { useEffect, useState } from "react"
import {getOne} from "../../api/todoApi"
import useCustomMove from "../../hooks/useCustomMove" //추가

...생략

const ReadComponent = ({tno}) => {

  const [todo, setTodo] = useState(initState) //아직 todo는 사용하지 않음

  const {moveToList} = useCustomMove()

  useEffect(() => {
    ...생략
  }, [tno])

  return (
  <div className = "border-2 border-sky-200 mt-10 m-2 p-4 ">

    {makeDiv('Tno', todo.tno)}
    {makeDiv('Writer', todo.writer)}
    {makeDiv('Title', todo.title)}
```

```
      {makeDiv('Title', todo.complete ? 'Completed' : 'Not Yet')}

      {/* buttons.........start */}
      <div className="flex justify-end p-4">

        <button type="button"
          className="rounded p-4 m-2 text-xl w-32 text-white bg-blue-500"
          onClick={() => moveToList()}
        >
          List
        </button>
      </div>

    </div>
  )
}
...생략


export default ReadComponent
```

화면에서 ReadComponent는 하단 오른쪽에 'List' 버튼이 생성되고 클릭 시에 '/todo/list'로 이동하게 됩니다. '/todo/list'로 이동할 때 'page=1&size=10'이 자동으로 처리됩니다.

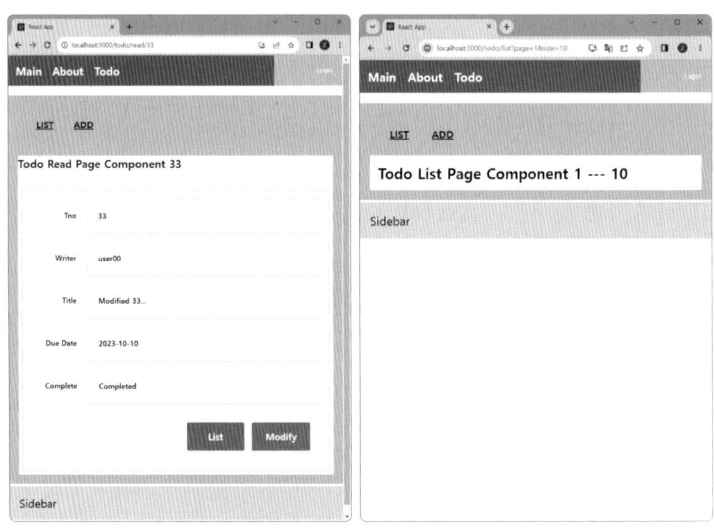

4.4.2 수정/삭제 페이지로 이동

커스텀 훅을 이용하면 여러 컴포넌트들이 필요한 기능을 하나의 함수로 묶어서 처리할 수 있다는 장점이 있습니다. useCustomMove의 기능을 조금 더 확장해서 수정/삭제로 이동할 수 있는 기능을 추가해 봅니다.

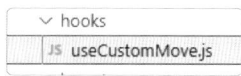

```
import { createSearchParams, useNavigate, useSearchParams } from "react-router-dom"

const getNum = (param, defaultValue) => {...생략 }

const useCustomMove = () => {

  const navigate = useNavigate()

  const [queryParams] = useSearchParams()

  const page = getNum(queryParams.get('page'), 1)
  const size = getNum(queryParams.get('size'),10)

  const queryDefault = createSearchParams({page, size}).toString() //새로 추가

  const moveToList = (pageParam) => {...생략  }

  const moveToModify = (num) => {

    console.log(queryDefault)

    navigate({
      pathname: `../modify/${num}`,
      search: queryDefault   //수정시에 기존의 쿼리 스트링 유지를 위해
    })
  }

  return  {moveToList, moveToModify, page, size} //moveToModify 추가

}

export default useCustomMove
```

useCustomMove에는 moveToModify( )를 구현하고 외부에서 사용 가능하도록 return 구문에 추가해 줍니다. 이를 ReadComponent에서는 수정/삭제로 이동할 수 있는 버튼을 추가해서 사용합니다.

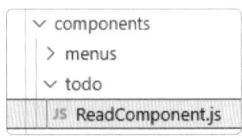

```
import { useEffect, useState } from "react"
import {getOne} from "../../api/todoApi"
import useCustomMove from "../../hooks/useCustomMove"

const initState = {
  ...생략
}

const ReadComponent = ({tno}) => {

  const [todo, setTodo] = useState(initState) //아직 todo는 사용하지 않음

  //이동과 관련 기능은 모두 useCustomMove()로
  const {moveToList, moveToModify} = useCustomMove()

  useEffect(() => {
    ...생략
  }, [tno])

  return (
  <div className = "border-2 border-sky-200 mt-10 m-2 p-4 ">

    ...생략

    {/* buttons.........start */}
    <div className="flex justify-end p-4">

      <button type="button"
        className="rounded p-4 m-2 text-xl w-32 text-white bg-blue-500"
        onClick={() => moveToList()}
      >
        List
      </button>

      <button type="button"
        className="rounded p-4 m-2 text-xl w-32 text-white bg-red-500"
```

```
          onClick={() => moveToModify(tno)}
        >
          Modify
        </button>
      </div>
    </div>
  )
}

const makeDiv = ..생략


export default ReadComponent
```

변경된 ReadComponent는 useCustomMove( )의 결과인 moveToModify( )를 이용할 수 있으므로 적은 양의 코드만으로도 원하는 기능들을 처리할 수 있게 되었습니다. 브라우저의 조회 화면에서 'Modify' 버튼을 클릭해서 이동하는 것을 확인해 봅니다.

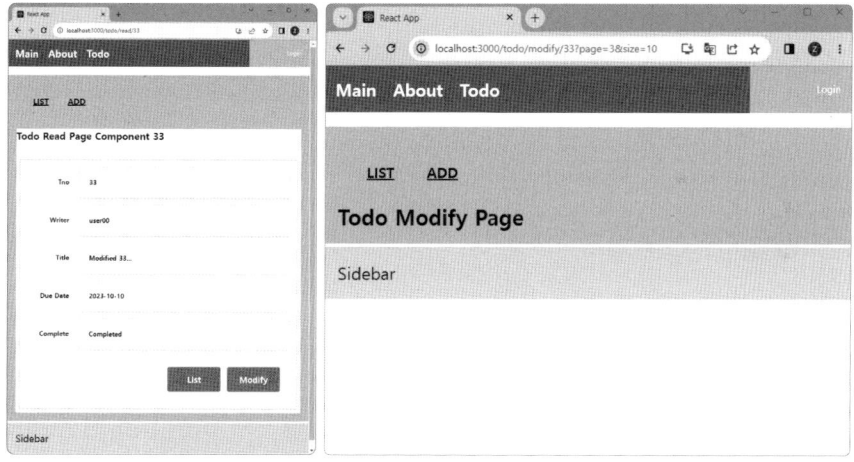

이전 장의 경우 조회 페이지로 이동하는 기능은 pages/todo/ReadPage에서 처리되었지만, ReadComponent가 필요한 기능을 useCustomMove를 이용해서 처리할 수 있으므로 기존의 useNavigate를 이용하는 코드를 삭제할 수 있습니다.

```
import { useParams } from "react-router-dom";
import ReadComponent from "../../components/todo/ReadComponent";

const ReadPage = () => {

  const {tno} = useParams()

  return (
    <div className="font-extrabold w-full bg-white mt-6">

      <div className="text-2xl ">
        Todo Read Page Component {tno}
      </div>

      <ReadComponent tno={tno}></ReadComponent>

    </div>
  );
}

export default ReadPage;
```

4.5 목록 데이터 처리

조회는 단순하게 서버의 데이터를 보여주는 기능만으로 구현할 수 있지만, 목록 데이터는 페이지 처리나 여러 링크 등이 추가되어서 더 복잡한 구성을 하게 됩니다. 가장 먼저 구현할 기능은 브라우저 경로에 있는 쿼리스트링으로 페이지 번호/사이즈에 따라서 서버를 호출하고 결과를 출력하는 것입니다.

4.5.1 목록 데이터 가져오기

해당 데이터를 가져오는 기능은 useEffect( )를 사용해서 구현하는 것으로 컴포넌트는 components/todo 폴더 내에 ListComponent로 작성합니다.

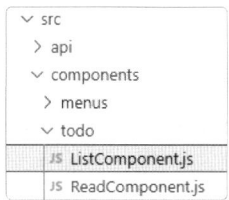

ListComponent는 useCustomMove( )를 이용해서 현재 경로의 page와 size를 구성하고 API 서버를 호출합니다. 서버의 데이터는 dtoList라는 배열 데이터와 pageNumList라는 페이지 번호들이 존재하고, 이전(prev)/다음(next) 등의 추가적인 데이터들이 있습니다.

```
import { useEffect, useState } from "react";
import { getList } from "../../api/todoApi";
import useCustomMove from "../../hooks/useCustomMove";

const initState = {
  dtoList:[],
  pageNumList:[],
  pageRequestDTO: null,
  prev: false,
  next: false,
  totoalCount: 0,
  prevPage: 0,
  nextPage: 0,
  totalPage: 0,
  current: 0
}

const ListComponent = () => {

  const {page, size} = useCustomMove()

  //serverData는 나중에 사용
  const [serverData, setServerData] = useState(initState)

  useEffect(() => {
```

```
      getList({page,size}).then(data => {
        console.log(data)
        setServerData(data)
      })
  }, [page,size])

  return (
    <div>
        Todo List Component
    </div>
  );
}
export default ListComponent;
```

ListComponent는 useCustomMove를 이용하기 때문에 현재 컴포넌트에서 필요한 page나 size와 같은 데이터를 쉽게 구할 수 있습니다. 마지막으로 작성된 ListComponent를 ListPage에서 import 합니다.

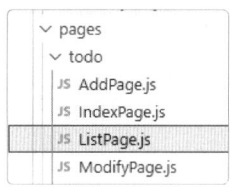

```
import ListComponent from "../../components/todo/ListComponent";
const ListPage = () => {

  return (
  <div className="p-4 w-full bg-white">
    <div className="text-3xl font-extrabold">
      Todo List Page Component
    </div>

    <ListComponent/>

  </div>
    );
}
export default ListPage;
```

브라우저에서 '/todo/list'를 호출해서 ListComponent가 정상적으로 추가되었는지 확인합니다.

마지막으로 서버에서 가져온 데이터들을 ListComponent에서 출력해 줍니다.

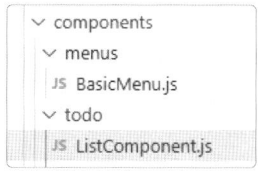

```
return (
  <div className="border-2 border-blue-100 mt-10 mr-2 ml-2">

    <div className="flex flex-wrap mx-auto justify-center p-6">

      {serverData.dtoList.map(todo =>

      <div
      key= {todo.tno}
      className="w-full min-w-[400px]  p-2 m-2 rounded shadow-md"
      >

        <div className="flex ">
          <div className="font-extrabold text-2xl p-2 w-1/12">
            {todo.tno}
          </div>
          <div className="text-1xl m-1 p-2 w-8/12 font-extrabold">
            {todo.title}
          </div>
          <div className="text-1xl m-1 p-2 w-2/10 font-medium">
            {todo.dueDate}
          </div>
        </div>
      </div>
```

```
      )}
    </div>
  </div>
);
```

브라우저에서는 '/todo/list'를 호출했을 경우 1페이지가 출력되는 것을 확인할 수 있고 '?page=3&size=10'을 이용해서 원하는 결과를 확인할 수 있습니다.

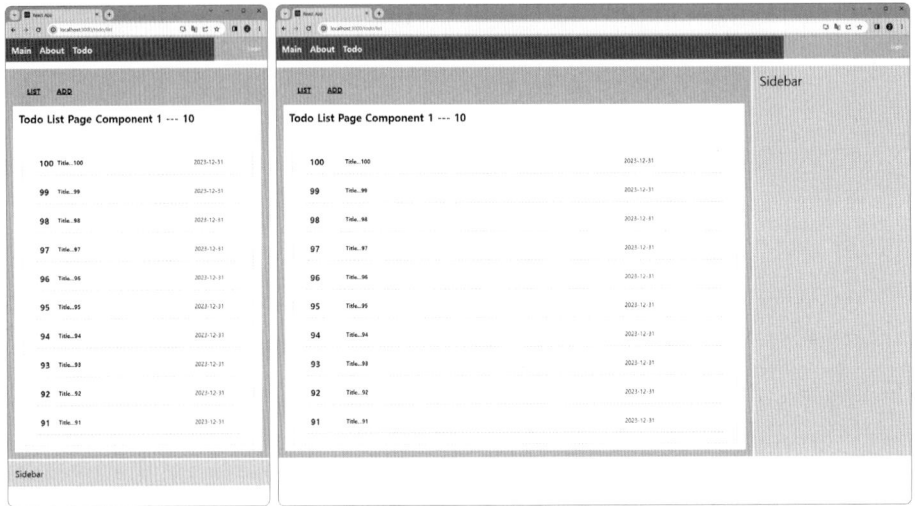

4.5.2 페이징 처리

API 서버를 통해서 전달받은 데이터에는 목록뿐 아니라 페이징 처리에 필요한 모든 정보가 같이 전달됩니다.

```
▼ Object 🔢                                                    ListComponent.js:30
    current: 1
  ▶ dtoList: (10) [{…}, {…}, {…}, {…}, {…}, {…}, {…}, {…}, {…}, {…}]
    next: false
    nextPage: 0
  ▶ pageNumList: (10) [1, 2, 3, 4, 5, 6, 7, 8, 9, 10]
  ▶ pageRequestDTO: {page: 1, size: 10}
    prev: false
    prevPage: 0
    totalCount: 100
    totalPage: 10
  ▶ [[Prototype]]: Object
```

페이징의 경우 현재 개발중인 기능이 아니더라도 모든 목록 관련된 기능에서 사용해야 하므로 공통의 컴포넌트로 제작해서 사용하는 것이 유용합니다.

components 폴더 내에 공통으로 많이 사용될 컴포넌트들을 모아둘 common 폴더를 생성하고 PageComponent.js를 추가합니다.

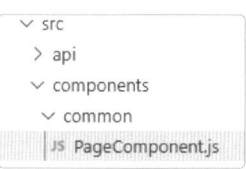

PageComponent는 ListComponent가 받아오는 서버의 데이터와 useCustomMove( )에서 만들어진 moveToList( )를 movePage 속성으로 전달받도록 구성하고 이를 활용합니다.

```
const PageComponent = ({serverData, movePage}) => {
  return (
    <div className="m-6 flex justify-center">

    {serverData.prev ?
      <div
      className="m-2 p-2 w-16 text-center  font-bold text-blue-400 "
      onClick={() => movePage({page:serverData.prevPage} )}>
      Prev </div> : <></>}

      {serverData.pageNumList.map(pageNum =>
        <div
        key={pageNum}
        className={ `m-2 p-2 w-12  text-center rounded shadow-md text-white ${serverData.current === pageNum? 'bg-gray-500':'bg-blue-400'}`}
        onClick={() => movePage( {page:pageNum})}>
        {pageNum}
        </div>

      )}

      {serverData.next ?
      <div
      className="m-2 p-2 w-16 text-center font-bold text-blue-400"
      onClick={() => movePage( {page:serverData.nextPage})}>
```

```
      Next
      </div> : <></>}

    </div>

  );
}

export default PageComponent;
```

ListComponent는 PageComponent를 import 해서 추가합니다.

```
∨ todo
  JS ListComponent.js
  JS ReadComponent.js
```

```
import { useEffect, useState } from "react";
import { getList } from "../../api/todoApi";
import useCustomMove from "../../hooks/useCustomMove";
import PageComponent from "../common/PageComponent";

const initState = {
  …
}

const ListComponent = () => {

  const {page, size, moveToList} = useCustomMove() //moveToList가 추가적으로 필요

  const [serverData, setServerData] = useState(initState)

  useEffect(() => {

…

  }, [page,size])

  return (
  <div className="border-2 border-blue-100 mt-10 mr-2 ml-2">

    <div className="flex flex-wrap mx-auto justify-center p--6">

      {serverData.dtoList.map(todo =>

      …
```

```
      )}
    </div>

    <PageComponent serverData={serverData} movePage={moveToList}></PageComponent>

  </div>
  );
}

export default ListComponent;
```

화면에서는 목록의 아래쪽에 페이지 번호들이 출력되는 것을 확인할 수 있고 페이지 번호를 클릭했을 때 주소창이 변경되면서 새로운 데이터로 갱신되는 것을 확인할 수 있습니다. 화면 아래쪽의 페이지 번호들은 데이터의 수에 따라서 'Next'나 'Prev'가 보이게 됩니다.

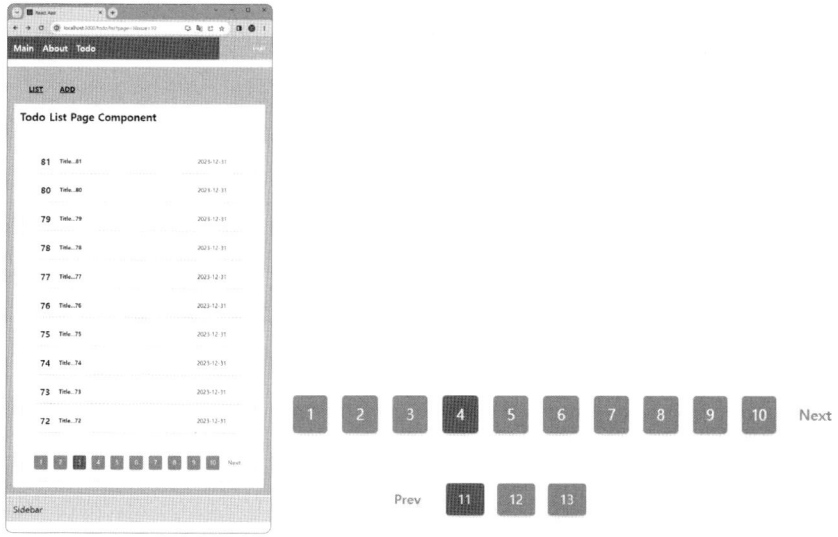

화면에서 페이지 번호를 클릭하면 주소창이 변경되고, 서버로부터 새로운 데이터가 전송되는 것을 확인할 수 있습니다.

4.5.3 동일 페이지 클릭 시 문제

완성된 ListPage와 ListComponent를 이용하면 페이지 번호들을 클릭했을 때 현재 페이지와 다른 페이지 번호를 클릭하면 정상적으로 동작하는데 비해, 현재 페이지를 다시 클릭했을 때는 서버 호출을 하지 않는다는 사실을 알게 됩니다.

이렇게 동작하는 이유는 ListComponent의 useEffect( )가 사용한 page와 size로 설정된 의존성 때문입니다. useEffect( )의 의존성 설정 대상이 변경되어야만 useEffect( )가 지정한 함수가 실행됩니다. 현재와 같이 page, size 속성값이 변경되었을 때만 서버를 호출하도록 구성되어 있다면 동일한 페이지나 사이즈에 대해서는 다시 호출될 필요가 없게 됩니다.

동일한 page와 size라고 하더라도 매번 서버를 호출하고 싶다면 컴포넌트 내부에 매번 변하는 상태(state) 값을 이용하는 것이 좋습니다. 예를 들어 true/false 값이 번갈아 가면서 변경되거나 계속 올라가는 숫자, 현재 시간 등을 이용할 수 있습니다. 예제에서는 true/false 값을 이용해 봅니다.

useCustomMove의 내부에 refresh 변수를 상태로 선언하고 moveToList( )가 호출될 때마다 이를 변경하도록 합니다.

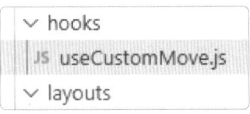

```
import { useState } from "react"
import { createSearchParams, useNavigate, useSearchParams } from "react-router-dom"

const getNum = (param, defaultValue) => { ... 생략 ... }

const useCustomMove = () => {

  const navigate = useNavigate()

  const [refresh, setRefresh] = useState(false) //추가

  const [queryParams] = useSearchParams()

  const page = getNum(queryParams.get('page'), 1)
  const size = getNum(queryParams.get('size'),10)

  const queryDefault = createSearchParams({page, size}).toString()

  const moveToList = (pageParam) => {

    let queryStr = ""

    if(pageParam){

      const pageNum = getNum(pageParam.page, 1)
      const sizeNum = getNum(pageParam.size, 10)

      queryStr = createSearchParams({page:pageNum, size: sizeNum}).toString()
    }else {
      queryStr = queryDefault
    }

    setRefresh(!refresh) //추가

  }

  const moveToModify = (num) => {

    console.log(queryDefault)

    navigate({
      pathname: `../modify/${num}`,
      search: queryDefault   //수정시에 기존의 쿼리 스트링 유지를 위해
    })
  }
```

```
    return {moveToList, moveToModify, page, size, refresh} //refresh 추가
}
export default useCustomMove
```

useCustomMove에서 반환되는 refresh 값은 ListComponent에서 useEffect( )에서 사용하도록 설정합니다. refresh 값은 페이지 번호를 클릭하면 매번 변경되기 때문에 useEffect( )의 조건이 됩니다.

```
∨ todo
 JS ListComponent.js
 JS ReadComponent.js
```

```
const ListComponent = () => {

  const {page, size, refresh, moveToList} = useCustomMove()//refresh 추가

  //serverData는 나중에 사용
  const [serverData, setServerData] = useState(initState)

  useEffect(() => {

    getList({page,size}).then(data => {
      console.log(data)
      setServerData(data)
    })

  }, [page,size, refresh])

  return (
  …
```

브라우저의 실행 결과를 보면 동일한 페이지 번호를 클릭했을 때 서버를 통해 매번 새로운 데이터를 가져오는 부분을 확인할 수 있습니다.

4.5.4 조회 페이지 이동

ListComponent에서 마지막으로 구현할 기능은 특정 Todo의 번호(tno)를 클릭해서 조회 화면으로 이동하는 것입니다. 이 기능 역시 useCustomMove( )를 이용해서 moveToRead( )와 같은 함수를 하나 추가해 줍니다.

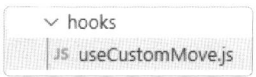

```
import { useState } from "react"
import { createSearchParams, useNavigate, useSearchParams } from "react-router-dom"

const useCustomMove = () => {

  ...생략

  const moveToRead = (num) => {
    console.log(queryDefault)

    navigate({
      pathname: `../read/${num}`,
      search: queryDefault
    })
```

```
  }
  return {moveToList, moveToModify, moveToRead, page, size, refresh} //
moveToRead 추가
}
export default useCustomMove
```

ListComponent에서는 반환되는 moveToRead를 이용해서 각 Todo에 대한 이벤트를 처리합니다.

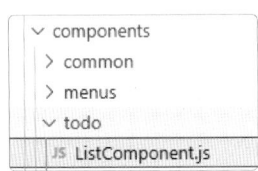

```
const ListComponent = () => {

  const {page, size, refresh, moveToList, moveToRead} = useCustomMove()
//moveToRead

  ...생략

  return (
  <div className="border-2 border-blue-100 mt-10 mr-2 ml-2">

    <div className="flex flex-wrap mx-auto justify-center p-6">

      {serverData.dtoList.map(todo =>

      <div
      key= {todo.tno}
      className="w-full min-w-[400px]  p-2 m-2 rounded shadow-md"
      onClick={() => moveToRead(todo.tno)} //이벤트 처리 추가
      >
  ...생략
```

브라우저에서는 목록 페이지에서 특정 번호를 클릭해서 조회 페이지로 이동하는데 문제가 없는지 확인하고 다시 조회 페이지에서 목록 페이지로 이동이 가능한지 확인합니다.

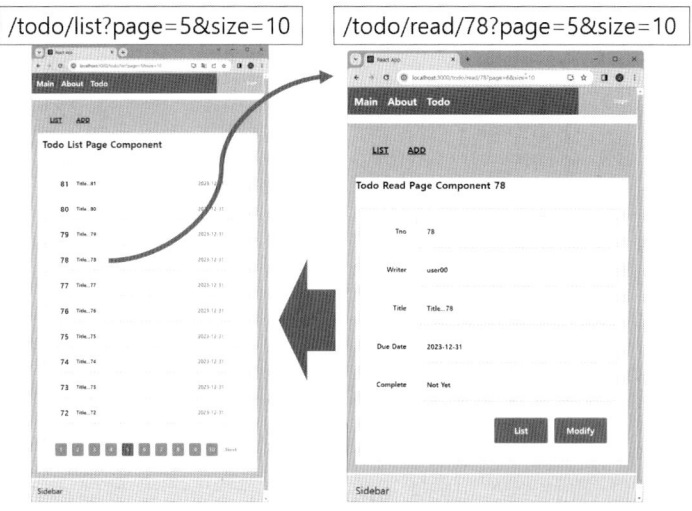

4.6 등록 컴포넌트와 모달창 처리

지금껏 작성한 조회나 목록 기능과 달리 남은 기능들은 다음과 같은 공통점이 있습니다.

- GET 방식이 아니라 POST/PUT/DELETE와 같이 다른 방식으로 호출
- API 서버 호출의 결과가 주로 성공/실패와 같은 단순한 결과
- 처리 후 다른 경로로 이동하는 경우가 많음(리다이렉트)

과거의 서버사이드 프로그래밍은 서버에서 처리한 후에 결과 메시지를 모두 만들어서 전송하거나 PRG(Post-Redirect-Get) 방식으로 다른 경로를 호출하는 방식이었습니다. 리액트와 같은 애플리케이션에서는 기본적으로 모든 처리는 현재 화면을 중심으로 처리됩니다. 현재 화면에서 서버를 호출하고 결과 역시 현재 화면에서 처리하고 이후에 이동하는 방식입니다.

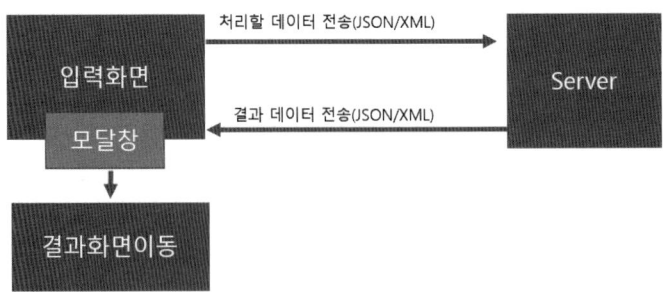

등록 처리는 입력하는 화면이 있고, 버튼을 클릭하면 서버를 호출하고 호출 결과를 모달창에서 현재 화면을 보여주도록 구성합니다. 등록 처리용 페이지는 pages/todo/AddPage.js를 이용하고 해당 페이지에서 사용할 컴포넌트를 components/todo/AddComponent.js 파일로 추가합니다.

```
const AddComponent = () => {
  return (
    <>Add Component</>
  );
}

export default AddComponent;
```

pages/todo/AddPage에는 AddComponent를 import 합니다.

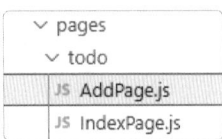

```
import AddComponent from "../../components/todo/AddComponent";

const AddPage = () => {

  return (
  <div className="p-4 w-full bg-white">
    <div className="text-3xl font-extrabold">
      Todo Add Page
    </div>

    <AddComponent/>

  </div>
  );

}

export default AddPage;
```

아직 화면 구성은 완료되지 않았기 때문에 브라우저에서 '/todo/add'는 다음과 같은 모습으로 보이게 됩니다.

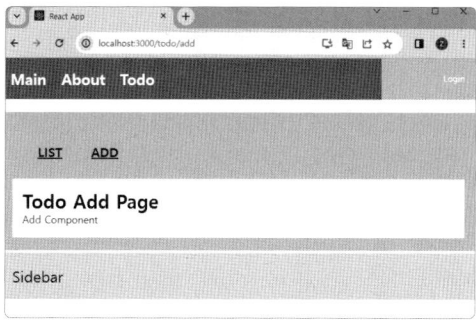

AddComponent의 내용물은 아래와 같이 작성합니다. 우선은 input 태그들과 상태 처리에만 중점을 두고 'ADD' 버튼을 클릭했을 때의 이벤트 처리 정도만을 구성합니다.

```
import { useState } from "react";

const initState = {
  title:'',
  writer: '',
  dueDate: ''
}

const AddComponent = () => {

  const [todo, setTodo] = useState({...initState})

  const handleChangeTodo = (e) => {

    todo[e.target.name] = e.target.value

    setTodo({...todo})
  }

  const handleClickAdd = () => {

    console.log(todo)
  }

  return (
    <div className = "border-2 border-sky-200 mt-10 m-2 p-4">
      <div className="flex justify-center">
        <div className="relative mb-4 flex w-full flex-wrap items-stretch">
          <div className="w-1/5 p--6 text-right font-bold">TITLE</div>
          <input className="w-4/5 p--6 rounded-r border border-solid border-neutral-500 shadow-md"
            name="title"
            type={'text'}
            value={todo.title}
            onChange={handleChangeTodo}
          >
          </input>

        </div>
      </div>
      <div className="flex justify-center">
        <div className="relative mb-4 flex w-full flex-wrap items-stretch">
          <div className="w-1/5 p--6 text-right font-bold">WRITER</div>
          <input className="w-4/5 p--6 rounded-r border border-solid border-neutral-500 shadow-md"
            name="writer"
```

```
              type={'text'}
              value={todo.writer}
              onChange={handleChangeTodo}
            >
            </input>
          </div>
        </div>
        <div className="flex justify-center">
          <div className="relative mb-4 flex w-full flex-wrap items-stretch">
            <div className="w-1/5 p-6 text-right font-bold">DUEDATE</div>
            <input className="w--4/5 p-6 rounded-r border border-solid border-neutral-500 shadow-md"
              name="dueDate"
              type={'date'}
              value={todo.dueDate}
              onChange={handleChangeTodo}
            >
            </input>
          </div>
        </div>
        <div className="flex justify-end">
          <div className="relative mb-4 flex p-4 flex-wrap items-stretch">
            <button type="button"
              className="rounded p--4 w-36 bg-blue-500 text-xl  text-white "
              onClick={handleClickAdd}
            >
            ADD
            </button>
          </div>
        </div>
      </div>
    );
}

export default AddComponent;
```

브라우저에서는 '/todo/add' 혹은 Todo 목록 화면에서 'ADD' 버튼을 이용해서 Add Component의 화면을 볼 수 있습니다.

4.6.1 서버 호출 결과 확인

정상적으로 데이터가 수집되는 것을 확인하였다면 서버에 JSON 형식의 데이터를 전송해야 합니다. Axios는 기본 설정이 JSON이므로 이러한 처리를 간단히 할 수 있습니다.

api/todoApi.js 파일에 POST 방식으로 동작하는 함수를 추가합니다.

```js
import axios from "axios"

export const API_SERVER_HOST = 'http://localhost:8080'

const prefix = `${API_SERVER_HOST}/api/todo`

...생략

export const postAdd = async (todoObj) => {

  const res = await axios.post(`${prefix}/` , todoObj)

  return res.data
}
```

AddComponent 내부의 handleClickAdd( )는 추가된 postAdd( )를 호출하고 결과를 확인합니다.

```jsx
import { useState } from "react";
import { postAdd } from "../../api/todoApi";

const initState = {
  title:'',
  writer: '',
  dueDate: ''
}

const AddComponent = () => {

  const [todo, setTodo] = useState({...initState})

  const handleChangeTodo = (e) => {

    todo[e.target.name] = e.target.value

    setTodo({...todo})
  }

  const handleClickAdd = () => {
    //console.log(todo)
    postAdd(todo)
    .then(result => {
      console.log(result)
      //초기화
      setTodo({...initState})
    }).catch(e => {
      console.error(e)
    })

  }

  return (
    ...생략
  );
}
export default AddComponent;
```

개발자 도구에서 'Network' 탭을 통해서 'ADD' 버튼을 클릭했을 때 서버를 호출하는 것을 확인합니다.

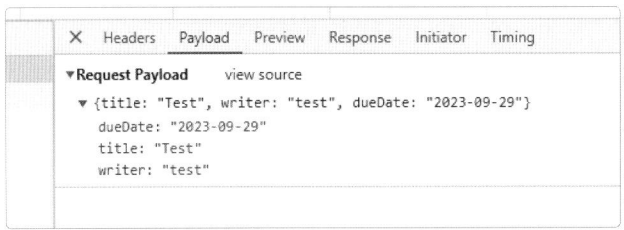

 API 서버를 호출하다 보면 위와 같이 'preflight' 타입의 전송이 이루어지는 경우가 많습니다. 이것은 JSON 데이터를 GET 방식 이외의 방식으로 호출할 때 서버가 이를 처리할 수 있는지 확인하기 위해서 서버를 호출하는 것입니다.

POST 방식으로 전송되므로 payload에서 전송하는 데이터를 확인할 수 있습니다.

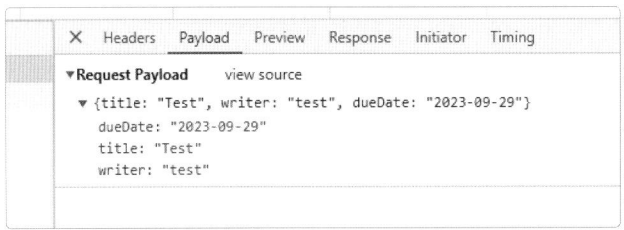

'Console' 탭을 이용하면 정상적으로 처리된 후에는 새로운 번호(tno)가 전달되는 것을 확인할 수 있습니다.

4.6.2 모달 컴포넌트의 제작

등록 작업이 성공했기 때문에 해당 결과를 alert( )를 사용해서 보여줄 수도 있지만, 별도의 모달 컴포넌트를 제작하면 나중에 수정/삭제 작업 시에도 재사용이 가능합니다. 모달 컴포넌트를 여러 곳에서 재사용하기 위해서 components/common 폴더 내에 ResultModal.js 이름의 파일로 추가합니다.

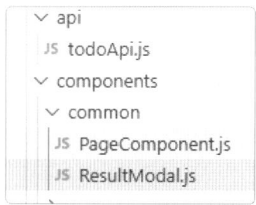

ResultModal 컴포넌트는 보이는지 여부(open), 모달창의 제목과 내용(title,content), 모달창이 닫힌 후에 실행되어야 하는 동작(callbackFn)을 속성(props)을 사용해서 설계합니다.

```
const ResultModal = ( {title,content, callbackFn} ) => {
  return (
    <div
    className={`fixed top-0 left-0 z-[1055] flex h-full w-full  justify-center bg-black bg-opacity-20`}
    onClick={() => {
      if(callbackFn) {
        callbackFn()
      }
    }}>
      <div
      className="absolute bg-white shadow dark:bg-gray-700 opacity-100 w-1/4 rounded  mt-10 mb-10 px-6 min-w-[600px]">
        <div className="justify-center bg-warning-400 mt-6 mb-6 text-2xl border-b-4 border-gray-500">
          {title}
        </div>
        <div className="text-4xl  border-orange-400 border-b-4 pt-4 pb--4">
          {content}
        </div>
        <div className="justify-end flex ">
          <button
          className="rounded bg-blue-500 mt-4 mb-4 px-6 pt-4 pb-4 text-lg text-white"
          onClick={() => {
            if(callbackFn) {
              callbackFn()
            }
          }}>Close Modal</button>
        </div>
      </div>
    </div>
```

```
    );
}

export default ResultModal;
```

AddComponent에는 ResultModal을 import 해주고 ResultModal을 사용하게 되는 상태 처리를 추가합니다.

```
import { useState } from "react";
import { postAdd } from "../../api/todoApi";
import ResultModal from "../common/ResultModal";

const initState = {
  title:'',
  writer: '',
  dueDate: ''
}

const AddComponent = () => {

const [todo, setTodo] = useState({...initState})

//결과데이터가 있는 경우에는 ResultModal을 보여준다.

  const [result, setResult] = useState(null) //결과 상태

  ...생략

  const handleClickAdd = () => {
    //console.log(todo)
    postAdd(todo)
    .then(result => {

      setResult(result.TNO) //결과 데이터 변경
      setTodo({...initState})

    }).catch(e => {
      console.error(e)
    })
```

```
  }
  const closeModal = () => {
    setResult(null)
  }
  return (
    <div className = "border-2 border-sky-200 mt-10 m-2 p-4">

    {/* 모달 처리 */}

      {result ? <ResultModal title={'Add Result'} content={`New ${result} 
Added`} callbackFn={closeModal}/>: <></>}

      <div className="flex justify-center">
          ...생략
      </div>
    </div>
  );
}

export default AddComponent;
```

ResultModal은 평상시에는 보이지 않다가 서버와의 통신이 끝나고 나면 result 상태를 변경해서 보이게 됩니다. ResultModal창은 화면에 있는 'Close Modal'이라는 버튼을 클릭해서 닫거나, 회색으로 보이는 전체 영역을 클릭해도 사라지게 됩니다.

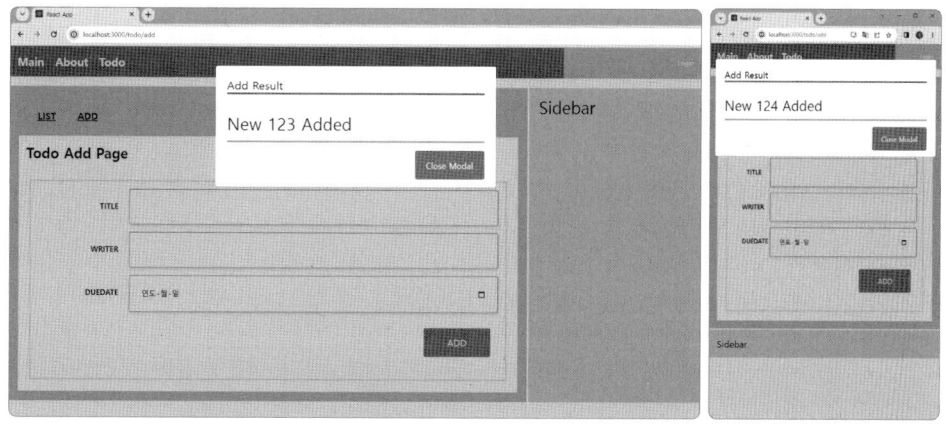

4.6.3 페이지 이동

새로운 Todo가 추가된 후에 모달창을 닫으면 현재로는 등록 컴포넌트의 내용물이 지워지는 것 외에는 화면의 변화가 없으므로 후처리 기능을 완성하도록 합니다. ResultModal에 전달되는 속성 중 callbackFn은 종료될 때 호출되는 함수입니다. 등록은 모달창이 닫히면서 목록 페이지로 이동하게 구성합니다.

목록 화면으로 이동하는 기능은 이미 useCustomMove( )를 이용해서 구현해 두었기 때문에 몇 줄의 코드만 추가해 주면 됩니다.

```
import { useState } from "react";
import { postAdd } from "../../api/todoApi";
import ResultModal from "../common/ResultModal";
import useCustomMove from "../../hooks/useCustomMove";

...생략

const AddComponent = () => {

  const [todo, setTodo] = useState({...initState})

  const [result, setResult] = useState(null)

  const {moveToList} = useCustomMove() //useCustomMove 활용
...생략

  const closeModal = () => {

    setResult(null)
    moveToList()  //moveToList( )호출
  }

  return (
    <div className = "border-2 border-sky-200 mt-10 m-2 p-4">

      {result ? <ResultModal title={'Add Result'} content={`New ${result} Added`} callbackFn={closeModal}/>: <></>}
```

```
         ...생략
      </div>
   );
 }

 export default AddComponent;
```

4.7 수정/삭제 처리

수정/삭제 화면은 기존의 ModifyPage와 새롭게 작성할 ModifyComponent를 이용해서 처리합니다. 코드를 구현하기 전에 수정/삭제 후에는 어떤 식으로 동작해야 하는지를 정리해 봅니다.

- 삭제(Delete 버튼): 삭제 결과를 모달창으로 보여주고 '/todo/list'로 이동
- 수정(Modify 버튼): 수정 결과를 모달창으로 보여주고 '/todo/read/번호'로 이동

수정/삭제 기능 모두 서버의 호출 결과를 이용해서 모달창을 보여주는 점은 공통적이고, 이후의 이동 경로에서 차이가 납니다.

4.7.1 수정/삭제 호출 기능 작성

api/todoApi.js에는 수정과 삭제에 필요한 함수들을 추가합니다.

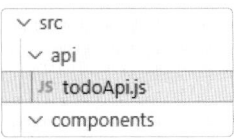

```
export const deleteOne = async (tno) => {

  const res = await axios.delete(`${prefix}/${tno}` )

  return res.data

}
export const putOne = async (todo) => {

  const res = await axios.put(`${prefix}/${todo.tno}`, todo)

  return res.data
}
```

4.7.2 수정/삭제를 위한 컴포넌트

수정/삭제의 실제 처리는 components/todo/ModifyComponent를 추가해서 처리합니다. 라우팅을 설계하는 단계에서는 수정/삭제 버튼을 페이지 역할을 하는 ModifyPage에서 작성했지만, 더 일관성 있는 개발을 위해서 버튼들을 ModifyComponent에서 처

리하도록 변경할 것입니다.

components/todo 폴더에 ModifyComponent를 추가하고 버튼들과 필요한 상태(state) 데이터들을 준비합니다.

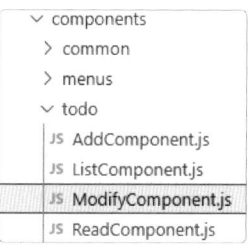

```jsx
import { useEffect, useState } from "react";

const initState = {
  tno:0,
  title:'',
  writer: '',
  dueDate: 'null',
  complete: false
}

const ModifyComponent = ({tno}) => {

  const [todo, setTodo] = useState({...initState})

  useEffect(() => {

  },[tno])

  return (
    <div className = "border-2 border-sky-200 mt-10 m-2 p-4">
      <div className="flex justify-end p-4">
        <button type="button"
          className="rounded p-4 m-2 text-xl w-32  text-white bg-red-500"
        >
          Delete
        </button>
        <button type="button"
          className="rounded p-4 m-2 text-xl w-32 text-white bg-blue-500"
        >
          Modify
        </button>
```

```
      </div>
    </div>
  );
}

export default ModifyComponent;
```

ModifyPage에서는 ModifyComponent를 import 해서 필요한 속성들을 지정합니다.

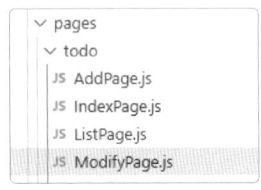

```
import { useParams } from "react-router-dom";
import ModifyComponent from "../../components/todo/ModifyComponent";

const ModifyPage = () => {

  const {tno} = useParams()

  return (
  <div className="p-4 w-full bg-white">
    <div className="text-3xl font-extrabold">
      Todo Modify Page
    </div>

    <ModifyComponent tno={tno}/>

  </div>
    );
}

export default ModifyPage;
```

실제 수정을 위한 내용은 구현되지 않은 상황이므로 화면에서는 ModifyComponent가 가진 테두리와 버튼들만이 보입니다. 브라우저에서 특정 Todo를 조회한 후에 'Modify' 버튼을 클릭해서 수정/삭제 화면으로 이동하는 것을 확인합니다.

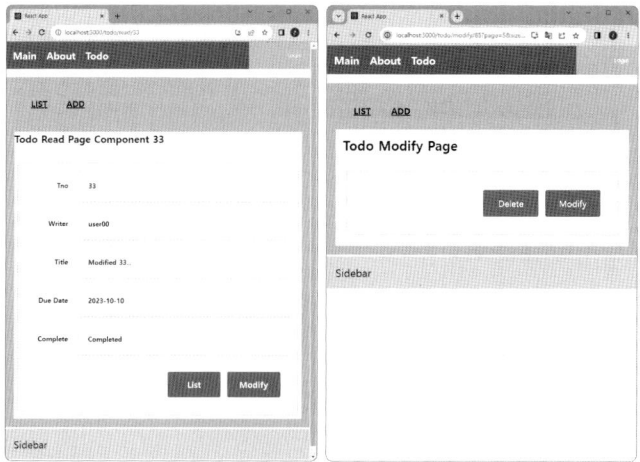

4.7.3 서버 데이터 출력

ModifyComponent는 우선 서버에서 내용물을 가져와서 출력하고 변경 가능하도록 구성할 필요가 있습니다. 이를 위해서 조회 기능과 같이 useEffect( )를 사용해서 서버로부터 데이터를 가져오고, 등록 기능에 사용했던 〈input〉을 이용합니다.

```
import { useEffect, useState } from "react";
import { getOne } from "../../api/todoApi";

const initState = {
  tno:0,
  title:'',
  writer: '',
  dueDate: '',
  complete: false
}

const ModifyComponent = ({tno, moveList, moveRead}) => {
```

```jsx
  const [todo, setTodo] = useState({...initState})

  useEffect(() => {
    getOne(tno).then(data => setTodo(data))
  },[tno])

  const handleChangeTodo = (e) => {
    todo[e.target.name] = e.target.value
    setTodo({...todo})
  }
  const handleChangeTodoComplete = (e) => {
    const value = e.target.value
    todo.complete = (value === 'Y')
    setTodo({...todo})
  }

  return (
    <div className = "border-2 border-sky-200 mt-10 m-2 p-4">

      <div className="flex justify-center mt-10">
        <div className="relative mb-4 flex w-full flex-wrap items-stretch">
          <div className="w-1/5 p-6 text-right font-bold">TNO</div>
          <div className="w-4/5 p-6 rounded-r border border-solid shadow-md bg-gray-100">
            {todo.tno}
          </div>
        </div>
      </div>
      <div className="flex justify-center">
        <div className="relative mb-4 flex w-full flex-wrap items-stretch">
          <div className="w-1/5 p-6 text-right font-bold">WRITER</div>
          <div className="w-4/5 p-6 rounded-r border border-solid shadow-md bg-gray-100">
            {todo.writer}
          </div>

        </div>
      </div>
      <div className="flex justify-center">
```

```jsx
            <div className="relative mb-4 flex w-full flex-wrap items-stretch">
              <div className="w-1/5 p-6 text-right font-bold">TITLE</div>
              <input className="w-4/5 p-6 rounded-r border border-solid border-neutral-300 shadow-md"
                name="title"
                type={'text'}
                value={todo.title}
                onChange={handleChangeTodo}
                >
                </input>
            </div>
          </div>
          <div className="flex justify-center">
            <div className="relative mb-4 flex w-full flex-wrap items-stretch">
              <div className="w-1/5 p-6 text-right font-bold">DUEDATE</div>
              <input className="w-4/5 p-6 rounded-r border border-solid border-neutral-300 shadow-md"
                name="dueDate"
                type={'date'}
                value={todo.dueDate}
                onChange={handleChangeTodo}
                >
                </input>
            </div>
          </div>
          <div className="flex justify-center">
            <div className="relative mb-4 flex w-full flex-wrap items-stretch">
              <div className="w-1/5 p-6 text-right font-bold">COMPLETE</div>
              <select
                name="status"
                className="border-solid border-2 rounded m-1 p-2"
                onChange={handleChangeTodoComplete}
                value = {todo.complete? 'Y':'N'} >
                <option value='Y'>Completed</option>
                <option value='N'>Not Yet</option>
              </select>
            </div>
          </div>

          <div className="flex justify-end p--4">
            <button type="button"
              className="inline-block rounded p--4 m--2 text-xl w-32 text-white bg-red-500"
              >
```

```
        Delete
      </button>
      <button type="button"
        className="rounded p-4 m-2 text-xl w-32 text-white bg-blue-500"
      >
        Modify
      </button>
    </div>
  </div>
  );
}

export default ModifyComponent;
```

화면에서 수정이 가능한 부분은 〈input〉을 이용해서 처리하고 수정이 불가능한 부분은 〈div〉를 이용해서 출력합니다.

4.7.4 수정/삭제와 모달창

ModifyComponent의 기능들은 호출 후에 결과를 보여주기 때문에 모달창을 추가해야 합니다. 삭제의 경우, 삭제 후 모달창을 보여주고 난 후에 모달창이 닫히면서 삭제하도록 구성해야 하므로 화면에 ResultModal을 이용해서 이를 처리합니다.

화면 이동 전에 수정이나 삭제 호출에 문제가 없는지 확인하기 위해서 handleClickModify( ) 나 handleClickDelete( )와 같은 함수를 지정하고 버튼에 이벤트 처리를 추가합니다.

```jsx
import { useEffect, useState } from "react";
import { deleteOne, getOne, putOne } from "../../api/todoApi";

const initState = {
  ...생략
}

const ModifyComponent = ({tno}) => {

  const [todo, setTodo] = useState({...initState})

  //모달 창을 위한 상태
  const [result, setResult] = useState(null)

  useEffect(() => {

    getOne(tno).then( data => {
      setTodo(data)
    })

  },[tno])

  const handleClickModify = () => { //버튼 클릭시

    putOne(todo).then(data => {
      console.log("modify result: " + data)
    })
  }

  const handleClickDelete = () => { //버튼 클릭시

    deleteOne(tno).then( data => {
      console.log("delete result: " + data)
    })

  }

  const handleChangeTodo = (e) => {...}

  const handleChangeTodoComplete = (e) => {...}

  return (
    <div className = "border-2 border-sky-200 mt-10 m-2 p-4">

<div className="flex justify-center mt-10">
```

```
      ...생략

      <div className="flex justify-end p-4">
        <button type="button"
          className="inline-block rounded p-4 m-2 text-xl w-32  text-white bg-red-500"
          onClick={handleClickDelete}
        >
          Delete
        </button>
        <button type="button"
          className="rounded p-4 m-2 text-xl w-32 text-white bg-blue-500"
          onClick={handleClickModify}
        >
          Modify
        </button>
      </div>
    </div>
  );
}

export default ModifyComponent;
```

브라우저상에서 수정/삭제 기능이 정상적으로 동작하는지 확인합니다. 아직 화면 이동이 없기 때문에 개발자 도구의 Console 탭과 Network 탭을 이용해서 결과를 확인합니다.

```
page=1&size=10
▶ {tno: 125, title: 'Test', writer: 'Tester', complete: false, dueDate: '2023-09-22'}
page=1&size=10
modify result: [object Object]
delete result: [object Object]
```

```
X  Headers  Preview  Response  Initiator
1  {"RESULT":"SUCCESS"}
```

정상적으로 서버의 호출이 이루어지는 것을 확인했다면 useCustomMove를 이용해서 화면 이동에 필요한 기능들을 가져오고 ResultModal이 close 될 때 호출하도록 변경합니다.

```
import { useEffect, useState } from "react";
import { deleteOne, getOne, putOne } from "../../api/todoApi";
import useCustomMove from "../../hooks/useCustomMove";
```

```jsx
import ResultModal from "../common/ResultModal";

const initState = {
  ...생략
}

const ModifyComponent = ({tno}) => {

  const [todo, setTodo] = useState({...initState})

  //모달 창을 위한 상태
  const [result, setResult] = useState(null)

  //이동을 위한 기능들
  const {moveToList, moveToRead} = useCustomMove()

  useEffect(() => { … },[tno])

  const handleClickModify = ( ) => {

    putOne(todo).then(data => {
      //console.log("modify result: " + data)
      setResult('Modified')
    })
  }

  const handleClickDelete = ( ) => {

    deleteOne(tno).then( data => {
      //console.log("delete result: " + data)
      setResult('Deleted')
    })

  }

  //모달 창이 close될때
  const closeModal = () => {
    if(result ==='Deleted') {
      moveToList()
    }else {
      moveToRead(tno)
    }
  }

  ...생략

  return (
    <div className = "border-2 border-sky-200 mt-10 m-2 p-4">

      {result ? <ResultModal title={'처리결과'} content={result}
```

```
            callbackFn={closeModal}></ResultModal>  :<></>}

        ...생략
    );
}

export default ModifyComponent;
```

브라우저를 이용해서 수정 작업을 테스트해 보면 모달창이 보인 후에 조회 화면으로 이동하는 것을 확인할 수 있습니다. 이동시에 기존의 쿼리스트링 역시 동일하게 유지됩니다.

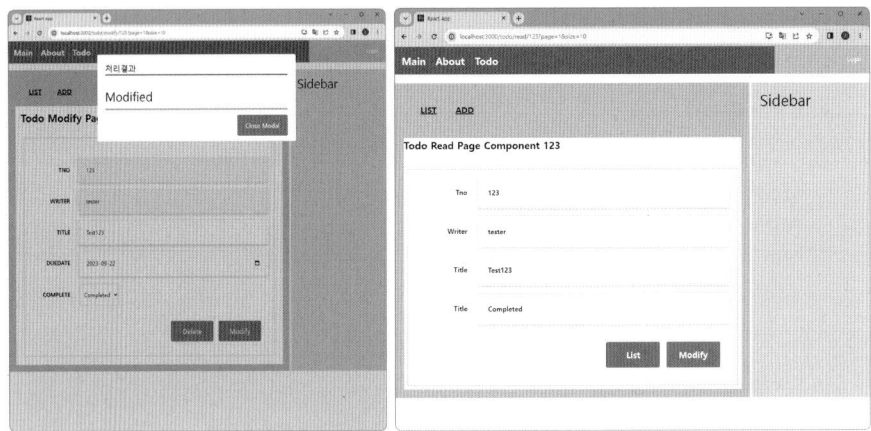

삭제의 경우 모달창이 닫힌 후에 목록 화면으로 이동하게 됩니다. 이 경우에도 쿼리스트링이 유지됩니다.

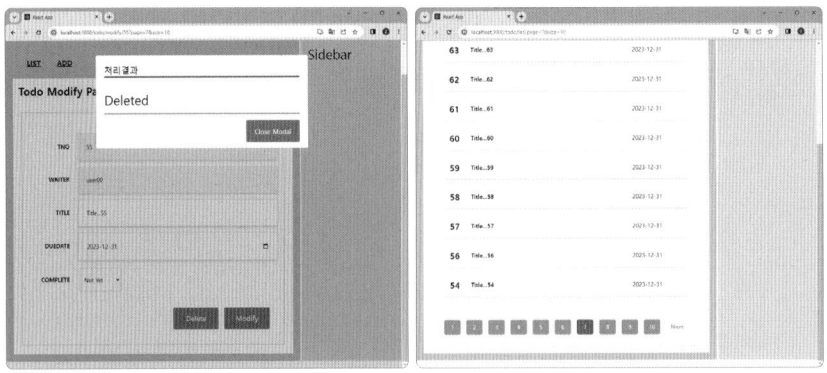

Chapter 05

상품 API
서버 구성하기

간단한 Todo 예제로 프로젝트의 기본 구성을 경험했다면 이제는 조금 주의해야 하는 데이터를 다루겠습니다. 이번 장에서는 첨부파일이 여러 개 포함되는 상품 데이터를 예제로 다룹니다. 상품 데이터는 첨부파일을 같이 처리하기 때문에 썸네일 이미지의 생성이나 데이터의 구조가 기존과 달라지게 됩니다.

5장의 개발 목표는 다음과 같습니다.

- ➡ 파일 업로드와 다운로드 처리
- ➡ 하나의 상품에 여러 이미지를 가지는 데이터 처리
- ➡ 첨부파일이 있는 API 개발과 테스트

5.1 파일 업로드를 위한 설정

파일 업로드에 필요한 모든 기능은 이미 스프링 Web 관련 라이브러리에 존재하므로 프로젝트의 application.properties에는 이와 관련된 설정을 추가합니다.

예제에서는 프로젝트의 실행 폴더에 upload 폴더를 생성해서 파일들을 보관하도록 합니다.

```
spring.servlet.multipart.max-request-size=30MB
spring.servlet.multipart.max-file-size=10MB

org.zerock.upload.path=upload
```

추가된 설정은 파일 하나의 최대 크기를 10MB로 제한하고 한 번에 전송하는 데이터는 30MB로 제한하는 설정입니다. 마지막 라인은 작성하는 코드 내에서 변수로 사용하기 위한 설정입니다.

5.1.1 상품 정보 처리를 위한 DTO

브라우저에서 첨부파일을 포함해서 전송되는 데이터를 하나의 DTO 타입으로 처리하기 위해서 ProductDTO라는 클래스를 추가합니다.

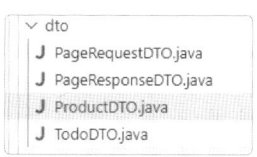

ProductDTO는 상품의 이름이나 설명 등과 같은 문자열과 함께 여러 개의 첨부파일을 의미하는 MultipartFile의 리스트를 가지도록 설계합니다.

```java
package org.zerock.mallapi.dto;

import lombok.*;
import java.util.*;
import org.springframework.web.multipart.MultipartFile;

@Data
@Builder
@AllArgsConstructor
@NoArgsConstructor
public class ProductDTO {

  private Long pno;

  private String pname;

  private int price;

  private String pdesc;

  private boolean delFlag;

  @Builder.Default
  private List<MultipartFile> files = new ArrayList<>();

  @Builder.Default
  private List<String> uploadFileNames = new ArrayList<>();

}
```

ProductDTO의 내부에 있는 MultipartFile의 리스트인 files는 새로운 상품의 등록과 수정 작업 시에 사용자가 새로운 파일을 업로드할 때 사용합니다. ProductDTO에는 파일과 관련해서 2가지 형태의 데이터를 보관할 수 있도록 설정되어 있습니다.

멤버 필드 중에서 uploadFileNames는 업로드가 완료된 파일의 이름만 문자열로 보관한 리스트입니다. uploadFileNames 문자열로 업로드된 결과만을 가지고 있기 때문에 이를 이용해서 데이터베이스에 파일 이름들을 처리하는 용도로 사용합니다. 반면에 files는 새롭게 서버에 보내지는 실제 파일 데이터를 의미합니다.

5.2 컨트롤러에서의 파일 처리

controller 패키지에는 ProductController를 생성해서 상품 데이터를 처리합니다. ProductController에서는 ProductDTO의 files를 활용해서 전송되는 첨부파일들을 처리하고, 저장된 파일들의 이름은 나중에 데이터베이스에 보관하는 방식으로 사용합니다.

ProductController의 개발 전 단계로 실제 파일을 저장하는 역할은 util 패키지를 구성하고 CustomFileUtil 클래스를 추가해서 처리합니다.

CustomFileUtil은 파일 데이터의 입출력을 담당할 것입니다. 프로그램이 시작되면 upload라는 이름의 폴더를 체크해서 자동으로 생성하도록 @PostConstruct를 이용하고, 파일 업로드 작업은 saveFiles()로 작성합니다.

```
package org.zerock.mallapi.util;

import java.io.File;
import java.io.IOException;
import java.nio.file.Files;
import java.nio.file.Path;
import java.nio.file.Paths;
import java.util.ArrayList;
import java.util.List;
import java.util.UUID;

import jakarta.annotation.PostConstruct;
import lombok.RequiredArgsConstructor;
import lombok.extern.log4j.Log4j2;

import org.springframework.beans.factory.annotation.Value;
import org.springframework.stereotype.Component;
import org.springframework.web.multipart.MultipartFile;
```

```java
@Component
@Log4j2
@RequiredArgsConstructor
public class CustomFileUtil {

 @Value("${org.zerock.upload.path}")
 private String uploadPath;

 @PostConstruct
 public void init() {
  File tempFolder = new File(uploadPath);

  if(tempFolder.exists() == false) {
   tempFolder.mkdir();
  }

  uploadPath = tempFolder.getAbsolutePath();

  log.info("-------------------------------------");
  log.info(uploadPath);
 }

 public List<String> saveFiles(List<MultipartFile> files)throws RuntimeException{

   if(files == null || files.size() == 0){
    return List.of();
   }

   List<String> uploadNames = new ArrayList<>();

   for (MultipartFile multipartFile : files) {

    String savedName = UUID.randomUUID().toString() + "_" + multipartFile.getOriginalFilename();

    Path savePath = Paths.get(uploadPath, savedName);

    try {
     Files.copy(multipartFile.getInputStream(), savePath);
     uploadNames.add(savedName);
    } catch (IOException e) {
     throw new RuntimeException(e.getMessage());
    }
   }//end for
   return uploadNames;
  }

}
```

CustomFileUtil의 saveFiles( )는 파일 저장 시에 중복된 이름의 파일이 저장되는 것을 막기 위해서 UUID로 중복이 발생하지 않도록 파일 이름을 구성합니다. 업로드하는 파일의 이름은 'UUID값_파일명'의 형태로 구성될 것입니다.

saveFiles( )의 활용은 controller 패키지를 구성하고 ProductController를 추가해서 사용합니다.

```java
package org.zerock.mallapi.controller;

import java.util.List;
import java.util.Map;

import org.springframework.web.bind.annotation.PostMapping;
import org.springframework.web.bind.annotation.RequestMapping;
import org.springframework.web.bind.annotation.RestController;
import org.springframework.web.multipart.MultipartFile;
import org.zerock.mallapi.dto.ProductDTO;
import org.zerock.mallapi.util.CustomFileUtil;

import lombok.RequiredArgsConstructor;
import lombok.extern.log4j.Log4j2;

@RestController
@RequiredArgsConstructor
@Log4j2
@RequestMapping("/api/products")
public class ProductController {

  private final CustomFileUtil fileUtil;

  @PostMapping("/")
  public Map<String, String> register(ProductDTO productDTO){

    log.info("rgister: " + productDTO);

    List<MultipartFile> files = productDTO.getFiles();
```

```
    List<String> uploadFileNames = fileUtil.saveFiles(files);

    productDTO.setUploadFileNames(uploadFileNames);

    log.info(uploadFileNames);

    return Map.of("RESULT", "SUCCESS");
  }
}
```

ProductController의 register( )는 등록 기능을 구현하기 위해서 사용하고 POST 방식으로 처리합니다. 업로드가 처리되면 업로드된 파일의 숫자만큼 새로운 파일을 upload 폴더에 저장하게 됩니다.

Postman으로 '/api/products/' 경로의 테스트를 진행합니다(마지막에 '/'로 끝나는 점을 주의). 'Body' 탭으로 'form-data' 항목을 지정하면 'text' 혹은 'file'을 선택할 수 있으므로 첨부파일의 테스트가 가능합니다.

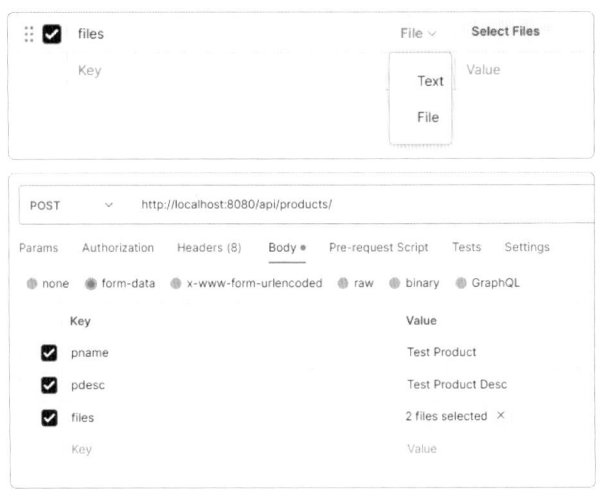

테스트를 진행하면 서버 쪽에는 전송된 pname, pdesc, files에 대한 로그가 남고 프로젝트가 실행되는 폴더 내부에 만들어진 upload 폴더에 파일이 생성되는 것을 확인할 수 있습니다.

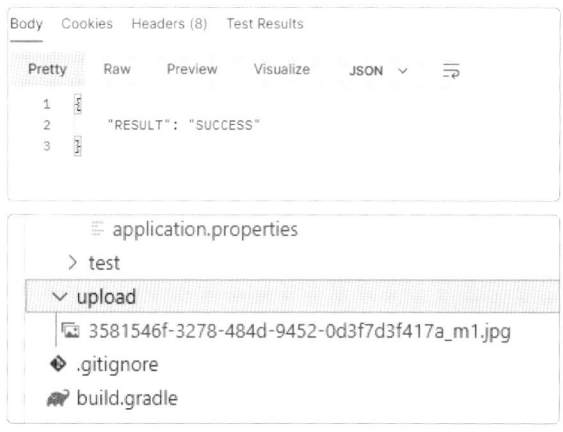

5.2.1 썸네일 이미지 처리

업로드된 이미지 파일의 용량이 크다면 나중에 사용자들이 이미지를 보는데 많은 자원과 시간을 소비해야 하므로 이미지는 썸네일을 만들어서 처리합니다(특히 모바일 환경에서는 가능하면 적은 양의 데이터로 파일을 보여주어야만 합니다.). 썸네일로 만들기 위해서 build.gradle에 Thumbnailator 라이브러리를 추가합니다(라이브러리를 추가한 후에는 'Clean Java Server Workspaces'를 실행해 주는 것이 좋습니다.).

```
dependencies {
 ….생략

 implementation 'net.coobird:thumbnailator:0.4.19'
}
```

CustomFileUtil에서 saveFiles( )는 파일을 저장할 때 이미지 파일이라면 썸네일을 생성하도록 코드를 수정합니다. 썸네일은 원본 파일과 혼동하지 않게 파일의 맨 앞을 's_'로 시작하고 나머지는 UUID와 파일이름을 이용합니다.

```java
package org.zerock.mallapi.util;

...생략

import net.coobird.thumbnailator.Thumbnails;

@Component
public class CustomFileUtil {

 ...생략

  public List<String> saveFiles(List<MultipartFile> files)throws RuntimeException{

   ...생략

   for (MultipartFile multipartFile : files) {

    String savedName = UUID.randomUUID().toString() + "_" + multipartFile.getOriginalFilename();

    Path savePath = Paths.get(uploadPath, savedName);

    try {
     Files.copy(multipartFile.getInputStream(), savePath);

     String contentType = multipartFile.getContentType();

     if(contentType != null && contentType.startsWith("image")){ //이미지여부 확인

       Path thumbnailPath = Paths.get(uploadPath, "s_"+savedName);

       Thumbnails.of(savePath.toFile())
           .size(200,200)
           .toFile(thumbnailPath.toFile());
     }

     uploadNames.add(savedName);
    } catch (IOException e) {
     throw new RuntimeException(e.getMessage());
    }
   }//end for
   return uploadNames;
  }
}
```

썸네일 이미지 파일은 200px의 넓이나 높이를 가지게 됩니다(자동으로 가로나 세로 길이로 조정되기 때문에 이미지가 이상하게 늘어나는 일은 없습니다.). 썸네일이 적용되면 이미지 파일이 업로드될 때는 원본 파일과 's_'로 시작되는 썸네일 파일이 생성되는 것을 확인할 수 있습니다.

5.2.2 업로드 파일 보여주기

업로드된 파일은 GET 방식으로 호출해서 브라우저에서 볼 수 있어야만 합니다. 브라우저는 '/api/products/view/파일이름' 경로에서 파일 데이터를 볼 수 있게 구성합니다. 현재 업로드된 파일들은 UUID값이 적용된 파일의 이름인데 UUID가 포함되어 상당히 긴 문자열이기 때문에 간단히 테스트할 수 있도록 파일 하나를 (예제에서는 default.jpeg 파일) 업로드 폴더에 추가합니다.

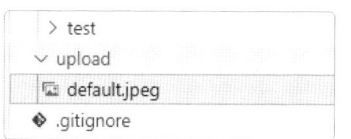 

CustomFileUtil에는 파일 데이터를 읽어서 스프링에서 제공하는 Resource 타입으로 반환하는 getFile( )을 추가합니다. getFile( )은 스프링 프레임워크에서 제공하는 ResponseEntity와 Resource를 사용해서 응답 데이터를 생성합니다.

```java
package org.zerock.mallapi.util;

import java.io.File;
import java.io.IOException;
import java.nio.file.Files;
import java.nio.file.Path;
import java.nio.file.Paths;
import java.util.ArrayList;
import java.util.List;
import java.util.UUID;

import jakarta.annotation.PostConstruct;
import lombok.RequiredArgsConstructor;
import lombok.extern.log4j.Log4j2;

import org.springframework.beans.factory.annotation.Value;
import org.springframework.core.io.FileSystemResource;
import org.springframework.core.io.Resource;
import org.springframework.http.HttpHeaders;
import org.springframework.http.ResponseEntity;
import org.springframework.stereotype.Component;
import org.springframework.web.multipart.MultipartFile;

import net.coobird.thumbnailator.Thumbnails;

@Component
@Log4j2
@RequiredArgsConstructor
public class CustomFileUtil {

  @Value("${org.zerock.upload.path}")
  private String uploadPath;

  @PostConstruct
  public void init() {
   …생략
  }

  public List<String> saveFiles(List<MultipartFile> files)throws RuntimeException{

   …생략

   return uploadNames;
  }

  public ResponseEntity<Resource> getFile(String fileName) {
```

```
    Resource resource = new FileSystemResource(uploadPath+ File.separator
+ fileName);

    if( ! resource. isReadable() ) {

      resource = new FileSystemResource(uploadPath+ File.separator +
"default.jpeg");

    }

    HttpHeaders headers = new HttpHeaders();

    try{
      headers.add("Content-Type", Files.probeContentType( resource.
getFile().toPath() ));
    } catch(Exception e){
      return ResponseEntity.internalServerError().build();
    }
    return ResponseEntity.ok().headers(headers).body(resource);
  }
}
```

getFile( )은 파일의 종류마다 다르게 HTTP 헤더 'Content-Type' 값을 생성해야 하기 때문에 Files.probeContentType( )으로 헤더 메시지를 생성합니다.

CustomFileUtil의 getFile( )은 ProductController에서 특정한 파일을 조회할 때 사용합니다.

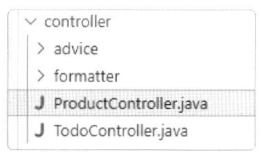

```
package org.zerock.mallapi.controller;

import java.util.List;
import java.util.Map;

import org.springframework.core.io.Resource;
import org.springframework.http.ResponseEntity;
```

```java
import org.springframework.web.bind.annotation.GetMapping;
import org.springframework.web.bind.annotation.PathVariable;
import org.springframework.web.bind.annotation.PostMapping;
import org.springframework.web.bind.annotation.RequestMapping;
import org.springframework.web.bind.annotation.RestController;
import org.springframework.web.multipart.MultipartFile;
import org.zerock.mallapi.dto.ProductDTO;
import org.zerock.mallapi.util.CustomFileUtil;

import lombok.RequiredArgsConstructor;
import lombok.extern.log4j.Log4j2;

@RestController
@RequiredArgsConstructor
@Log4j2
@RequestMapping("/api/products")
public class ProductController {

  private final CustomFileUtil fileUtil;

  @PostMapping("/")
  public Map<String, String> register(ProductDTO productDTO){

    log.info("rgister: " + productDTO);

    List<MultipartFile> files = productDTO.getFiles();

    List<String> uploadFileNames = fileUtil.saveFiles(files);

    productDTO.setUploadFileNames(uploadFileNames);

    log.info(uploadFileNames);

    return Map.of("RESULT", "SUCCESS");
  }

  @GetMapping("/view/{fileName}")
  public ResponseEntity<Resource> viewFileGET(@PathVariable String fileName){

    return fileUtil.getFile(fileName);

  }

}
```

코드를 적용하고 브라우저에서 실행해 보면 '/api/products/view/파일명'을 이용해서 원하는 이미지 파일을 브라우저에서 볼 수 있습니다. 간단히 확인하려면 upload 폴더에 aaa.jpg와 같은 파일을 올려서 확인하면 편합니다(테스트 시에는 한글이나 공백이 있는 파일이름은 사용하지 않도록 주의합니다.).

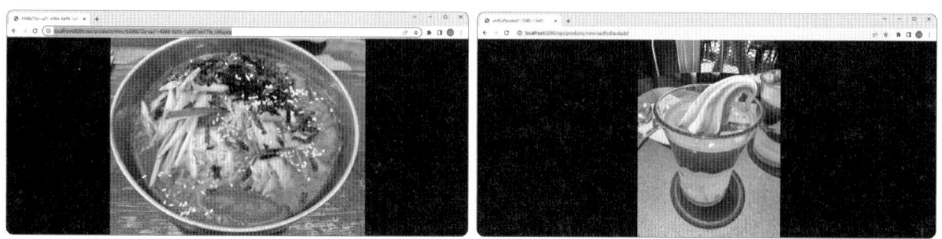

5.2.3 서버 내부에서 파일 삭제

첨부파일은 수정이라는 개념이 존재하지 않고, 기존 파일들을 삭제하고 새로운 파일로 대체하는 개념이기 때문에 삭제하는 기능 역시 필요합니다. 파일 삭제 기능은 파일 이름을 기준으로 한 번에 여러 개의 파일을 삭제하는 기능을 CustomFileUtil 내부에 deleteFiles( )로 구현해 둡니다.

```java
public void deleteFiles(List<String> fileNames) {

  if(fileNames == null || fileNames.size() == 0){
   return;
  }

  fileNames.forEach(fileName -> {

    //썸네일이 있는지 확인하고 삭제
    String thumbnailFileName = "s_" + fileName;
    Path thumbnailPath = Paths.get(uploadPath, thumbnailFileName);
    Path filePath = Paths.get(uploadPath, fileName);
```

```
    try {
     Files.deleteIfExists(filePath);
     Files.deleteIfExists(thumbnailPath);
    } catch (IOException e) {
     throw new RuntimeException(e.getMessage());
    }
   });
  }
```

파일의 삭제는 컨트롤러 계층 혹은 서비스 계층에서 데이터베이스 작업이 완료된 후에 필요 없는 파일들을 삭제하는 용도로 처리할 때 사용합니다.

5.3 엔티티 처리

파일 업로드의 특징은 파일 자체가 부수적인 요소라는 점입니다. 예를 들어, 상품 등록의 경우 핵심은 상품 자체이고 파일들은 이를 설명하는 부수적인 데이터입니다. 이럴 때 상품은 고유한 PK를 가지는 하나의 온전한 엔티티로 봐야 하고 파일들은 엔티티에 속해 있는 데이터로 봐야 합니다.

JPA에서는 '값 타입 객체'라는 표현을 쓰는데 컬렉션으로 처리할 때는 @ElementCollection을 활용합니다. '값 타입 객체'는 엔티티와 달리 PK가 없는 데이터입니다. 예제에서 하나의 상품 데이터는 여러 개의 상품 이미지를 가지도록 구성됩니다.

domain 패키지에 Product 엔티티 클래스와 ProductImage 클래스를 추가합니다.

ProductImage는 @Embeddable 어노테이션을 이용해서 해당 클래스의 인스턴스가 값 타입 객체임을 명시합니다. ProductImage는 특이하게 순서(ord)라는 속성을 가지도

록 만드는데 이것은 나중에 목록에서 각 이미지마다 번호를 지정하고 상품 목록을 출력할 때 ord 값이 0번인 이미지들만 화면에서 볼 수 있도록 하기 위함입니다(대표 이미지만 출력하고자 하는 경우에 사용).

```java
package org.zerock.mallapi.domain;

import jakarta.persistence.Embeddable;
import lombok.*;

@Embeddable
@Getter
@ToString
@Builder
@AllArgsConstructor
@NoArgsConstructor
public class ProductImage {

  private String fileName;

  private int ord;

  public void setOrd(int ord){
    this.ord = ord;
  }

}
```

상품을 의미하는 Product는 일반 엔티티와 비슷하지만, ProductImage의 목록을 가지고 이를 관리하는 기능이 있게 작성합니다.

```java
package org.zerock.mallapi.domain;

import jakarta.persistence.*;
import lombok.*;

import java.util.ArrayList;
import java.util.List;

@Entity
@Table(name = "tbl_product")
@Getter
```

```java
@ToString(exclude = "imageList")
@Builder
@AllArgsConstructor
@NoArgsConstructor
public class Product {

 @Id
 @GeneratedValue(strategy = GenerationType.IDENTITY)
 private Long pno;

 private String pname;

 private int price;

 private String pdesc;

 private boolean delFlag;

 @ElementCollection
 @Builder.Default
 private List<ProductImage> imageList = new ArrayList<>();

 public void changePrice(int price) {
  this.price = price;
 }

 public void changeDesc(String desc){
   this.pdesc = desc;
 }

 public void changeName(String name){
   this.pname = name;
 }

 public void addImage(ProductImage image) {

   image.setOrd(this.imageList.size());
   imageList.add(image);
 }

 public void addImageString(String fileName){

  ProductImage productImage = ProductImage.builder()
  .fileName(fileName)
  .build();
  addImage(productImage);
```

```
  }
  public void clearList() {
    this.imageList.clear();
  }
}
```

Product에는 문자열로 파일을 추가하거나 ProductImage 타입으로 이미지를 추가할 수 있도록 구성합니다. @Embeddable을 사용하는 경우 PK가 생성되지 않기 때문에 모든 작업은 PK를 가지는 엔티티로 구성한다는 특징이 있습니다.

5.3.1 레퍼지토리 처리

상품에 대한 CRUD 기능은 JpaRepository를 사용해서 처리합니다.

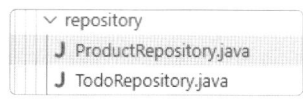

```
package org.zerock.mallapi.repository;

import org.springframework.data.jpa.repository.JpaRepository;
import org.zerock.mallapi.domain.Product;

public interface ProductRepository extends JpaRepository<Product, Long>{

}
```

test 폴더에는 repository 패키지 내 ProductRepositoryTests 클래스를 생성합니다.

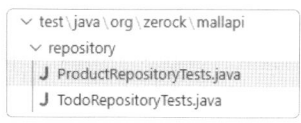

상품 등록 테스트

테스트 코드로 Product 엔티티 객체를 생성해서 어떻게 저장되는지를 확인해 보겠습니다. @ElementCollection과 같이 하나의 엔티티가 여러 개의 객체를 추가적으로 담고 있을 때는 자동으로 이에 해당하는 테이블이 생성되고 외래키(FK)가 생성됩니다.

```
create table tbl_product (
    pno bigint not null auto_increment,
    del_flag bit not null,
    pdesc varchar(255),
    pname varchar(255),
    price integer not null,
    primary key (pno)
) engine=InnoDB
```

```
create table product_image_list (
    product_pno bigint not null,
    file_name varchar(255),
    ord integer not null
) engine=InnoDB
```

```java
package org.zerock.mallapi.repository;

import org.junit.jupiter.api.Test;
import org.springframework.beans.factory.annotation.Autowired;
import org.springframework.boot.test.context.SpringBootTest;
import org.zerock.mallapi.domain.Product;

import lombok.extern.log4j.Log4j2;

@SpringBootTest
@Log4j2
public class ProductRepositoryTests {

  @Autowired
  ProductRepository productRepository;

  @Test
  public void testInsert() {

    for (int i = 0; i < 10; i++) {

      Product product = Product.builder()
      .pname("상품"+i)
      .price(100*i)
      .pdesc("상품설명 " + i)
      .build();

      //2개의 이미지 파일 추가
product.addImageString(UUID.randomUUID().toString()+"_"+"IMAGE1.jpg");
      product.addImageString(UUID.randomUUID().toString()+"_"+"IMAGE2.jpg");
```

```
      productRepository.save(product);

      log.info("------------------");
    }
  }
}
```

testInsert( )는 하나의 Product에 2개의 첨부파일이 있는 상태로 엔티티를 생성합니다. 테스트 코드를 실행하면 데이터베이스 내에 테이블의 생성과 데이터가 추가되었는지 확인할 수 있습니다. 데이터베이스 내에는 tbl_product 테이블과 product_image_list 테이블이 생성되는데 tbl_product는 아래와 같이 1개의 상품마다 2개의 이미지 파일 데이터를 가지게 됩니다.

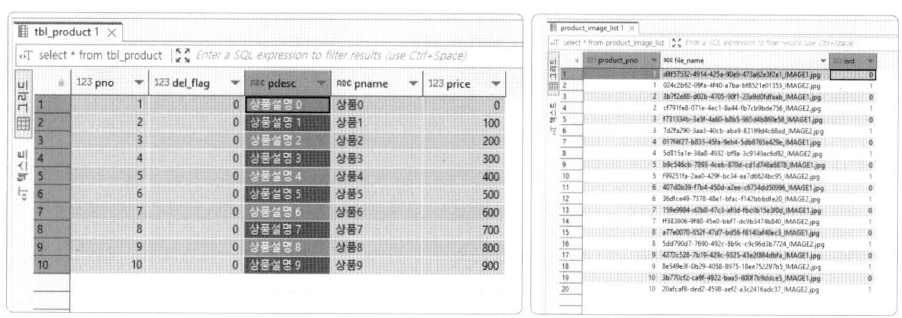

5.3.2 상품 조회와 Lazy loading

엔티티로는 Product라는 하나의 엔티티 객체지만 테이블에서는 2개의 테이블로 구성되기 때문에 JPA에서 이를 처리할 때 한 번에 모든 테이블을 같이 로딩해서 처리할 것인지(eager loading), 필요한 테이블만 먼저 조회할 것인지(lazy loading)를 결정할 필요가 있습니다.

Product 엔티티 구성에 사용한 @ElementCollection은 기본적으로 lazy loading 방식으로 동작하기 때문에 우선은 tbl_product 테이블만 접근해서 데이터를 처리하고 첨부파일이 필요할 때 product_image_list 테이블을 접근하게 됩니다. 이처럼 데이터베이스에 두 번 접근해서 처리해야 하므로 테스트 코드에는 @Transactional을 적용해야 만 합니다. 테스트 코드를 통해서 이러한 상황을 확인해 보도록 합니다.

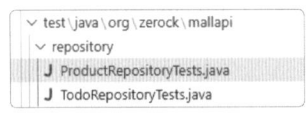

```
package org.zerock.mallapi.repository;

import java.util.Optional;

import org.junit.jupiter.api.Test;
import org.springframework.beans.factory.annotation.Autowired;
import org.springframework.boot.test.context.SpringBootTest;
import org.springframework.transaction.annotation.Transactional;
import org.zerock.mallapi.domain.Product;

import lombok.extern.log4j.Log4j2;

@SpringBootTest
@Log4j2
public class ProductRepositoryTests {

  @Autowired
  ProductRepository productRepository;

  @Test
  public void testInsert() {

    ...생략
  }

  @Transactional
  @Test
  public void testRead() {

    Long pno = 1L;

    Optional<Product> result = productRepository.findById(pno);

    Product product = result.orElseThrow();

    log.info(product);  // --------- 1
    log.info(product.getImageList());  // --------------------2
```

        }
    }

testRead( )의 결과는 1에서는 상품 테이블만을 접근하지만 2를 실행하기 위해서 상품 이미지 테이블에 접근하는 두 번의 쿼리가 실행됩니다. 현재 Product 엔티티 클래스에는 @ToString(exclude = "imageList")가 적용되어 있기 때문에 1을 실행하는 상황에서는 상품 이미지 데이터가 필요하지 않은 상황입니다(@ToString의 exclude 속성이 없다면 1을 실행할 때 두 번의 쿼리가 실행됩니다.).

```
Hibernate:
    select
        p1_0.pno,
        p1_0.pdesc,
        p1_0.pname,
        p1_0.price
    from
        tbl_product p1_0
    where
        p1_0.pno=?
2023-06-10T21:51:29.866+09:00  INFO 20964 --- [           main] o.z.m.repository.ProductRepositoryTests  : Product(pno=1, pname=상품0, price=0, pdesc=상품설명 0)
Hibernate:
    select
        i1_0.product_pno,
        i1_0.file_name,
        i1_0.ord,
        i1_0.uuid
    from
        product_image_list i1_0
    where
        i1_0.product_pno=?
```

@EntityGraph

애플리케이션 개발에서 가능하면 데이터베이스의 접근은 항상 많은 리소스와 시간을 잡아먹기 때문에 쿼리 실행의 횟수는 가능하면 줄여주는 것이 좋습니다. JPA에서는 쿼리를 작성할 때 @EntityGraph를 이용해서 해당 속성을 조인 처리하도록 설정해 줄 수 있습니다. ProductRepository 내에 @Query로 메서드를 추가합니다.

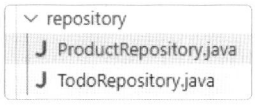

```java
package org.zerock.mallapi.repository;

import java.util.Optional;

import org.springframework.data.jpa.repository.EntityGraph;
import org.springframework.data.jpa.repository.JpaRepository;
import org.springframework.data.jpa.repository.Query;
import org.springframework.data.repository.query.Param;
import org.zerock.mallapi.domain.Product;

public interface ProductRepository extends JpaRepository<Product, Long>{

  @EntityGraph(attributePaths = "imageList")
  @Query("select p from Product p where p.pno = :pno")
  Optional<Product> selectOne(@Param("pno") Long pno);


}
```

ProductRepositoryTests에는 새로운 testRead2( )를 작성해서 확인합니다.

```java
@Test
public void testRead2() {

  Long pno = 1L;

  Optional<Product> result = productRepository.selectOne(pno);

  Product product = result.orElseThrow();

  log.info(product);
  log.info(product.getImageList());

}
```

testRead2( )는 @Transactional이 없이도 테이블들을 조인 처리해서 한 번에 로딩합니다. 아래 실행 결과를 보면 이전과 달리 조인 처리가 된 것을 볼 수 있고, imageList를 출력하기 위해서 별도의 쿼리가 실행되지 않은 것을 확인할 수 있습니다.

```
Hibernate:
    select
        p1_0.pno,
        i1_0.product_pno,
        i1_0.file_name,
        i1_0.ord,
        i1_0.uuid,
        p1_0.pdesc,
        p1_0.pname,
        p1_0.price
    from
        tbl_product p1_0
    left join
        product_image_list i1_0
            on p1_0.pno=i1_0.product_pno
    where
        p1_0.pno=?
2023-06-10T21:53:23.709+09:00  INFO 16820 --- [           main] o.z.m.repository.ProductRepositoryTests  : Product(pno=1, pname=상품0, price=0, pdesc=상품설명 0)
2023-06-10T21:53:23.718+09:00  INFO 16820 --- [           main] o.z.m.repository.ProductRepositoryTests  : [ProductImage(uuid=0696ee55-d41f-444d-ad00-4da72353431c, fileName=0_img0.jpg, ord=0), ProductImage(..., ord=1)]
```

5.3.3 상품의 삭제

실제 데이터베이스 내에서 상품의 삭제는 나중에 구매 기록과 이어지기 때문에 주의해야 합니다. 예를 들어 특정 상품이 데이터베이스에서 삭제되면 해당 상품 데이터를 사용한 모든 구매나 상품 문의 등의 데이터들이 같이 삭제되어야 합니다(PK와 FK의 관계). 지금과 같이 단순한 예제는 문제가 되지 않겠지만, 실제 서비스 중이라면 통계 데이터나 고객의 리뷰 데이터와 같은 데이터들이 모두 삭제되어야 하기 때문에 심각한 문제가 될 수 있습니다.

이에 대한 대안으로 실제 물리적인 삭제(delete) 대신에 특정한 칼럼의 값을 기준으로 해당 상품이 삭제되었는지 아닌지를 구분하고 delete 대신에 update를 이용해서 처리합니다(이러한 논리적인 삭제를 Soft Delete라고도 합니다.).

Product 클래스에는 이러한 처리를 위해서 delFlag 값을 선언해 두었고, changeDel( ) 을 추가해서 삭제된 상품으로 표시하도록 합니다.

```java
package org.zerock.mallapi.domain;

...생략
public class Product {

    ...생략

    private boolean delFlag;

    public void changeDel(boolean delFlag) {
        this.delFlag = delFlag;
```

```
    }
    ...생략
}
```

데이터베이스의 테이블에는 boolean 타입의 값이 0혹은 1로 표시됩니다(간혹 프로그램에 따라서 true/false로 출력되기도 하지만, 데이터베이스는 기본적으로 boolean 타입이 존재하지 않는 경우가 많습니다.).

ProductRepository에는 @Query와 @Modifying 어노테이션을 이용해서 update, delete 등의 JPQL을 처리할 수 있습니다.

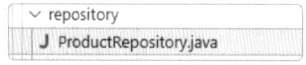

```java
package org.zerock.mallapi.repository;

import java.util.Optional;

import org.springframework.data.jpa.repository.EntityGraph;
import org.springframework.data.jpa.repository.JpaRepository;
import org.springframework.data.jpa.repository.Modifying;
import org.springframework.data.jpa.repository.Query;
import org.springframework.data.repository.query.Param;
import org.zerock.mallapi.domain.Product;

public interface ProductRepository extends JpaRepository<Product, Long>{

  @EntityGraph(attributePaths = "imageList")
```

```
@Query("select p from Product p where p.pno = :pno")
Optional<Product> selectOne(@Param("pno") Long pno);

@Modifying
@Query("update Product p set p.delFlag = :flag where p.pno = :pno")
void updateToDelete(@Param("pno") Long pno , @Param("flag") boolean
flag);

}
```

테스트 코드에서는 @Transactional과 @Commit으로 특정 번호 상품의 상태를 삭제된 상태로 변경할 수 있습니다. ProductRepositoryTests 클래스에 아래와 같은 테스트 코드를 추가합니다.

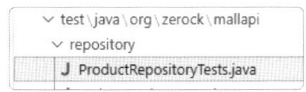

```
@Commit
@Transactional
@Test
public void testDelte() {

  Long pno = 2L;

  productRepository.updateToDelete(pno, true);

}
```

테스트 코드를 실행하며 단순한 update문이 실행되는 것을 확인할 수 있고 데이터베이스를 통해 del_flag 칼럼의 값이 변경된 것을 확인할 수 있습니다.

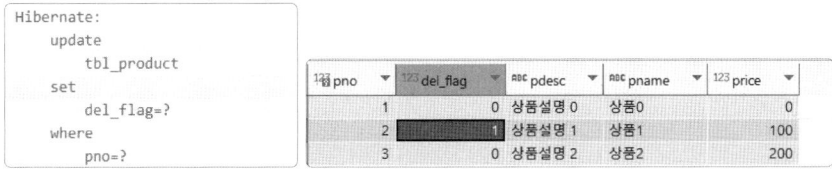

5.3.4 상품의 수정

상품의 수정 부분은 Product의 changeXXX( )를 활용합니다. 다만 상품에 포함된 이미지는 Product의 clearList( )를 이용해서 첨부파일 데이터들을 비우고 다시 ProductImage들을 추가하는 방식으로 구성합니다.

작성하는 testUpdate( )는 실행 과정에서 데이터를 조회하기 위한 select와 기존 이미지 삭제를 위한 delete 그리고, 새로운 이미지를 위한 insert, 상품정보 갱신을 위한 update가 모두 실행됩니다.

```java
@Test
public void testUpdate(){

  Long pno = 10L;

  Product product = productRepository.selectOne(pno).get();

  product.changeName("10번 상품");
  product.changeDesc("10번 상품 설명입니다.");
  product.changePrice(5000);

  //첨부파일 수정
  product.clearList();

  product.addImageString(UUID.randomUUID().toString()+"_"+"NEWIMAGE1.jpg");
  product.addImageString(UUID.randomUUID().toString()+"_"+"NEWIMAGE2.jpg");
  product.addImageString(UUID.randomUUID().toString()+"_"+"NEWIMAGE3.jpg");

  productRepository.save(product);

}
```

테스트 코드를 실행하면 여러 종류의 쿼리가 한 번에 실행되는 것을 확인할 수 있습니다.

```
Hibernate:
    select
        p1_0.pno,
        i1_0.product_pno,
        i1_0.file_name,
        i1_0.ord,
        i1_0.uuid,
        p1_0.pdesc,
        p1_0.pname,
        p1_0.price
    from
        tbl_product p1_0
    left join
        product_image_list i1_0
            on p1_0.pno=i1_0.product_pno
    where
        p1_0.pno=?
```

```
Hibernate:
    update
        tbl_product
    set
        pdesc=?,
        pname=?,
        price=?
    where
        pno=?
```

```
Hibernate:
    delete
    from
        product_image_list
    where
        product_pno=?
```

```
Hibernate:
    insert
    into
        product_image_list
        (product_pno,file_name,ord,uuid)
    values
        (?,?,?,?)
```

데이터베이스에서 최종적으로 수정된 결과를 확인합니다. 상품의 설명이나 가격이 변경된 것을 확인하고 상품 이미지도 3개로 변경된 것을 확인합니다.

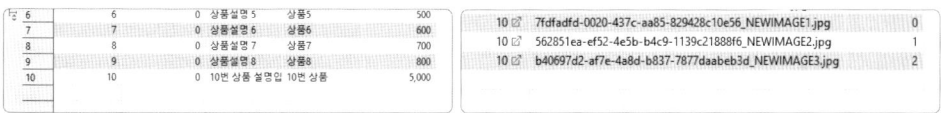

5.3.5 이미지가 포함된 목록 처리

목록 화면은 상품당 하나의 이미지가 포함되는 형태로 처리되어야 하기 때문에 @Query로 조인 처리해서 구성해야 합니다. 상품 하나당 여러 개의 이미지 파일이 존재할 수 있기 때문에 상품 이미지의 ord 값이 0인 상품의 대표 이미지들만 처리해서 출력하도록 구성합니다.

ProductRepository에 목록처를 위한 selectList( )를 추가합니다.

```
repository
  J ProductRepository.java
  J TodoRepository.java
```

```java
package org.zerock.mallapi.repository;

import java.util.Optional;

import org.springframework.data.domain.Page;
import org.springframework.data.domain.Pageable;
import org.springframework.data.jpa.repository.EntityGraph;
import org.springframework.data.jpa.repository.JpaRepository;
import org.springframework.data.jpa.repository.Modifying;
import org.springframework.data.jpa.repository.Query;
import org.springframework.data.repository.query.Param;
import org.zerock.mallapi.domain.Product;

public interface ProductRepository extends JpaRepository<Product, Long>{

  @EntityGraph(attributePaths = "imageList")
  @Query("select p from Product p where p.pno = :pno")
  Optional<Product> selectOne(@Param("pno") Long pno);

  @Modifying
  @Query("update Product p set p.delFlag = :flag where p.pno = :pno")
  void updateToDelete(@Param("pno") Long pno , @Param("flag") boolean flag);

  @Query("select p, pi from Product p left join p.imageList pi where pi.ord = 0 and p.delFlag = false ")
  Page<Object[]> selectList(Pageable pageable);
}
```

ProductRepository에 추가된 selectList( )는 JPA에서 사용하는 JPQL을 이용해서 쿼리를 작성하는데 위와 같이 조인 처리가 가능합니다. ProductRepositoryTests에는 테스트 코드를 추가합니다.

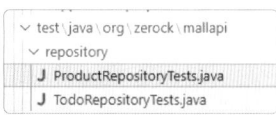

```java
@Test
public void testList() {

    //org.springframework.data.domain 패키지
    Pageable pageable = PageRequest.of(0, 10, Sort.by("pno").descending());

    Page<Object[]> result = productRepository.selectList(pageable);

    //java.util
    result.getContent().forEach(arr -> log.info(Arrays.toString(arr)));

}
```

testList( )를 실행하면 left join 처리된 쿼리가 실행되는 것을 확인할 수 있고 Product 와 ProductImage가 배열로 만들어진 것을 확인할 수 있습니다.

5.4 서비스 계층과 컨트롤러 연동

서비스 계층에서는 DTO와 엔티티 간의 변환에 주의하면서 기능들을 구현합니다. service 패키지 내에 ProductService 인터페이스와 ProductServiceImpl 클래스를 추가합니다.

5.4.1 목록 기능의 처리

선언된 클래스와 인터페이스에서는 가장 구현이 복잡한 목록 기능을 구현해 봅니다. ProductService 인터페이스에 목록을 PageResponseDTO로 처리하는 getList( )를 추가합니다.

```java
package org.zerock.mallapi.service;

import org.springframework.transaction.annotation.Transactional;
import org.zerock.mallapi.dto.PageRequestDTO;
import org.zerock.mallapi.dto.PageResponseDTO;
import org.zerock.mallapi.dto.ProductDTO;

@Transactional
public interface ProductService {

  PageResponseDTO<ProductDTO> getList(PageRequestDTO pageRequestDTO);

}
```

실제 구현을 담당하는 ProductServiceImpl에서는 구현 과정이 조금 복잡하므로 미리 단계를 이해하고 코드를 작성합니다.

- ProductRepository를 통해서 Page<Object[ ]> 타입의 결과 데이터를 가져옵니다.
- 각 Object[ ]의 내용물은 Product 객체와 ProductImage 객체입니다.
- 반복처리로 Product와 ProductImage를 ProductDTO 타입으로 변환합니다.
- 변환된 ProductDTO를 List<ProductDTO>로 처리하고 전체 데이터의 개수를 이용해서 PageResponseDTO 타입으로 생성하고 반환합니다.

위의 내용을 구현한 ProductServiceImpl 클래스 코드는 아래와 같습니다.

```java
package org.zerock.mallapi.service;

import java.util.List;
import java.util.stream.Collectors;

import org.springframework.data.domain.Page;
```

```java
import org.springframework.data.domain.PageRequest;
import org.springframework.data.domain.Pageable;
import org.springframework.data.domain.Sort;
import org.springframework.stereotype.Service;
import org.springframework.transaction.annotation.Transactional;
import org.zerock.mallapi.domain.Product;
import org.zerock.mallapi.domain.ProductImage;
import org.zerock.mallapi.dto.PageRequestDTO;
import org.zerock.mallapi.dto.PageResponseDTO;
import org.zerock.mallapi.dto.ProductDTO;
import org.zerock.mallapi.repository.ProductRepository;

import lombok.RequiredArgsConstructor;
import lombok.extern.log4j.Log4j2;

@Service
@Log4j2
@RequiredArgsConstructor
@Transactional
public class ProductServiceImpl implements ProductService{

  private final ProductRepository productRepository;

  @Override
  public PageResponseDTO<ProductDTO> getList(PageRequestDTO pageRequestDTO) {

    log.info("getList..............");

    Pageable pageable = PageRequest.of(
      pageRequestDTO.getPage() - 1, //페이지 시작 번호가 0부터 시작하므로
      pageRequestDTO.getSize(),
      Sort.by("pno").descending());

    Page<Object[]> result = productRepository.selectList(pageable);


    List<ProductDTO> dtoList = result.get().map(arr -> {

      Product product = (Product) arr[0];
      ProductImage productImage = (ProductImage) arr[1];

      ProductDTO productDTO = ProductDTO.builder()
      .pno(product.getPno())
      .pname(product.getPname())
      .pdesc(product.getPdesc())
      .price(product.getPrice())
```

```
      .build();

    String imageStr = productImage.getFileName();
    productDTO.setUploadFileNames(List.of(imageStr));

    return productDTO;
  }).collect(Collectors.toList());

  long totalCount = result.getTotalElements();

  return PageResponseDTO.<ProductDTO>withAll()
          .dtoList(dtoList)
          .totalCount(totalCount)
          .pageRequestDTO(pageRequestDTO)
          .build();
  }

}
```

서비스 목록 기능의 테스트

기능의 구현이 복잡할 때는 항상 서비스 계층 역시 테스트를 진행해 보는 습관을 지니는 것이 좋습니다. test 폴더 내 service 패키지를 활용해서 ProductServiceTests 클래스를 추가하고 목록 기능을 테스트합니다.

```
package org.zerock.mallapi.service;

import org.junit.jupiter.api.Test;
import org.springframework.beans.factory.annotation.Autowired;
import org.springframework.boot.test.context.SpringBootTest;

import org.zerock.mallapi.dto.PageRequestDTO;
import org.zerock.mallapi.dto.PageResponseDTO;
import org.zerock.mallapi.dto.ProductDTO;

import lombok.extern.log4j.Log4j2;
```

```java
@SpringBootTest
@Log4j2
public class ProductServiceTests {

  @Autowired
  ProductService productService;

  @Test
  public void testList() {

    //1 page, 10 size
    PageRequestDTO pageRequestDTO = PageRequestDTO.builder().build();

    PageResponseDTO<ProductDTO> result = productService.getList(pageRequestDTO);

    result.getDtoList().forEach(dto -> log.info(dto));

  }

}
```

testList( )의 실행 결과는 아래와 같이 ProductDTO들이 출력되어야 하고 uploadFileNames라는 속성값으로 하나의 이미지 정보가 출력됩니다.

```
ProductDTO(pno=10, pname=10번 상품, price=5000, pdesc=10번 상품 설명입니다., delFlag=false, files=[], uploadFileNames=[7fdfadfd-0020-437c-aa85-829428c10e56_NEWIMAGE1.jpg])
ProductDTO(pno=9, pname=상품8, price=800, pdesc=상품설명 8, delFlag=false, files=[], uploadFileNames=[4272c528-7b19-429c-9325-43e2f884dbfa_IMAGE1.jpg])
ProductDTO(pno=8, pname=상품7, price=700, pdesc=상품설명 7, delFlag=false, files=[], uploadFileNames=[a77e0070-652f-47d7-bd56-f8140af40ec3_IMAGE1.jpg])
ProductDTO(pno=7, pname=상품6, price=600, pdesc=상품설명 6, delFlag=false, files=[], uploadFileNames=[159e9984-d2b8-47c3-afbd-fbc0b15e3f0d_IMAGE1.jpg])
ProductDTO(pno=6, pname=상품5, price=500, pdesc=상품설명 5, delFlag=false, files=[], uploadFileNames=[407d0b39-f7b4-450d-a2ee-c6734dd50996_IMAGE1.jpg])
ProductDTO(pno=5, pname=상품4, price=400, pdesc=상품설명 4, delFlag=false, files=[], uploadFileNames=[b9c546cb-7893-4ceb-870d-cd1d746a6878_IMAGE1.jpg])
ProductDTO(pno=4, pname=상품3, price=300, pdesc=상품설명 3, delFlag=false, files=[], uploadFileNames=[017f4f27-b835-45fa-9eb4-5db8765a429e_IMAGE1.jpg])
ProductDTO(pno=3, pname=상품2, price=200, pdesc=상품설명 2, delFlag=false, files=[], uploadFileNames=[f731334b-3a5f-4a60-b8b5-965d4b860e58_IMAGE1.jpg])
ProductDTO(pno=2, pname=상품1, price=100, pdesc=상품설명 1, delFlag=false, files=[], uploadFileNames=[3b7f2e88-d02b-4705-90f1-23a9d0fdfaab_IMAGE1.jpg])
ProductDTO(pno=1, pname=상품0, price=0, pdesc=상품설명 0, delFlag=false, files=[], uploadFileNames=[d8f57532-4914-425a-90e9-473a82e3f2a1_IMAGE1.jpg])
Closing JPA EntityManagerFactory for persistence unit 'default'
```

컨트롤러와 연동 확인

서비스 계층의 테스트가 완료되었다면 ProductController와 연동해서 최종적인 결과를 확인합니다.

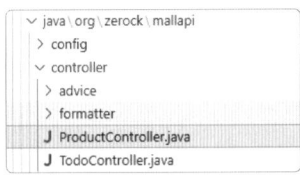

```
@RestController
@RequiredArgsConstructor
@Log4j2
@RequestMapping("/api/products")
public class ProductController {

  private final ProductService productService; //ProductServcie 주입
  private final CustomFileUtil fileUtil;

  @GetMapping("/list")
  public PageResponseDTO<ProductDTO> list(PageRequestDTO pageRequestDTO) {

    log.info("list............" + pageRequestDTO);

    return productService.getList(pageRequestDTO);

  }

  ...생략

}
```

ProductController의 목록에 대한 테스트 작업은 Postman으로 확인합니다.

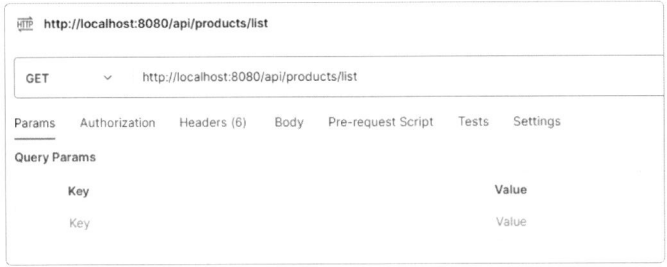

결과 데이터는 JSON 형식으로 전달됩니다. 결과 데이터 내에 화면에서 사용할 데이터들

이 제대로 출력되는지 확인합니다.

```
Body  Cookies  Headers (8)  Test Results                    Status: 200 OK
Pretty  Raw  Preview  Visualize  JSON
  1  {
  2      "dtoList": [
  3          {
  4              "pno": 10,
  5              "pname": "10번 상품",
  6              "price": 5000,
  7              "pdesc": "10번 상품 설명입니다.",
  8              "delFlag": false,
  9              "files": [],
 10              "uploadFileNames": [
 11                  "7fdfadfd-0020-437c-aa85-829428c10e66_NEWIMAGE1.jpg"
 12              ]
 13          },
 14          {
 15              "pno": 9,
 16              "pname": "상품8",
 17              "price": 800,
 18              "pdesc": "상품설명 8",
 19              "delFlag": false,
 20              "files": [],
 21              "uploadFileNames": [
 22                  "4272c528-7b19-429c-9325-43e2f884dbfa_IMAGE1.jpg"
 23              ]
 24          },
 25          {
 26              "pno": 8,
 27              "pname": "상품7",
 28              "price": 700,
 29              "pdesc": "상품설명 7",
```

데이터가 충분하다면 페이지 번호(page)와 사이즈(size)를 쿼리스트링으로 지정해서 페이징 처리 결과를 확인할 수 있습니다(ex> /products/list?page=1&size=5).

5.4.2 등록 기능의 처리

서비스 계층에 대한 테스트 코드를 작성해 봅니다. 테스트용 데이터는 실제 이미지가 아니기 때문에 화면에서 이미지 파일들이 제대로 보이지 않는 단점이 있기는 하지만, 서비스 계층이 정상적으로 동작하는지 확인할 수 있고 컨트롤러와 연동이 완료되면 정상적으로 이미지 파일들의 업로드를 확인할 수 있게 됩니다.

서비스 등록 기능의 처리

ProductService는 등록 처리를 위해서 ProductDTO를 Product와 ProductImage 타입의 객체들로 만들어서 처리해야 합니다. 이전 예제와 달리 직접 코드를 통해서 DTO를 엔티티 객체로 변환합니다.

ProductService 인터페이스에 register( ) 메서드를 추가합니다.

```
    ∨ service
      J ProductService.java
      J ProductServiceImpl.java
```

```java
package org.zerock.mallapi.service;
...

public interface ProductService {

  PageResponseDTO<ProductDTO> getList(PageRequestDTO pageRequestDTO);

  Long register(ProductDTO productDTO);

}
```

ProductServiceImpl에서는 DTO를 엔티티로 변환하는 코드를 구현하고 이를 이용해서 register( )를 구현합니다.

```java
@Override
public Long register(ProductDTO productDTO) {

  Product product = dtoToEntity(productDTO);

  Product result = productRepository.save(product);

  return result.getPno();
}

private Product dtoToEntity(ProductDTO productDTO){

  Product product = Product.builder()
  .pno(productDTO.getPno())
  .pname(productDTO.getPname())
  .pdesc(productDTO.getPdesc())
  .price(productDTO.getPrice())
  .build();

  //업로드 처리가 끝난 파일들의 이름 리스트
  List<String> uploadFileNames = productDTO.getUploadFileNames();

  if(uploadFileNames == null){
    return product;
```

```
    }
    uploadFileNames.stream().forEach(uploadName -> {
      product.addImageString(uploadName);
    });

    return product;
  }
```

test 폴더에서는 ProductServiceTests 내 테스트 코드를 작성해서 register( )의 동작을 확인합니다.

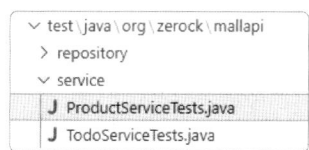

```
package org.zerock.mallapi.service;

import java.util.List;
import java.util.UUID;

import org.junit.jupiter.api.Test;
import org.springframework.beans.factory.annotation.Autowired;
import org.springframework.boot.test.context.SpringBootTest;

import org.zerock.mallapi.dto.PageRequestDTO;
import org.zerock.mallapi.dto.PageResponseDTO;
import org.zerock.mallapi.dto.ProductDTO;

import lombok.extern.log4j.Log4j2;

@SpringBootTest
@Log4j2
public class ProductServiceTests {

  @Autowired
  ProductService productService;

  ...생략
```

```java
@Test
public void testRegister() {

  ProductDTO productDTO = ProductDTO.builder()
    .pname("새로운 상품")
    .pdesc("신규 추가 상품입니다.")
    .price(1000)
    .build();

    //uuid가 있어야 함
    productDTO.setUploadFileNames(
      java.util.List.of(
        UUID.randomUUID()+"_" +"Test1.jpg",
        UUID.randomUUID()+"_" +"Test2.jpg"));

    productService.register(productDTO);
  }

}
```

테스트 실행 시에는 상품 테이블에 1건, 상품 이미지 테이블에 2건의 insert가 실행됩니다.

```
Hibernate:
    insert
    into
        tbl_product
        (pdesc,pname,price)
    values
        (?,?,?)
```

```
Hibernate:
    insert
    into
        product_image_list
        (product_pno,file_name,ord,uuid)
    values
        (?,?,?,?)
Hibernate:
    insert
    into
        product_image_list
        (product_pno,file_name,ord,uuid)
    values
        (?,?,?,?)
```

데이터베이스에서 최종 결과를 확인합니다. 아래의 경우 11번 상품이 등록되었고, 2개의 이미지가 추가된 것을 볼 수 있습니다.

10	0	10번 상품 설명입니다.	10번 상품	5,000
11	0	신규 추가 상품입니다.	새로운 상품	1,000

11	6e84b37b-82b4-4a3e-bb01-6329ae64bd21_Test1.jpg	0
11	ab069cea-0b97-4522-9dd8-7b9da6333bc9_Test2.jpg	1

컨트롤러와 연동 확인

ProductController에서 기존에 구현된 register( ) 기능을 ProductService를 호출하도록 수정해서 등록 처리한 후 결과를 반환하도록 작성합니다(리턴 값은 새로 등록된 상품 번호를 전송하도록 수정합니다.).

```
@PostMapping("/")
public Map<String, Long> register(ProductDTO productDTO){

  log.info("rgister: " + productDTO);

  List<MultipartFile> files = productDTO.getFiles();

  List<String> uploadFileNames = fileUtil.saveFiles(files);

  productDTO.setUploadFileNames(uploadFileNames);

  log.info(uploadFileNames);

  //서비스 호출
  Long pno = productService.register(productDTO);

  return Map.of("result", pno);
}
```

Postman에서는 첨부파일을 추가해서 테스트합니다(테스트할 때 'form-data' 방식으로 전송하도록 설정하는 것을 주의.).

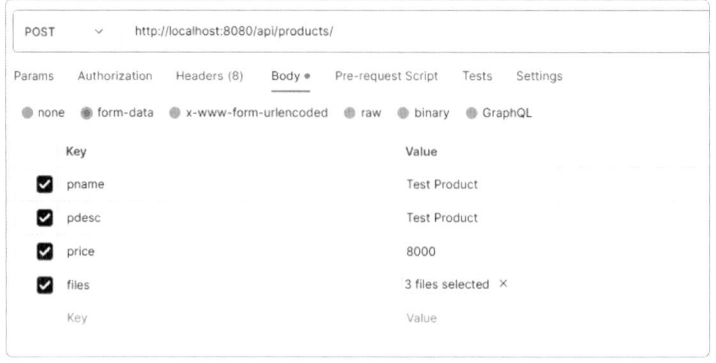

Postman에서는 새롭게 생성된 번호가 결과로 전송됩니다.

최종적으로 데이터베이스를 통해서 등록된 상품을 조회합니다.

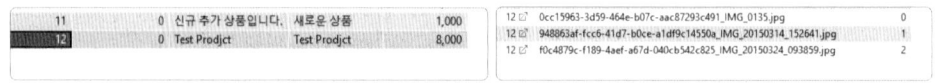

5.4.3 조회 기능의 처리

조회 기능은 등록 기능과 반대로 Product와 List<ProductImage>로 구성된 데이터를 하나의 ProductDTO로 변환해야만 합니다.

서비스 조회 기능의 처리

ProductService 인터페이스에는 파라미터로 상품의 번호(pno)를 받고, 리턴 타입은 Product 타입인 get( )을 정의합니다.

```
public interface ProductService {

  PageResponseDTO<ProductDTO> getList(PageRequestDTO pageRequestDTO);

  Long register(ProductDTO productDTO);

  ProductDTO get(Long pno);

}
```

ProductServiceImpl 클래스의 get( )은 Product, ProductImage를 하나의 ProductDTO로 변환하는 기능이 필요하므로 entityToDTO( )라는 메서드를 생성해서 처리합니다.

```
@Override
public ProductDTO get(Long pno) {

  java.util.Optional<Product> result = productRepository.selectOne(pno);

  Product product = result.orElseThrow();

  ProductDTO productDTO = entityToDTO(product);

  return productDTO;

}

private ProductDTO entityToDTO(Product product){

  ProductDTO productDTO = ProductDTO.builder()
  .pno(product.getPno())
  .pname(product.getPname())
  .pdesc(product.getPdesc())
  .price(product.getPrice())
  .build();

  List<ProductImage> imageList = product.getImageList();
```

```
if(imageList == null || imageList.size() == 0 ){
  return productDTO;
}

List<String> fileNameList = imageList.stream().map(productImage ->
  productImage.getFileName()).toList();

productDTO.setUploadFileNames(fileNameList);

return productDTO;
}
```

조회 기능 역시 ProductServiceTests를 이용해서 동작 여부를 확인합니다.

```
@Test
public void testRead() {

  //실제 존재하는 번호로 테스트
  Long pno = 12L;

  ProductDTO productDTO = productService.get(pno);

  log.info(productDTO);
  log.info(productDTO.getUploadFileNames());

}
```

테스트 실행 후 출력되는 로그에서 한 번의 쿼리 실행과 ProductDTO 변환 결과를 확인합니다(이미지가 여러 개인 경우 모든 파일이 처리되었는지 확인).

```
Hibernate:
    select
        p1_0.pno,
        i1_0.product_pno,
        i1_0.file_name,
        i1_0.ord,
        i1_0.uuid,
        p1_0.pdesc,
        p1_0.pname,
        p1_0.price
    from
        tbl_product p1_0
    left join
        product_image_list i1_0
            on p1_0.pno=i1_0.product_pno
    where
        p1_0.pno=?
```

```
ProductDTO(pno=12, pname=Test Product, price=8000, pdesc=Test Product, delFlag=false, files=[], uploadFileNames=[0cc1
9.jpg])
 [0cc15963-3d59-464e-b07c-aac87293c491_IMG_0135.jpg, 948863af-fcc6-41d7-b0ce-a1df9c14550a_IMG_20150314_152641.jpg, f0c
```

컨트롤러와 연동 확인

ProductController에서 GET 방식으로 조회할 때 사용되는 read( )를 추가합니다. @PathVariable을 이용해서 상품번호(pno)를 경로의 일부로 사용합니다.

```java
@GetMapping("/{pno}")
public ProductDTO read(@PathVariable(name="pno") Long pno) {

    return productService.get(pno);
}
```

Postman을 이용해서 '/products/번호'를 통해 결과를 확인합니다(데이터베이스에 있는 번호로 조회. 상품에 속하는 모든 이미지들의 출력 여부 확인.).

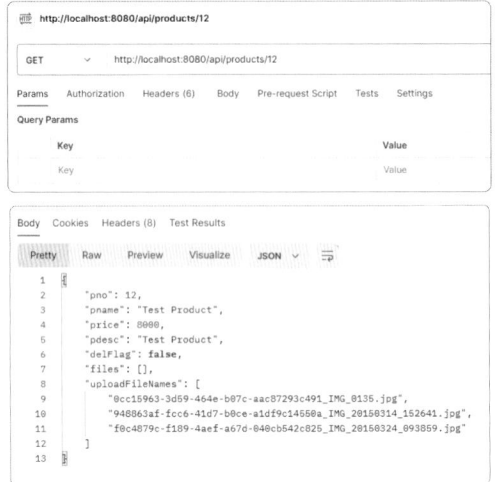

5.4.4 수정 기능의 처리

수정 기능의 처리에서는 첨부파일의 처리를 주의해야 합니다. ProductDTO에서는 List⟨MultipartFile⟩ 타입으로 선언된 files가 존재하고, List⟨String⟩ 타입인 uploadFileNames가 존재하는데 uploadFileNames는 기존에 업로드된 파일들의 이름을 의미하고, files는 처리가 필요한 새로운 파일들입니다. 실제 데이터베이스에 추가되는 것은 문자열로 된 uploadFileNames이므로 업로드 작업이 완료된 후에는 이미 업로드된 uploadFileNames에 업로드된 파일의 이름들을 추가해서 구성해 주어야 합니다.

데이터베이스와 관련된 엔티티에서는 uploadFileNames의 내용이 첨부파일의 이름들이기 때문에 기존의 Product 객체가 가진 모든 파일을 지우고, ProductDTO가 가진 uploadFileNames 내용들로 새롭게 추가해서 저장하는 과정으로 처리됩니다.

서비스 수정 기능의 처리

수정 기능을 서비스 계층에 추가합니다.

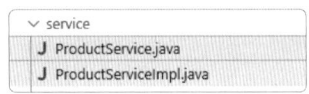

```java
public interface ProductService {

  PageResponseDTO<ProductDTO> getList(PageRequestDTO pageRequestDTO);

  Long register(ProductDTO productDTO);

  ProductDTO get(Long pno);

  void modify(ProductDTO productDTO);

}
```

ProductServiceImpl 클래스에서는 modify( )의 내용을 아래와 같이 구현합니다.

```java
  @Override
  public void modify(ProductDTO productDTO) {

    //step1 read
    Optional<Product> result = productRepository.findById(productDTO.getPno());

    Product product = result.orElseThrow();

    //change pname, pdesc, price
    product.changeName(productDTO.getPname());
    product.changeDesc(productDTO.getPdesc());
    product.changePrice(productDTO.getPrice());

    //upload File -- clear first
    product.clearList();

    List<String> uploadFileNames = productDTO.getUploadFileNames();

    if(uploadFileNames != null && uploadFileNames.size() > 0 ){
      uploadFileNames.stream().forEach(uploadName -> {
        product.addImageString(uploadName);
      });
    }
    productRepository.save(product);
  }
```

컨트롤러와 연동 확인

컨트롤러는 상품의 수정 과정에서 기존에 업로드된 파일의 처리와 새롭게 업로드된 파일의 처리를 주의해야만 합니다. 상품의 수정 과정을 정리해 보면 다음과 같습니다.

- 기존의 상품정보를 얻어오고 상품 이미지 정보들을 미리 파악해 두고 나중에 삭제해야 하는 파일들을 파악할 때 사용
- ProductDTO의 files는 새롭게 업로드해야 하는 파일들이므로 저장하고 업로드된 파일의 이름들을 파악해 두어야 함
- ProductDTO의 uploadFileNames의 내용물은 기존에 업로드된 파일들의 이름들이므로 새로 업로드된 파일의 이름들을 추가
- 서비스 계층에 파일 관련 처리가 완료된 ProductDTO를 전달하고 처리
- 기존의 파일 중에서 더 이상 사용되지 않는 파일들을 찾아서 삭제

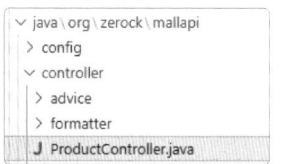

```java
@PutMapping("/{pno}")
public Map<String, String> modify(@PathVariable(name="pno")Long pno,
ProductDTO productDTO) {

  productDTO.setPno(pno);

  ProductDTO oldProductDTO = productService.get(pno);

  //기존의 파일들 (데이터베이스에 존재하는 파일들 - 수정 과정에서 삭제되었을 수 있음)
  List<String> oldFileNames = oldProductDTO.getUploadFileNames();

  //새로 업로드 해야 하는 파일들
  List<MultipartFile> files = productDTO.getFiles();

  //새로 업로드되어서 만들어진 파일 이름들
  List<String> currentUploadFileNames = fileUtil.saveFiles(files);

  //화면에서 변화 없이 계속 유지된 파일들
  List<String> uploadedFileNames = productDTO.getUploadFileNames();
```

```java
      //유지되는 파일들 + 새로 업로드된 파일 이름들이 저장해야 하는 파일 목록이 됨
      if(currentUploadFileNames != null && currentUploadFileNames.size() > 0)
{

      uploadedFileNames.addAll(currentUploadFileNames);

    }
    //수정 작업
    productService.modify(productDTO);

    if(oldFileNames != null && oldFileNames.size() > 0){

      //지워야 하는 파일 목록 찾기
      //예전 파일들 중에서 지워져야 하는 파일이름들
      List<String> removeFiles = oldFileNames
      .stream()
      .filter(fileName -> uploadedFileNames.indexOf(fileName) == -1).
 collect(Collectors.toList());

      //실제 파일 삭제
      fileUtil.deleteFiles(removeFiles);
    }
    return Map.of("RESULT", "SUCCESS");
  }
```

컨트롤러까지 연동된 결과를 확인하기 위해서 Postman을 이용해서 먼저 두 개의 이미지를 가지는 새로운 상품을 하나 추가합니다.

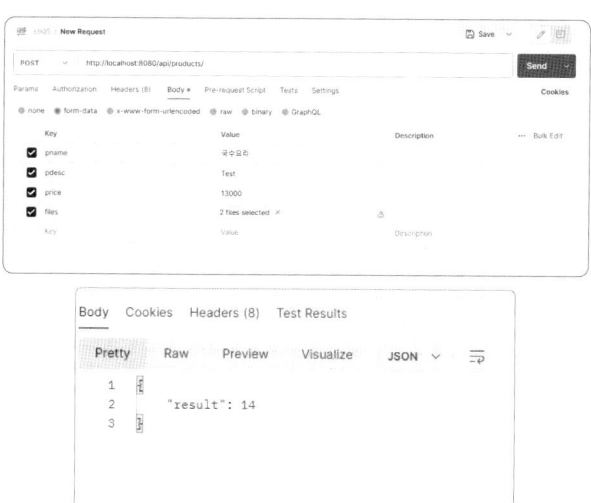

새롭게 등록된 상품은 14번으로 등록되었고, 첨부 이미지 파일이 2개였으므로 썸네일을 포함해서 4개의 파일이 생성됩니다.

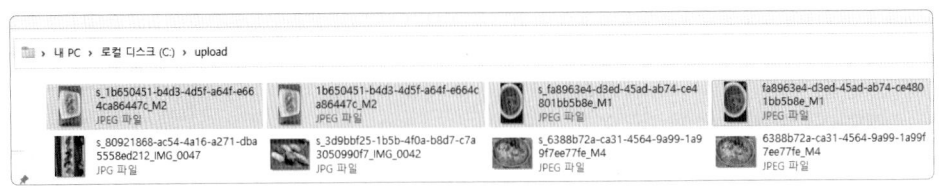

데이터베이스에도 정상적으로 모든 내용과 첨부파일의 정보가 처리된 것을 볼 수 있습니다.

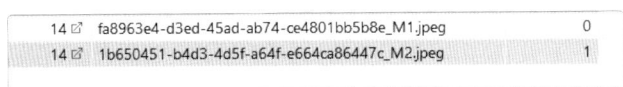

상품의 수정 과정에서는 기존의 파일을 다음과 같은 경우의 수가 발생합니다.

- 기존의 파일들을 모두 삭제하고 새로운 파일들이 추가되는 경우
- 기존 파일의 일부만 삭제하고 새로운 파일들이 추가되는 경우
- 기존 파일들을 그대로 유지하는 경우

다양한 상황에서 가장 주의해야 하는 것은 '기존의 파일 중 일부만 유지하고 새로운 파일이 추가된 경우'입니다. Postman에서는 PUT 방식으로 '/api/products/상품 번호'를 지정하고, uploadFileNames 항목에는 기존에 업로드된 파일의 이름을 넣어주고 files 항목에는 새로운 이미지들을 추가해 봅니다.

변경 전의 파일 목록에는 'xxx_M1, xxx_M2' 파일이 존재합니다.

PUT 방식으로 변경된 데이터를 살펴보면 'xxx_M2.jpeg' 파일은 남아있고 새로운 파일 (xxx_M3.jpeg)이 추가된 것을 확인할 수 있습니다.

업로드 폴더를 살펴보면 xxx_M1.jpeg 파일과 썸네일 파일은 삭제되고 기존의 xxx_M2.jpeg 파일과 새로운 파일이 추가된 것을 확인할 수 있습니다.

5.4.5 삭제 기능의 처리

상품의 삭제는 실제 데이터를 삭제하는 delete 대신에 상품의 delFlag값을 true로 변경해 주는 작업이지만 이미 업로드된 파일들은 모두 삭제해 주는 작업을 처리해 주어야 합니다.

서비스 계층의 삭제 처리

ProductService 인터페이스에 삭제와 관련한 remove( )를 선언합니다.

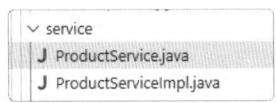

```java
@Transactional
public interface ProductService {

  PageResponseDTO<ProductDTO> getList(PageRequestDTO pageRequestDTO);

  Long register(ProductDTO productDTO);

  ProductDTO get(Long pno);

  void modify(ProductDTO productDTO);

  void remove(Long pno);

}
```

ProductServiceImpl에서 ProductRepository에 구현해 둔 updateToDelete( )를 호출합니다.

```java
@Override
public void remove(Long pno) {

  productRepository.updateToDelete(pno, true);

}
```

컨트롤러의 삭제 처리

컨트롤러에서 상품의 삭제는 먼저 상품의 데이터를 삭제한 후에 상품에 속한 이미지 파일들을 삭제하는 순서로 처리되어야 합니다. ProductController에는 DELETE 방식으로 동작하는 remove( )를 추가합니다.

```java
@DeleteMapping("/{pno}")
public Map<String, String> remove(@PathVariable("pno") Long pno) {

    //삭제해야할 파일들 알아내기
    List<String> oldFileNames = productService.get(pno).getUploadFileNames();

    productService.remove(pno);

    fileUtil.deleteFiles(oldFileNames);

    return Map.of("RESULT", "SUCCESS");

}
```

Postman에서는 특정 번호의 상품을 지정해서 삭제합니다. 삭제하기 전에 해당 번호의 파일들의 존재 여부도 같이 확인해 두도록 합니다.

예를 들어 현재 14번 상품은 2개의 이미지와 2개의 썸네일 파일을 가지고 있는 상태입니다.

Postman을 이용해서 14번 상품을 삭제하고, 업로드 폴더에서 파일들이 삭제되었는지 확인합니다(데이터 베이스는 업데이트만 수행).

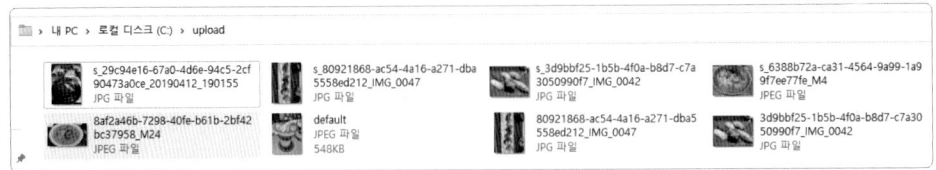

 예제를 조금 더 보충하자면 상품이 등록될 때 반드시 이미지 파일이 있는지를 확인하도록 검증(Validate)하는 기능들을 추가하는 것을 고려할 수 있습니다. 컨트롤러에서 @Valid 어노테이션을 이용하고 @RestControllerAdvice를 활용해서 잘못된 결과를 반환할 수 있습니다.

다음 장에서는 완성된 상품 관련 기능들을 활용해서 리액트 프로그램을 작성하도록 하겠습니다.

Chapter 06

리액트와 상품 API 서버 연동

상품 API의 경우 파일 데이터가 추가된다는 점을 제외하면 JSON을 이용하는 데이터 처리방식과 유사합니다. 하지만 파일데이터가 추가되기 때문에 처리 과정에 걸리는 시간에 맞는 모달창을 보이는 등의 추가적인 부분들이 필요합니다. 이 장에서는 컴포넌트의 재사용을 이용해서 이러한 처리를 연습합니다.

6장의 개발 목표는 다음과 같습니다.

- ➡ 파일이 추가되는 데이터의 처리
- ➡ 기존 공통 컴포넌트들의 재사용

6.1 상품 관련 React-Router 설정

개발하려는 상품 기능은 목록 화면에서 새로운 상품을 등록할 수 있고, 조회 화면에서는 수정/삭제 화면으로 이동이 가능하도록 구성해야 합니다. 상품등록 시에는 상품의 이미지들을 함께 추가해서 등록하게 됩니다.

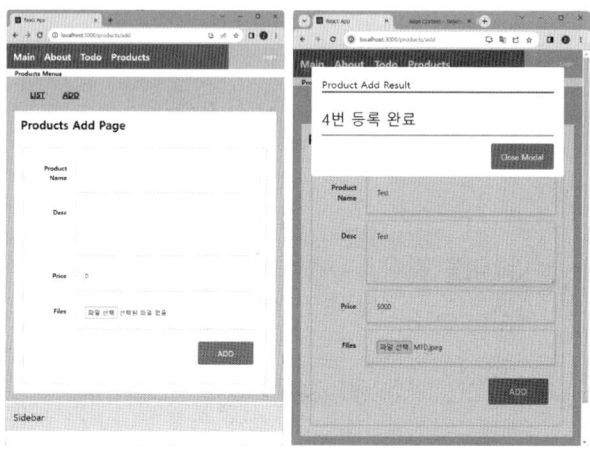

상품목록 페이지는 상품들의 이미지를 같이 보여주고, 페이지 처리가 가능해야 합니다.

특정 상품을 선택하면 상품의 조회 페이지가 출력되고 해당 상품의 모든 이미지가 출력되어야 합니다.

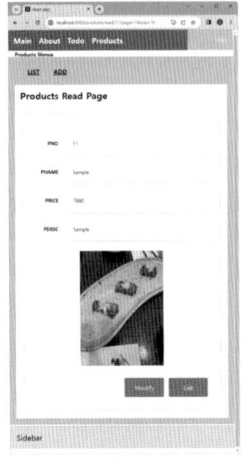
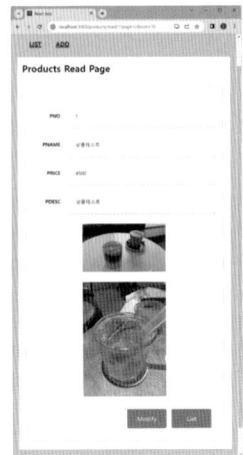

해당 상품의 'Modify'를 선택하면 상품 수정이 가능하도록 구성합니다. 이때 상품정보와 같이 새로운 이미지를 추가하거나 기존 이미지를 삭제할 수 있습니다.

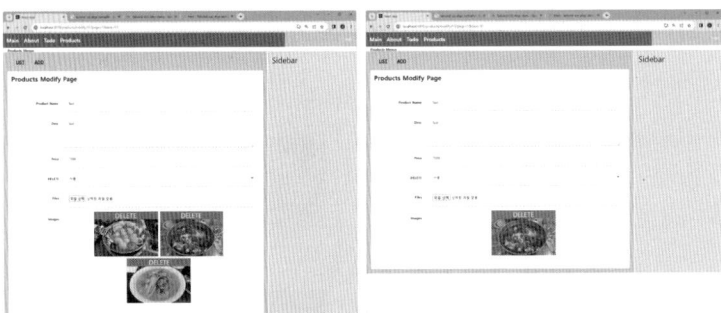

상품의 수정/삭제 후에는 모달창에서 수정/삭제 결과를 확인하고 수정 시에는 조회 페이지로, 삭제 시에는 목록 페이지로 이동하게 됩니다.

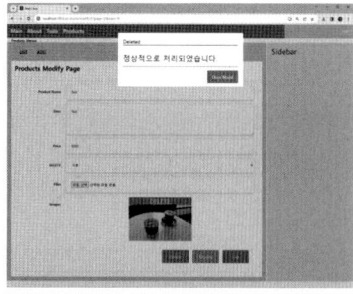
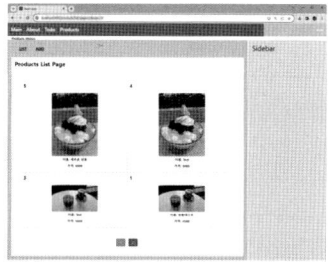
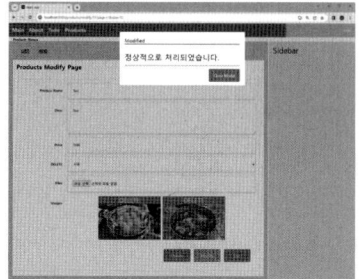
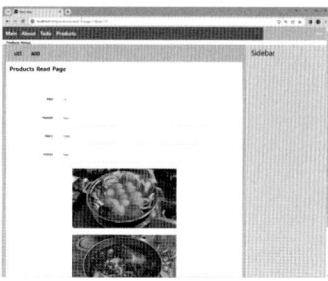

진행 중인 프로젝트는 리액트의 라우터를 사용해서 개발 구조를 생성해 두었기 때문에 개발은 페이지나 내용물에 해당하는 컴포넌트들을 추가하는 방식으로 개발하게 됩니다. 페이지와 관련해서 상품 관련된 기능은 pages 폴더 내에 products 폴더를 생성하고 관련된 템플릿 역할을 하는 IndexPage.js를 추가합니다.

```
const IndexPage = () => {
 return (
 <></>
 );
}

export default IndexPage;
```

React-Router의 설정을 위해서 router 폴더 내에 productsRouter.js 파일을 추가합니다.

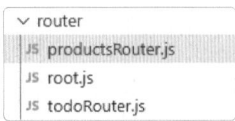

productsRouter에는 배열을 반환하는 기능만 구현해 둡니다.

```
const productsRouter = () => {
  return [
    ]
}

export default productsRouter;
```

모든 설정이 시작되는 root.js는 productsRouter.js와 products 폴더의 IndexPage 컴포넌트를 사용할 수 있게 추가합니다.

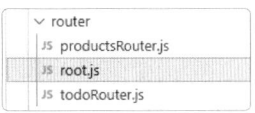

```
import { Suspense, lazy } from "react";
import todoRouter from "./todoRouter";
import productsRouter from "./productsRouter";

const { createBrowserRouter } = require("react-router-dom");

const Loading = <div>Loading....</div>
const Main = lazy(() => import("../pages/MainPage"))
const About = lazy(() => import("../pages/AboutPage"))
const TodoIndex = lazy(() => import("../pages/todo/IndexPage"))
const ProductsIndex = lazy(() => import("../pages/products/IndexPage"))
```

```
const root = createBrowserRouter([
  {
    path: "",
    element: <Suspense fallback={Loading}><Main/></Suspense>
  },
  {
    path: "about",
    element: <Suspense fallback={Loading}><About/></Suspense>
  },
  {
    path: "todo",
    element: <Suspense fallback={Loading}><TodoIndex/></Suspense>,
    children: todoRouter()
  },
  {
    path: "products",
    element: <Suspense fallback={Loading}><ProductsIndex/></Suspense>,
    children: productsRouter()
  }
])

export default root;
```

components/menus/BasicMenu에서는 브라우저의 상단 메뉴에서 '/products/' 경로로 이동하기 위한 링크를 추가합니다.

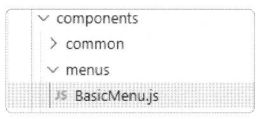

```
import { Link } from "react-router-dom";

const BasicMenu = () => {
  return (
  <nav id='navbar' className=" flex  bg-blue-300">

    <div className="w-4/5 bg-gray-500" >
      <ul className="flex p--4 text-white font-bold">
        <li className="pr-6 text-2xl">
          <Link to={'/'}>Main</Link>
        </li>
```

```
        <li className="pr-6 text-2xl">
          <Link to={'/about'}>About</Link>
        </li>
        <li className="pr-6 text-2xl">
          <Link to={'/todo/'}>Todo</Link>
        </li>
        <li className="pr-6 text-2xl">
          <Link to={'/products/'}>Products</Link>
        </li>
      </ul>
    </div>
    <div className="w-1/5 flex justify-end bg-orange-300 p-4 font-medium">
        <div className="text-white text-sm m-1 rounded" >
          Login
        </div>
    </div>
  </nav>
  );
}
export default BasicMenu;
```

여기까지 설정된 프로젝트를 실행하면 아래 화면과 같이 상단 메뉴에 링크를 볼 수 있고 아직 빈 화면이지만 '/products/'로 이동이 가능합니다(아직 빈 화면만 출력됩니다.).

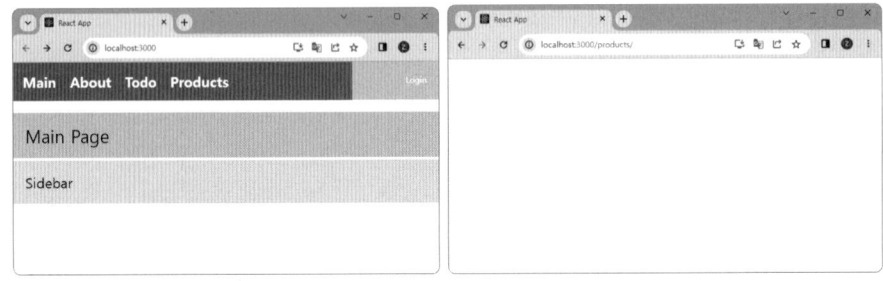

6.1.1 상품 IndexPage

products의 IndexPage는 〈Outlet〉을 이용해서 조금 더 세밀한 레이아웃을 지정하도록 작성합니다. Todo 예제의 IndexPage를 그대로 이용해도 무방합니다.

```
 ∨ pages
   ∨ products
     JS IndexPage.js
   > todo
```

```jsx
import { Outlet, useNavigate } from "react-router-dom";
import BasicLayout from "../../layouts/BasicLayout";
import { useCallback } from "react";

const IndexPage = () => {

  const navigate = useNavigate()

  const handleClickList = useCallback(() => {
    navigate({ pathname:'list' })
  })

  const handleClickAdd = useCallback(() => {
    navigate({ pathname:'add' })
  })

  return (
    <BasicLayout>
      <div className="text-black font-extrabold -mt-10">
          Products Menus
      </div>

      <div className="w-full flex m--2 p-2 ">

        <div
        className="text-xl m-1 p-2  w-20 font-extrabold text-center underline"
        onClick={handleClickList}>
          LIST
        </div>

        <div
        className="text-xl m-1 p-2 w-20 font-extrabold  text-center underline"
        onClick={handleClickAdd}>
          ADD
        </div>

      </div>
      <div className="flex flex-wrap w-full ">
```

```
        <Outlet/>
      </div>
    </BasicLayout>
    );
}

export default IndexPage;
```

브라우저에서는 '/products/' 경로에서 아래와 같이 'ADD' 링크가 있는 화면을 확인할 수 있고 'LIST'나 'ADD' 버튼을 클릭하는 경우 '/products/list'와 같이 '/products/' 경로로 이동하는 것을 볼 수 있습니다.

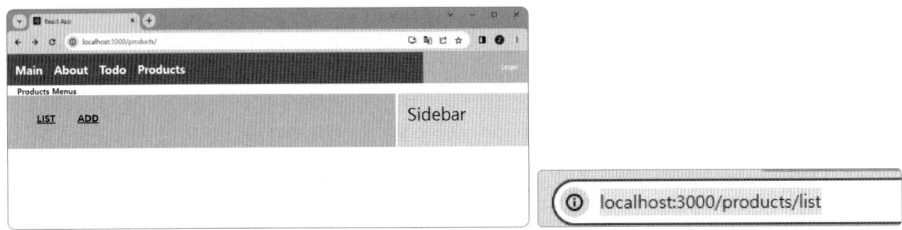

6.1.2 ListPage

먼저 상품의 목록을 보여주는 pages/products 폴더 내에 ListPage를 추가하고 라우팅 설정을 진행합니다.

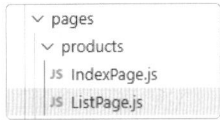

```
const ListPage = () => {

  return (
  <div className="p-4 w-full bg-white">
    <div className="text-3xl font-extrabold">
      Products List Page
    </div>
```

```
      </div>
    );
}

export default ListPage;
```

만들어진 ListPage는 router/productsRouter.js에서는 '/products/' 경로를 호출할 때 자동으로 '/products/list'로 이동하고 ListPage를 보이도록 설정합니다.

```
import { Suspense, lazy } from "react";
import { Navigate } from "react-router-dom";

const productsRouter = () => {

  const Loading = <div>Loading....</div>
  const ProductsList =  lazy(() => import("../pages/products/ListPage"))

  return [
    {
      path: "list",
      element: <Suspense fallback={Loading}><ProductsList/></Suspense>
    },
    {
      path: "",
      element: <Navigate replace to="/products/list"/>
    },
  ]

}

export default productsRouter;
```

화면에서는 Products 메뉴에서 '/products'로 이동했을 때 자동으로 '/products/list'로 이동하게 됩니다.

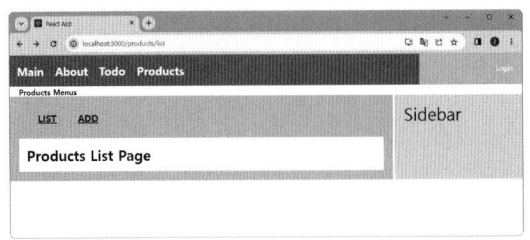

6.2 등록 페이지와 컴포넌트 처리

등록 작업은 AddPage.js 이름의 페이지 컴포넌트를 추가하고 라우터를 설정해 주는 것으로 시작합니다.

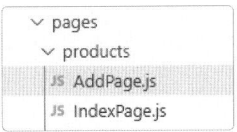

```
const AddPage = () => {

  return (
  <div className="p-4 w-full bg-white">
    <div className="text-3xl font-extrabold">
       Products Add Page
    </div>

  </div>
    );
}

export default AddPage;
```

6.2.1 라우팅 설정

router/productsRouter.js에는 AddPage에 대한 라우팅 설정을 추가합니다.

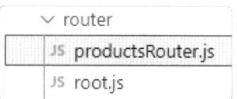

```
import { Suspense, lazy } from "react";
import { Navigate } from "react-router-dom";

const Loading = <div>Loading....</div>
const ProductsList = lazy(() => import("../pages/products/ListPage"))

const ProductsAdd = lazy(() => import("../pages/products/AddPage"))

const productsRouter = () => {
  return [
    {
      path: "list",
      element: <Suspense fallback={Loading}><ProductsList/></Suspense>
    },
    {
      path: "",
      element: <Navigate replace to="/products/list"/>
    },
    {
      path: "add",
      element: <Suspense fallback={Loading}><ProductsAdd/></Suspense>
    }
  ]
}

export default productsRouter;
```

브라우저에서 '/products/add' 경로로 접근하거나 '/products/' 관련 메뉴에서 'ADD' 링크에서 이동이 가능해집니다.

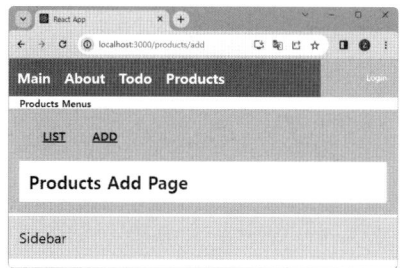

6.2.2 상품의 AddComponent와 API 호출

AddPage 컴포넌트에서 실제 화면의 내용을 구성하는 작업은 components 폴더에 products 폴더를 생성하고 AddComponent.js를 작성해서 진행합니다.

AddComponent는 별다른 내용 없이 결과를 확인할 수 있는 수준으로만 작성해 둡니다.

```
const AddComponent = () => {
  return (
    <div className = "border-2 border-sky-200 mt-10 m-2 p-4">
      <div className="flex justify-center">
        <h1>Product Add Component</h1>
      </div>
    </div>
  );
}

export default AddComponent;
```

/pages/products/AddPage.js 내 AddComponent를 import 합니다.

```
import AddComponent from "../../components/products/AddComponent";

const AddPage = () => {

  return (
  <div className="p-4 w-full bg-white">
    <div className="text-3xl font-extrabold">
```

```
      Products Add Page
    </div>

    <AddComponent/>

  </div>
  );
}

export default AddPage;
```

브라우저에서 '/products/add' 경로를 통해서 AddComponent가 추가된 것을 확인합니다.

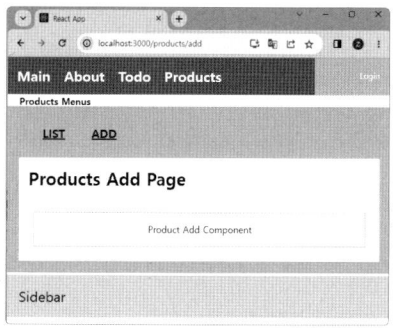

AddComponent의 내용은 Todo예제의 AddComponents를 참고해서 첨부파일을 추가할 수 있는 구성으로 작성하는데 우선은 화면 구성을 완료합니다. 첨부파일은 useRef( )를 사용해서 처리합니다.

```
import { useRef, useState } from "react";

const initState = {
  pname: '',
  pdesc: '',
  price: 0,
  files: []
}

const AddComponent = () => {

  const [product,setProduct] = useState({...initState})
```

```jsx
  const uploadRef = useRef()

  const handleChangeProduct = (e) => {
    product[e.target.name] = e.target.value
    setProduct({...product})

  }

  const handleClickAdd = (e) => {

    console.log(product)

  }

  return (
    <div className = "border-2 border-sky-200 mt-10 m-2 p-4">
      <div className="flex justify-center">
        <div className="relative mb-4 flex w-full flex-wrap items-stretch">
          <div className="w-1/5 p-6 text-right font-bold">Product Name</div>
          <input className="w-4/5 p-6 rounded-r border border-solid border-neutral-300 shadow-md"
            name="pname"
            type={'text'}
            value={product.pname}
            onChange={handleChangeProduct}
            >
            </input>

        </div>
      </div>
      <div className="flex justify-center">
        <div className="relative mb-4 flex w-full flex-wrap items-stretch">
          <div className="w-1/5 p-6 text-right font-bold">Desc</div>
            <textarea
            className="w-4/5 p-6 rounded-r border border-solid border-neutral-300 shadow-md resize-y"
            name="pdesc"
            rows="4"
            onChange={handleChangeProduct}
            value={product.pdesc}>
              {product.pdesc}
            </textarea>
          </div>
      </div>
```

```jsx
        <div className="flex justify-center">
          <div className="relative mb-4 flex w-full flex-wrap items-stretch">
            <div className="w-1/5 p-6 text-right font-bold">Price</div>
            <input className="w-4/5 p-6 rounded-r border border-solid border-neutral-300 shadow-md"
              name="price"
              type={'number'}
              value={product.price}
              onChange={handleChangeProduct}
            >
            </input>
          </div>
        </div>
        <div className="flex justify-center">
          <div className="relative mb-4 flex w-full flex-wrap items-stretch">
            <div className="w-1/5 p-6 text-right font-bold">Files</div>
            <input ref={uploadRef}
              className="w-4/5 p-6 rounded-r border border-solid border-neutral-300 shadow-md"
              type={'file'} multiple={true}
            >
            </input>
          </div>
        </div>
        <div className="flex justify-end">
          <div className="relative mb-4 flex p-4 flex-wrap items-stretch">
            <button type="button"
              className="rounded p--4 w-36 bg-blue-500 text-xl  text-white "
              onClick={handleClickAdd}
            >
              ADD
            </button>

          </div>
        </div>
      </div>
    </div>
  );
}

export default AddComponent;
```

먼저, 브라우저에서 화면이 아래와 같이 정상적으로 구성되었는지를 확인합니다.

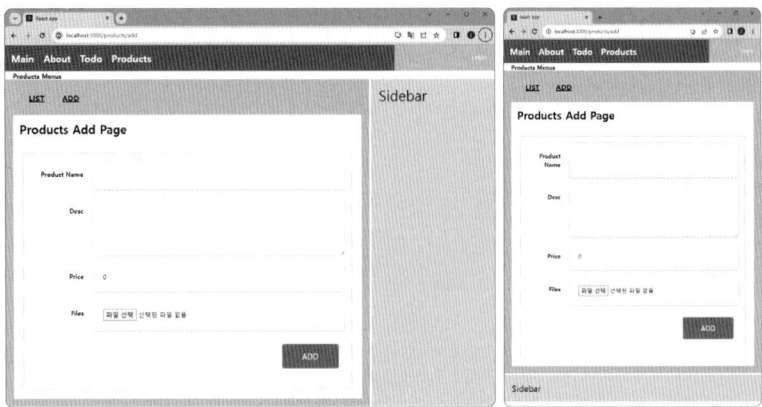

useRef( )와 FormData

useRef( )는 기존의 자바스크립트에서 document.getElementById( )와 유사한 역할을 합니다. 리액트의 컴포넌트는 태그의 id 속성을 활용하면 나중에 동일한 컴포넌트를 여러 번 사용해서 화면에 문제가 생기기 때문에 useRef( )를 이용해서 처리합니다.

예제에서는 'ADD' 버튼을 클릭했을 때 첨부파일에 선택된 정보를 읽어내서 첨부파일의 정보를 파악하고 이를 Ajax 전송에 사용하는 FormData 객체로 구성해야 합니다. FormData 타입으로 처리된 모든 내용은 Axios를 이용해서 서버를 호출할 때 사용하게 됩니다.

AddComponent의 'ADD' 버튼의 처리는 아래와 같이 변경됩니다.

```
const handleClickAdd = (e) => {

    const files = uploadRef.current.files

    const formData = new FormData()

    for (let i = 0; i < files.length; i++) {
      formData.append("files", files[i]);
    }

    //other data
    formData.append("pname", product.pname)
```

```
      formData.append("pdesc", product.pdesc)
      formData.append("price", product.price)

      console.log(formData)
   }
```

useRef를 이용할 때는 current라는 속성을 활용해서 현재 DOM 객체를 참조하게 됩니다. Ajax를 전송할 때는 FormData 객체를 통해서 모든 내용을 담아서 전송하게 됩니다.

productsAPI의 개발

Axios와의 통신은 api 폴더 내에 productsApi.js 파일을 작성해서 처리합니다. 이전의 todo의 경우 단순한 JSON 데이터를 처리했지만 이번에는 'multipart/form-data' 방식으로 서버를 호출해야만 합니다.

api 폴더에 productsApi.js 파일을 추가하고 아래와 같은 내용으로 작성합니다.

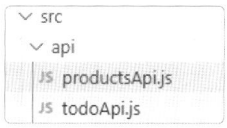

```
import axios from "axios"
import { API_SERVER_HOST } from "./todoApi"

const host = `${API_SERVER_HOST}/api/products`

export const postAdd = async (product) => {

   const header = {headers: {"Content-Type": "multipart/form-data"}}

   // 경로 뒤 '/' 주의
   const res = await axios.post(`${host}/`, product, header)

   return res.data

}
```

postAdd( )에서 주의해야 하는 점은 Axios가 기본적으로 'Content-Type'을 'application/json'을 이용하기 때문에 파일 업로드를 같이할 때는 'multipart/form-data' 헤더 설정을 추가해 주어야 한다는 점입니다.

AddComponent에서는 버튼을 클릭했을 때 postAdd( )를 호출하도록 코드를 수정합니다. 전송해야 하는 모든 데이터는 FormData 객체로 처리합니다.

```
import { useRef, useState } from "react";
import { postAdd } from "../../api/productsApi";

const initState = {...}

const AddComponent = () => {

  ...

  const handleClickAdd = (e) => {

    const files = uploadRef.current.files

    const formData = new FormData()

    for (let i = 0; i < files.length; i++) {
      formData.append("files", files[i]);
    }

    //other data
    formData.append("pname", product.pname)
    formData.append("pdesc", product.pdesc)
    formData.append("price", product.price)

    console.log(formData)

    postAdd(formData)

  }

  ...이하 생략
```

작성된 AddComponent는 '/products/add' 링크에서 확인하고 이전 장에서 스프링 부트로 구성된 서버를 실행한 후에 상품 추가를 시도해 봅니다.

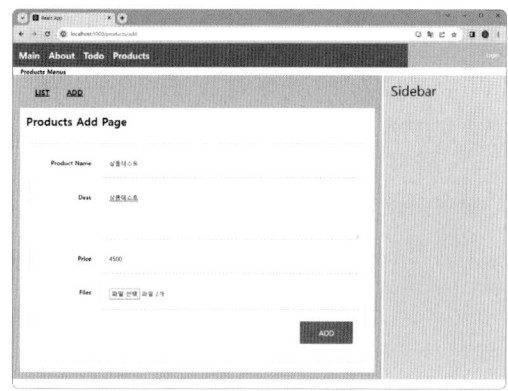

'ADD' 버튼을 클릭한 후에 브라우저의 개발자 도구에서 전달되는 내용(payload)을 확인했을 때 아래 오른쪽 그림과 같이 파일 데이터들은 binary 데이터로 전달되는 것을 확인해야 합니다(아래 files 항목은 여러 개의 파일을 전송했을 경우입니다.).

브라우저에서는 서버가 정상적으로 상품을 추가했는지를 응답(response) 데이터로 확인할 수 있습니다.

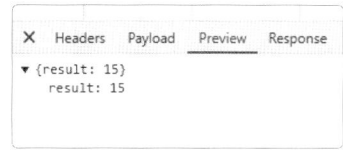

서버에서는 정상적으로 파일 업로드가 되었는지 업로드 폴더를 확인하고 데이터베이스에서 해당 번호의 상품 이미지들이 정상적으로 처리되었는지 확인합니다. 위의 테스트에서는 2개의 이미지를 전송했으므로 썸네일 이미지를 포함해서 4개의 파일이 생성됩니다.

진행 모달창과 결과 모달창

API 서버와 통신이 필요한 모든 기능은 서버에서 데이터를 가져오는(fetch) 시간을 고려해야 합니다. 흔히 '처리중입니다..' 혹은 '로딩중..'과 같은 메시지가 보이는 모달창을 통해서 이를 처리하는 경우가 많은데 파일 업로드와 같은 경우 단순한 텍스트를 이용할 때 보다 많은 시간이 걸리기 때문에 진행에 대한 모달창을 보여주고 처리가 끝나면 결과를 모달창으로 보여주는 것이 바람직합니다.

진행 모달창을 작성하기 위해서 components의 commons 폴더에 FetchingModal을 추가합니다.

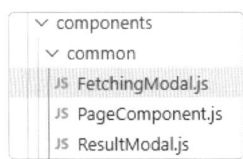

```
const FetchingModal = ( ) => {
  return (
    <div
    className={`fixed top-0 left-0 z-[1055] flex h-full w-full  place-items-center justify-center bg-black bg-opacity-20`}>
      <div
```

```
            className=" bg-white rounded-3xl opacity-100 min-w-min h-1/4   min-
w-[600px] flex justify-center items-center ">

            <div className="text-4xl font-extrabold text-orange-400 m-20">
              Loading.....
            </div>
          </div>
        </div>
    );
}

export default FetchingModal;
```

FetchingModal은 ResultModal과 유사하지만 외부에서 보이거나 사라지도록 제어되기 때문에 속성으로 전달받아야 하는 데이터가 없는 점이 다릅니다.

AddComponent는 서버와의 통신 상태를 fetching이라는 상태를 useState( )를 통해서 제어합니다. API 서버를 호출할 때 fetching 상태를 true로 해 주고 데이터를 가져온 후에는 false 로 변경해서 화면에서 사라지도록 합니다.

```
import FetchingModal from "../common/FetchingModal"; ...생략

  const [product,setProduct] = useState({...initState})
  const uploadRef = useRef()

  const [fetching, setFetching] = useState(false)

  const handleChangeProduct = (e) => {...}

  const handleClickAdd = (e) => {

    ...생략

    setFetching(true)

    postAdd(formData).then(data=> {
```

```
      setFetching(false)
    })
  }

  return (
    <div className = "border-2 border-sky-200 mt-10 m-2 p-4">

       {fetching? <FetchingModal/> :<></>}
...이하 생략
```

위의 코드가 적용되면 'ADD' 버튼을 클릭했을 때 아래와 같이 FetchingModal이 보였다가 서버 통신이 끝나면 사라지게 됩니다.

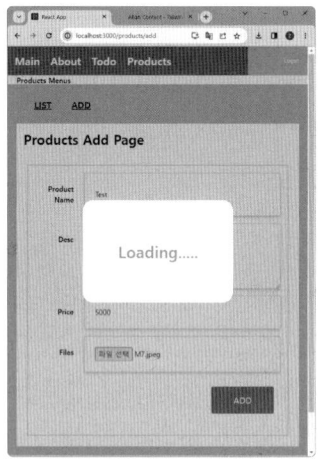

NOTE:

FetchingModal을 좀 더 오랫동안 보이도록 하고 싶다면 API 서버의 TodoController 에서는 고의로 등록작업 처리 시에 Thread.sleep()을 이용해서 약간의 시간이 걸리도록 코드를 수정해 줍니다.

```java
@PostMapping("/")
  public Map<String, Long> register(ProductDTO productDTO){

    ...생략

    //서비스 호출
    Long pno = productService.register(productDTO);
    try {
      Thread.sleep(2000);
    } catch (InterruptedException e) {
      // TODO Auto-generated catch block
      e.printStackTrace();
    }
    return Map.of("result", pno);
  }
```

브라우저를 이용해서 새로운 상품을 등록하면 아래와 같이 FetchingModal 창이 보인 후에 사라지게 됩니다.

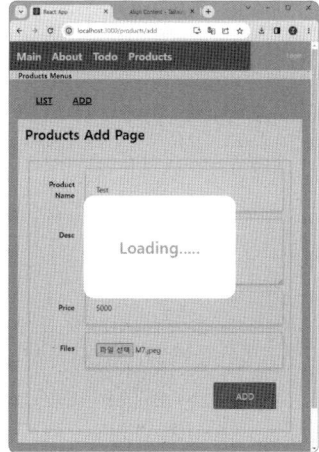

결과 모달창 처리

FetchingModal은 서버와의 통신 과정에서만 보이고, 등록/수정/삭제의 경우 처리 결과를 보여줄 필요가 있습니다. 이에 대한 처리는 ResultModal을 이용해서 처리합니다.

현재 API 서버에서 상품이 등록되면 전송되는 JSON 데이터는 result라는 속성을 가지게 됩니다.

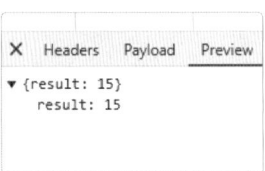

AddComponent에서는 이를 활용해서 화면에 결과를 보여주도록 구성합니다.

```
import { useRef, useState } from "react";
import { postAdd } from "../../api/productsApi";
import FetchingModal from "../common/FetchingModal";
import ResultModal from "../common/ResultModal";

const initState = {
  pname: '',
  pdesc: '',
  price: 0,
  files: []
}

const AddComponent = () => {

  const [product,setProduct] = useState({...initState})
  const uploadRef = useRef()

  const [fetching, setFetching] = useState(false)
  const [result, setResult] = useState(null)

  const handleChangeProduct = (e) => {...}

  const handleClickAdd = (e) => {

    const files = uploadRef.current.files

    const formData = new FormData()
```

```
    for (let i = 0; i < files.length; i++) {
      formData.append("files", files[i]);
    }

    //other data
    formData.append("pname", product.pname)
    formData.append("pdesc", product.pdesc)
    formData.append("price", product.price)

    console.log(formData)

    setFetching(true)

    postAdd(formData).then(data => {
      setFetching(false)
      setResult(data.result)
    })
  }

  const closeModal = () => { //ResultModal 종료

    setResult(null)
  }

  return (
    <div className = "border-2 border-sky-200 mt-10 m-2 p-4">

      {fetching? <FetchingModal/> :<></>}

      {result?
        <ResultModal
          title={'Product Add Result'}
          content={`${result}번 등록 완료`}
          callbackFn ={closeModal}
        />
        : <></>
      }
...이하 생략
```

FetchingModal과 ResultModal이 적용되면 화면에서는 아래와 같이 'ADD' 버튼을 클릭했을 때 FetchingModal이 보여지고 서버와의 통신이 끝나면 ResultModal이 동작하는 것을 볼 수 있습니다.

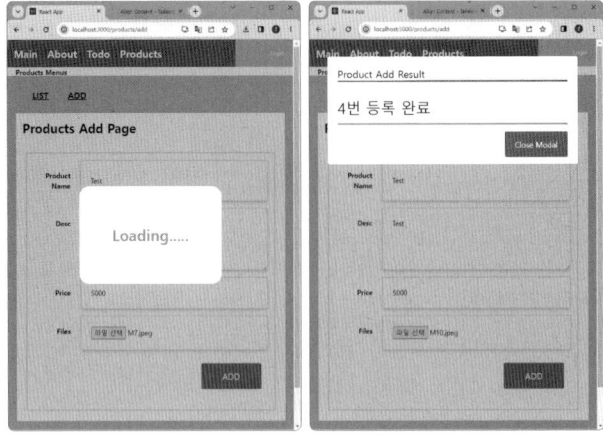

등록 후 목록 페이지 이동

등록에서 마지막으로 남은 작업은 ResultModal이 닫히면 목록 페이지로 이동하는 것입니다. 라우팅과 관련된 작업은 이미 hooks 폴더 내에 useCustomMove( )를 작성해 두었기 때문에 이를 활용합니다.

AddComponent의 경우 useCustomMove의 실행 결과에서 moveToList만 필요한 상황이므로 이를 이용해서 ResultModal이 닫히는 closeModal 함수에서 moveToList( )를 호출하도록 구성합니다.

AddComponent의 주요 코드는 아래와 같이 작성됩니다.

```
import { useRef, useState } from "react";
import { postAdd } from "../../api/productsApi";
import FetchingModal from "../common/FetchingModal";
import ResultModal from "../common/ResultModal";
import useCustomMove from "../../../hooks/useCustomMove";

const initState = { ... }

const AddComponent = () => {

  const [product,setProduct] = useState({...initState})
  const uploadRef = useRef()
```

```
//for FetchingModal
const [fetching, setFetching] = useState(false)

//for ResultModal
const [result, setResult] = useState(null)

const {moveToList} = useCustomMove() //이동을 위한 함수

const handleChangeProduct = (e) => {…}

const handleClickAdd = (e) => {

  const files = uploadRef.current.files

  const formData = new FormData()

  for (let i = 0; i < files.length; i++) {
    formData.append("files", files[i]);
  }

  //other data
  formData.append("pname", product.pname)
  formData.append("pdesc", product.pdesc)
  formData.append("price", product.price)

  console.log(formData)

  setFetching(true)

  postAdd(formData).then(data => {
    setFetching(false)
    setResult(data.result)
  })

}

const closeModal = () => {

  setResult(null)

  moveToList({page:1}) //모달 창이 닫히면 이동
}

...이하 생략
```

최종적으로 브라우저를 통해서 확인해 보면 아래 화면들과 같이 등록된 상품의 번호가 보이고 ResultModal 창을 닫은 후에는 자동으로 '/products/list' 경로로 이동하는 것을 확인할 수 있습니다.

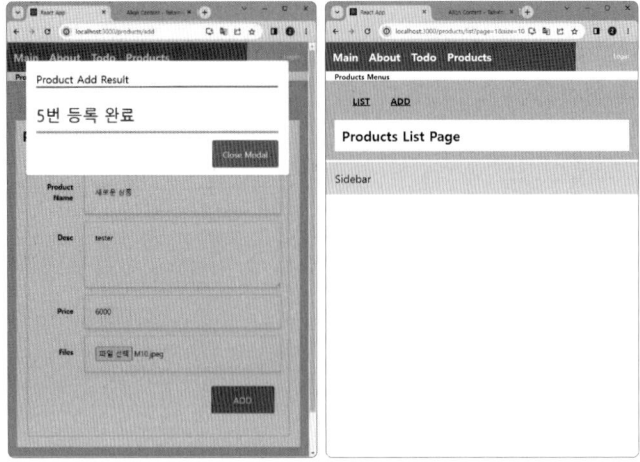

6.3 목록 페이지와 목록 컴포넌트 처리

목록 페이지와 목록 컴포넌트 처리 역시 이전의 Todo 예제와 유사합니다. useCustomMove를 이용하면 이동과 관련된 처리를 쉽게 처리할 수 있고 FetchingModal을 이용해서 서버와의 통신 과정에 보여주도록 처리합니다.

우선 api/productsApi.js에는 서버에서 목록 데이터를 가져오기 위한 함수를 추가합니다.

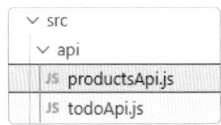

```
import axios from "axios"
import { API_SERVER_HOST } from "./todoApi"

const host = `${API_SERVER_HOST}/api/products`

export const postAdd = async (product) => {...}
```

```
export const getList = async ( pageParam ) => {

  const {page,size} = pageParam

  const res = await axios.get(`${host}/list`, {params:
{page:page,size:size }})

  return res.data

}
```

6.3.1 ListComponent 처리

실제 목록 화면 내용을 보여줄 ListComponent를 components/products/ 폴더에 추가합니다.

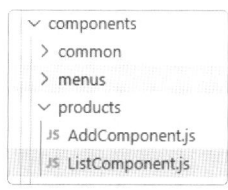

ListComponent는 useCustomMove( )와 FetchingModal을 이용해서 서버와의 통신만을 먼저 확인합니다.

```
import { useEffect, useState } from "react";
import { getList } from "../../api/productsApi";
import useCustomMove from "../../hooks/useCustomMove";
import FetchingModal from "../common/FetchingModal";

const initState = {
  dtoList:[],
  pageNumList:[],
  pageRequestDTO: null,
  prev: false,
  next: false,
  totoalCount: 0,
  prevPage: 0,
  nextPage: 0,
  totalPage: 0,
```

```
    current: 0
}
const ListComponent = () => {

  const {page, size, refresh, moveToList, moveToRead} = useCustomMove()

  //serverData는 나중에 사용
  const [serverData, setServerData] = useState(initState)

  //for FetchingModal
  const [fetching, setFetching] = useState(false)

  useEffect(() => {

    setFetching(true)

    getList({page,size}).then(data => {
      console.log(data)
      setServerData(data)
      setFetching(false)
    })

  }, [page,size, refresh])

  return (
  <div className="border-2 border-blue-100 mt-10 mr-2 ml-2">

    <h1>Products List Component</h1>

    {fetching? <FetchingModal/> :<></>}

  </div>
  );
}
export default ListComponent;
```

pages/products 폴더의 ListPage에 ListComponent를 추가합니다.

- pages
  - products
    - AddPage.js
    - IndexPage.js
    - **ListPage.js**

```
import ListComponent from "../../components/products/ListComponent";

const ListPage = () => {
  return (
  <div className="p-4 w-full bg-white">
    <div className="text-3xl font-extrabold">
      Products List Page
    </div>

    <ListComponent/>

  </div>
    );
}

export default ListPage;
```

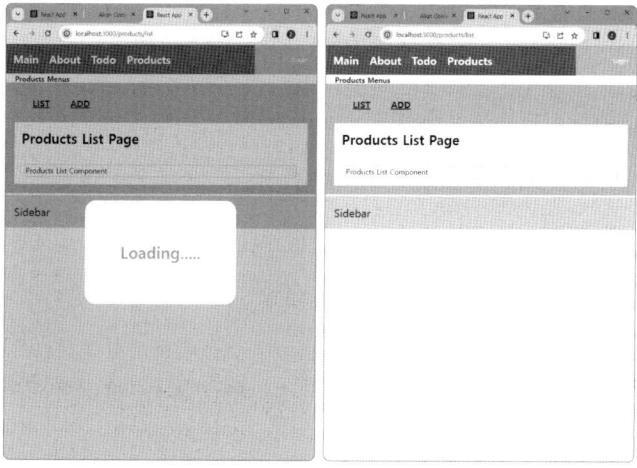

목록 데이터의 출력

ListComponent는 API 서버에서 가져온 목록 데이터는 이미지 파일의 이름이 포함되어 있으므로 이를 화면에 출력해 줄 때 서버의 경로를 이용해야 합니다.

```
import { API_SERVER_HOST } from "../../api/todoApi";
const host = API_SERVER_HOST
```

화면에 데이터를 출력하는 부분은 아래와 같이 작성합니다. 목록 데이터의 출력 시에 useCustomMove를 통해 만든 moveToRead를 이용해서 상품 조회 페이지로 이동이 가능하도록 구성합니다.

```jsx
return (
  <div className="border-2 border-blue-100 mt-10 mr-2 ml-2">
    {fetching? <FetchingModal/> :<></>}

    <div className="flex flex-wrap mx-auto p-6">

      {serverData.dtoList.map(product =>

      <div
      key= {product.pno}
      className="w-1/2 p-1 rounded shadow-md border-2"
      onClick={() => moveToRead(product.pno)}
      >

        <div className="flex flex-col  h-full">
          <div className="font-extrabold text-2xl p-2 w-full ">
            {product.pno}
          </div>
          <div className="text-1xl m-1 p-2 w-full flex flex-col">

            <div className="w-full overflow-hidden ">
              <img alt="product"
              className="m-auto rounded-md w-60"
              src={`${host}/api/products/view/s_${product.uploadFileNames[0]}`}/>
            </div>

            <div className="bottom-0 font-extrabold bg-white">
              <div className="text-center p--1">
                이름: {product.pname}
              </div>
              <div className="text-center p--1">
                가격: {product.price}
              </div>
            </div>

          </div>
        </div>
      </div>
      )}
    </div>
  </div>
);
```

브라우저를 이용해서 상품목록을 확인합니다. 아직 상품 조회에 대한 구현이 완성되지 않았으므로 상품을 클릭했을 때 에러 화면만을 보게 됩니다.

6.3.2 페이지 이동

페이지의 이동은 이미 useCustomMove( )를 이용해서 moveToList( )를 이용할 수 있고, 페이징 처리 역시 common 폴더에 PageComponent를 제작해 두었기 때문에 이를 활용하면 손쉽게 구현이 가능합니다.

```
import PageComponent from "../common/PageComponent";

...생략

const ListComponent = () => {

  const {page, size, refresh, moveToList, moveToRead} = useCustomMove()

  //serverData는 나중에 사용
  const [serverData, setServerData] = useState(initState)

  //for FetchingModal
  const [fetching, setFetching] = useState(false)

  useEffect(() => {

    setFetching(true)

    getList({page,size}).then(data => {
```

```
        console.log(data)
        setServerData(data)
        setFetching(false)
      })

  }, [page,size, refresh])

  return (
  <div className="border-2 border-blue-100 mt-10 mr-2 ml-2">

    ...생략

    <PageComponent serverData={serverData} movePage={moveToList}></PageComponent>

  </div>

  );
}
export default ListComponent;
```

화면의 아래쪽에는 페이지 번호가 출력되는 것을 확인할 수 있습니다. 페이지 번호는 데이터의 수에 따라 이전/다음 이동이 가능해집니다. 마찬가지로 useCustomMove를 이용해서 moveToRead( )를 이용하면 조회 화면으로 이동이 가능해집니다.

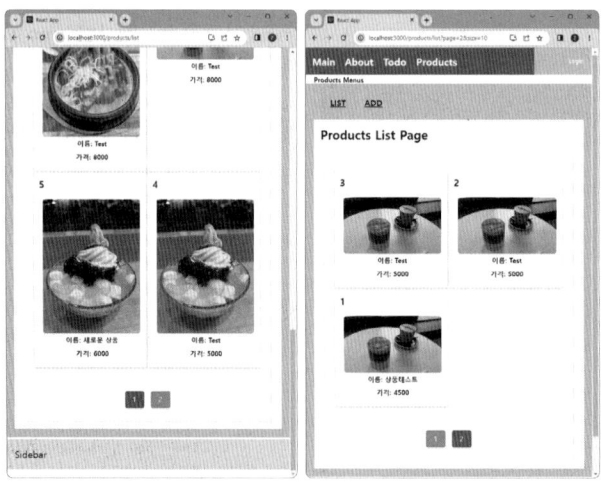

6.4 조회 페이지와 조회 컴포넌트

조회 페이지는 pages/products/ReadPage.js로 작성합니다.

```
const ReadPage = () => {
  return (
  <div className="p-4 w-full bg-white">
    <div className="text-3xl font-extrabold">
      Products Read Page
    </div>

  </div>
  );
}

export default ReadPage;
```

router/productsRouter.js에 ReadPage에 대한 설정을 추가합니다.

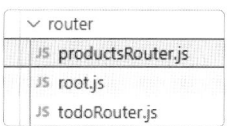

```
import { Suspense, lazy } from "react";
import { Navigate } from "react-router-dom";

...생략

const ProductRead = lazy(() => import("../pages/products/ReadPage"))

const productsRouter = () => {
  return [
```

```
    ...생략
    {
      path: "read/:pno",
      element: <Suspense fallback={Loading}><ProductRead/></Suspense>
    }
  ]
}

export default productsRouter;
```

설정을 완료한 후에는 브라우저를 통해서 목록 페이지에서 조회 페이지로 이동이 가능한지 확인합니다. 특정 상품의 번호를 클릭하면 '/products/read/상품번호?page=페이지번호&size=10'로 이동하는 것을 확인할 수 있습니다.

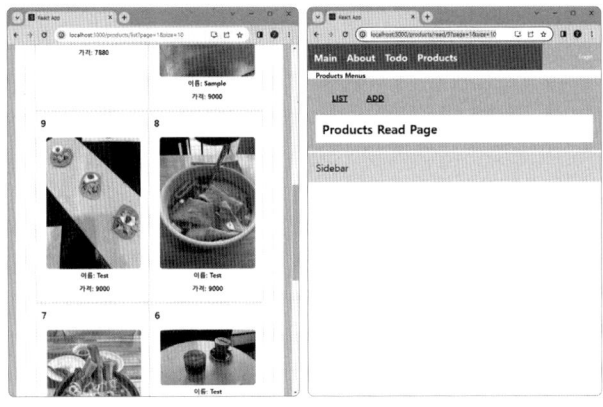

6.4.1 ReadComponent 처리

ReadComponent의 개발은 api/productsApi.js에서 Axios로 특정한 상품 데이터를 조회하는 작업에서 시작합니다.

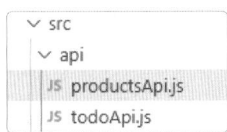

```
import axios from "axios"
import { API_SERVER_HOST } from "./todoApi"

const host = `${API_SERVER_HOST}/api/products`

...생략

export const getOne = async (tno) => {

  const res = await axios.get(`${host}/${tno}` )

  return res.data

}
```

components/products 폴더에는 ReadComponent.js를 추가합니다.

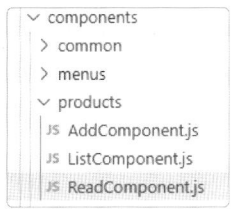

ReadComponent는 번호(pno)에 해당하는 상품을 서버에서 조회합니다. 이를 위해서 속성으로 pno를 전달받고 useEffect( )와 useCustomMove( ), FetchingModal을 사용합니다.

```
import { useEffect, useState } from "react"
import {getOne} from "../../api/productsApi"
import { API_SERVER_HOST } from "../../api/todoApi"
import useCustomMove from "../../hooks/useCustomMove"
import FetchingModal from "../common/FetchingModal"

const initState = {
  pno:0,
  pname: '',
  pdesc: '',
  price: 0,
  uploadFileNames:[]
```

```
}
const host = API_SERVER_HOST

const ReadComponent = ({pno }) => {

  const [product, setProduct] = useState(initState)

  //화면 이동용 함수
  const {moveToList, moveToModify} = useCustomMove()

  //fetching
  const [fetching, setFetching] = useState(false)

  useEffect(() => {

    setFetching(true)

    getOne(pno).then(data => {

      setProduct(data)
      setFetching(false)

    })
  }, [pno])

  return (
    <div className = "border-2 border-sky-200 mt-10 m-2 p-4">

      {fetching? <FetchingModal/> :<></>}

      <div className="flex justify-center mt-10">
        <div className="relative mb-4 flex w-full flex-wrap items-stretch">
          <div className="w-1/5 p-6 text-right font-bold">PNO</div>
          <div className="w-4/5 p-6 rounded-r border border-solid shadow-md">
            {product.pno}
          </div>
        </div>
      </div>

    </div>
  )
}

export default ReadComponent
```

ReadPage에서는 ReadComponents를 import 하고 추가해서 결과를 확인합니다.

```
import { useParams } from "react-router-dom";
import ReadComponent from "../../components/products/ReadComponent";

const ReadPage = () => {

  const {pno} = useParams()

  return (
  <div className="p-4 w-full bg-white">
    <div className="text-3xl font-extrabold">
      Products Read Page
    </div>

    <ReadComponent pno={pno}></ReadComponent>

  </div>
  );
}

export default ReadPage;
```

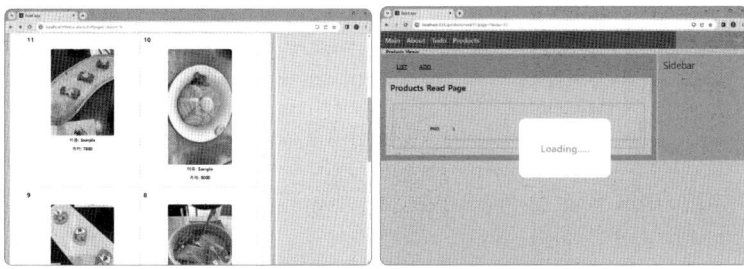

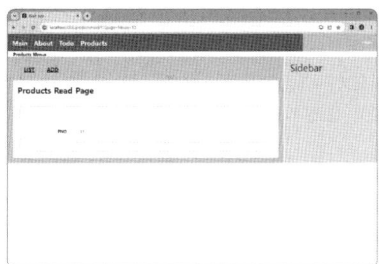

브라우저의 개발자 도구에서는 해당 번호의 상품 데이터가 정상적으로 도착하는지 확인해 줍니다.

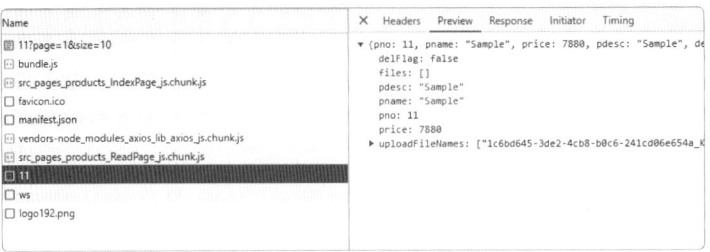

6.4.2 데이터 출력과 이동

ReadComponent에서는 화면에 데이터를 출력하고, useCustomMove( )를 사용해서 다시 목록 화면으로 이동하거나 수정/삭제 화면으로 이동할 수 있도록 코드를 추가합니다.

```
import { useEffect, useState } from "react"
import {getOne} from "../../api/productsApi"
import { API_SERVER_HOST } from "../../api/todoApi"
import useCustomMove from "../../hooks/useCustomMove"
import FetchingModal from "../common/FetchingModal"

const initState = {
  pno:0,
  pname: '',
  pdesc: '',
  price: 0,
  uploadFileNames:[]
}

const host = API_SERVER_HOST

const ReadComponent = ({pno }) => {

  const [product, setProduct] = useState(initState)
```

```jsx
//화면 이동용 함수
const {moveToList, moveToModify} = useCustomMove()

//fetching
const [fetching, setFetching] = useState(false)

useEffect(() => {

  setFetching(true)

  getOne(pno).then(data => {

    setProduct(data)
    setFetching(false)

  })
}, [pno])

return (

  <div className = "border-2 border-sky-200 mt-10 m-2 p-4">

  {fetching? <FetchingModal/> :<></>}

    <div className="flex justify-center mt-10">
      <div className="relative mb-4 flex w-full flex-wrap items-stretch">
        <div className="w-1/5 p-6 text-right font-bold">PNO</div>
        <div className="w-4/5 p-6 rounded-r border border-solid shadow-md">
          {product.pno}
        </div>
      </div>
    </div>

      <div className="flex justify-center">
      <div className="relative mb-4 flex w-full flex-wrap items-stretch">
        <div className="w-1/5 p-6 text-right font-bold">PNAME</div>
        <div className="w-4/5 p-6 rounded-r border border-solid shadow-md">
          {product.pname}
        </div>
      </div>
    </div>
    <div className="flex justify-center">
      <div className="relative mb-4 flex w-full flex-wrap items-stretch">
        <div className="w-1/5 p-6 text-right font-bold">PRICE</div>
        <div className="w-4/5 p-6 rounded-r border border-solid shadow-md">
          {product.price}
        </div>
      </div>
    </div>
    <div className="flex justify-center">
      <div className="relative mb-4 flex w-full flex-wrap items-stretch">
```

```
          <div className="w-1/5 p-6 text-right font-bold">PDESC</div>
          <div className="w-4/5 p-6 rounded-r border border-solid shadow-md">
            {product.pdesc}
          </div>
        </div>
      </div>
      <div className="w-full justify-center flex  flex-col m-auto items-center">
        {product.uploadFileNames.map( (imgFile, i) =>
          <img
          alt ="product"
          key={i}
          className="p-4 w-1/2"
          src={`${host}/api/products/view/${imgFile}`}/>
        )}
      </div>

      <div className="flex justify-end p-4">
        <button type="button"
          className="inline-block rounded p-4 m-2 text-xl w-32  text-white bg-red-500"
          onClick={() => moveToModify(pno)}
        >
          Modify
        </button>
        <button type="button"
          className="rounded p-4 m-2 text-xl w-32 text-white bg-blue-500"
          onClick={moveToList}
        >
          List
        </button>
      </div>
    </div>

  )
}

export default ReadComponent
```

조회 화면에서는 상품정보와 첨부된 모든 이미지가 출력됩니다. 만일 이미지가 2개 이상인 경우에는 모든 이미지를 출력합니다. 조회 화면의 아래쪽에는 'Modify' 버튼과 'List' 버튼이 보이고 'List' 버튼을 클릭하면 원래 페이지로 이동이 가능합니다(Modify에 대한 화면은 아직 구현 전이므로 에러가 발생합니다.).

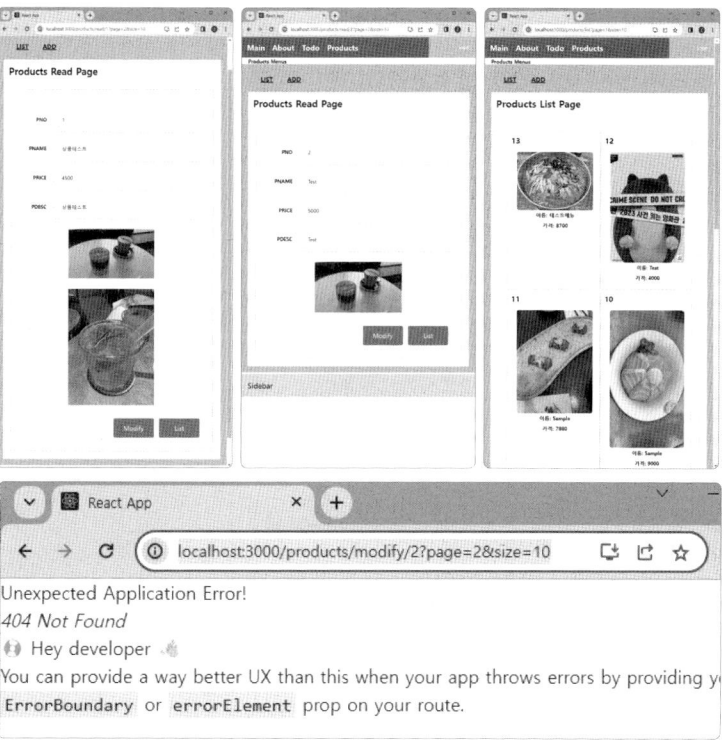

6.5 수정/삭제 페이지와 컴포넌트 처리

수정/삭제를 위한 페이지는 pages/products/ModifyPage.js 파일로 작성하고, router/productsRouter.js 파일을 수정해서 라우팅 설정을 추가합니다.

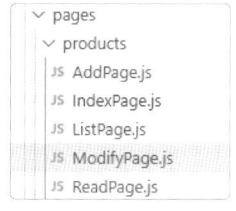

```
const ModifyPage = () => {
  return (
    <div className="p-4 w-full bg-white">
      <div className="text-3xl font-extrabold">
        Products Modify Page
      </div>
    </div>
  );
}

export default ModifyPage;
```

router/productsRouter.js 내 ModifyPage 설정을 추가합니다.

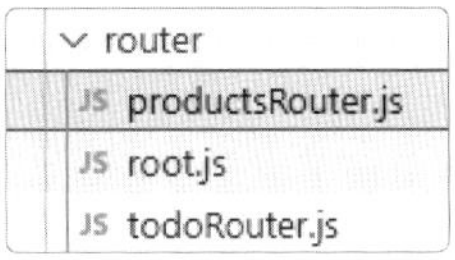

```
import { Suspense, lazy } from "react";
import { Navigate } from "react-router-dom";

...생략

const ProductModify = lazy(() => import("../pages/products/ModifyPage"))

const productsRouter = () => {

  return [
...생략
    {
      path: "modify/:pno",
      element: <Suspense fallback={Loading}><ProductModify/></Suspense>
    }

  ]
}

export default productsRouter;
```

상품의 조회 화면에서 수정/삭제 화면으로 정상적으로 이동되는지 확인합니다.

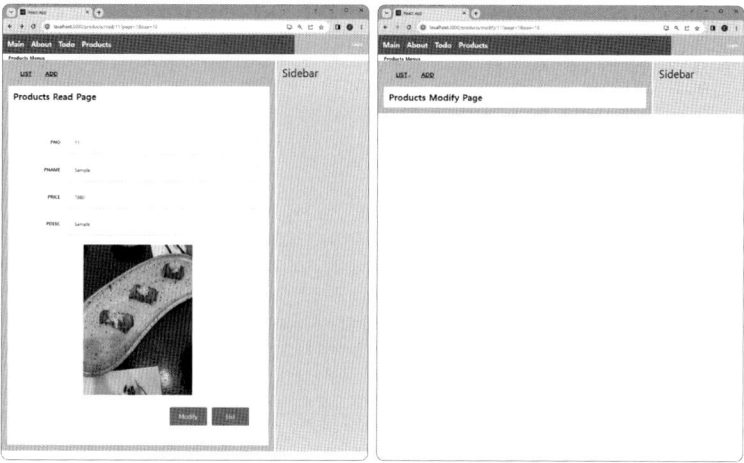

6.5.1 ModifyComponent 처리

수정 작업은 등록과 마찬가지로 첨부파일이 존재하기 때문에 'multipart/form-data' 헤더를 설정해서 전송 처리해야 하고 삭제 작업은 해당 상품의 번호만을 전달해서 처리합니다.

api/productsApi.js 파일에 수정/삭제를 위한 함수를 추가합니다.

```javascript
export const putOne = async (pno, product) => {

  const header = {headers: {"Content-Type": "multipart/form-data"}}

  const res = await axios.put(`${host}/${pno}`, product, header)

  return res.data

}

export const deleteOne = async (pno) => {

  const res = await axios.delete(`${host}/${pno}`)
```

```
    return res.data

}
```

components/products 폴더에는 ModifyComponent를 추가합니다.

```
v components
  > common
  > menus
  v products
    JS AddComponent.js
    JS ListComponent.js
    JS ModifyComponent.js
    JS ReadComponent.js
```

```
const ModifyComponent = ({pno}) => {

  return (
    <div className = "border-2 border-sky-200 mt-10 m-2 p-4">
        Product Modify Component

    </div>
    );
}

export default ModifyComponent;
```

ModifyComponent는 ModifyPage에서 import 하도록 추가합니다. 이때 현재 상품번호를 전달하도록 구성합니다.

```
import { useParams } from "react-router-dom";
import ModifyComponent from "../../components/products/ModifyComponent";

const ModifyPage = () => {

  const {pno} = useParams()

  return (
  <div className="p-4 w-full bg-white">
    <div className="text-3xl font-extrabold">
      Products Modify Page
    </div>

    <ModifyComponent pno={pno}/>

  </div>
    );
}

export default ModifyPage;
```

프로젝트를 실행하고 브라우저에서 '목록 -> 조회 -> 수정'의 단계로 결과를 확인합니다. 현재 ModifyComponent의 디자인이 없기 때문에 화면은 아래와 같이 단순 텍스트만 출력됩니다.

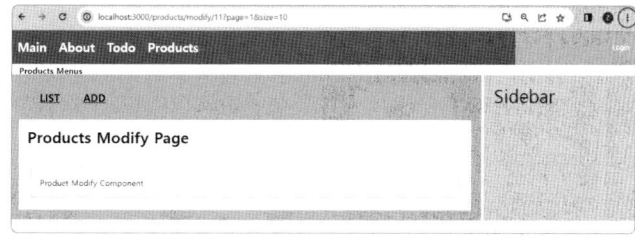

데이터의 출력

ModifyComponent는 전달되는 pno를 속성으로 처리하고 서버와 통신 처리 후 결과를 출력합니다. FetchingModal을 이용해서 서버와의 통신 상태를 알 수 있게 처리하고 이미지들을 출력합니다.

```
products
  JS AddComponent.js
  JS ListComponent.js
  JS ModifyComponent.js
```

```js
import { useEffect, useState } from "react";
import { getOne } from "../../api/productsApi";
import FetchingModal from "../common/FetchingModal";

const initState = {
  pno:0,
  pname: '',
  pdesc: '',
  price: 0,
  delFlag:false,
  uploadFileNames:[]
}

const ModifyComponent = ({pno}) => {

  const [product, setProduct] = useState(initState)

  const [fetching, setFetching] = useState(false)

  useEffect(() => {

    setFetching(true)

    getOne(pno).then(data => {

      setProduct(data)
      setFetching(false)
    } )

  },[pno])

  return (
    <div className = "border-2 border-sky-200 mt-10 m-2 p-4">
      Product Modify Component
      {fetching? <FetchingModal/> :<></>}
    </div>
  );
}

export default ModifyComponent;
```

브라우저에서는 FetchingModal창을 통해서 서버와 통신이 이루어졌음을 확인할 수 있습니다(아래 화면은 API 서버의 응답시간을 조정해서 FetchingModal이 보일 수 있는 시간을 준 상태입니다.).

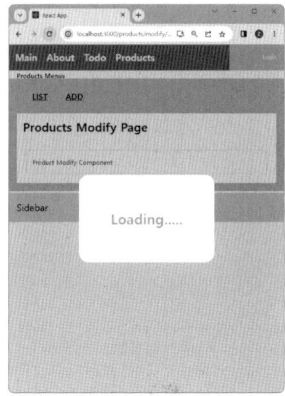

서버에서 가져온 상품정보를 화면에 출력하고 변경이 가능한 속성들을 〈input〉으로 작성하고 onChange( )를 이용해서 변경 가능하도록 구성합니다.

```
import { useEffect, useRef, useState } from "react";
import { getOne } from "../../api/productsApi";
import FetchingModal from "../common/FetchingModal";
import { API_SERVER_HOST } from "../../api/todoApi";

const initState = {
  pno:0,
  pname: '',
  pdesc: '',
  price: 0,
  delFlag:false,
  uploadFileNames:[]
}

const host = API_SERVER_HOST

const ModifyComponent = ({pno}) => {

  const [product, setProduct] = useState(initState)

  const [fetching, setFetching] = useState(false)

  const uploadRef = useRef()
```

```jsx
  useEffect(() => {

    setFetching(true)

    getOne(pno).then(data => {

      setProduct(data)
      setFetching(false)
    })

  },[pno])

  const handleChangeProduct = (e) => {

    product[e.target.name] = e.target.value

    setProduct({...product})
  }

  const deleteOldImages = (imageName) => {


  }

  return (
  <div className = "border-2 border-sky-200 mt-10 m-2 p-4">

    {fetching? <FetchingModal/> :<></>}

    <div className="flex justify-center">
      <div className="relative mb-4 flex w-full flex-wrap items-stretch">
        <div className="w-1/5 p-6 text-right font-bold">Product Name</div>
        <input className="w-4/5 p-6 rounded-r border border-solid border-neutral-300 shadow-md"
          name="pname"
          type={'text'}
          value={product.pname}
          onChange={handleChangeProduct}
          >
          </input>

      </div>
    </div>
    <div className="flex justify-center">
      <div className="relative mb-4 flex w-full flex-wrap items-stretch">
        <div className="w-1/5 p-6 text-right font-bold">Desc</div>
          <textarea
          className="w-4/5 p-6 rounded-r border border-solid border-neutral-300 shadow-md resize-y"
          name="pdesc"
```

```jsx
                    rows="4"
                    onChange={handleChangeProduct}
                    value={product.pdesc}>
                        {product.pdesc}
                    </textarea>
                </div>
            </div>
            <div className="flex justify-center">
                <div className="relative mb-4 flex w-full flex-wrap items-stretch">
                    <div className="w-1/5 p-6 text-right font-bold">Price</div>
                    <input className="w-4/5 p-6 rounded-r border border-solid border-neutral-300 shadow-md"
                        name="price"
                        type={'number'}
                        value={product.price}
                        onChange={handleChangeProduct}
                    >
                    </input>
                </div>
            </div>

            <div className="flex justify-center">
                <div className="relative mb-4 flex w-full flex-wrap items-stretch">
                    <div className="w-1/5 p-6 text-right font-bold">DELETE</div>
                    <select
                    name="delFlag" value={product.delFlag}
                    onChange={handleChangeProduct}
                    className="w-4/5 p-6 rounded-r border border-solid border-neutral-300 shadow-md">
                        <option value={false}>사용</option>
                        <option value={true}>삭제</option>
                    </select>
                </div>
            </div>

            <div className="flex justify-center">
                <div className="relative mb-4 flex w-full flex-wrap items-stretch">
                    <div className="w-1/5 p-6 text-right font-bold">Files</div>
                    <input ref={uploadRef}
                        className="w-4/5 p-6 rounded-r border border-solid border-neutral-300 shadow-md"
                        type={'file'} multiple={true}
                    >
                    </input>
                </div>
            </div>
            <div className="flex justify-center">
                <div className="relative mb-4 flex w-full flex-wrap items-stretch">
```

```
            <div className="w-1/5 p-6 text-right font-bold">
              Images
            </div>
            <div className="w-4/5 justify-center flex flex-wrap items-start">
            {product.uploadFileNames.map( (imgFile, i) =>
                <div
                    className="flex justify-center flex-col w-1/3 m-1 align-baseline"
                    key = {i}>
                    <button className="bg-blue-500 text-3xl text-white">DELETE</button>
                    <img
                    alt ="img"
                    src={`${host}/api/products/view/s_${imgFile}`}/>

                </div>
              )}
            </div>
        </div>
      </div>
    </div>
  );
}
export default ModifyComponent;
```

브라우저에서는 해당 상품의 이미지들이 출력되고 입력창은 수정이 가능한 상태가 됩니다.

기존 이미지 삭제

ModifyComponent에서 기존 이미지의 삭제는 이미지 상단에 있는 'DELETE' 버튼을 클릭했을 때 상품 데이터가 가지고 있는 uploadFileNames 배열에서 해당 이미지를 삭제합니다. 배열에서는 filter( )를 사용해서 해당 이미지가 아닌 이미지들만 유지하도록 합니다.

```
const deleteOldImages = (imageName) => {

    const resultFileNames = product.uploadFileNames.filter( fileName =>
fileName !== imageName)

    product.uploadFileNames = resultFileNames

    setProduct({...product})
  }
```

상품의 이미지에 있는 버튼을 클릭해서 해당 이미지를 배열에서 제거할 수 있도록 이벤트 처리를 추가합니다.

```
{product.uploadFileNames.map( (imgFile, i) =>
            <div
              className="flex justify-center flex-col w-1/3"
              key = {i}>
              <button className="bg-blue-500 text-3xl text-white"
              onClick={() => deleteOldImages(imgFile)}
              >DELETE</button>
              <img
              alt ="img"
              src={`${host}/api/products/view/s_${imgFile}`}/>

            </div>
          )}
```

브라우저 화면에서는 기존 상품 이미지의 삭제를 확인할 수 있습니다. 이미지의 삭제는 화면상에서만 반영되기 때문에 다시 조회해 보면 원래의 모든 이미지를 볼 수 있습니다.

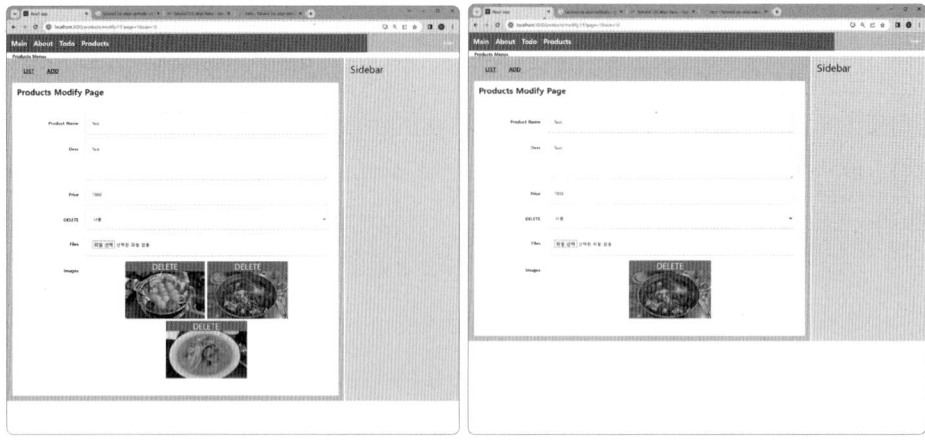

새로운 이미지 파일의 추가와 수정

새로운 이미지 파일을 추가하는 부분은 기존의 신규 상품등록과 동일하므로 화면에 수정 버튼을 작성하고 이를 클릭할 때 파일 데이터를 추가하도록 구성합니다. ModifyComponent 내에 이벤트 처리를 위한 handleClickModify( ) 함수를 추가하고 가장 아래쪽에 'Modify' 버튼을 추가해서 이벤트 처리를 완성합니다.

```
import { getOne, putOne } from "../../api/productsApi";

...생략

  const handleClickModify = () => {

    const files = uploadRef.current.files

    const formData = new FormData()

    for (let i = 0; i < files.length; i++) {
      formData.append("files", files[i]);
    }

    //other data
    formData.append("pname", product.pname)
    formData.append("pdesc", product.pdesc)
```

```
      formData.append("price", product.price)
      formData.append("delFlag", product.delFlag)

      for( let i = 0; i < product.uploadFileNames.length ; i++){
        formData.append("uploadFileNames", product.uploadFileNames[i])
      }
      putOne(pno, formData)

  }
```

화면에서는 마지막 부분에 버튼들을 추가하고 버튼 중에서 'Modify'에 대해서 이벤트 처리를 추가합니다.

```
  return ( ...생략...
      <div className="flex justify-end p-4">
        <button type="button"
          className="rounded p-4 m-2 text-xl w-32 text-white bg-red-500"
        >
          Delete
        </button>

        <button type="button"
          className="inline-block rounded p-4 m-2 text-xl w-32  text-white bg-orange-500"
          onClick={handleClickModify}
        >
          Modify
        </button>

        <button type="button"
          className="rounded p-4 m-2 text-xl w-32 text-white bg-blue-500"
        >
          List
        </button>
      </div>

    </div>
  );
```

화면상에 새로운 이미지를 추가하고 'Modify' 버튼을 클릭해서 서버의 동작 여부를 먼저 확인합니다(모달창의 처리가 없으므로 아직 화면에 변화는 없습니다.). 기존의 이미지를 삭제하지 않았다면 브라우저에서 '새로고침'을 통해서 추가된 이미지를 확인할 수 있습니다.

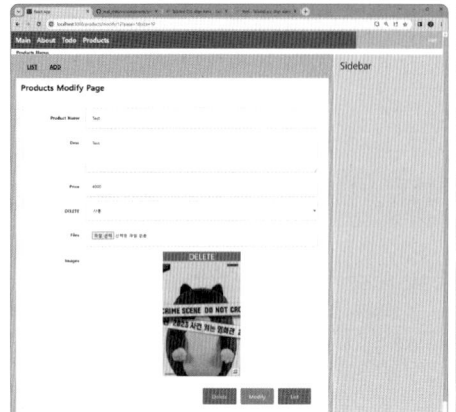 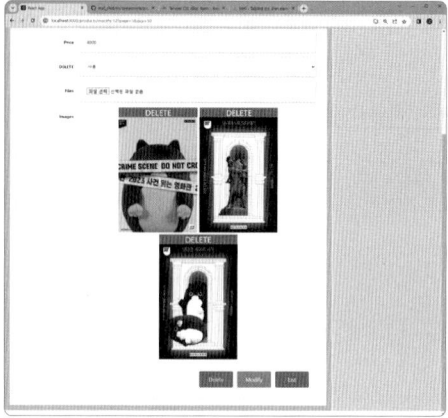

수정 작업 후 모달창

Axios를 이용한 상품의 수정 처리가 완료되면 서버에서는 아래 화면과 같은 JSON 결과를 전송합니다.

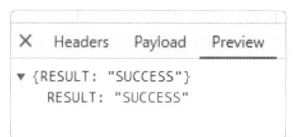

ModifyComponent에서는 모달창을 이용해서 결과를 보여주도록 수정합니다. 우선 모달창에서 필요한 상태와 모달창이 사라진 후 동작해야 하는 함수를 미리 정의합니다. useCustomMove를 이용해서 수정은 상품의 조회 화면으로 이동하고, 상품의 삭제 후에는 목록 화면으로 이동하도록 구성합니다.

```
import { useEffect, useRef, useState } from "react";
import { getOne, putOne } from "../../api/productsApi";
import FetchingModal from "../common/FetchingModal";
import { API_SERVER_HOST } from "../../api/todoApi";
```

```
import useCustomMove from "../../hooks/useCustomMove";
import ResultModal from "../common/ResultModal";

  //결과 모달
  const [result, setResult] = useState(null)

  //이동용 함수
  const {moveToRead, moveToList} = useCustomMove()

  const [fetching, setFetching] = useState(false)


  const handleClickModify = () => {

    const files = uploadRef.current.files

    const formData = new FormData()

    for (let i = 0; i < files.length; i++) {
      formData.append("files", files[i]);
    }

    //other data
    formData.append("pname", product.pname)
    formData.append("pdesc", product.pdesc)
    formData.append("price", product.price)
    formData.append("delFlag", product.delFlag)

    for( let i = 0; i < product.uploadFileNames.length ; i++){
      formData.append("uploadFileNames", product.uploadFileNames[i])
    }

    //fetching
    setFetching(true)

    putOne(pno, formData).then(data => { //수정 처리
      setResult('Modified')
      setFetching(false)
    })

  }

  const closeModal = () => {

    if(result ==='Modified') {
      moveToRead(pno)   //조회 화면으로 이동
    }

    setResult(null)
```

```
  }

  return (
  <div className = "border-2 border-sky-200 mt-10 m-2 p-4">

    {fetching? <FetchingModal/> :<></>}

    {result?
      <ResultModal
        title={`${result}`}
        content={'정상적으로 처리되었습니다.'}  //결과 모달창
        callbackFn={closeModal}
      />
      :
      <></>
    }
...생략
```

상품을 수정하면 ResultModal을 보여주고 조회 화면으로 이동하는 것을 확인할 수 있습니다.

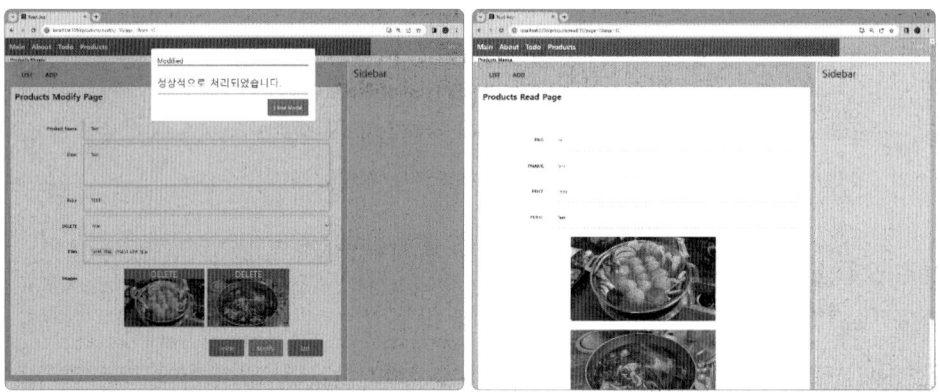

6.5.2 삭제 버튼의 동작 처리

상품의 삭제는 화면 아래쪽의 'Delete' 버튼을 클릭하면 동작하는 함수를 작성하고 삭제 후 모달창을 띄우도록 작성합니다.

```
import { getOne, putOne, deleteOne } from "../../api/productsApi";

...생략...

  const handleClickDelete = () => {

    setFetching(true)
    deleteOne(pno).then(data => {

      setResult("Deleted")
      setFetching(false)

    })

  }

  const closeModal = () => {

    if(result ==='Modified') {
      moveToRead(pno)
    }else if(result === 'Deleted') {
      moveToList({page:1})
    }

    setResult(null)

  }
```

화면 아래쪽의 버튼에는 이벤트를 추가하고 삭제 처리 후 목록 화면으로 이동하는지 확인합니다.

```
<div className="flex justify-end p-4">
    <button type="button"
    className="rounded p-4 m-2 text-xl w-32 text-white bg-red-500"
    onClick={handleClickDelete}
    >
      Delete
    </button>

    ...생략

</div>
```

목록 화면 이동

목록 화면의 이동은 useCustomMove의 moveToList를 이용해서 버튼에 이벤트를 추가합니다.

```
<button type="button"
  className="rounded p-4 m-2 text-xl w-32 text-white bg-blue-500"
  onClick={moveToList}
>
  List
</button>
```

화면상에서는 쿼리스트링이 유지된 상태로 목록 화면으로 이동하게 됩니다.

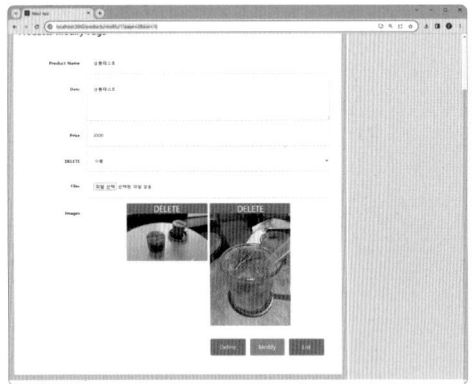
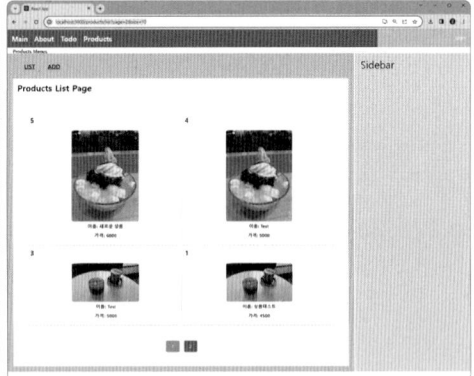

Chapter 07

시큐리티와 API 서버

API 서버는 기본적으로 지난번 호출에 대해 기록하지 않는 무상태(stateless) 서비스입니다. 그러므로 사용자를 기억하고 인증하기 위해서는 서버에서 인증 관련 데이터를 보관하는 대신에 프런트 엔드 쪽에서 사용자 인증과 관련된 정보를 유지합니다.

앱이나 웹 애플리케이션에서 유지하는 사용자 정보는 API 서버를 호출할 때 주고받아야 하기 때문에 이에 대한 보안상의 문제를 고려해야 합니다. 예제에서는 JWT(JSON Web Token)를 활용해서 인증 정보를 리액트에서 보관하고 서버 호출 시에 사용할 수 있도록 구성합니다.

7장의 개발 목표는 다음과 같습니다.

- ➡ API 서버를 위한 스프링 시큐리티의 설정
- ➡ API 서버 호출과 JWT 문자열 생성
- ➡ JWT 생성과 검증
- ➡ Access Token과 Refresh Token을 이용한 토큰 갱신

7.1 스프링 시큐리티 설정

회원 데이터는 API 서버와 JSON 포맷으로 주고받도록 구성하고 최근 아이디 대신 이메일을 사용하는 경우가 늘고 있으므로 이메일과 닉네임, 패스워드, 회원 권한, 소셜 회원 여부 등으로 구성합니다. 스프링 시큐리티의 기능을 추가해서 로그인 처리를 구현합니다.

프로젝트 내에 build.gradle 파일에 스프링 시큐리티 관련 모듈을 추가합니다.

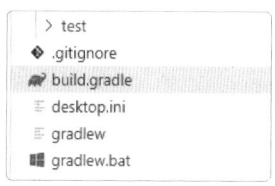

```
dependencies {
 …생략

  implementation 'org.springframework.boot:spring-boot-starter-security'
}
```

스프링 시큐리티와 관련된 설정을 위해서 프로젝트의 config 패키지에 CustomSecurityConfig.java 파일을 추가합니다.

```
package org.zerock.mallapi.config;

import org.springframework.context.annotation.Bean;
import org.springframework.context.annotation.Configuration;
import org.springframework.security.config.annotation.web.builders.
HttpSecurity;
```

```
import org.springframework.security.web.SecurityFilterChain;

import lombok.RequiredArgsConstructor;
import lombok.extern.log4j.Log4j2;

@Configuration
@Log4j2
@RequiredArgsConstructor
public class CustomSecurityConfig {

  @Bean
  public SecurityFilterChain filterChain(HttpSecurity http) throws Exception {

    log.info("--------------------security config--------------------------");

    return http.build();
  }

}
```

시큐리티와 관련된 로그를 자세히 확인하기 위해서 application.properties에 로그 설정을 추가합니다.

```
logging.level.org.springframework.security.web=trace
```

변경된 설정을 확인하기 위해서 프로젝트를 실행하면 시큐리티에서 사용하는 임시 패스워드가 발행되는 것을 볼 수 있습니다.

```
Using generated security password: fd1c07f9-af49-4b12-b4ca-5b1cae598308
This generated password is for development use only. Your security configuration must be updated before running your application in production.
```

7.1.1 API 서버를 위한 기본 설정

API 서버는 외부에서 Ajax로 호출하기 때문에 기존의 페이지를 가지는 방식과 여러 가지 다른 점이 있습니다. 스프링 시큐리티는 기본적으로 다른 도메인에서 Ajax 호출을 차단하기 때문에 이를 위한 CORS 설정과 GET 방식 외의 호출 시에 CSRF 공격을 막기 위한 설정이 기본으로 활성화되어 있으므로 이를 변경해 주고, 개발해야 합니다.

CORS, CSRF 설정

시큐리티와 관련된 설정 중에 기존의 CustomServletConfig에 있던 CORS 관련 설정은 삭제하고 CustomSecurityConfig에 CORS 관련 설정을 추가합니다.

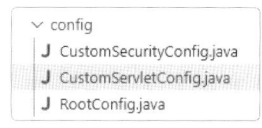

```java
package org.zerock.mallapi.config;

import org.springframework.context.annotation.Configuration;
import org.springframework.format.FormatterRegistry;
import org.springframework.web.servlet.config.annotation.WebMvcConfigurer;
import org.zerock.mallapi.controller.formatter.LocalDateFormatter;

@Configuration
public class CustomServletConfig implements WebMvcConfigurer{

  @Override
  public void addFormatters(FormatterRegistry registry) {

    registry.addFormatter(new LocalDateFormatter());
  }

}
```

CORS의 설정은 CustomSecurityConfig 내부로 변경합니다.

```java
package org.zerock.mallapi.config;

import java.util.Arrays;

import org.springframework.context.annotation.Bean;
import org.springframework.context.annotation.Configuration;
import org.springframework.security.config.annotation.web.builders.HttpSecurity;
import org.springframework.security.web.SecurityFilterChain;
import org.springframework.web.cors.CorsConfiguration;
import org.springframework.web.cors.CorsConfigurationSource;
import org.springframework.web.cors.UrlBasedCorsConfigurationSource;

import lombok.RequiredArgsConstructor;
import lombok.extern.log4j.Log4j2;

@Configuration
@Log4j2
@RequiredArgsConstructor
public class CustomSecurityConfig {

  @Bean
  public SecurityFilterChain filterChain(HttpSecurity http) throws Exception {

    log.info("-------------security config");

    http.cors(httpSecurityCorsConfigurer -> {
      httpSecurityCorsConfigurer.configurationSource(corsConfigurationSource());
    });

    return http.build();
  }

  @Bean
  public CorsConfigurationSource corsConfigurationSource() {

    CorsConfiguration configuration = new CorsConfiguration();

    configuration.setAllowedOriginPatterns(Arrays.asList("*"));
    configuration.setAllowedMethods(Arrays.asList("HEAD", "GET", "POST", "PUT", "DELETE"));
    configuration.setAllowedHeaders(Arrays.asList("Authorization", "Cache-Control", "Content-Type"));
    configuration.setAllowCredentials(true);

    UrlBasedCorsConfigurationSource source = new UrlBasedCorsConfigurationSource();
    source.registerCorsConfiguration("/**", configuration);
```

```
    return source;
  }

}
```

CSRF 설정은 GET 방식을 제외한 모든 요청에 CSRF 토큰이라는 것을 사용하는 방식입니다. 하지만, API 서버를 작성할 때는 사용하지 않는 것이 일반적이므로 설정을 추가합니다. 또한, API 서버는 무상태(Stateless)를 기본으로 사용하기 때문에 서버 내부에서 세션을 생성하지 않도록 추가합니다.

```
  @Bean
  public SecurityFilterChain filterChain(HttpSecurity http) throws Exception {

    log.info("---------------------securityconfig");

    http.cors(httpSecurityCorsConfigurer -> {
     httpSecurityCorsConfigurer.configurationSource(corsConfigurationSource());
    });

    http.sessionManagement(sessionConfig -> sessionConfig.
 sessionCreationPolicy(SessionCreationPolicy.STATELESS));

    http.csrf(config -> config.disable());

    return http.build();
  }
```

PasswordEncoder 설정

스프링 시큐리티는 사용자의 패스워드에 PasswordEncoder라는 것을 설정해 주어야 합니다. CustomSecurityConfig에 기본적으로 제공되는 org.springframework. security.crypto.bcrypt.BCryptPasswordEncoder를 지정하는 코드를 추가합니다 (import 필요).

```
@Bean
public PasswordEncoder passwordEncoder(){
 return new BCryptPasswordEncoder();
}
```

7.1.2 Member 엔티티 처리

프로젝트 내 회원을 의미하는 Member.java와 회원의 권한을 의미하는 MemberRole.java를 domain 패키지에 추가하고 엔티티로 필요한 코드를 추가합니다.

MemberRole은 회원의 권한을 의미하는데 Member에서는 @ElementCollection으로 처리합니다.

```
package org.zerock.mallapi.domain;

public enum MemberRole {

   USER, MANAGER,ADMIN;
}
```

Member는 회원의 기본 정보와 권한 목록을 가지도록 설계합니다.

```
package org.zerock.mallapi.domain;

import jakarta.persistence.*;
import lombok.*;

import java.util.*;

@Entity
@Builder
```

```java
@AllArgsConstructor
@NoArgsConstructor
@Getter
@ToString (exclude = "memberRoleList")
public class Member {

  @Id
  private String email;

  private String pw;

  private String nickname;

  private boolean social;

  @ElementCollection(fetch = FetchType.LAZY)
  @Builder.Default
  private List<MemberRole> memberRoleList = new ArrayList<>();

  public void addRole(MemberRole memberRole){

    memberRoleList.add(memberRole);
  }

  public void clearRole(){
    memberRoleList.clear();
  }

  public void changeNickname(String nickname) {
   this.nickname = nickname;
  }

  public void changePw(String pw){
   this.pw = pw;
  }

  public void changeSocial(boolean social) {
   this.social = social;
  }

}
```

repository 패키지 내에는 MemberRepository 인터페이스를 추가합니다. MemberRepository에는 조회 시에 권한의 목록까지 같이 로딩하도록 getWithRoles( ) 메서드를 같이 작성해 줍니다.

```
repository
  J MemberRepository.java
  J ProductRepository.java
  J TodoRepository.java
```

```java
package org.zerock.mallapi.repository;

import org.springframework.data.jpa.repository.*;
import org.springframework.data.repository.query.Param;
import org.zerock.mallapi.domain.Member;

public interface MemberRepository extends JpaRepository<Member, String> {

    @EntityGraph(attributePaths = {"memberRoleList"})
    @Query("select m from Member m where m.email = :email")
    Member getWithRoles(@Param("email") String email);

}
```

7.1.3 테스트 코드를 이용한 등록/조회 확인

테스트 폴더의 repository 패키지를 사용해서 MemberRepositoryTests.java 파일을 추가하고 엔티티의 등록과 조회를 확인합니다. 시큐리티를 활용하면 사용자의 패스워드는 반드시 PasswordEncoder를 이용한 암호화된 값으로 하기 때문에 사용자 생성 시 PasswordEncoder의 encode( )를 사용해서 값을 처리합니다.

```
test\java\org\zerock\mallapi
  repository
    J MemberRepositoryTests.java
    J ProductRepositoryTests.java
```

```java
package org.zerock.mallapi.repository;

import lombok.extern.log4j.Log4j2;
import org.junit.jupiter.api.Test;
import org.springframework.beans.factory.annotation.Autowired;
import org.springframework.boot.test.context.SpringBootTest;
import org.springframework.security.crypto.password.PasswordEncoder;
import org.zerock.mallapi.domain.Member;
```

```java
import org.zerock.mallapi.domain.MemberRole;

@SpringBootTest
@Log4j2
public class MemberRepositoryTests {

  @Autowired
  private MemberRepository memberRepository;

  @Autowired
  private PasswordEncoder passwordEncoder;

  @Test
  public void testInsertMember(){

    for (int i = 0; i < 10 ; i++) {

      Member member = Member.builder()
          .email("user"+i+"@aaa.com")
          .pw(passwordEncoder.encode("1111"))
          .nickname("USER"+i)
          .build();

      member.addRole(MemberRole.USER);

      if(i >= 5){
        member.addRole(MemberRole.MANAGER);
      }

      if(i >=8){
        member.addRole(MemberRole.ADMIN);
      }
      memberRepository.save(member);
    }
  }

  @Test
  public void testRead() {

    String email = "user9@aaa.com";

    Member member = memberRepository.getWithRoles(email);

    log.info("-----------------");
    log.info(member);
  }

}
```

testInsertMember( )는 루프 변수의 값에 따라서 USER 혹은 USER,MANAGER, USER,MANAGER,ADMIN 권한을 가지는 사용자를 생성하게 됩니다. 예를 들어 마지막 user9@aaa.com은 아래와 같이 여러 개의 권한이 추가됩니다.

사용자의 패스워드는 BCryptPasswordEncoder를 이용한 결과를 저장하는데 BCrypt 방식은 동일한 문자열도 매번 다른 결과를 생성합니다.

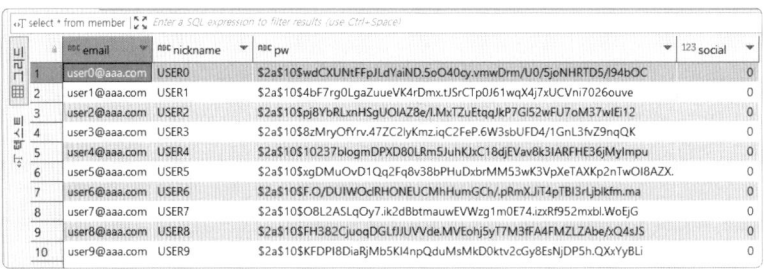

testRead( )는 특정 이메일의 사용자 정보와 사용자의 권한 값들을 한 번에 조인 처리해서 처리하는 것을 확인할 수 있습니다.

```
Hibernate:
    select
        m1_0.email,
        m2_0.member_email,
        m2_0.member_role_list,
        m1_0.nickname,
        m1_0.pw,
        m1_0.social
    from
        member m1_0
    left join
        member_member_role_list m2_0
            on m1_0.email=m2_0.member_email
    where
        m1_0.email=?
```

7.2 DTO와 인증 처리 서비스

엔티티 처리를 확인했다면 서비스 계층을 만들어서 로그인 기능을 구현해 놓습니다. 가장 먼저 dto 패키지에 MemberDTO 클래스를 추가합니다. MemberDTO는 기존의 DTO와는 달리 스프링 시큐리티에서 이용하는 타입의 객체로 만들어서 사용하기 위해서 org.springframework.security.core.userdetails.User 클래스를 상속하는 구조로 생성하고, User 클래스의 생성자를 사용할 수 있는 구조로 작성합니다(상속하는 부모 클래스의 생성자 함수 때문에 생성자 방식을 사용합니다.).

```
package org.zerock.mallapi.dto;

import java.util.*;
import java.util.stream.Collectors;

import org.springframework.security.core.authority.
SimpleGrantedAuthority;
import org.springframework.security.core.userdetails.User;

import lombok.Getter;
import lombok.Setter;
import lombok.ToString;
```

```java
@Getter
@Setter
@ToString
public class MemberDTO extends User {

  private String email;

  private String pw;

  private String nickname;

  private boolean social;

  private List<String> roleNames = new ArrayList<>();

  public MemberDTO(String email, String pw, String nickname,
  boolean social, List<String> roleNames) {

   super(
    email,
    pw,
    roleNames.stream().map(str -> new
    SimpleGrantedAuthority("ROLE_"+str)).collect(Collectors.toList()));

   this.email = email;
   this.pw = pw;
   this.nickname = nickname;
   this.social = social;
   this.roleNames = roleNames;
  }

  public Map<String, Object> getClaims() {

   Map<String, Object> dataMap = new HashMap<>();

   dataMap.put("email", email);
   dataMap.put("pw",pw);
   dataMap.put("nickname", nickname);
   dataMap.put("social", social);
   dataMap.put("roleNames", roleNames);

   return dataMap;
  }
}
```

MemberDTO 안에는 getClaims( )라는 메서드를 추가해서 현재 사용자의 정보를 Map 타입으로 반환하도록 구성했는데, 이는 나중에 JWT 문자열 생성 시에 사용하기 위함입니다.

7.2.1 UserDetailsService 구현

스프링 시큐리티는 사용자의 인증 처리를 위해서 UserDetailsService라는 인터페이스의 구현체를 활용합니다. 이를 커스터마이징 하기 위해서 프로젝트 내에 security 패키지(폴더)를 생성하고 CustomUserDetailsService 클래스를 추가해 줍니다.

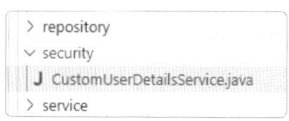

```java
package org.zerock.mallapi.security;

import org.springframework.security.core.userdetails.UserDetails;
import org.springframework.security.core.userdetails.UserDetailsService;
import org.springframework.security.core.userdetails.UsernameNotFoundException;
import org.springframework.stereotype.Service;
import org.zerock.mallapi.repository.MemberRepository;

import lombok.RequiredArgsConstructor;
import lombok.extern.log4j.Log4j2;

/**
 * CustomUSerDetailsService
 */
@Service
@Log4j2
@RequiredArgsConstructor
public class CustomUserDetailsService implements UserDetailsService{

  private final MemberRepository memberRepository;

  @Override
  public UserDetails loadUserByUsername(String username) throws UsernameNotFoundException {

    log.info("---------------loadUserByUsername----------------------------");

    return null;

  }

}
```

시큐리티를 적용하면 CustomUserDetailsService의 loadByUsername( )에서 사용자 정보를 조회하고 해당 사용자의 인증과 권한을 처리하게 됩니다. 현재 코드는 null을 반환하기 때문에 문제가 발생하겠지만 로그를 통해서 동작 여부를 확인할 수는 있습니다.

API 서버로 로그인할 수 있도록 CustomSecurityConfig의 설정을 변경해 줍니다.

```
@Bean
 public SecurityFilterChain filterChain(HttpSecurity http) throws Exception {
   log.info("---------------------security config------------------------");

   http.cors(httpSecurityCorsConfigurer -> {
   httpSecurityCorsConfigurer.
   configurationSource(corsConfigurationSource());
   });

   http.sessionManagement(sessionConfig -> sessionConfig.
   sessionCreationPolicy(SessionCreationPolicy.STATELESS));

   http.csrf(config -> config.disable());

   http.formLogin(config -> {
    config.loginPage("/api/member/login");
   });

   return http.build();
  }
```

formLogin 설정을 추가하면 스프링 시큐리티는 POST 방식으로 username과 password라는 파라미터를 통해서 로그인을 처리할 수 있게 됩니다.

Postman을 통해서 '/api/member/login'을 POST 방식으로 호출하면 서버상에서 로그가 출력되는 것을 확인할 수 있습니다(실행 로그의 조금 위쪽에 예외 메시지 전에 출력됩니다.).

CustomUserDetailsService의 동작을 확인했다면 MemberRepository에서 사용자의 정보를 조회해서 MemberDTO 타입으로 반환하도록 구현합니다.

```java
package org.zerock.mallapi.security;

import java.util.stream.Collectors;

import org.springframework.security.core.userdetails.UserDetails;
import org.springframework.security.core.userdetails.UserDetailsService;
import org.springframework.security.core.userdetails.UsernameNotFoundException;
import org.springframework.stereotype.Service;
import org.zerock.mallapi.domain.Member;
import org.zerock.mallapi.dto.MemberDTO;
import org.zerock.mallapi.repository.MemberRepository;

import lombok.RequiredArgsConstructor;
import lombok.extern.log4j.Log4j2;

/**
 * CustomUSerDetailsService
 */
@Service
@Log4j2
@RequiredArgsConstructor
public class CustomUserDetailsService implements UserDetailsService{
```

```java
    private final MemberRepository memberRepository;

    @Override
    public UserDetails loadUserByUsername(String username) throws
UsernameNotFoundException {

        log.info("----------------loadUserByUsername----------------------------");

        Member member = memberRepository.getWithRoles(username);

        if(member == null){
         throw new UsernameNotFoundException("Not Found");
        }

        MemberDTO memberDTO = new MemberDTO(
            member.getEmail(),
            member.getPw(),
            member.getNickname(),
            member.isSocial(),
            member.getMemberRoleList()
                .stream()
                .map(memberRole -> memberRole.name()).collect(Collectors.toList()));

        log.info(memberDTO);

        return memberDTO;

    }

}
```

변경된 코드를 Postman으로 호출하면 MemberRepository의 동작 과정에서 SQL이 실행되는 것을 확인할 수 있습니다. 다만, 아직 Postman의 결과는 에러가 발생하는데 이는 스프링 시큐리티가 기본적으로 로그인이 되었을 때 '/' 경로로 이동하기 때문입니다.

```
Hibernate:
    select
        m1_0.email,
        m2_0.member_email,
        m2_0.member_role_list,
        m1_0.nickname,
        m1_0.pw,
        m1_0.social
    from
        member m1_0
    left join
        member_member_role_list m2_0
            on m1_0.email=m2_0.member_email
    where
        m1_0.email=?
```

```
1  {
2      "timestamp": "2023-07-27T03:24:25.945+00:00",
3      "status": 404,
4      "error": "Not Found",
5      "message": "No message available",
6      "path": "/"
7  }
```

7.2.2 로그인 성공 후 JSON 데이터 생성

로그인에 성공한 후에는 AuthenticationSuccessHandler라는 것을 통해서 후처리 작업이 가능합니다. API 서버의 경우 로그인 후에는 JSON 문자열을 생성해서 전달하도록 구현합니다.

JSON 문자열의 생성은 Gson 라이브러리를 활용해서 객체를 JSON 문자열로 처리합니다. build.gradle 파일에 Gson 라이브러리를 추가합니다.

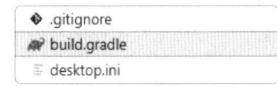

```
dependencies {
 ...생략

 implementation 'com.google.code.gson:gson:2.10.1'

}
```

프로젝트의 security 패키지 내에는 추가적으로 handler 패키지를 추가하고 APILoginSuccessHandler클래스를 추가합니다.

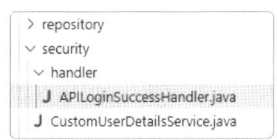

```
package org.zerock.mallapi.security.handler;

import java.io.IOException;

import org.springframework.security.core.Authentication;
import org.springframework.security.web.authentication.AuthenticationSuccessHandler;

import jakarta.servlet.ServletException;
import jakarta.servlet.http.HttpServletRequest;
```

```java
import jakarta.servlet.http.HttpServletResponse;
import lombok.extern.log4j.Log4j2;

@Log4j2
public class APILoginSuccessHandler implements AuthenticationSuccessHandler{

 @Override
 public void onAuthenticationSuccess(HttpServletRequest request, HttpServletResponse response,
    Authentication authentication) throws IOException, ServletException {

   log.info("-------------------------------------");
   log.info(authentication);
   log.info("-------------------------------------");

  }

}
```

CustomSecurityConfig에서는 로그인 후 처리를 APILoginSuccessHandler로 설정합니다.

```java
http.formLogin(config -> {
    config.loginPage("/api/member/login");
    config.successHandler(new APILoginSuccessHandler());
});
```

변경된 설정을 Postman으로 실행해 보면 로그에서 APILoginSuccessHandler의 동작을 확인할 수 있습니다(아직 결과 데이터는 브라우저로 전송되지 않은 상황입니다.).

```
o.z.m.s.handler.APILoginSuccessHandler   : -------------------------------------
o.z.m.s.handler.APILoginSuccessHandler   : UsernamePasswordAuthenticationToken [Principal=MemberDTO(email=user9@aaa.com, pw=$2a$10$KFDPI8DiaRjMbSKI
ue, Details=WebAuthenticationDetails [RemoteIpAddress=0:0:0:0:0:0:0:1, SessionId=null], Granted Authorities=[ADMIN, MANAGER, USER]]
o.z.m.s.handler.APILoginSuccessHandler   : -------------------------------------
```

JSON 결과의 전송

로그인에 성공하면 APILoginSuccessHandler를 활용해서 응답 메시지를 생성합니다. 작성하는 응답 메시지는 MemberDTO 안에 있는 getClaims( )를 통해서 JSON 데이터를 구성합니다.

```java
package org.zerock.mallapi.security.handler;

import java.io.IOException;
import java.io.PrintWriter;
import java.util.Map;

import org.springframework.security.core.Authentication;
import org.springframework.security.web.authentication.
AuthenticationSuccessHandler;
import org.zerock.mallapi.dto.MemberDTO;

import com.google.gson.Gson;

import jakarta.servlet.ServletException;
import jakarta.servlet.http.HttpServletRequest;
import jakarta.servlet.http.HttpServletResponse;
import lombok.extern.log4j.Log4j2;

@Log4j2
public class APILoginSuccessHandler implements
AuthenticationSuccessHandler{

  @Override
  public void onAuthenticationSuccess(HttpServletRequest request,
HttpServletResponse response,
    Authentication authentication) throws IOException, ServletException {

    log.info("--------------------------------------");
    log.info(authentication);
    log.info("--------------------------------------");

    MemberDTO memberDTO = (MemberDTO)authentication.getPrincipal();

    Map<String, Object> claims = memberDTO.getClaims();

    claims.put("accessToken", "");  //나중에 구현
    claims.put("refreshToken", ""); //나중에 구현
```

```java
    Gson gson = new Gson();

    String jsonStr = gson.toJson(claims);

    response.setContentType("application/json; charset=UTF-8");
    PrintWriter printWriter = response.getWriter();
    printWriter.println(jsonStr);
    printWriter.close();

  }
}
```

구현된 코드의 내부는 나중에 생성해서 전달하려는 Access Token과 Refresh Token을 미리 넣을 수 있는 형태로 작성되었습니다. 이 상태에서 정상적인 로그인 결과는 Postman에서 JSON 결과를 만들어 전송합니다(pw는 나중에 전송하지 않도록 수정하는 것이 좋지만, 예제에서는 확인 차원에서 추가하였습니다.). 아래의 화면은 'user9@aaa.com/1111'로 정상적으로 로그인을 시도한 결과입니다.

```
{
    "social": false,
    "pw": "$2a$10$KFDPI8DiaRjMb5KI4npQduMsMkD0ktv2cGy8EsNjDP5h.QXxYyBLi",
    "nickname": "USER9",
    "accessToken": "",
    "roleNames": [
        "USER",
        "MANAGER",
        "ADMIN"
    ],
    "email": "user9@aaa.com",
    "refreshToken": ""
}
```

인증 실패 처리

API 서버의 호출 결과 로그인을 할 수 없는 사용자라면 org.springframework.security.authentication.BadCredentialsException 타입의 예외가 발생하게 되는데 이에 대한 메시지 역시 JSON 문자열을 생성해서 전송해 주어야 합니다. 성공의 경우와 마찬가지로 실패의 경우에도 AuthenticationFailureHandler 인터페이스를 구현해서 이를 처리합니다.

handler 패키지에 APILoginFailHandler 클래스를 추가합니다. 만일 로그인에 실패하면 예외 메시지를 JSON으로 전달하도록 작성합니다.

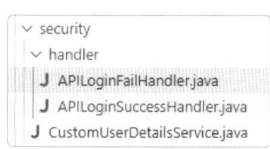

```java
package org.zerock.mallapi.security.handler;

import java.io.IOException;
import java.io.PrintWriter;
import java.util.Map;

import org.springframework.security.core.AuthenticationException;
import org.springframework.security.web.authentication.AuthenticationFailureHandler;

import com.google.gson.Gson;

import jakarta.servlet.ServletException;
import jakarta.servlet.http.HttpServletRequest;
import jakarta.servlet.http.HttpServletResponse;
import lombok.extern.log4j.Log4j2;

@Log4j2
public class APILoginFailHandler implements AuthenticationFailureHandler{

  @Override
  public void onAuthenticationFailure(HttpServletRequest request,
HttpServletResponse response,
    AuthenticationException exception) throws IOException, ServletException
{

    log.info("Login fail....." + exception);

    Gson gson = new Gson();

    String jsonStr = gson.toJson(Map.of("error", "ERROR_LOGIN"));

    response.setContentType("application/json");
```

```
    PrintWriter printWriter = response.getWriter();
    printWriter.println(jsonStr);
    printWriter.close();

  }
}
```

CustomSecurityConfig에서는 로그인 실패 처리 시에 대한 설정을 추가합니다.

```
@Bean
public SecurityFilterChain filterChain(HttpSecurity http) throws Exception {

  log.info("---------------------security config-------------------------");

  http.cors(httpSecurityCorsConfigurer -> {
    httpSecurityCorsConfigurer.configurationSource(corsConfigurationSource());
  });

  http.sessionManagement(sessionConfig -> sessionConfig.sessionCreationPolicy(SessionCreationPolicy.STATELESS));

  http.csrf(config -> config.disable());

  http.formLogin(config -> {
    config.loginPage("/api/member/login");
    config.successHandler(new APILoginSuccessHandler());
    config.failureHandler(new APILoginFailHandler());
  });

  return http.build();
}
```

변경된 설정을 반영한 후에 Postman에서 잘못된 이메일이나 패스워드를 전달하면 상태 코드는 200인 정상적인 응답이기는 하지만 다음과 같은 결과를 받게 됩니다.

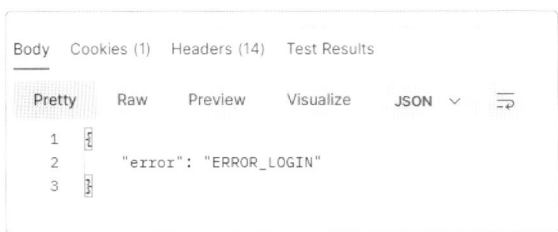

7.3 JWT 문자열 생성

API 서버는 API 호출에 대해서 상태를 유지하지도 않고, 세션이나 쿠키를 사용할 수도 없기 때문에 API 호출 시에 인증된 사용자를 확인하는 방법으로 JWT(JSON Web Token) 문자열과 같은 문자열 토큰 기반의 인증 방식을 사용합니다.

JWT는 '헤더 + 페이로드 + 서명'으로 구성된 문자열이지만 서명과 유효시간을 지정할 수 있기 때문에 이를 이용해서 사용자의 인증 정보로 활용하는 경우가 많습니다. API 서버는 사용자의 상태를 유지하지 않기 때문에 JWT와 같은 토큰을 매번 같이 전송해서 인증을 확인하는데 이러한 용도로 사용하는 토큰을 흔히 Access Token이라고 합니다(Access Token을 JWT로 만들어야 한다는 규칙은 없지만, 여러 장점(만료시간이나 암호화 등)이 있어서 많이 사용됩니다.).

Access Token은 API 서버 호출 시에 사용되기 때문에 토큰의 유효시간을 짧게 지정하는데 이를 나중에 갱신하기 위한 별도의 토큰을 사용하기도 합니다. 이를 Refresh Token이라고 하는데 최근 외부 API 연동 시에 인증을 처리하는 방식으로 사용하는 OAuth2 등에서 많이 사용합니다(이에 대해서는 소셜 로그인을 처리할 때 조금 더 설명하겠습니다.).

JWT 구성은 https://mvnrepository.com/artifact/io.jsonwebtoken/jjwt-api를 이용해서 구성합니다(버전에 따라 구현 방식에 차이가 있으므로 가능하면 책과 동일한 버전의 라이브러리를 활용하는 것을 권장합니다.).

build.gradle 파일에 라이브러리를 추가합니다.

```
dependencies {
  ...

  implementation 'io.jsonwebtoken:jjwt-api:0.11.5'
  runtimeOnly 'io.jsonwebtoken:jjwt-impl:0.11.5'
  runtimeOnly 'io.jsonwebtoken:jjwt-jackson:0.11.5'

}
```

7.3.1 JWT 문자열 생성과 검증

JWT 문자열 생성과 검증은 별도의 클래스를 생성해서 처리합니다. 프로젝트 내 util 패키지를 구성하고 JWTUtil 클래스와 예외 처리를 위한 CustomJWTException 클래스를 작성합니다.

```java
package org.zerock.mallapi.util;

public class CustomJWTException extends RuntimeException{

  public CustomJWTException(String msg){
    super(msg);
  }
}
```

JWTUtil은 JWT 문자열 생성을 위해서 generateToken( ), 그리고 검증을 위해서 validateToken( ) 메서드를 작성합니다. 생성 시에 필요한 암호키를 지정하는데 길이가 짧으면 문제가 생기므로 길이가 30 이상의 문자열을 지정하는 것이 좋습니다.

```java
package org.zerock.mallapi.util;

import io.jsonwebtoken.*;
import io.jsonwebtoken.security.Keys;
import lombok.extern.log4j.Log4j2;

import java.time.ZonedDateTime;
import java.util.*;

import javax.crypto.SecretKey;

@Log4j2
public class JWTUtil {

  private static String key = "1234567890123456789012345678901234567890";

  public static String generateToken(Map<String, Object> valueMap, int min) {

    SecretKey key = null;

    try{
     key = Keys.hmacShaKeyFor(JWTUtil.key.getBytes("UTF-8"));

    }catch(Exception e){
      throw new RuntimeException(e.getMessage());
    }

    String jwtStr = Jwts.builder()
        .setHeader(Map.of("typ","JWT"))
```

```
        .setClaims(valueMap)
        .setIssuedAt(Date.from(ZonedDateTime.now().toInstant()))
        .setExpiration(Date.from(ZonedDateTime.now().plusMinutes(min).
toInstant()))
        .signWith(key)
        .compact();

    return jwtStr;
  }

  public static Map<String, Object> validateToken(String token) {

    Map<String, Object> claim = null;

    try{

      SecretKey key = Keys.hmacShaKeyFor(JWTUtil.key.getBytes("UTF-8"));

      claim = Jwts.parserBuilder()
          .setSigningKey(key)
          .build()
          .parseClaimsJws(token) // 파싱 및 검증, 실패 시 에러
          .getBody();

    }catch(MalformedJwtException malformedJwtException){
      throw new CustomJWTException("MalFormed");
    }catch(ExpiredJwtException expiredJwtException){
      throw new CustomJWTException("Expired");
    }catch(InvalidClaimException invalidClaimException){
      throw new CustomJWTException("Invalid");
    }catch(JwtException jwtException){
      throw new CustomJWTException("JWTError");
    }catch(Exception e){
      throw new CustomJWTException("Error");
    }
    return claim;
  }

}
```

로그인 성공 시에 동작하는 APILoginSuccessHandler에서는 JWTUtil을 이용해서 Access Token과 Refresh Token 생성을 추가합니다. 예제에서는 10분간 유효한 Access Token과 24시간 유효한 Refresh Token을 생성합니다.

```
security
  handler
    J APILoginFailHandler.java
    J APILoginSuccessHandler.java
    J CustomUserDetailsService.java
```

```java
@Override
 public void onAuthenticationSuccess(HttpServletRequest request,
HttpServletResponse response,
    Authentication authentication) throws IOException, ServletException {

  log.info("-------------------------------------");
  log.info(authentication);
  log.info("-------------------------------------");

  MemberDTO memberDTO = (MemberDTO)authentication.getPrincipal();

  Map<String, Object> claims = memberDTO.getClaims();

  String accessToken = JWTUtil.generateToken(claims, 10); // 10분
  String refreshToken = JWTUtil.generateToken(claims,60*24); // 24시간

  claims.put("accessToken", accessToken);
  claims.put("refreshToken", refreshToken);

  Gson gson = new Gson();

  String jsonStr = gson.toJson(claims);

  response.setContentType("application/json; charset=UTF-8");
  PrintWriter printWriter = response.getWriter();
  printWriter.println(jsonStr);
  printWriter.close();

}
```

Postman에서 정상적으로 로그인이 처리된다면 아래와 같이 Access Token과 Refresh Token이 생성된 것을 확인할 수 있습니다.

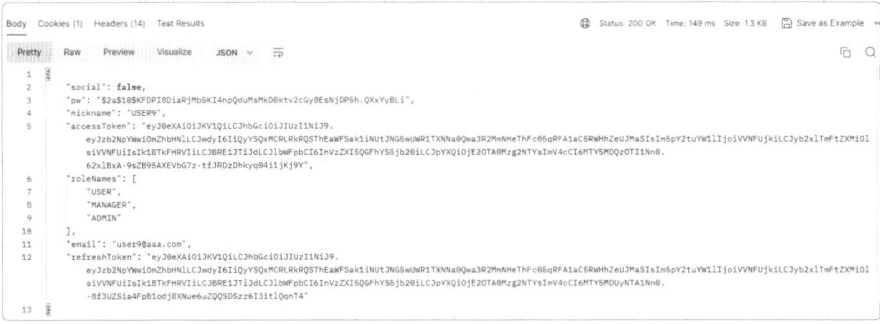

토큰의 검증

생성된 토큰의 검증은 jwt.io 사이트에서 확인할 수 있습니다. 사이트 내에서 먼저, 오른쪽 하단에 서명 관련된 키를 입력하는데 JWTUtil에 있는 '1234….' 키를 먼저 입력해 주는 것이 좋습니다.

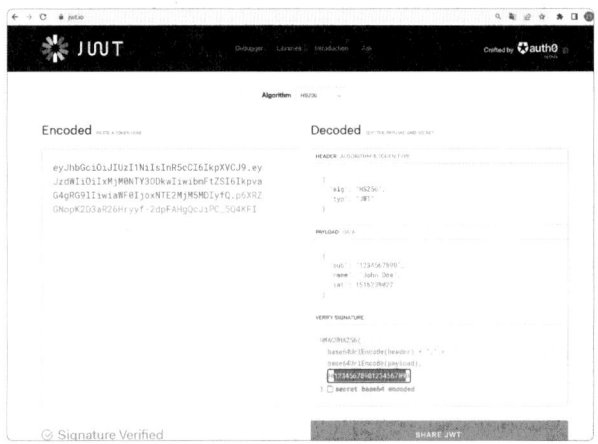

생성된 JWT 문자열을 입력하면 JWT 문자열 내에 클레임(claims)이라고 부르는 정보를 확인할 수 있습니다. 정상적인 경우 JSON 데이터로 만들어진 사용자 정보를 확인할 수 있습니다.

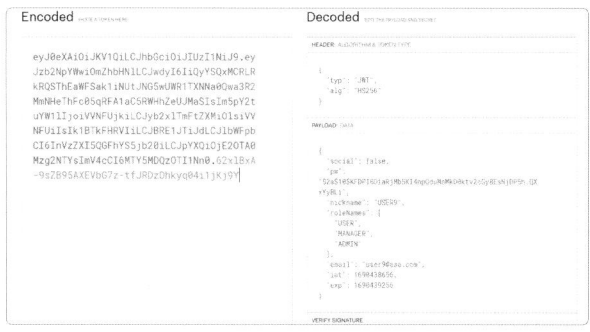

사용자는 서버에서 사용하는 암호화 키(key)를 모르기 때문에 유효시간이 지나면 다시 로그인을 해야만 올바른 JWT 문자열을 생성할 수 있습니다.

7.4 Access Token 체크 필터

Access Token은 말 그대로 API 서버의 특정한 경로를 '접근'하기 위해서 사용합니다. Access Token은 HTTP 헤더 항목 중에 Authorization 항목의 값으로 전달해서 서버에서 이를 체크해서 사용합니다. Authorization 헤더는 '〈타입〉〈토큰〉'의 형식으로 중간에 공백 문자로 구분된 값으로 구성되는데 일반적으로 JWT를 활용하면 'Bearer'라는 타입으로 지정됩니다.

서버에서는 보호하고자 하는 자원에 대해서 Access Token을 체크해서 유효한 경우에 접근을 허용하는 구현이 필요한데 필터나 스프링 MVC의 인터셉터, 스프링 시큐리티의 필터를 활용해서 구현할 수 있습니다. 예제에서는 시큐리티를 이용하고 있으므로 필터를 추가해서 '/api/todo/..' 경로나 '/api/products/..' 경로에 접근할 경우 Access Token을 확인하도록 구현합니다.

프로젝트의 security 패키지에 filter 패키지를 추가하고 JWTCheckFilter 클래스를 추가합니다.

```
> repository
∨ security
  ∨ filter
    J JWTCheckFilter.java
  ∨ handler
    J APILoginFailHandler.java
```

```java
package org.zerock.mallapi.security.filter;

import java.io.IOException;

import org.springframework.web.filter.OncePerRequestFilter;

import jakarta.servlet.FilterChain;
import jakarta.servlet.ServletException;
import jakarta.servlet.http.HttpServletRequest;
import jakarta.servlet.http.HttpServletResponse;
import lombok.extern.log4j.Log4j2;

@Log4j2
public class JWTCheckFilter extends OncePerRequestFilter {

 @Override
 protected boolean shouldNotFilter(HttpServletRequest request) throws ServletException {

  String path = request.getRequestURI();

  log.info("check uri.............." + path);

  return false;
 }

 @Override
 protected void doFilterInternal(HttpServletRequest request, HttpServletResponse response, FilterChain filterChain)
    throws ServletException, IOException {

  log.info("---------------------------------");

  log.info("---------------------------------");

  log.info("---------------------------------");

  filterChain.doFilter(request, response); //통과

 }
}
```

JWTCheckFilter는 시큐리티에서 제공하는 OncePerRequestFilter를 상속하는데, 주로 모든 요청에 대해서 체크하려고 할 때 사용합니다. shouldNotFilter( )는 OncePerRequestFilter의 상위 클래스에 정의된 메서드로 필터로 체크하지 않을 경로나 메서드(GET/POST) 등을 지정하기 위해서 사용합니다.

JWTCheckFilter는 CustomSecurityConfig에서 추가합니다.

```
@Bean
public SecurityFilterChain filterChain(HttpSecurity http) throws Exception {

  log.info("---------------------securityconfig");

  http.cors(httpSecurityCorsConfigurer -> {
   httpSecurityCorsConfigurer.
   configurationSource(corsConfigurationSource());
  });

  http.sessionManagement(sessionConfig -> sessionConfig.
  sessionCreationPolicy(SessionCreationPolicy.STATELESS));

  http.csrf(config -> config.disable());

  http.formLogin(config -> {
   config.loginPage("/api/member/login");
   config.successHandler(new APILoginSuccessHandler());
   config.failureHandler(new APILoginFailHandler());
  });

  http.addFilterBefore(new JWTCheckFilter(),
  UsernamePasswordAuthenticationFilter.class); //JWT체크

  return http.build();
}
```

현재까지는 필터의 내용을 모두 구현한 것이 아니므로 프로젝트 실행 후에 '/api/products/list'를 호출하면 JWTCheckFilter의 동작 여부만 확인이 가능합니다.

Postman에서 '/api/products/list'와 같은 경로를 호출한 후에 서버의 로그를 확인합니다.

7.4.1 필터를 통한 검증/예외 처리

JWTCheckFilter는 '/api/member/login'의 경우와 Ajax 통신 시 Preflight로 전송되는 OPTIONS 방식이거나 로그인을 처리하는 경로, 첨부파일 이미지를 사용하는 경로 등에 대해서는 체크하지 않도록 지정할 수 있습니다.

```
@Override
protected boolean shouldNotFilter(HttpServletRequest request) throws
ServletException {

  // Preflight요청은 체크하지 않음
  if(request.getMethod().equals("OPTIONS")){
    return true;
  }

  String path = request.getRequestURI();
```

```
    log.info("check uri............." + path);

    //api/member/ 경로의 호출은 체크하지 않음
    if(path.startsWith("/api/member/")) {
      return true;
    }

    //이미지 조회 경로는 체크하지 않는다면
    if(path.startsWith("/api/products/view/")) {
      return true;
    }

    return false;
  }
```

Access Token에 대한 확인은 doFilterInternal에서 JWTUtil이 가진 validateToken( ) 을 활용해서 예외의 발생 여부를 확인합니다.

```
package org.zerock.mallapi.security.filter;
package org.zerock.mallapi.security.filter;

import java.io.IOException;
import java.io.PrintWriter;
import java.util.Map;

import org.springframework.web.filter.OncePerRequestFilter;
import org.zerock.mallapi.util.JWTUtil;

import com.google.gson.Gson;

import jakarta.servlet.FilterChain;
import jakarta.servlet.ServletException;
import jakarta.servlet.http.HttpServletRequest;
import jakarta.servlet.http.HttpServletResponse;
import lombok.extern.log4j.Log4j2;

@Log4j2
public class JWTCheckFilter extends OncePerRequestFilter {

  @Override
  protected boolean shouldNotFilter(HttpServletRequest request) throws ServletException {

    ...생략

    return false;
```

```java
  }

  @Override
  protected void doFilterInternal(HttpServletRequest request,
HttpServletResponse response, FilterChain filterChain) throws
ServletException, IOException {

    log.info("------------------------JWTCheckFilter..........");

    String authHeaderStr = request.getHeader("Authorization");

    try {
      //Bearer accestoken...
      String accessToken = authHeaderStr.substring(7);
      Map<String, Object> claims = JWTUtil.validateToken(accessToken);

      log.info("JWT claims: " + claims);

      filterChain.doFilter(request, response);

    }catch(Exception e){

      log.error("JWT Check Error..............");
      log.error(e.getMessage());

      Gson gson = new Gson();
      String msg = gson.toJson(Map.of("error", "ERROR_ACCESS_TOKEN"));

      response.setContentType("application/json");
      PrintWriter printWriter = response.getWriter();
      printWriter.println(msg);
      printWriter.close();

    }
  }

}
```

변경된 코드는 정상적인 경우라면 컨트롤러까지 호출이 가능하게 되고, Access Token에 문제가 있다면 JSON으로 에러 메시지가 전송됩니다. JWTFilter가 적용된 후에 Postman에서 '/api/products/list'를 호출하면 아래와 같이 에러 메시지가 발생하는 것을 확인할 수 있습니다.

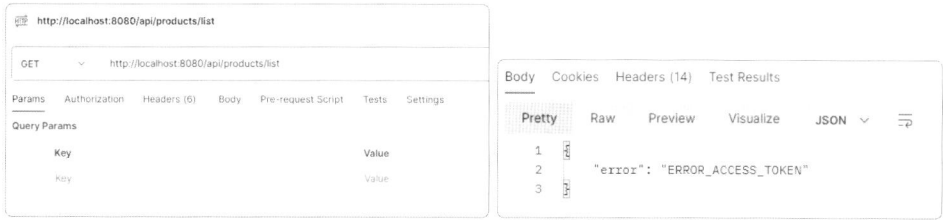

정상적인 결과를 확인하려면 우선 '/api/member/login'에서 발생한 Access Token을 이용해야 합니다(유효시간은 10분입니다.).

로그인 결과에서 발생한 'accessToken'의 내용을 복사해서 '/api/products/list'를 호출할 때 'Authorization' Header를 추가하고 'Bearer 토큰값'을 설정합니다(Access Token의 유효시간이 10분이므로 주의).

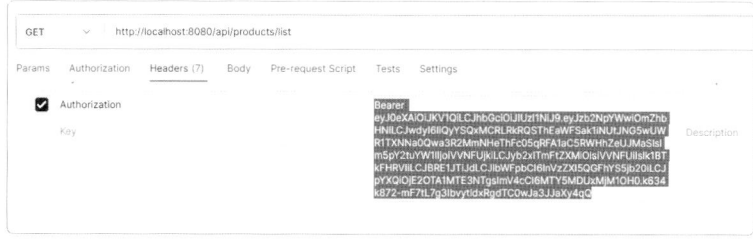

유효시간이 만료되지 않은 정상적인 Access Token은 호출 결과를 볼 수 있습니다. 서버에서는 로그를 통해서 Access Token의 내용물을 확인할 수 있습니다.

로그인 과정에서 만든 Access Token의 유효시간은 10분이기 때문에 10분이 지난 후에는 에러가 발생하게 됩니다. 이때 서버에는 'Expried'와 같은 예외 메시지를 확인할 수 있습니다.

7.4.2 @PreAuthorize를 통한 접근 권한 처리

스프링 시큐리티를 활용하면 각 경로에 따라서 특정한 권한을 가진 사용자만 접근이 가능하도록 구성할 수 있습니다. 이에 대한 설정은 CustomSecurityConfig에서 지정할 수도 있지만 가장 편리한 방식은 @PreAuthorize를 이용해서 메서드 선언부에 이를 적용하는 방식입니다.

메서드별 권한을 체크하기 위해서는 시큐리티 설정에 org.springframework.security.config.annotation.method.configuration.EnableMethodSecurity를 추가해 주어야 합니다.

```
@Configuration
@Log4j2
@RequiredArgsConstructor
@EnableMethodSecurity
public class CustomSecurityConfig {
...생략
```

각 메서드에는 org.springframework.security.access.prepost.PreAuthorize를 이용해서 특정 권한을 가진 사용자만이 접근할 수 있도록 제한합니다. 예를 들어 '/api/products/list'를 USER, ADMIN 권한을 가진 사용자만 접근하도록 제한하려면 아래와 같이 설정을 추가합니다.

```
import org.springframework.security.access.prepost.PreAuthorize;

...생략

@PreAuthorize("hasAnyRole('ROLE_USER','ROLE_ADMIN')") //임시로 권한 설정
@GetMapping("/list")
public PageResponseDTO<ProductDTO> list(PageRequestDTO pageRequestDTO) {

  log.info("list............" + pageRequestDTO);

  return productService.getList(pageRequestDTO);

}
...생략
```

마지막으로 JWTCheckFilter에서는 JWT 인증 정보를 활용해서 사용자를 구성하고 이를 시큐리티에 지정해 주어야 합니다. JWT 토큰 내에는 인증에 필요한 모든 정보를 가지고 있기 때문에 이를 활용해서 시큐리티에 필요한 객체(MemberDTO)를 구성합니다.

```java
import java.io.IOException;
import java.io.PrintWriter;
import java.util.List;
import java.util.Map;

import org.springframework.security.authentication.UsernamePasswordAuthenticationToken;
import org.springframework.security.core.context.SecurityContextHolder;
import org.springframework.web.filter.OncePerRequestFilter;
import org.zerock.mallapi.dto.MemberDTO;
import org.zerock.mallapi.util.JWTUtil;

import com.google.gson.Gson;

import jakarta.servlet.FilterChain;
import jakarta.servlet.ServletException;
import jakarta.servlet.http.HttpServletRequest;
import jakarta.servlet.http.HttpServletResponse;
import lombok.extern.log4j.Log4j2;
```

...생략

```java
 @Override
 protected void doFilterInternal(HttpServletRequest request, HttpServletResponse response, FilterChain filterChain) throws ServletException, IOException {

   log.info("------------------------JWTCheckFilter......................");

   String authHeaderStr = request.getHeader("Authorization");

   try {
    //Bearer accestoken...
    String accessToken = authHeaderStr.substring(7);
    Map<String, Object> claims = JWTUtil.validateToken(accessToken);

    log.info("JWT claims: " + claims);

    //filterChain.doFilter(request, response); //이하 추가

    String email = (String) claims.get("email");
    String pw = (String) claims.get("pw");
    String nickname = (String) claims.get("nickname");
```

```java
      Boolean social = (Boolean) claims.get("social");
      List<String> roleNames = (List<String>) claims.get("roleNames");

      MemberDTO memberDTO = new MemberDTO(email, pw, nickname, social.
booleanValue(), roleNames);

      log.info("----------------------------------");
      log.info(memberDTO);
      log.info(memberDTO.getAuthorities());

      UsernamePasswordAuthenticationToken authenticationToken
       = new UsernamePasswordAuthenticationToken(memberDTO, pw, memberDTO.
getAuthorities());

      SecurityContextHolder.getContext().
setAuthentication(authenticationToken);

      filterChain.doFilter(request, response);

    }catch(Exception e){

      log.error("JWT Check Error..............");
      log.error(e.getMessage());

      Gson gson = new Gson();
      String msg = gson.toJson(Map.of("error", "ERROR_ACCESS_TOKEN"));

      response.setContentType("application/json");
      PrintWriter printWriter = response.getWriter();
      printWriter.println(msg);
      printWriter.close();

    }
  }
..생략
```

'user9@aaa.com/1111'로 로그인한 경우에는 ADMIN 권한이 있기 때문에 정상적인 호출이 가능합니다.

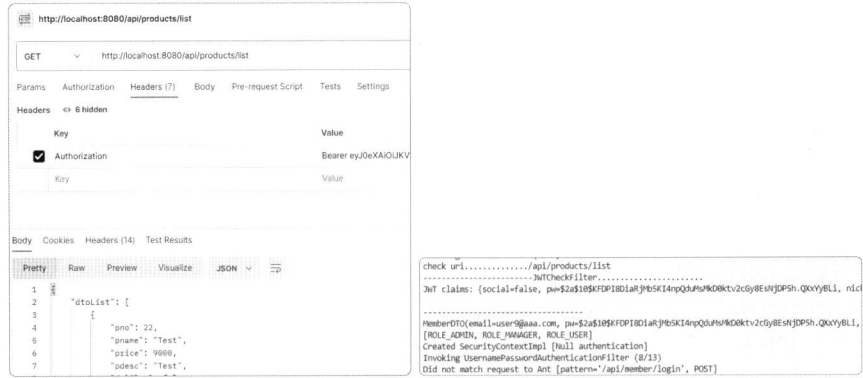

'user1@aaa.com/1111'의 경우 역시 'USER' 권한이 있는 사용자이므로 접근이 가능합니다.

ProductController의 list( )의 접근 권한을 ADMIN 사용자만 가능하도록 임시로 수정해 봅니다.

```
//@PreAuthorize("hasAnyRole('ROLE_USER','ROLE_ADMIN')") //임시로 권한 설정

@PreAuthorize("hasRole('ROLE_ADMIN')")
@GetMapping("/list")
public PageResponseDTO<ProductDTO> list(PageRequestDTO pageRequestDTO) {

  log.info("list............." + pageRequestDTO);

  return productService.getList(pageRequestDTO);

}
```

user1@aaa.com 계정으로 만들어진 Access Token을 입력해서 확인하면 ADMIN 권한이 없기 때문에 에러가 발생하게 됩니다.

메서드 접근제한 예외 처리

API 서버는 항상 호출한 애플리케이션에게 정확한 메시지를 전달해야 하므로 접근제한 상황에 대해서 예외 메시지를 전달해 주어야 합니다. 이를 위해서 security/handler 패키지에 CustomAccessDeniedHandler 클래스를 추가합니다.

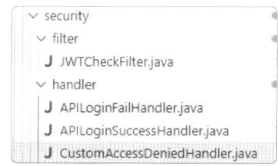

```
package org.zerock.mallapi.security.handler;

import java.io.IOException;
import java.io.PrintWriter;
import java.util.Map;

import org.springframework.http.HttpStatus;
import org.springframework.security.access.AccessDeniedException;
import org.springframework.security.web.access.AccessDeniedHandler;

import com.google.gson.Gson;

import jakarta.servlet.ServletException;
```

```java
import jakarta.servlet.http.HttpServletRequest;
import jakarta.servlet.http.HttpServletResponse;

public class CustomAccessDeniedHandler implements AccessDeniedHandler{

 @Override
 public void handle(HttpServletRequest request, HttpServletResponse response,
    AccessDeniedException accessDeniedException) throws IOException, ServletException {

   Gson gson = new Gson();

   String jsonStr = gson.toJson(Map.of("error", "ERROR_ACCESSDENIED"));

   response.setContentType("application/json");
   response.setStatus(HttpStatus.FORBIDDEN.value());
   PrintWriter printWriter = response.getWriter();
   printWriter.println(jsonStr);
   printWriter.close();

 }
}
```

CustomSecurityConfig에서는 접근제한 시 CustomAccessDeniedHandler를 활용하도록 설정을 추가합니다.

```
∨ config
  J CustomSecurityConfig.java
  J CustomServletConfig.java
```

```java
@Bean
 public SecurityFilterChain filterChain(HttpSecurity http) throws Exception {

   ...생략

   http.exceptionHandling(config -> {
    config.accessDeniedHandler(new CustomAccessDeniedHandler());
   });

   return http.build();
 }
```

유효시간이 지나지 않았지만 권한이 없는 사용자가 가진 Access Token을 사용하는 경우 아래와 같은 메시지를 전송하게 됩니다.

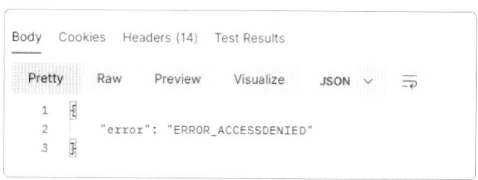

7.5 Refresh Token

Access Token은 일반적으로 짧은 유효시간을 지정해서 탈취당하더라도 위험을 줄일 수 있도록 구성됩니다. 그 때문에 일반적으로 Access Token이 만료되면 사용자는 Refresh Token을 활용해서 새로운 Access Token을 발급받을 수 있는 기능을 같이 사용하는 경우가 많습니다.

프로젝트에서는 '/api/member/refresh'라는 경로를 통해서 Access Token과 Refresh Token을 검증하고 Access Token이 만료되었고, Refresh Token이 만료되지 않았다면 새로운 Access Token을 전송해 주는 기능을 구현합니다.

구현하려는 기능은 다음과 같은 조건들을 만족시켜야 합니다.

- Access Token이 없거나 잘못된 JWT인 경우 -> 예외 메시지 발생
- Access Token의 유효기간이 남아있는 경우 -> 전달된 토큰들을 그대로 전송
- Access Token은 만료, Refresh Token은 만료되지 않은 경우 -> 새로운 Access Token
- Refresh Token의 유효기한이 얼만 남지 않은 경우 -> 새로운 Refresh Token
- Refresh Token의 유효기한이 충분히 남은 경우 -> 기존의 Refresh Token

이 조건 중에서 Access Token의 유효기간이 남아 있는 경우는 다시 발행해야 하는 조건에 해당하지 않기 때문에 별도의 처리 없이 전달받은 Access Token과 Refresh Token

을 다시 반환하도록 합니다.

7.5.1 Refresh Token의 발행

프로젝트의 controller 패키지에 APIRefreshController를 추가하고 Access Token 과 Refresh Token을 파라미터로 처리하는 기능을 구현합니다.

```java
package org.zerock.mallapi.controller;

import java.util.Map;

import org.springframework.web.bind.annotation.RequestHeader;
import org.springframework.web.bind.annotation.RequestMapping;
import org.springframework.web.bind.annotation.RestController;

import org.zerock.mallapi.util.CustomJWTException;
import org.zerock.mallapi.util.JWTUtil;

import lombok.RequiredArgsConstructor;
import lombok.extern.log4j.Log4j2;

@RestController
@RequiredArgsConstructor
@Log4j2
public class APIRefreshController {

    @RequestMapping("/api/member/refresh")
    public Map<String, Object> refresh(@RequestHeader("Authorization")
    String authHeader, String refreshToken){

        if(refreshToken == null) {
            throw new CustomJWTException("NULL_REFRASH");
        }

        if(authHeader == null || authHeader.length() < 7) {
            throw new CustomJWTException("INVALID_STRING");
        }

        String accessToken = authHeader.substring(7);
```

```java
  //Access 토큰이 만료되지 않았다면
  if(checkExpiredToken(accessToken) == false ) {
    return Map.of("accessToken", accessToken, "refreshToken", refreshToken);
  }

  //Refresh토큰 검증
  Map<String, Object> claims = JWTUtil.validateToken(refreshToken);

  log.info("refresh ... claims: " + claims);

  String newAccessToken = JWTUtil.generateToken(claims, 10);

  String newRefreshToken = checkTime((Integer)claims.get("exp")) == true?
JWTUtil.generateToken(claims, 60*24) : refreshToken;

  return Map.of("accessToken", newAccessToken, "refreshToken", newRefreshToken);

}

//시간이 1시간 미만으로 남았다면
private boolean checkTime(Integer exp) {

  //JWT exp를 날짜로 변환
  java.util.Date expDate = new java.util.Date( (long)exp * (1000 ));

  //현재 시간과의 차이 계산 - 밀리세컨즈
  long gap  = expDate.getTime() - System.currentTimeMillis();

  //분단위 계산
  long leftMin = gap / (1000 * 60);

  //1시간도 안남았는지..
  return leftMin < 60;
}

private boolean checkExpiredToken(String token) {

  try{
    JWTUtil.validateToken(token);
  }catch(CustomJWTException ex) {
    if(ex.getMessage().equals("Expired")){
      return true;
    }
  }
  return false;
 }

}
```

APIRefreshController는 문제가 발생하면 CustomJWTException을 반환하므로 controller/advice 패키지의 CustomControllerAdvice를 사용해서 예외 발생시 JSON 문자열을 전송하도록 구성합니다.

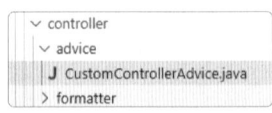

```
@ExceptionHandler(CustomJWTException.class)
protected ResponseEntity<?> handleJWTException(CustomJWTException e) {

    String msg = e.getMessage();

    return ResponseEntity.ok().body(Map.of("error", msg));
}
```

Refresh Token 발행 테스트

'/api/member/refresh' 경로로 동작하는 APIRefreshController는 만료된 Access Token과 만료되지 않은 Refresh Token이 필요합니다. 이를 테스트하기 위해서 '/api/member/login'에서 'user1@aaa.com/1111'로 로그인 테스트를 먼저 진행합니다.

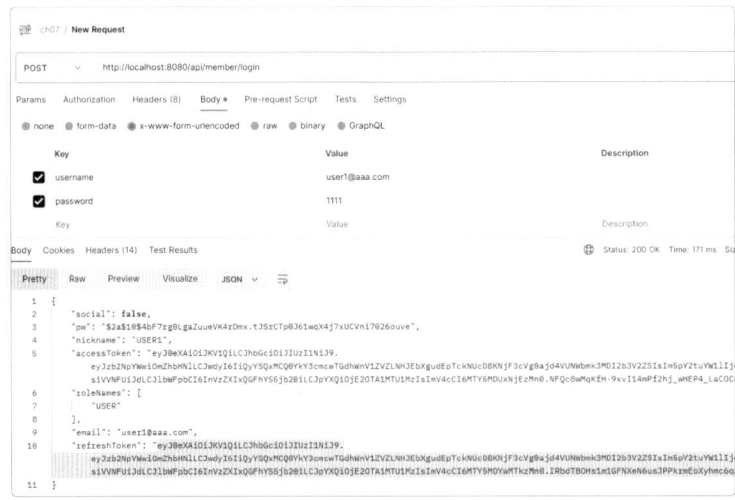

화면에서 생성된 accessToken과 refreshToken으로 '/api/member/refresh' 경로를 호출합니다. Access Token은 이전과 마찬가지로 Authorization 헤더로 'Bearer 토큰'의 형태로 지정하고, Refresh Token은 refreshToken이라는 파라미터로 전달합니다. 전달하는 방식은 GET/POST 모두 가능합니다.

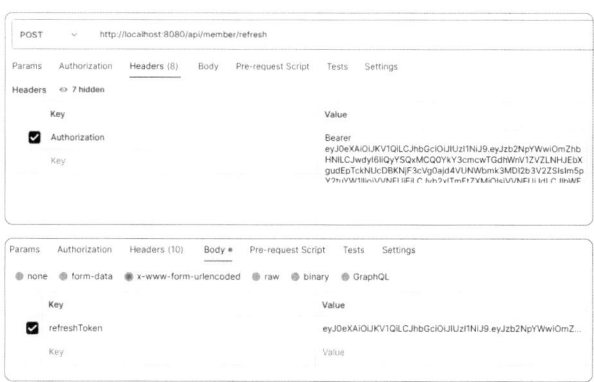

테스트 결과를 시간에 따라서 확인해 보면 Access Token이 만료된 후에는 새로운 Access Token이 생성되는 것을 확인할 수 있고, Refresh Token은 유효시간이 1일이므로 그대로 전송되는 것을 볼 수 있습니다.

만일 Access Token과 Refresh Token이 모두 만료되었다면 애플리케이션에서는 완전히 새로 로그인을 해야 하는 상황이므로 'Expired'라는 메시지가 전송됩니다.

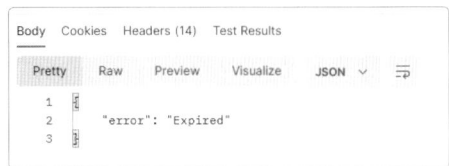

7.5.2 애플리케이션에서의 시나리오

토큰 기반의 인증 방식은 API 서버와 독립된 애플리케이션 간의 인증 수단으로 사용됩니다. 예제에서는 리액트 애플리케이션에서 Access Token과 Refresh Token으로 API 서버를 호출하고 결과를 사용하는 방식입니다. 이를 이용하는 시나리오를 정리해 보면 다음과 같습니다.

- 애플리케이션에서는 '/api/member/login'을 수행해서 사용자의 정보와 발행된 Access Token/Refresh Token을 전달받습니다.
- 이후 API 서버의 보호된 자원(예제에서는 '/api/todos/..' 혹은 '/api/products/…')을 호출할 때 Access Token을 Authorization 헤더값으로 전달해 주어야 합니다.
- API 서버에는 JWTCheckFilter를 이용해서 Access Token에 대한 검증을 하는데 Access Token은 유효시간이 짧기 때문에(예제에서는 10분) 시간이 조금만 지나면 '{error:'Expired'}' 메시지만 전송됩니다.
- Access Token이 만료되었다면 애플리케이션은 가지고 있는 Refresh Token을 이용해서 '/api/member/refresh'를 호출합니다.
- Refresh Token이 만료되지 않았다면 서버에서는 새로운 Access Token과 Refresh Token을 전송합니다(이때 Refresh Token이 1시간 미만으로 남았다면 새로운 Refresh Token도 전송해 줍니다.).
- 만일 Access Token과 Refresh Token 모두 만료되었다면 사용자는 새로 로그인을 해야만 합니다.

Chapter 08

리덕스 툴킷

컴포넌트로 개발할 때 가장 주의를 기울여야 하는 설계는 컴포넌트들의 전체적인 구조와 컴포넌트 간의 통신이라고 할 수 있습니다. 리액트의 컴포넌트는 고유한 상태를 유지할 수 있지만, 여러 컴포넌트 사이에서 발생하는 공유가 필요한 상태 데이터를 관리하기 위해서는 Context나 Redux(이하 리덕스) 등을 활용합니다.

리덕스를 활용한 상태 관리는 개발을 좀 더 쉽게 할 수 있는 리덕스 툴킷(Redux toolkit)이라는 라이브러리를 활용할 수 있는데 예제에서는 이를 이용해서 사용자의 로그인 상태를 처리하고 JWT를 사용하는 API 서버의 접근 방식에 관해서 알아봅니다.

8장의 개발 목표는 다음과 같습니다.

- ➡ 리덕스 툴킷 설정
- ➡ 컴포넌트 간의 상태 공유
- ➡ 비동기 처리와 리덕스 툴킷
- ➡ 쿠키를 활용한 상태 보관

8.1 리덕스 툴킷 설정

리덕스는 리액트에서 가장 많이 사용하는 애플리케이션 내에서 상태를 관리하는 라이브러리입니다. 애플리케이션 내에서의 상태라는 의미가 조금 낯설다면 모바일 앱에서 여러 화면이 있고, 앱 내에 특정한 데이터가 여러 화면에서 같이 사용되거나 변경되는 것과 유사하다고 생각하면 됩니다.

리덕스는 https://ko.redux.js.org/에서 개념과 사용법을 배울 수 있습니다. 리덕스는 현재 리덕스 툴킷이라는 것을 이용하도록 권장하고 있습니다.

프로젝트에 리덕스 툴킷을 설치하려면 @reduxjs/toolkit과 react-redux 라이브러리를 추가해야 합니다. 프로젝트에서 'npm install @reduxjs/toolkit react-redux' 등을 이용해서 라이브러리를 추가합니다. 추가 후에는 package.json에서 설치된 버전을 확인합니다.

```
"dependencies": {
    "@reduxjs/toolkit": "^1.9.6",
    "@testing-library/jest-dom": "^5.17.0",
    "@testing-library/react": "^13.4.0",
    "@testing-library/user-event": "^13.5.0",
    "axios": "^1.5.1",
    "react": "^18.2.0",
    "react-dom": "^18.2.0",
    "react-redux": "^8.1.3",
    "react-router-dom": "^6.16.0",
    "react-scripts": "5.0.1",
    "web-vitals": "^2.1.4"
},
```

8.1.1 스토어 설정

리덕스의 가장 간단한 개념은 '애플리케이션당 하나의 스토어'와 컴포넌트들의 데이터 공유입니다.

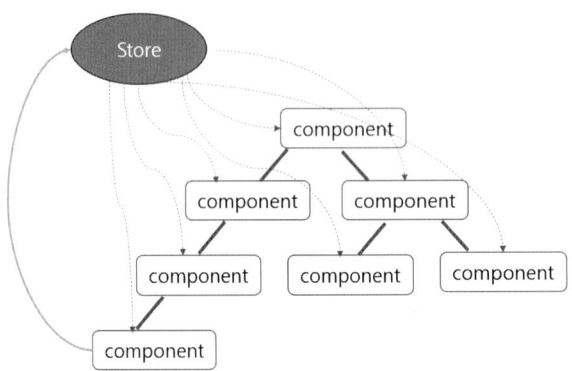

스토어는 마치 집안에 있는 금고와 같아서 집안 구성원(컴포넌트)이 함께 사용하는 메모리 공간입니다. 따라서 애플리케이션에는 하나의 스토어를 지정해서 사용하게 됩니다.

프로젝트 src 폴더 내에 store.js 파일을 추가합니다.

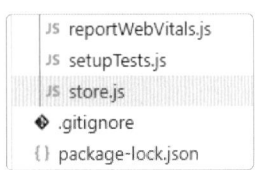

store.js 파일은 Store 객체를 생성하기 위한 함수로 리덕스 툴킷의 configureStore( )를 사용합니다.

```
import { configureStore } from '@reduxjs/toolkit'

export default configureStore({
  reducer: { }
})
```

configureStore( )의 파라미터에는 설정에 필요한 정보들을 객체로 전달하는데 reducer 라는 속성으로 리듀서(Reducer)라고 불리는 함수들을 지정해서 사용하게 됩니다. configueStore( )에서 생성되는 Store를 애플리케이션에 적용하기 위해서 프로젝트의 index.js 파일을 아래와 같이 수정합니다.

```
import React from 'react';
import ReactDOM from 'react-dom/client';
import './index.css';
import App from './App';
import reportWebVitals from './reportWebVitals';
import { Provider } from 'react-redux';
import store from './store'

const root = ReactDOM.createRoot(document.getElementById('root'));
root.render(
  <Provider store={store}>
    <App />
  </Provider>
);

reportWebVitals();
```

이 상태에서 프로젝트를 실행해 보면 개발자 도구 내에서 에러가 발생하는데 원인은 스토어의 설정은 되었지만 아직 상태 데이터 관리를 담당하는 리듀서가 없기 때문입니다.

8.1.2 슬라이스와 리듀서

스토어가 애플리케이션 내의 공유되는 상태 데이터(이하 애플리케이션 상태라고 하겠습니다.)를 의미한다면 이에 대한 처리를 담당하는 것은 리듀서라는 함수입니다. 리듀서는 비유하자면 금고를 지키는 사람과 비슷합니다. 누군가 금고에 어떤 물건을 넣거나 빼듯이 리듀서는 현재 스토어에 있는 애플리케이션의 상태를 가공하는 역할을 합니다.

컴포넌트들은 액션(Action)이라는 것을 이용해서 리듀서를 호출하게 되는데 리듀서에서는 액션의 페이로드(payload) 값을 처리해서 앞으로 보관해야 할 애플리케이션 상태 데이터를 반환하게 됩니다. 예전에는 리듀서에서 액션과 리듀서를 별도로 작성했지만, 리덕스 툴킷에서는 슬라이스(slice)라는 이름으로 한 번에 작성할 수 있습니다.

프로젝트 내에 slices 폴더를 생성하고 loginSlice.js를 작성합니다.

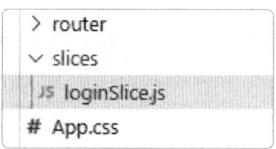

```
import { createSlice } from "@reduxjs/toolkit";

const initState = {
  email:''
}

const loginSlice = createSlice({
  name: 'LoginSlice',
  initialState: initState,
  reducers: {
    login: (state, action) => {
      console.log("login.....")
    },
    logout: (state, action) => {
      console.log("logout....")
    }
  }
})
```

```
export const {login,logout} = loginSlice.actions

export default loginSlice.reducer
```

loginSlice에는 애플리케이션이 유지해야 하는 상태와 이를 처리하기 위한 리듀서 함수들을 정의할 수 있습니다. 예제는 email 속성을 가진 객체를 사용해서 email 값이 있는 경우에는 로그인한 상태로 간주하고, 그렇지 않으면 로그인이 되지 않은 상태로 간주하려 합니다. loginSlice 내부에 선언된 함수들을 외부에 노출하기 위해서 export 처리합니다.

작성된 슬라이스는 store.js에 설정해 줍니다.

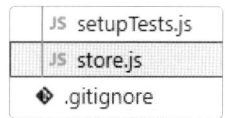

```
import { configureStore } from '@reduxjs/toolkit'
import loginSlice from './slices/loginSlice'

export default configureStore({
 reducer: {
  "loginSlice": loginSlice
 }
})
```

프로젝트를 실행하고 브라우저에서 이전의 에러 메시지가 없어졌는지 확인합니다.

8.2 useSelector( ) / useDispatch( )

애플리케이션 상태를 변경하기 위해서는 리듀서 함수인 login( ), logout( )을 호출하거나 변경된 상태를 전달(notify-통지)받아야만 하는데 이를 위해서 useSelector( ), useDispatch( )를 활용합니다. useSelector( )는 컴포넌트 내에서 애플리케이션 상태를 받아서 자신이 원하는 상태 데이터를 선별(select)하는 용도로 사용합니다. 예를 들어 로그인 상태가 변경되는 것을 알아야 하는 컴포넌트는 useSelector( )를 이용하게 됩니다.

useDispatch( )는 리듀서를 통해서 만들어진 새로운 애플리케이션 상태를 반영하기 위해서 사용합니다. 예를 들어 로그인 페이지에서 로그인이 처리되면 useDispatch( )를 이용해서 새로운 애플리케이션 상태를 배포(dispatch)하는 경우에 사용하게 됩니다.

8.2.1 로그인 페이지와 로그인

현재 사용자의 로그인 상태에 따라 로그인 화면을 보거나 로그인 정보를 사용하는 예제를 작성해 보겠습니다. 먼저, 로그인 상황에 대한 처리부터 반영해 봅니다.

로그인 메뉴는 상단 메뉴에서 보이고 있고, BasicMenu.js 컴포넌트에서 처리되고 있습니다.

메뉴는 사용자의 로그인 상황에 따라 다르게 출력될 가능성이 있으므로 로그인 상황을 useSelector( )에서 감지하도록 설정합니다.

```
import { useSelector } from "react-redux";
import { Link } from "react-router-dom";

const BasicMenu = () => {
```

```
  const loginState = useSelector(state => state.loginSlice)

  return (
  <nav id='navbar' className=" flex bg-blue-300">

    ...생략

    <div className="w-1/5 flex justify-end bg-orange-300 p-4 font-medium">
      <div className="text-white text-sm m-1 rounded" >
       Login
      </div>
    </div>
  </nav>
  );
}

export default BasicMenu;
```

useSelector( )는 파라미터로 함수를 지정하는데, 이 함수를 이용해서 전달되는 애플리케이션 상태 중에 필요한 상태를 골라서 사용합니다. 로그인 상태는 'loginSlice'라는 이름으로 store.js에 등록되어 있습니다.

화면의 메뉴 중에서 JWT를 이용해야 하는 Products와 Todo 메뉴는 email 값이 존재하는 로그인한 사용자에게만 노출하도록 제어합니다.

```
    <ul className="flex p-4 text-white font-bold">
     <li className="pr-6 text-2xl">
      <Link to={'/'}>Main</Link>
     </li>
     <li className="pr-6 text-2xl">
      <Link to={'/about'}>About</Link>
     </li>

     {loginState.email ? //로그인한 사용자만 출력되는 메뉴

     <>
     <li className="pr-6 text-2xl">
      <Link to={'/todo/'}>Todo</Link>
     </li>
     <li className="pr-6 text-2xl">
      <Link to={'/products/'}>Products</Link>
```

```
                </li>
              </>
            :
              <></>
            }
        </ul>
```

브라우저에서 API 통신이 필요한 메뉴는 감춰진 것을 확인할 수 있습니다.

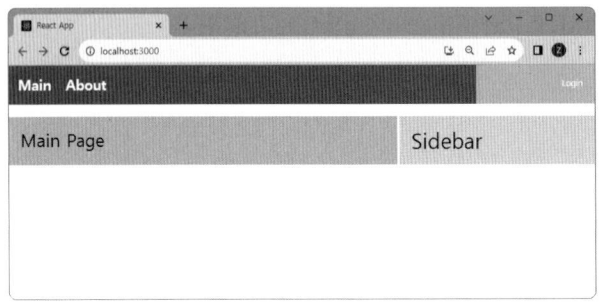

로그인 페이지

화면 상단의 오른쪽에는 'Login' 메뉴가 있으므로 이를 통해서 보여지는 LoginPage를 작성해 봅니다. pages 폴더 내에 member 폴더를 생성하고 LoginPage.js 파일을 추가합니다.

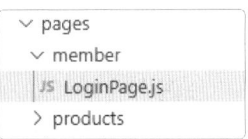

```
import BasicMenu from "../../components/menus/BasicMenu";

const LoginPage = () => {
  return (
    <div className='fixed top-0 left-0 z-[1055] flex flex-col h-full w-full'>

      <BasicMenu/>
```

```
    <div className="flex flex-wrap w-full h-full justify-center items-
center border-2">
     <div className="text-2xl ">
      Login Page
     </div>
    </div>
   </div>
  );
}

export default LoginPage;
```

LoginPage에 대한 라우팅 설정을 위해 router 폴더에 memberRouter.js 파일을 추가합니다.

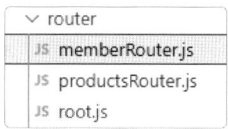

```
import { Suspense, lazy } from "react";
const Loading = <div>Loading....</div>
const Login = lazy(() => import("../pages/member/LoginPage"))

const memberRouter = () => {

 return [
  {
   path:"login",
   element: <Suspense fallback={Loading}><Login/></Suspense>
  }
 ]

}

export default memberRouter
```

추가된 memberRouter에 대한 설정을 root.js를 이용해서 '/member/' 경로로 시작할 때 memberRouter를 이용하도록 설정합니다.

```
import { Suspense, lazy } from "react";
import todoRouter from "./todoRouter";
import productsRouter from "./productsRouter";
import memberRouter from "./memberRouter";

const { createBrowserRouter } = require("react-router-dom");

...생략

const root = createBrowserRouter([

 ...생략
 {
  path: "member",
  children: memberRouter()
 }

])

export default root;
```

브라우저에서 '/member/login' 경로를 호출하면 LoginPage의 결과를 확인할 수 있습니다.

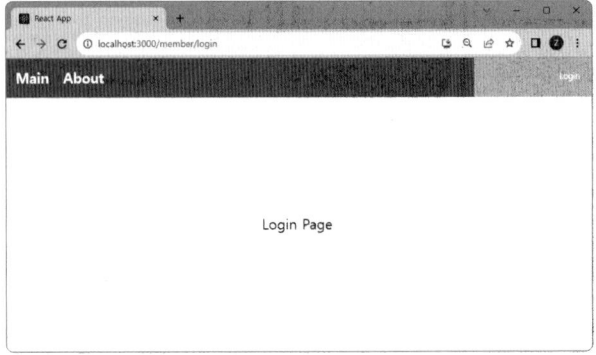

상단의 BasicMenu 컴포넌트의 마지막 부분에는 로그인이 안된 상황(email 값이 없는 상황)에서는 Login 메뉴로 이동할 수 있도록 〈Link〉를 처리합니다.

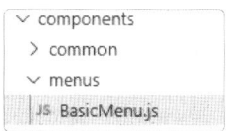

```
<div className="w-1/5 flex justify-end bg-orange-300 p-4 font-medium">
{ ! loginState.email ?

 <div className="text-white text-sm m-1 rounded" >
  <Link to={'/member/login'}>Login</Link>
 </div>
 :

 <>
 </>
}

</div>
</nav>
```

브라우저에서 오른쪽 상단의 'Login' 메뉴를 클릭하면 '/member/login' 경로로 이동하고 LoginPage가 출력됩니다.

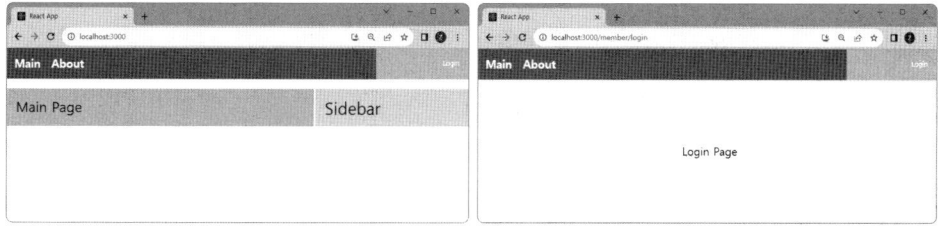

로그인 컴포넌트

로그인 페이지 안에 들어갈 로그인 컴포넌트는 components/member/LoginComponent.js로 작성합니다.

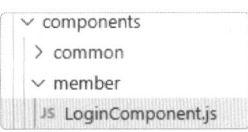

LoginComponent는 email(아이디)과 pw(패스워드)를 입력받아서 로그인을 처리하는 용도입니다. 서버와의 통신은 조금 미루는 대신에 리덕스 툴킷으로 애플리케이션 상태를 처리해 봅니다.

```
import { useState } from "react"

const initState = {
 email: '',
 pw:''
}

const LoginComponent = () => {

  const [loginParam, setLoginParam] = useState({...initState})

  const handleChange = (e) => {
   loginParam[e.target.name] = e.target.value

   setLoginParam({...loginParam})
  }

  return (
  <div className = "border-2 border-sky-200 mt-10 m-2 p-4">
    <div className="flex justify-center">
     <div className="text-4xl m-4 p-4 font-extrabold text-blue-500">Login Component</div>
    </div>
    <div className="flex justify-center">
     <div className="relative mb-4 flex w-full flex-wrap items-stretch">
      <div className="w-full p-3 text-left font-bold">Email</div>
      <input className="w-full p-3 rounded-r border border-solid border-neutral-500 shadow-md"
      name="email"
      type={'text'}
      value={loginParam.email}
      onChange={handleChange}
      >
      </input>
```

360　　　　　　　　　　　　　　　　　　　　　　　　　코드로 배우는 리액트

```
        </div>
      </div>
      <div className="flex justify-center">
        <div className="relative mb-4 flex w-full flex-wrap items--stretch">
          <div className="w-full p-3 text-left font-bold">Password</div>
          <input className="w-full p-3 rounded-r border border-solid border-neutral-500 shadow-md"
            name="pw"
            type={'password'}
            value={loginParam.pw}
            onChange={handleChange}
          >
          </input>
        </div>
      </div>
      <div className="flex justify-center">
        <div className="relative mb-4 flex w-full justify-center">
          <div className="w-2/5 p-6 flex justify-center font-bold">
            <button
              className="rounded p-4 w-36 bg-blue-500 text-xl text-white"
            >
              LOGIN
            </button>
          </div>
        </div>
      </div>
    </div>
  );
}

export default LoginComponent;
```

LoginPage 내부에 LoginComponent를 추가하고 화면을 확인합니다.

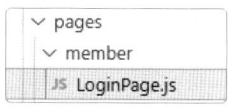

```
import LoginComponent from "../../components/member/LoginComponent";
import BasicMenu from "../../components/menus/BasicMenu";

const LoginPage = () => {
 return (
```

```
    <div className='fixed top-0 left-0 z-[1055] flex flex-col h-full w-full'>

      <BasicMenu/>

      <div className="w-full flex flex-wrap h-full justify-center items-center border-2">
        <LoginComponent/>
      </div>
    </div>
  );
}

export default LoginPage;
```

상단 메뉴에서 'Login'을 선택하면 LoginPage와 LoginComponent를 확인할 수 있습니다.

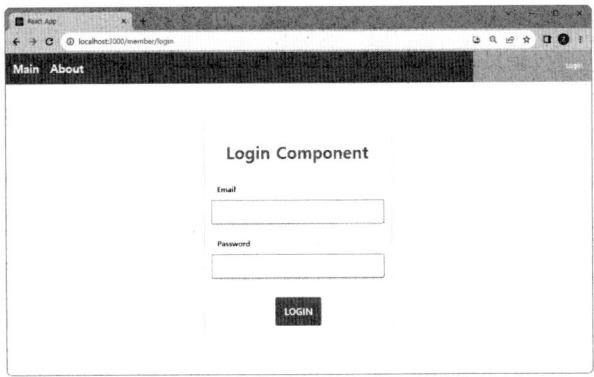

로그인 상태 변경

LoginComponent에서는 'LOGIN' 버튼을 클릭했을 때 리듀서를 호출하고 이를 useDispatch( )를 사용해서 애플리케이션의 상태를 변경해 봅니다.

LoginComponent에 이벤트 처리를 위한 함수를 추가하고, 버튼과 연결합니다.

```
import { useState } from "react"
import { useDispatch } from "react-redux"
import { login } from "../../slices/loginSlice"

const initState = {…}

const LoginComponent = () => {

  const [loginParam, setLoginParam] = useState({...initState})

  const dispatch = useDispatch()

  const handleChange = (e) => {
    loginParam[e.target.name] = e.target.value

    setLoginParam({...loginParam})
  }

  const handleClickLogin = (e) => {

    dispatch(login(loginParam))
  }

  return (
  <div className = "border-2 border-sky-200 mt-10 m-2 p-4">
    …생략
    <div className="flex justify-center">
     <div className="relative mb-4 flex w-full justify-center">
      <div className="w-2/5 p-6 flex justify-center font-bold">
       <button
         className="rounded p-4 w-36 bg-blue-500 text-xl text-white"
         onClick={handleClickLogin}
        >
        LOGIN
       </button>
      </div>
     </div>
    </div>
  </div>
  );
}

export default LoginComponent;
```

화면상에서 버튼을 클릭하면 loginSlice의 login( )이 동작하는 것을 확인할 수 있습니다.

loginSlice로 리듀서가 전달받은 데이터를 확인합니다. 리듀서 함수의 두 번째 파라미터는 action으로 payload라는 속성을 이용해서 컴포넌트가 전달하는 데이터를 확인할 수 있습니다. 이를 이용해서 화면에서 전달된 email을 새로운 상태 값으로 처리합니다.

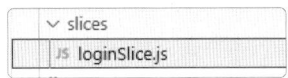

```
import { createSlice } from "@reduxjs/toolkit";

const initState = {
  email:''
}

const loginSlice = createSlice({
 name: 'loginSlice',
 initialState: initState,
 reducers: {
  login: (state, action) => {
    console.log("login.....")

    //{email, pw로 구성 }
    const data = action.payload

    //새로운 상태
    return {email: data.email}

  },
  logout: (state, action) => {
    console.log("logout....")
  }
 }
})
```

```
export const {login,logout} = loginSlice.actions
export default loginSlice.reducer
```

위의 코드가 반영되면 화면에서 입력한 email이 애플리케이션의 상태가 되고, useSelector( ) 를 사용하는 메뉴에서는 email 값이 있기 때문에 로그인 전과 후의 메뉴 구성이 달라지면서 'Todo, Product' 메뉴가 노출되고 오른쪽 상단의 'Login' 링크는 사라지는 것을 확인할 수 있습니다.

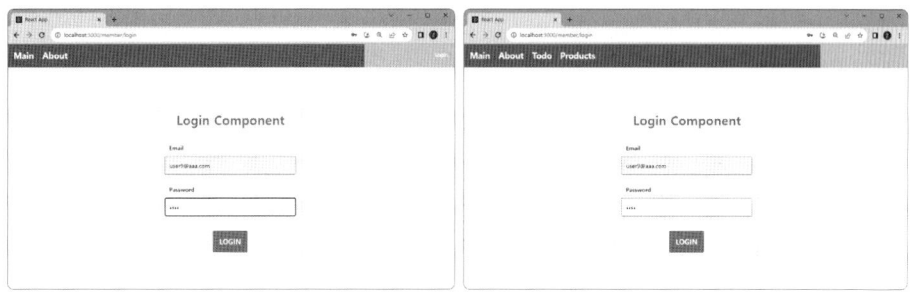

8.2.2 로그아웃 페이지와 로그아웃

애플리케이션 상태에 email 값이 존재하면 로그인한 상황이라고 가정하고 로그인 상황에서는 로그아웃 페이지로 이동할 수 있는 링크와 컴포넌트가 필요합니다.

pages/member/LogoutPage.js를 작성하고 components/member/LogoutComponent.js를 작성합니다.

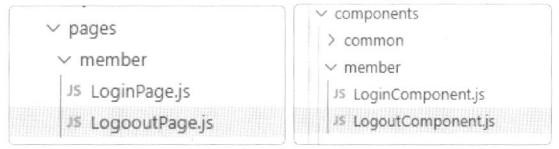

LogoutComponent는 화면상에 'LOGOUT' 버튼을 만들고 클릭하면 loginSlice의 로그아웃을 호출합니다.

```jsx
import { useDispatch } from "react-redux";
import { logout } from "../../slices/loginSlice";

const LogoutComponent = () => {

 const dispatch = useDispatch()

 const handleClickLogout = () => {
  dispatch(logout())
 }

 return (
  <div className = "border-2 border-red-200 mt-10 m-2 p-4">
    <div className="flex justify-center">
     <div className="text-4xl m-4 p-4 font-extrabold text-red-500">
      Logout Component
     </div>
    </div>
    <div className="flex justify-center">
     <div className="relative mb-4 flex w-full justify-center">
      <div className="w-2/5 p-6 flex justify-center font-bold">
       <button
         className="rounded p--4 w-36 bg-red-500 text-xl text-white"
         onClick={handleClickLogout}
        >
         LOGOUT
       </button>
      </div>
     </div>
    </div>
  </div>
  );
}

export default LogoutComponent;
```

LogoutPage는 LogoutComponent를 import 해서 구성합니다.

```jsx
import LogoutComponent from "../../components/member/LogoutComponent";
import BasicMenu from "../../components/menus/BasicMenu";

const LogoutPage = () => {
 return (
  <div className='fixed top-0 left-0 z--[1055] flex flex-col h-full w-full'>
```

```
    <BasicMenu/>

    <div className="w-full flex flex-wrap h-full justify-center items-
center border-2">
      <LogoutComponent></LogoutComponent>
    </div>
  </div>
  );
}

export default LogoutPage;
```

LoguoutPage를 라우팅에 추가하기 위해서 memberRouter.js를 수정합니다.

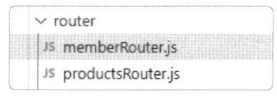

```
import { Suspense, lazy } from "react";
…

const LogoutPage = lazy(() => import("../pages/member/LogoutPage"))

const memberRouter = () => {

 return [
  …생략
  {
   path:"logout",
   element: <Suspense fallback={Loading}><LogoutPage/></Suspense>,
  }

 ]

}
export default memberRouter
```

브라우저에서 '/member/logout' 경로를 호출하면 LogoutPage와 LogoutComponent 가 나오는 것을 확인할 수 있습니다(나중에 ⟨Link⟩ 처리가 필요합니다.).

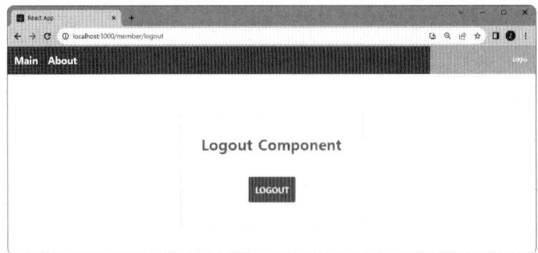

로그아웃 상태 변경

로그인과 마찬가지로 로그아웃은 loginSlice에서 email 값이 없거나 빈 문자열이 되도록 구성합니다.

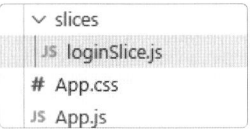

```
import { createSlice } from "@reduxjs/toolkit";

const initState = {
  email:''
}

const loginSlice = createSlice({
 name: 'loginSlice',
 initialState: initState,
 reducers: {
  login: (state, action) => {
    ...생략

  },
  logout: (state, action) => {
    console.log("logout....")

    return {...initState}
  }
 }
})
```

```
export const {login,logout} = loginSlice.actions

export default loginSlice.reducer
```

components 폴더의 BasicMenu에서는 화면 상단의 메뉴에서 로그인된 상황에서는 로그아웃을 할 수 있도록 링크를 추가합니다.

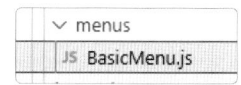

```
<div className="w-1/5 flex justify-end bg-orange-300 p-4 font-medium">
{ ! loginState.email ?

  <div className="text-white text-sm m-1 rounded" >
   <Link to={'/member/login'}>Login</Link>
  </div>
  :

  <div className="text-white text-sm m-1 rounded" >
   <Link to={'/member/logout'}>Logout</Link>
  </div>

}
</div>
```

브라우저에서 로그인을 하면 상단에 'Products'와 'Todo' 메뉴가 활성화되고, 'Logout' 링크가 보이게 됩니다. 반대로 '/member/logout'에서 'LOGOUT' 버튼을 클릭하면 다시 상단의 Todo, Products 메뉴가 사라지고 오른쪽 상단의 링크 역시 'Login'으로 변경되는 것을 확인할 수 있습니다.

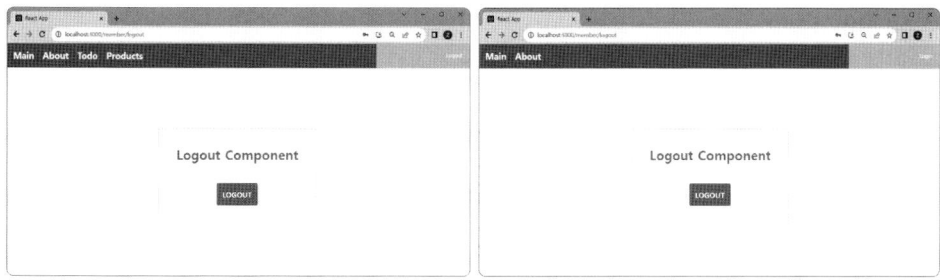

8.3 비동기 호출과 createAsyncThunk( )

useSelector( )와 useDispatch( )로 애플리케이션 상태를 이용할 때 필요한 또 다른 기능은 비동기 처리입니다. 위의 예제는 API 서버를 통해서 로그인/로그아웃을 처리해야 하는 작업과 로그인 시에 API 서버를 연동한 처리가 필요합니다.

과거 리덕스의 경우 redux-thunk나 redux-saga라는 추가적인 라이브러리를 사용해서 비동기 처리를 했지만, 리덕스 툴킷은 createAsyncThunk( )라는 기능을 사용해서 비동기 통신 상태에 따른 처리가 가능합니다.

API 서버와의 통신을 위해 프로젝트 내 api 폴더 내에 memberApi.js 파일을 추가합니다.

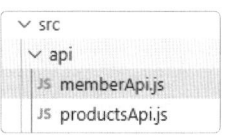

```js
import axios from "axios"
import { API_SERVER_HOST } from "./todoApi"

const host = `${API_SERVER_HOST}/api/member`

export const loginPost = async (loginParam) => {

  const header = {headers: {"Content-Type": "x-www-form-urlencoded"}}

  const form = new FormData()
  form.append('username', loginParam.email)
  form.append('password', loginParam.pw)

  const res = await axios.post(`${host}/login`, form, header)

  return res.data

}
```

loginSlice에서는 createAsyncThunk( )를 사용해서 비동기 통신을 호출하는 함수를 작성하고 비동기 호출의 상태에 따라 동작하는 extraReducers 를 추가해 줍니다.

```js
import { createAsyncThunk, createSlice } from "@reduxjs/toolkit";
import { loginPost } from "../api/memberApi";

const initState = {
  email:''
}

export const loginPostAsync = createAsyncThunk('loginPostAsync', (param) => {

  return loginPost(param)

})

const loginSlice = createSlice({
 name: 'LoginSlice',
 initialState: initState,
 reducers: {
  login: (state, action) => {
    console.log("login.....")
    //{email, pw로 구성 }
    const data = action.payload

    //새로운 상태
    return {email: data.email}

  },
  logout: (state, action) => {
    console.log("logout....")
    return {...initState}
  }
 },
 extraReducers: (builder) => {
  builder.addCase( loginPostAsync.fulfilled, (state, action) => {
    console.log("fulfilled")
  })
  .addCase(loginPostAsync.pending, (state,action) => {
    console.log("pending")
```

```
        })
        .addCase(loginPostAsync.rejected, (state,action) => {
          console.log("rejected")
        })
      }
    })

    export const {login,logout} = loginSlice.actions

    export default loginSlice.reducer
```

변경된 loginSlice를 살펴보면 createAsyncThunk( )를 사용해서 memberApi.js에 선언된 loginPost( )를 호출하도록 구성하고, 아래쪽에 비동기 통신의 상태(fulfilled(완료), pending(처리중), rejected(에러))에 따라 동작하는 함수를 작성하고 있습니다.

API 서버를 실행한 상태에서 이전에 Postman에서 처리했던 '/api/member/login'을 호출하도록 LoginComponent를 수정합니다.

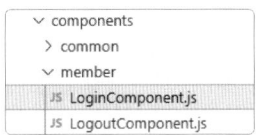

```
import { useState } from "react"
import { useDispatch } from "react-redux"
import { loginPostAsync } from "../../slices/loginSlice"

const initState = {...}

const LoginComponent = () => {

  ...생략

  const handleClickLogin = (e) => {

    //dispatch(login(loginParam)) //동기화된 호출
      //비동기 호출
      dispatch( loginPostAsync(loginParam) ) // loginSlice의 비동기 호출

  }
  ...생략
```

브라우저에서 로그인을 수행하면 비동기 통신이 이루어지는 것을 확인할 수 있고 API 서버에서 발생한 로그인 결과를 확인할 수 있습니다(실행을 위해서는 이전 장에서 작성된 API 서버를 실행해 두어야 합니다.).

콘솔창을 확인하면 서버와 통신 중인 pending과 완료를 의미하는 fulfilled가 출력됩니다.

8.3.1 로그인 후처리

loginSlice에서는 로그인 후에 애플리케이션 상태를 처리해 주어야 합니다. API 서버에서 로그인 시에 전송되는 데이터들을 상태 데이터로 보관하도록 처리합니다.

```
...생략
extraReducers: (builder) => {

  builder.addCase( loginPostAsync.fulfilled, (state, action) => {
    console.log("fulfilled")

    const payload = action.payload
    return payload
```

```
  })
  .addCase(loginPostAsync.pending, (state,action) => {
    console.log("pending")
  })
  .addCase(loginPostAsync.rejected, (state,action) => {
    console.log("rejected")
  })
}
...생략
```

브라우저에서 로그인을 진행하기 전(아래 왼쪽)과 로그인 후(아래 오른쪽)는 메뉴 구성이 달라지는 것을 확인할 수 있습니다.

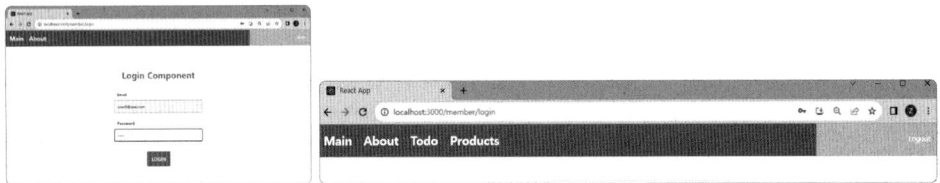

잘못된 로그인의 경우 {"error":"...."} 메시지가 전송됩니다.

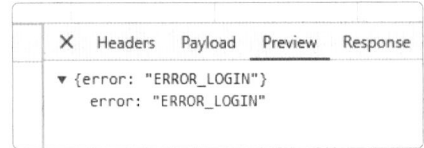

unwrap( )을 이용한 후처리

LoginComponent에서 비동기 호출 이후에 처리된 결과를 받아보려면 unwrap( )을 사용할 수 있습니다. 예를 들어 위와 같이 error 값이 전달되는 것을 확인해야 하는 경우나 로그인 결과를 받아야 하는 경우에 유용합니다.

```
const handleClickLogin = (e) => {

 //dispatch(login(loginParam)) //동기화된 호출
  //비동기 호출
  dispatch( loginPostAsync(loginParam) ) // loginSlice의 비동기 호출
  .unwrap()
  .then(data => {
   console.log("after unwrap....")
   console.log(data)
  })

}
```

정상적으로 로그인이 처리되면 LoginComponent에서는 아래와 같은 로그를 출력합니다.

```
after unwrap....                                                                       LoginComponent.js:30
                                                                                       LoginComponent.js:31
▼ {social: false, pw: '$2a$10$C9x3ouAfdMLCmNUf7Mx2P.JxV5gDGaZjMXjkKuZIpYYDfNkr3SqDm', nickname: 'USER9', accessToken: 'eyJ0eXAiOiJKV1Qi
  LCJhbGciOiJIUzI1NiJ9.eyJzb2NpYWwiO…IxMX0.6W_k3x5T5_l-wwRrBRxdnltuXyVgEpK4pfQsU7eOzNI', roleNames: Array(3), …}
    accessToken: "eyJ0eXAiOiJKV1QiLCJhbGciOiJIUzI1NiJ9.eyJzb2NpYWwiOmZhbHN1LCJwdyI6IiQyYSQxMCRDOXgzb3VBZmRNTENtT1VmN014M1AuSnhWNWdER2Fa
    email: "user9@aaa.com"
    nickname: "USER9"
    pw: "$2a$10$C9x3ouAfdMLCmNUf7Mx2P.JxV5gDGaZjMXjkKuZIpYYDfNkr3SqDm"
    refreshToken: "eyJ0eXAiOiJKV1QiLCJhbGciOiJIUzI1NiJ9.eyJzb2NpYWwiOmZhbHN1LCJwdyI6IiQyYSQxMCRDOXgzb3VBZmRNTENtT1VmN014M1AuSnhWNWdER2Fa
  ▶ roleNames: (3) ['USER', 'MANAGER', 'ADMIN']
    social: false
  ▶ [[Prototype]]: Object
```

로그인에 실패하는 경우에는 아래와 같은 메시지가 출력됩니다.

```
after unwrap....
▼ {error: 'ERROR_LOGIN'}
    error: "ERROR_LOGIN"
  ▶ [[Prototype]]: Object
```

우선 로그인 결과에 맞게 경고창을 보이도록 수정합니다.

```
const handleClickLogin = (e) => {

  dispatch( loginPostAsync(loginParam) )
  .unwrap()
  .then(data => {
    console.log("after unwrap....")
    console.log(data)
    if(data.error) {
      alert("이메일과 패스워드를 다시 확인하세요")
    }else {
      alert("로그인 성공")
    }
  })
}
```

브라우저에서는 로그인 결과에 따라 경고창의 내용이 다르게 보일 수 있습니다.

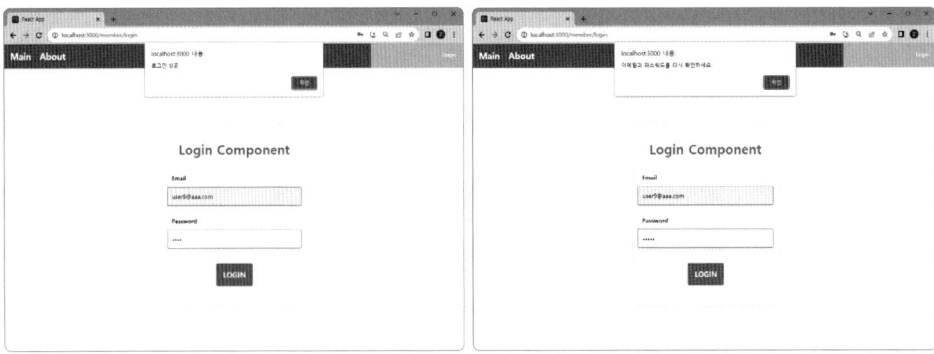

로그인 후 이동 처리

정상적으로 로그인이 되면 화면은 '/' 경로로 이동하도록 useNavigate( )를 이용하는 코드를 추가합니다.

```
import { useNavigate } from "react-router-dom"

const initState = {
  email: '',
  pw:''
}
```

```
const LoginComponent = () => {

  const [loginParam, setLoginParam] = useState({...initState})

  const navigate = useNavigate()

  const dispatch = useDispatch()

  const handleChange = (e) => {
   loginParam[e.target.name] = e.target.value

   setLoginParam({...loginParam})
  }

  const handleClickLogin = (e) => {

   //dispatch(login(loginParam)) //동기화된 호출
   //비동기 호출
   dispatch( loginPostAsync(loginParam) ) // loginSlice의 비동기 호출
   .unwrap()
   .then(data => {
    console.log("after unwrap....")

    if(data.error) {
     alert("이메일과 패스워드를 다시 확인하세요")
    }else {
     alert("로그인 성공")
     navigate({pathname:`/`}, {replace:true}) //뒤로 가기 했을 때 로그인 화면을 볼 수 없게
    }

   })
  }
  ...생략
```

브라우저를 이용해서 결과를 확인하면 로그인 후 자동으로 이동하게 됩니다.

로그인/로그아웃 후에는 '/' 경로로 이동하는 처리가 필요합니다. 로그인 관련 이동 로직은 공통적으로 이용하는 경우가 많기 때문에 커스텀 훅스로 작성해서 사용하는 것이 편리합니다.

8.3.2 로그인 관련 기능 처리를 위한 커스텀 훅

로그인이나 로그인 상태의 체크 등은 많은 컴포넌트에서 공통적으로 사용할 수 있는 기능이므로 이를 커스텀 훅으로 작성해두면 재사용이 가능해집니다.

hooks 폴더에 useCustomLogin.js를 추가합니다.

```
import { useDispatch, useSelector } from "react-redux"
import { Navigate, useNavigate } from "react-router-dom"
import { loginPostAsync, logout } from "../slices/loginSlice"

const useCustomLogin = ( ) => {

 const navigate = useNavigate()

 const dispatch = useDispatch()

 const loginState = useSelector(state => state.loginSlice) //-------로그인 상태

 const isLogin = loginState.email ? true :false //----------로그인 여부


 const doLogin = async (loginParam) => { //----------로그인 함수

  const action = await dispatch(loginPostAsync(loginParam))

  return action.payload

 }

 const doLogout = () => { //---------------로그아웃 함수

  dispatch(logout())
 }
```

```
  const moveToPath = (path) => { //----------------페이지 이동
    navigate({pathname: path}, {replace:true})
  }

  const moveToLogin = () => { //---------------------로그인 페이지로 이동
    navigate({pathname: '/member/login'}, {replace:true})
  }

  const moveToLoginReturn = () => { //---------------로그인 페이지로 이동 컴포넌트
    return <Navigate replace to="/member/login"/>
  }

  return {loginState, isLogin, doLogin, doLogout, moveToPath, moveToLogin, moveToLoginReturn}

}

export default useCustomLogin
```

useCustomLogin을 이용하면 LoginComponent의 코드는 조금 더 단순해집니다.

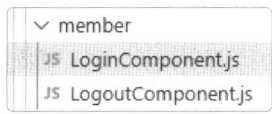

```
import { useState } from "react"
import useCustomLogin from "../../hooks/useCustomLogin"

const initState = {
 email:'',
 pw:''
}

const LoginComponent = () => {

  const [loginParam, setLoginParam] = useState({...initState})

  const {doLogin, moveToPath} = useCustomLogin()

  const handleChange = (e) => {
    loginParam[e.target.name] = e.target.value
```

```
    setLoginParam({...loginParam})
  }

  const handleClickLogin = (e) => {

    doLogin(loginParam) // loginSlice의 비동기 호출
    .then(data => {
      console.log(data)

      if(data.error) {
        alert("이메일과 패스워드를 다시 확인하세요")
      }else {
        alert("로그인 성공")
        moveToPath('/')
      }
    })
  }
  ...생략
```

8.3.3 로그인이 필요한 페이지

useCustomLogin을 이용하면 로그인 체크가 필요한 페이지에서 몇 줄의 코드만으로 로그인 체크가 가능합니다.

예를 들어 pages에 있는 AboutPage가 로그인한 사용자만이 볼 수 있는 페이지라면 아래와 같이 로그인 체크 및 이동을 처리할 수 있습니다.

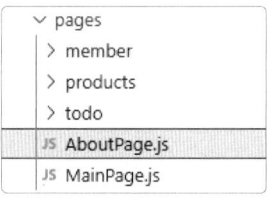

```
import useCustomLogin from "../hooks/useCustomLogin";
import BasicLayout from "../layouts/BasicLayout";

const AboutPage = () => {

  const {isLogin, moveToLoginReturn} = useCustomLogin()
```

```
 if(!isLogin){
  return moveToLoginReturn()
 }

 return (
  <BasicLayout>
   <div className=" text-3xl">About Page</div>
  </BasicLayout>

 );
}

export default AboutPage;
```

브라우저에서 '/about'이라는 경로를 호출하면 '/member/login'으로 이동하는 것을 볼 수 있습니다.

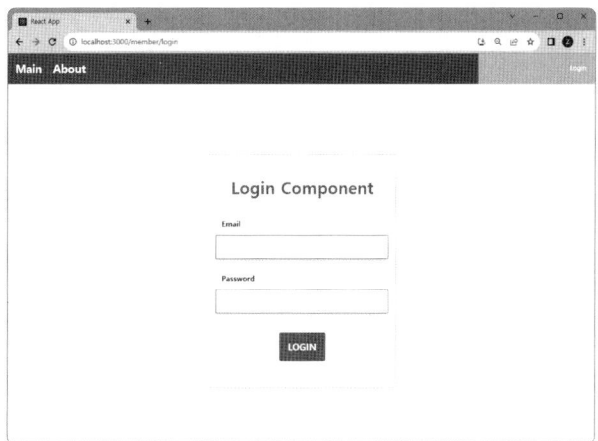

8.3.4 로그아웃 처리

로그아웃은 비동기 호출이 아니라 loginSlice의 logout( )을 그대로 활용할 수 있습니다. 비동기 처리가 아니기 때문에 로그아웃 처리 후 '/' 경로로 이동하도록 구성합니다.

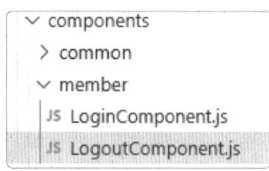

```
import useCustomLogin from "../../hooks/useCustomLogin";

const LogoutComponent = () => {

  const {doLogout, moveToPath} = useCustomLogin()

  const handleClickLogout = () => {
    doLogout()
    alert("로그아웃되었습니다.")
    moveToPath("/")
  }

  return (
   ...생략
    );
}

export default LogoutComponent;
```

브라우저에서 로그아웃 결과를 확인합니다.

8.4 쿠키를 이용한 애플리케이션 상태 저장

작성된 예제들은 로그인을 유지하거나 애플리케이션의 상태가 변경되는 상황에 대해서는 처리가 되지만, SPA(Single Page Application)의 근본적인 문제점인 '새로고침' 문제는 여전히 남습니다. 로그인된 상황에서 브라우저의 '새로고침'을 호출하면 애플리케이션 자체가 다시 로딩되기 때문에 기존 애플리케이션의 상태 역시 초기화되는 문제가 발생합니다.

이를 해결하기 위해서는 브라우저 내에 애플리케이션의 상태 데이터를 보관하고 애플리케이션이 로딩될 때 저장된 정보들을 로딩해서 사용하도록 구성해야만 하는데, 이를 위해서 주로 LocalStorage나 쿠키를 사용할 때가 많습니다. 예제에서는 유효시간을 가지는 쿠키를 사용해서 로그인한 상태를 저장합니다.

리액트에서 쿠키를 사용하는 가장 간단한 방법은 'react-cookie' 라이브러리를 활용하면 됩니다. 그러면 쿠키를 저장하거나, 조회, 삭제 작업을 간단히 처리할 수 있습니다. 'npm install'를 이용해서 'react-cookie'를 추가합니다.

```
PS C:\Users\cooki\frontend\mall> npm install react-cookie
added 3 packages, and audited 1528 packages in 3s

245 packages are looking for funding
  run `npm fund` for details
```

쿠키를 사용하는 작업을 편하게 하기 위해서 util 폴더를 추가하고 cookieUtil.js 파일을 추가합니다. cookieUtil에는 쿠키의 저장/조회/삭제를 위한 함수들을 정의합니다.

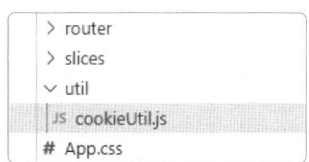

```
import { Cookies } from "react-cookie";

const cookies = new Cookies()
```

```
export const setCookie = (name, value, days) => {

  const expires = new Date()
  expires.setUTCDate(expires.getUTCDate() + days ) //보관기한

  return cookies.set(name, value, {path:'/', expires:expires})

}
export const getCookie = (name) => {

  return cookies.get(name)
}
export const removeCookie = (name , path="/") => {

  cookies.remove(name, {path} )

}
```

8.4.1 로그인 결과의 쿠키 보관

로그인에 성공하면 결과를 쿠키로 보관하는 처리를 추가합니다. 주의할 점은 로그인 결과는 객체지만 쿠키에는 문자열만이 들어갈 수 있기 때문에 JSON.stringfy( )를 사용해서 문자열로 구성해야만 합니다.

loginSlice에서 cookieUtil을 이용하도록 수정합니다.

```
…생략
import { setCookie } from "../util/cookieUtil";

…생략
  builder.addCase( loginPostAsync.fulfilled, (state, action) => {

    console.log("fulfilled")
```

```
    const payload = action.payload

    //정상적인 로그인시에만 저장
    if(!payload.error){
     setCookie("member",JSON.stringify(payload), 1) //1일
    }
    return payload
  })
```

프로젝트를 실행해서 로그인이 정상적으로 실행되면 아래와 같이 'member' 이름의 쿠키가 생성된 것을 확인할 수 있습니다. 보관되는 쿠키는 Refresh Token과 동일하게 1일간 유지되도록 설정합니다.

애플리케이션 로딩 시 쿠키 활용

쿠키로 저장된 로그인 결과는 애플리케이션의 실행 시에 사용되어야 합니다. 이를 위해 loginSlice에서 초기 상태를 함수로 처리해서 member라는 이름의 쿠키가 있는지 확인하도록 변경합니다.

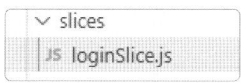

```
import { createAsyncThunk, createSlice } from "@reduxjs/toolkit";
import { loginPost } from "../api/memberApi";

import { getCookie, setCookie } from "../util/cookieUtil";

const initState = {
  email:''
```

```
}
const loadMemberCookie = () => { //쿠키에서 로그인 정보 로딩

  const memberInfo = getCookie("member")

  //닉네임 처리
  if(memberInfo && memberInfo.nickname) {
    memberInfo.nickname = decodeURIComponent(memberInfo.nickname)
  }

  return memberInfo
}

export const loginPostAsync = createAsyncThunk('loginPostAsync', (param)
=> {

  return loginPost(param)

})

const loginSlice = createSlice({
 name: 'LoginSlice',
 initialState: loadMemberCookie()|| initState, //쿠키가 없다면 초깃값사용
 ...생략
})

export const {login,logout} = loginSlice.actions

export default loginSlice.reducer
```

변경된 loginSlice는 실행될 때 member 쿠키를 먼저 찾아보고 없는 경우에는 기본값을 가지도록 구성됩니다. 애플리케이션이 초기화될 때 loginSlice도 초기화되므로 member 쿠키가 있는 상태에서는 '새로고침'을 해도 로그인 상태가 유지됩니다.

브라우저에서 보관되는 member 쿠키를 삭제한 후에 '새로고침'을 하면 기존과 같이 로그인이 되지 않은 상태로 초기화 됩니다.

로그아웃의 쿠키 처리

loginSlice에서 로그아웃은 member 쿠키를 삭제하도록 수정합니다.

```
import { getCookie, removeCookie, setCookie } from "../util/cookieUtil";

...생략
    logout: (state, action) => {
      console.log("logout....")

      removeCookie("member")

      return {...initState}
    }
```

쿠키의 삭제는 생성과 달리 브라우저에서 바로 반영되지 않으므로 로그아웃 후에 다른 메뉴를 클릭했다가 다시 확인해야만 합니다.

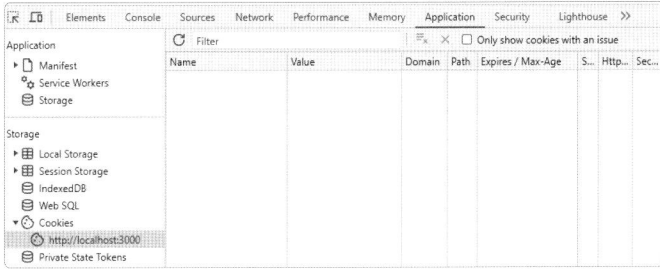

8.5 Axios 인터셉터와 Refresh Token

로그인에 대한 저장과 애플리케이션 내의 상태 유지가 완료되었지만, API 서버의 호출에는 JWT 방식으로 Access Token 때문에 정상적으로 실행되지 못합니다. API 서버의 '/api/todo/' 혹은 '/api/products/'로 시작하는 경로를 호출했을 때는 에러가 발생하는 것을 볼 수 있습니다.

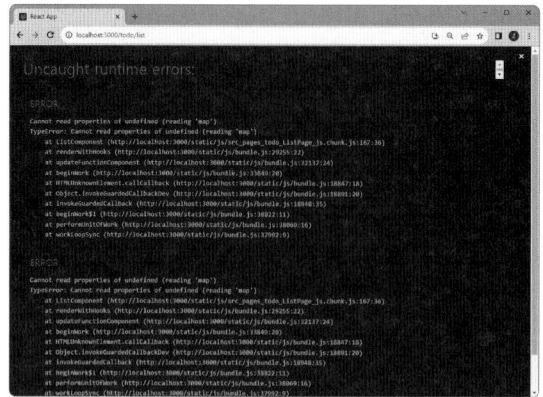

API 서버는 Access Token을 체크하기 때문에 Axios의 호출 시에 Access Token을 전달해야만 합니다. 또한, Access Token이 만료되었을 때는 Refresh Token으로 Access Token을 갱신하는 처리가 필요합니다.

Axios의 경우에는 인터셉터(interceptor) 기능을 제공해서 Axios의 요청이나 응답 시에 추가적인 작업을 수행할 수 있는데 이를 통해서 쿠키로 보관된 Access Token을 처리하는 작업이나 자동으로 Refresh Token을 사용하는 처리를 할 수 있습니다.

프로젝트의 util 패키지에 jwtUtil.js 파일을 추가하고 Axios의 요청/응답 시에 동작할 함수들을 정의합니다.

```
import axios from "axios";

const jwtAxios = axios.create()

//before request
const beforeReq = (config) => {
 console.log("before request.............")

 return config
}
```

```
//fail request
const requestFail = (err) => {
 console.log("request error............")

 return Promise.reject(err)
}

//before return response
const beforeRes = async (res) => {
 console.log("before return response...........")

 return res
}

//fail response
const responseFail = (err) => {
 console.log("response fail error............")
 return Promise.reject(err);
}

jwtAxios.interceptors.request.use( beforeReq, requestFail )

jwtAxios.interceptors.response.use( beforeRes, responseFail)

export default jwtAxios
```

jwtUtil에는 요청과 관련해서 beforeReq( ), requestFail( )을 지정하고, 응답 관련해서는 beforeRes( ), responseFail( )을 설정합니다.

JWT를 사용해야 하는 todoApi.js나 productsApi.js에서는 기존의 axios 대신 jwtAxios를 이용하도록 변경해 줍니다(memberApi.js는 JWT 토큰을 사용하지 않습니다.).

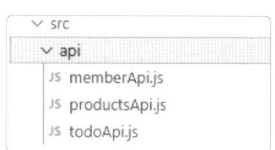

기존의 axios.get( )을 사용하는 부분을 jwtAxios를 이용하도록 수정합니다(todoApi.js와 productsApi.js에서 axios를 이용하는 부분은 모두 수정해 줍니다.). 아래 코드와 같이 axios 부분은 모두 jwtAxios로 변경합니다.

```
import jwtAxios from "../util/jwtUtil"

...생략

export const getOne = async (tno) => {

  const res = await jwtAxios.get(`${prefix}/${tno}` )

  return res.data

}
```

아직 jwtUtil.js의 처리가 완전하지 않기 때문에 화면은 동일하게 에러가 발생하지만, 로그를 통해서 jwtUtil.js의 동작 여부를 확인할 수 있습니다.

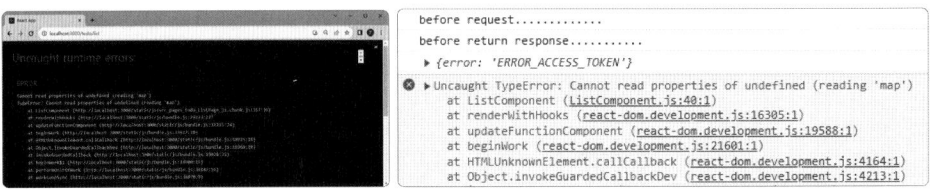

8.5.1 Access Token의 전달

Access Token은 로그인 상황에서 쿠키에 보관되어 있고, jwtUtil.js에서는 이를 이용해서 API 서버 호출 전에 Authorization 헤더를 추가하도록 구성합니다. 만일 로그인 쿠키가 없다면 무조건 예외를 발생시킵니다.

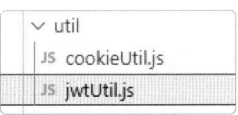

```
import axios from "axios";
import { getCookie } from "./cookieUtil";

const jwtAxios = axios.create()

//before request
const beforeReq = (config) => {
 console.log("before request.............")
```

```
    const memberInfo = getCookie("member")

    if( !memberInfo ) {
     console.log("Member NOT FOUND")
     return Promise.reject(
      {response:
       {data:
        {error:"REQUIRE_LOGIN"}
       }
      }
     )
    }

    const {accessToken} = memberInfo

     // Authorization 헤더 처리
     config.headers.Authorization = `Bearer ${accessToken}`

    return config
   }
   ...생략
```

Access Token의 유효시간이 10분이므로 브라우저에서 새로 로그인한 후에 Todo 메뉴를 확인해서 정상적으로 처리되는지 확인합니다(Products는 '/api/products/list'를 처리하는 ProductController의 list( )의 @PreAuthorize의 권한 설정이 'ROLE_USER'인지 확인).

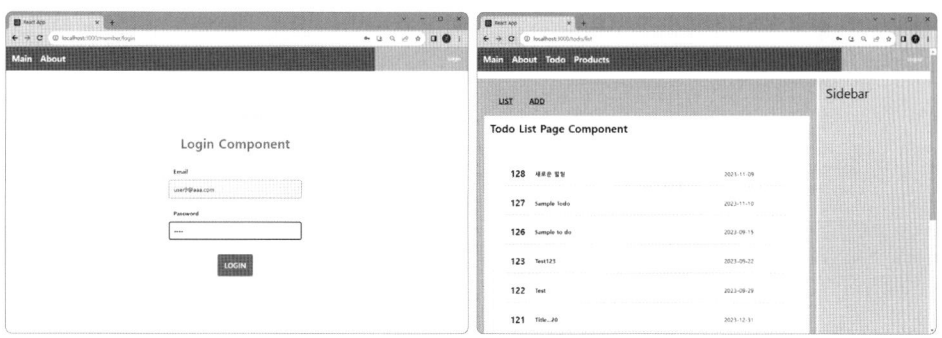

개발자 도구에서는 API 서버의 호출 시에 Authorization 헤더가 전송되는 것을 확인할 수 있습니다.

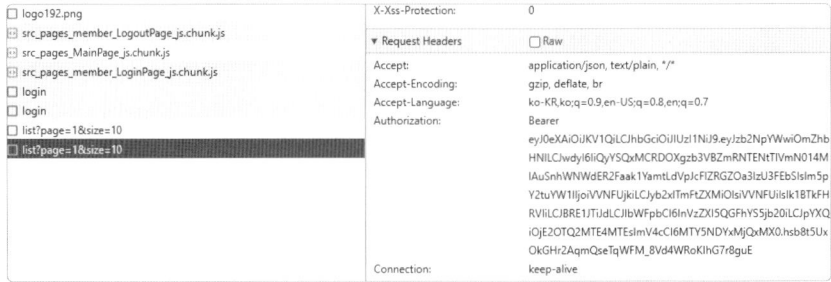

유효시간이 지난 Access Token

Access Token의 유효시간이 10분이므로 로그인 후 10분 동안은 정상적인 API 서버 호출이 가능하지만, 10분이 지난 후에는 만료된 Access Token이므로 에러가 발생하게 됩니다.

API 서버의 로그를 살펴보면 'Expired' 메시지를 출력하는 것을 볼 수 있습니다. 상태코드는 403(Forbidden)이 전송됩니다.

```
o.s.security.web.FilterChainProxy       : Invoking JWTCheckFilter (7/13)
o.z.m.security.filter.JWTCheckFilter    : check uri.............../api/todo/list
o.z.m.security.filter.JWTCheckFilter    : -----------------------JWTCheckFilter.....................
o.z.m.security.filter.JWTCheckFilter    : JWT Check Error.............
o.z.m.security.filter.JWTCheckFilter    : Expired
```

Access Token의 유효시간이 지난 후에는 사용자가 로그인 결과로 받은 Refresh Token을 이용해서 자동으로 Access Token을 갱신해 주어야 하는데 이런 방식을 '사일런트 리프레시(silent refresh)'라고 합니다.

8.5.2 Refresh Token을 이용한 자동 갱신

Access Token에 문제가 있다면 리액트 쪽에서는 가지고 있는 Refresh Token으로 '/api/member/refresh' 경로를 호출해서 Access Token을 갱신해 주어야 합니다.

jwtUtil.js에는 Access Token, Refresh Token으로 '/api/member/refresh'를 호출하는 함수를 추가합니다.

```
import axios from "axios";
import { getCookie } from "./cookieUtil";
import { API_SERVER_HOST } from "../api/todoApi";

const jwtAxios = axios.create()

const refreshJWT = async (accessToken, refreshToken) => {

  const host = API_SERVER_HOST

  const header = {headers: {"Authorization":`Bearer ${accessToken}`}}

  const res = await axios.get(`${host}/api/member/refresh?refreshToken=${refreshToken}`, header)

  console.log("----------------------")
  console.log(res.data)

  return res.data
}
```

추가한 refrshJWT( )는 beforeRes( )에서 응답 데이터가 'ERROR_ACCESS_TOKEN'와 같이 Access Token 관련된 메시지인 경우 Refresh Token을 활용해서 다시 호출합니다.

```
//before return response
const beforeRes = async (res) => {

  console.log("before return response..........")

  console.log(res)
  const data = res.data

  if(data && data.error ==='ERROR_ACCESS_TOKEN'){

    const memberCookieValue = getCookie("member")

    const result = await refreshJWT( memberCookieValue.accessToken,
memberCookieValue.refreshToken )
    console.log("refreshJWT RESULT", result)

    memberCookieValue.accessToken = result.accessToken
    memberCookieValue.refreshToken = result.refreshToken

    setCookie("member", JSON.stringify(memberCookieValue), 1)

  }

  return res
}
```

브라우저에서 만료된 토큰으로 호출하면 화면에서는 에러가 발생하기는 하지만, API 서버의 '/api/member/refresh'를 정상적으로 호출하는 것을 확인할 수 있습니다(POST방식이 조금 더 낫긴 하지만 예제에서는 눈에 보이도록 GET방식을 이용했습니다.).

갱신된 토큰의 저장과 재호출

만료된 Access Token을 사용했을 경우 자동으로 Refresh Token을 사용하는 상황까지 완료되었다면 남은 작업은 갱신된 토큰들을 다시 저장하고 원래 원했던 호출을 다시 시도하는 작업을 추가해야 합니다.

```javascript
import axios from "axios";
import { getCookie, setCookie } from "./cookieUtil";
import { API_SERVER_HOST } from "../api/todoApi";

...생략

//before return response
const beforeRes = async (res) => {
 console.log("before return response...........")

 //console.log(res)

 //'ERROR_ACCESS_TOKEN'
 const data = res.data

 if(data && data.error ==='ERROR_ACCESS_TOKEN'){

   const memberCookieValue = getCookie("member")

   const result = await refreshJWT( memberCookieValue.accessToken,
memberCookieValue.refreshToken )
   console.log("refreshJWT RESULT", result)

   memberCookieValue.accessToken = result.accessToken
   memberCookieValue.refreshToken = result.refreshToken

   setCookie("member", JSON.stringify(memberCookieValue), 1)

   //원래의 호출
   const originalRequest = res.config

   originalRequest.headers.Authorization = `Bearer ${result.accessToken}`

   return await axios(originalRequest)

 }

 return res
}
```

jwtUtil.js의 수정 결과는 만료된 Access Token을 가지고 호출했을 때 Refresh Token을 사용해서 갱신한 뒤에 자동으로 원래 호출하려던 API 서버의 경로를 다시 호출하게 됩니다.

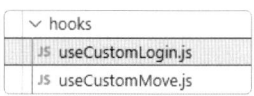

토큰이 갱신되면 쿠키의 값 역시 다시 저장되기 때문에 결과적으로 1일 동안 별도의 로그인 없이 API 서버 사용이 가능합니다.

토큰에 따른 예외 처리

Axios를 이용한 호출에서 예외 처리가 필요한 상황은 Access Token이 아예 없거나 권한이 없어서 문제가 발생하는 경우입니다. 이에 대한 처리는 React-Router를 이용하거나 useCustomLogin 훅을 예외에 따라서 동작하는 함수를 추가해서 처리할 수 있습니다. 예제에서는 개발자가 직접 많은 일을 할 수 있는 방식으로 useCustomLogin을 이용합니다.

```
import { useDispatch, useSelector } from "react-redux"
import { Navigate, createSearchParams, useNavigate } from "react-router-dom"
import { loginPostAsync, logout } from "../slices/loginSlice"

const useCustomLogin = ( ) => {

  ...생략

  const exceptionHandle = (ex) => {

    console.log("Exception-----------------------")

    console.log(ex)

    const errorMsg = ex.response.data.error

    const errorStr = createSearchParams({error: errorMsg}).toString()

    if(errorMsg === 'REQUIRE_LOGIN'){
      alert("로그인 해야만 합니다.")
      navigate({pathname:'/member/login' , search: errorStr})
```

```
    return
  }
  if(ex.response.data.error === 'ERROR_ACCESSDENIED'){
    alert("해당 메뉴를 사용할 수 있는 권한이 없습니다.")
    navigate({pathname:'/member/login' , search: errorStr})
    return
  }
}

 return {loginState, isLogin, doLogin, doLogout, moveToPath, moveToLogin,
moveToLoginReturn, exceptionHandle}

}
export default useCustomLogin
```

예를 들어 components/products/ListComponent.js에는 Axios 호출 시 발생하는 예외를 다음과 같이 처리할 수 있습니다.

```
import { useEffect, useState } from "react";
import { getList } from "../../api/productsApi";
import useCustomMove from "../../hooks/useCustomMove";
import FetchingModal from "../common/FetchingModal";
import { API_SERVER_HOST } from "../../api/todoApi";
import PageComponent from "../common/PageComponent";
import useCustomLogin from "../../hooks/useCustomLogin";

const initState = {
 dtoList:[],
 pageNumList:[],
 pageRequestDTO: null,
 prev: false,
 next: false,
 totoalCount: 0,
 prevPage: 0,
 nextPage: 0,
 totalPage: 0,
 current: 0
}
```

```
const host = API_SERVER_HOST

const ListComponent = () => {

  const {exceptionHandle} = useCustomLogin()

  const {page, size, refresh, moveToList, moveToRead} = useCustomMove()

  //serverData는 나중에 사용
  const [serverData, setServerData] = useState(initState)

  //for FetchingModal
  const [fetching, setFetching] = useState(false)

  useEffect(() => {

    setFetching(true)

    getList({page,size}).then(data => {
      console.log(data)
      setServerData(data)
      setFetching(false)
    }).catch( err => exceptionHandle(err))

  }, [page,size, refresh])

  ...생략
```

위의 코드를 적용하고 user1@aaa.com과 같이 권한이 없는 사용자가 '/products/list'에 접근하게 되면 아래 화면과 같이 경고창이 뜨고, 로그인 페이지로 이동하게 됩니다. 이때 파라미터가 같이 전달됩니다(http://localhost:3000/member/login?error=ERROR_ACCESSDENIED). 이를 이용해서 화면에 메시지를 출력할 수 있습니다(아래의 화면은 로그인 하지 않은 사용자가 직접 주소로 접근하는 경우입니다.).

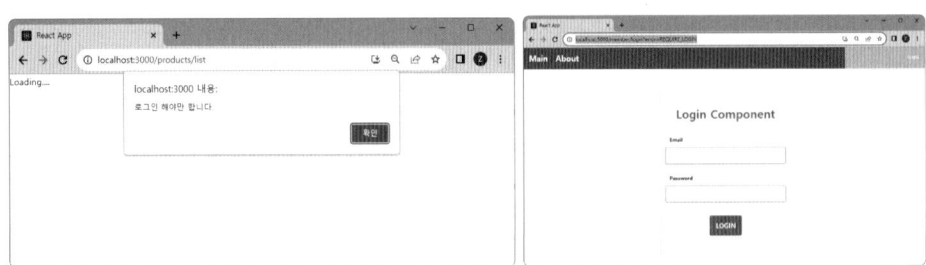

Chapter 09

리액트 소셜 로그인

최근의 앱과 웹에서는 전통적인 회원가입 방식을 대신해서 흔히 소셜 로그인이라고 부르는 제3자 인증 방식으로 하는 경우가 많습니다. 예를 들어 구글이나 네이버, 애플, 페이스북 등의 서비스를 이용해서 별도의 회원가입 없이 로그인을 처리하는 방식입니다.

이번 장에서는 리액트와 API 서버를 연계해서 리액트에서 카카오 서비스의 로그인을 호출하고, API 서버에서는 사용자의 인증 정보를 이용해서 기존 회원 데이터와 연동하도록 구성해 봅니다.

9장의 개발 목표는 다음과 같습니다.

- ➡ 소셜 로그인 방식의 이해
- ➡ 카카오 로그인을 위한 설정
- ➡ 리액트에서 사용자 인증
- ➡ API 서버의 사용자 처리

9.1 소셜 로그인과 OAuth2.0

소셜 로그인은 기존의 서비스와 달리 제3의 사용자 인증 서비스를 이용해서 현재 사용자를 인증하고 원하는 리소스에 접근이 가능하게 하는 방식입니다. 대부분의 포털에서 이러한 서비스를 제공하는데 많은 사용자를 가진 소셜 네트워크 서비스(이하 SNS)를 이용해서 인증하는 경우가 많기 때문에 흔히 소셜 로그인이라고 부르기도 합니다. 제3자 인증 방식은 다양한 서비스(혹은 업체)를 동일한 방식으로 인증할 수 있도록 정해진 방식으로 개발하게 되는데 이때 사용하는 프로토콜이 OAuth(Open Authorization)입니다.

최근에 사용하는 OAuth2.0은 다양한 상황에 맞게 사용자의 권한을 부여하는 방식을 제공하는데 가장 많이 사용되는 방식은 아래와 같습니다.

- 권한부여 승인 코드 방식(Authorization Code Grant)
- 암묵적 승인 방식(Implicit Grant)
- 자원 소유자 자격증명 승인 방식(Resource Owner Password Credentials Grant)
- 클라이언트 자격증명 승인 방식(Client Credentials Grant)

9.1.1 예제 구현 방식

카카오나 네이버 서비스는 '권한부여 승인 코드 방식'을 이용합니다('권한부여 승인 코드'는 카카오 공식 문서에서는 '인가 코드'라고 표현하므로 설명에서 '인가 코드'라는 용어를 사용합니다.). 작성 중인 리액트 애플리케이션에서는 다음과 같은 방식으로 구현할 예정입니다.

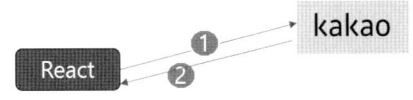

리액트 애플리케이션 혹은 모바일 앱 등에서 로그인 화면을 보고(번호 1) 사용자가 로그인을 하게 됩니다(번호 2). 이 결과로 사용자는 '인가 코드'를 전달받게 되는데, 이때 인가 코드가 전달되는 곳은 'Redirect Uri'라고 합니다.

사용자의 로그인을 통해 얻어온 인가 코드를 이용해서 카카오 서비스에 접근할 수 있는 Access Token을 얻기 위해서 다시 카카오 서비스를 호출하게 됩니다(번호 3). 카카오 서비스에서는 잠깐동안 유효한 Access Token을 발행해 줍니다(번호 4).

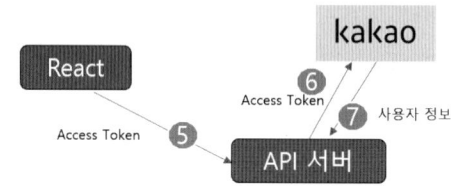

리액트나 앱 등에서 가지고 있는 Access Token을 API 서버에 전달해서(번호 5) 현재 사용자의 정보를 추출합니다(번호 6, 7). 이 과정에서 API 서버를 이용하는 이유는 가지고 온 사용자 정보를 API 서버 내부에서 체크해서 신규 회원으로 처리하거나 기존 회원의 정보를 로딩하기 위해서입니다.

마지막으로 API 서버에서는 사용자 정보를 생성해서 리액트로 전달합니다. 전달된 정보를 로그인 정보로 활용합니다(번호 8).

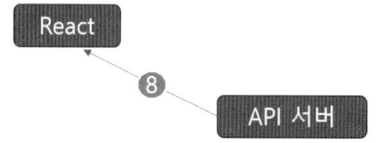

9.2 카카오 연동 설정

카카오 로그인을 이용하기 위해서는 '카카오 개발자' 사이트(https://developers.kakao.com/)에서 '내 애플리케이션'을 추가해야만 합니다.

카카오 로그인에 필요한 정보를 이용해서 로그인 후에 '애플리케이션 추가하기' 메뉴를 선택합니다.

애플리케이션 추가 시에는 필요한 기본적인 정보를 입력/저장하면 여러 환경에서 사용할 수 있는 '앱 키'들이 생성되는데 이 중에서 'REST API키'를 사용할 것입니다.

카카오 로그인을 수행하는 플랫폼을 설정할 때는 Web을 선택합니다.

Web 플랫폼 등록에서는 서버 주소와 포트를 지정하는데, 로컬 환경은 'http://localhost:3000'으로 지정합니다(나중에 다른 주소 역시 추가 가능).

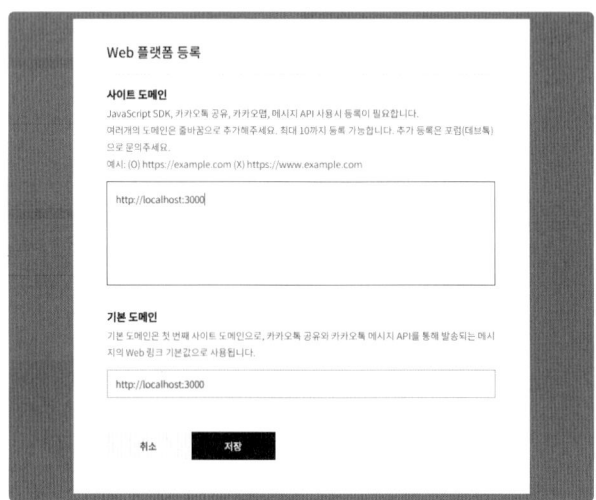

9.2.1 로그인 동의 설정

개발하려는 애플리케이션에서 카카오 로그인을 사용하려면 왼쪽 메뉴에서 '카카오 로그인'을 선택해서 활성화시켜 줍니다.

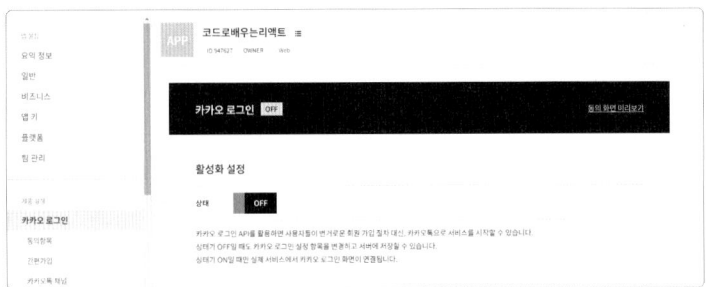

로그인 설정에서 가장 중요한 부분은 카카오의 인증 결과를 받는 'Redirect URI'의 설정입니다. 예제는 리액트 쪽으로 인가 코드를 전달받을 것이므로 'http://localhost:3000/member/kakao'로 설정합니다.

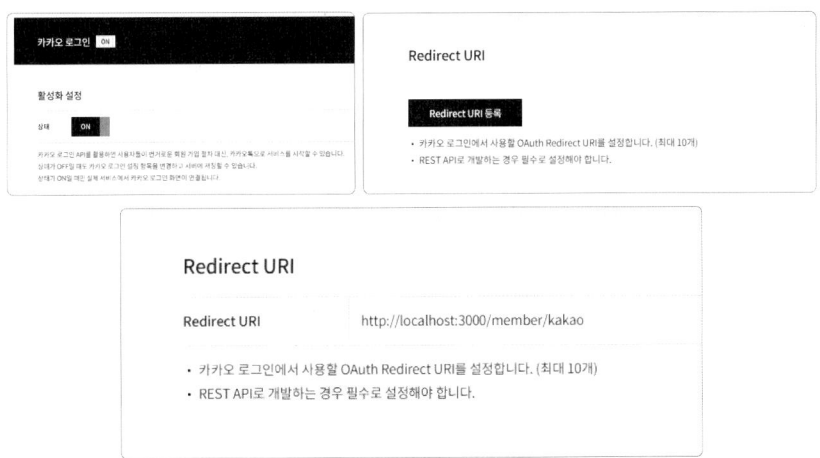

로그인 시에 동의 항목은 카카오 로그인 후에 전달되는 사용자의 정보를 의미합니다. 예제에서는 이 중에서 '닉네임'과 '카카오 계정(이메일)'을 설정해서 사용하겠습니다.

설정의 마지막 단계에서는 애플리케이션에서 사용할 비밀 키를 생성하는 부분입니다. '보안' 항목에서 '코드 생성'을 이용해서 보안 코드를 생성합니다. 보안 코드는 API 서버에서 사용할 수 있는 코드값입니다.

9.3 리액트에서 카카오 로그인

API 서버는 하나의 서버로 여러 종류의 서비스나 앱에서 호출이 가능하기 때문에 소셜 로그인에 대한 실행은 반드시 프런트 애플리케이션에서 시작되어야 합니다. 리액트에서는 여러 종류의 소셜 로그인 관련 라이브러리들이 존재하긴 하지만, 예제에서는 직접 구현을 해서 모든 과정을 이해해 보겠습니다(카카오 로그인에 관한 설명은 https://developers.kakao.com/docs/latest/ko/kakaologin/rest-api 문서를 참고.).

9.3.1 인가 코드의 처리

가장 먼저 동의 화면과 로그인 화면 인가 코드를 처리해야 합니다(아래 그림은 카카오 공식 문서의 화면입니다.).

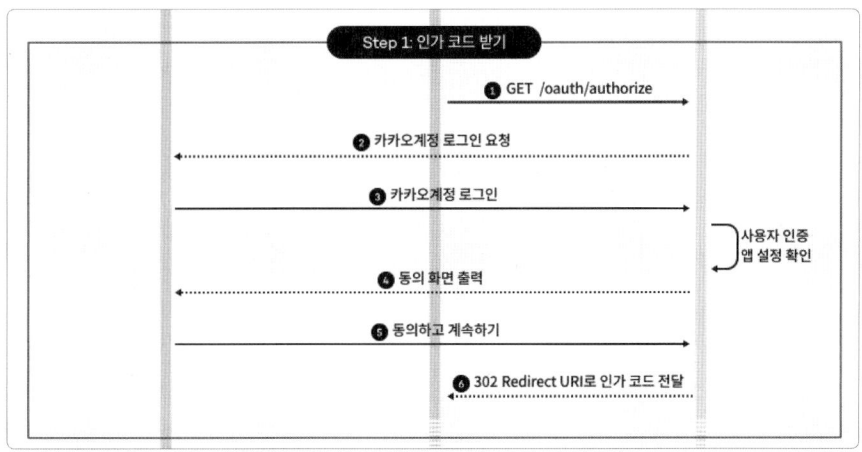

인가 코드를 받기 위한 경로는 'https://kauth.kakao.com/oauth/authorize'이고 다음과 같은 쿼리스트링이 필요합니다.

쿼리 파라미터			
이름	타입	설명	필수
client_id	String	앱 REST API 키 [내 애플리케이션] > [앱 키]에서 확인 가능	O
redirect_uri	String	인가 코드를 전달받을 서비스 서버의 URI [내 애플리케이션] > [카카오 로그인] > [Redirect URI]에서 등록	O
response_type	String	code로 고정	O

프로젝트 내 api 폴더에 kakaoApi.js 파일을 추가합니다.

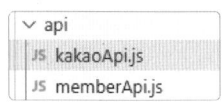

카카오 로그인 관련 설정 정보 중에 REST Key 값과 로그인 후 이동할 Redirect Uri 정보를 이용해서 링크를 반환하도록 getKakaoLoginLink( )를 추가합니다.

```js
const rest_api_key =`0a1d9f042…..435bd01b571b1e00` //REST키값
const redirect_uri =`http://localhost:3000/member/kakao`

const auth_code_path = `https://kauth.kakao.com/oauth/authorize`

export const getKakaoLoginLink = () => {

  const kakaoURL = `${auth_code_path}?client_id=${rest_api_key}&redirect_uri=${redirect_uri}&response_type=code`;

  return kakaoURL

}
```

components/member 폴더 내에 KakaoLoginComponent.js를 추가합니다.

```
import { Link } from "react-router-dom";
import { getKakaoLoginLink } from "../../api/kakaoApi";

const KakaoLoginComponent = () => {

  const link = getKakaoLoginLink()

  return (
  <div className="flex flex-col">
    <div className="text-center text-blue-500">로그인시에 자동 가입처리 됩니다</div>
    <div className="flex justify-center  w-full">
      <div
      className="text-3xl text-center m-6 text-white font-extrabold w-3/4 bg-yellow-500 shadow-sm rounded p-2">
        <Link to={link}>KAKAO LOGIN</Link>
      </div>

    </div>
  </div>
  )
}

export default KakaoLoginComponent;
```

기존의 LoginComponent에 KakaoLoginComponent를 import 해서 추가합니다.

```
import { useState } from "react"
import useCustomLogin from "../../hooks/useCustomLogin"
import KakaoLoginComponent from "./KakaoLoginComponent"

...생략

const LoginComponent = () => {

...생략
```

```
  return (
  <div className = "border-2 border-sky-200 mt-10 m-2 p-4">
    ...생략
        </div>
      </div>
    </div>
    <KakaoLoginComponent/>
  </div>
  );
}

export default LoginComponent;
```

프로젝트를 실행하면 'KAKAO LOGIN' 버튼이 보이게 되고 클릭하면 카카오 로그인과 동의 화면을 볼 수 있습니다(동의 화면은 한 번만 보입니다. 개인정보 보호창을 이용하는 것이 좋습니다.).

로그인 후에는 Redirect Uri의 설정 경로로 이동하게 됩니다. 이때 쿼리스트링으로 인가 코드가 전달됩니다.

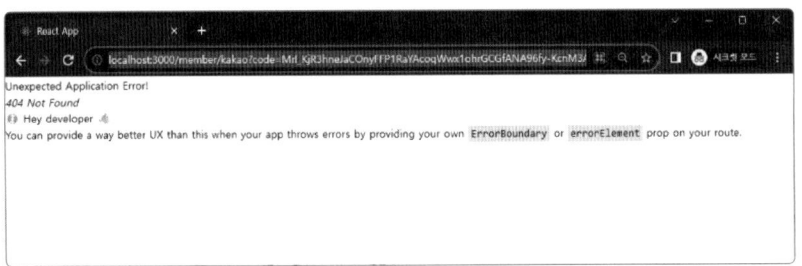

인가 코드의 페이지 처리

리액트 애플리케이션에서 Redirect Uri로 전달되는 경로가 없으므로 pages/member 폴더에 KakaoRedirectPage.js를 추가합니다.

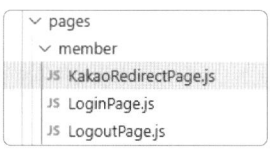

```
import { useSearchParams } from "react-router-dom";

const KakaoRedirectPage = () => {

  const [searchParams] = useSearchParams()

  const authCode = searchParams.get("code")

  return (
    <div>
      <div>Kakao Login Redirect</div>
      <div>{authCode}</div>
    </div>
  )
}

export default KakaoRedirectPage;
```

추가된 KakaoRedirectPage에 대한 라우팅 설정을 추가합니다.

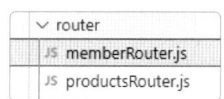

```
import { Suspense, lazy } from "react";

...생략

const KakaoRedirect = lazy(() => import("../pages/member/KakaoRedirectPage"))
```

```
const memberRouter = () => {

  return [
    ...생략
    {
      path:"kakao",
      element: <Suspense fallback={Loading}><KakaoRedirect/></Suspense>,
    }

  ]

}
export default memberRouter
```

브라우저에서 다시 로그인을 시도하면 아래와 같이 전달된 code 값이 출력되는 것을 확인할 수 있습니다.

9.3.2 Access Token 받기

카카오 로그인 결과로 전달되는 인가 코드는 Access Token을 받기 위한 사전 작업입니다. 다(Access Token을 받기 위한 정보는 https://developers.kakao.com/docs/latest/ko/kakaologin/rest-api#request-token을 참고).

Access Token을 받기 위해서는 https://kauth.kakao.com/oauth/token을 호출해야 하고 전달해야 하는 값들은 REST Key 값, Redirect Uri, grant_type(고정값), 인가 코드가 필요합니다.

본문			
이름	타입	설명	필수
grant_type	String	authorization_code로 고정	O
client_id	String	앱 REST API 키 [내 애플리케이션] > [앱 키]에서 확인 가능	O
redirect_uri	String	인가 코드가 리다이렉트된 URI	O
code	String	인가 코드 받기 요청으로 얻은 인가 코드	O
client_secret	String	토큰 발급 시, 보안을 강화하기 위해 추가 확인하는 코드 [내 애플리케이션] > [보안]에서 설정 가능 ON 상태인 경우 필수 설정해야 함	X

Access Token 호출

kakaoApi.js에 getAccessToken( ) 함수를 추가합니다. 인가 코드는 매번 변경되므로 파라미터로 처리합니다.

```
import axios from "axios";

const rest_api_key =`a09fff59f94e18………..ba7c87d00`  //REST키값
const redirect_uri =`http://localhost:3000/member/kakao`

const auth_code_path = `https://kauth.kakao.com/oauth/authorize`

const access_token_url =`https://kauth.kakao.com/oauth/token`  //추가

export const getKakaoLoginLink = () => {

  const kakaoURL = `${auth_code_path}?client_id=${rest_api_key}&redirect_uri=${redirect_uri}&response_type=code`;

  return kakaoURL

}
```

```
export const getAccessToken = async (authCode) => {

  const header = {
   headers: {
     "Content-Type": "application/x-www-form-urlencoded",
   }
  }
  const params = {
    grant_type: "authorization_code",
    client_id: rest_api_key,
    redirect_uri: redirect_uri,
    code:authCode
  }

  const res = await axios.post(access_token_url, params , header)

  const accessToken = res.data.access_token

  return accessToken
}
```

KakaoRedirectPage에서는 useEffect( )를 사용해서 인가 코드가 변경되었을 때 getAccessToken( )을 호출하도록 변경합니다.

```
import { useEffect } from "react";
import { useSearchParams } from "react-router-dom";
import { getAccessToken } from "../../api/kakaoApi";

const KakaoRedirectPage = () => {

  const [searchParams] = useSearchParams()

  const authCode = searchParams.get("code")

  useEffect(() => {

    getAccessToken(authCode).then(data => {
      console.log(data)
```

```
    })
  }, [authCode])

  return (
  <div>
    <div>Kakao Login Redirect</div>
    <div>{authCode}</div>
  </div>
  )
}

export default KakaoRedirectPage;
```

브라우저에서 카카오 로그인을 수행하면 쿼리스트링으로 전달된 인가 코드를 이용해서 다시 카카오 서비스와 연동된 Access Token 값을 확인할 수 있습니다.

9.4 API 서버에서 Access Token 처리

예제에서는 프런트 환경에서 Access Token까지 처리하고 API 서버에 이를 전달해서 API 서버 내에서 사용자와 관련된 처리를 하는 방식으로 구성할 것입니다. 따라서, API 서버에 추가적인 기능을 개발해야 합니다.

카카오 서비스에서 사용자 정보를 가져오기 위해서는 'https://kapi.kakao.com/v2/user/me'를 Access Token을 이용해서 호출해야 합니다(https://developers.kakao.com/docs/latest/ko/kakaologin/rest-api#req-user-info).

사용자 정보 가져오기

기본 정보

메서드	URL	인증 방식
GET/POST	https://kapi.kakao.com/v2/user/me	액세스 토큰 서비스 앱 어드민 키

9.4.1 MemberService의 개발

API 서버에서는 Access Token으로 기존의 회원정보를 이용하거나 새로운 회원으로 추가할 것이므로 서비스 계층을 만들어서 처리합니다. service 패키지에는 MemberService/MemberServiceImpl을 추가하고 accessToken을 파라미터로 받아서 로그인 처리에 사용하는 MemberDTO를 반환하는 getKakaoMember( )를 추가합니다.

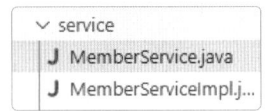

```
package org.zerock.mallapi.service;

import org.springframework.transaction.annotation.Transactional;
import org.zerock.mallapi.dto.MemberDTO;

@Transactional
public interface MemberService {

 MemberDTO getKakaoMember(String accessToken);

}
```

MemberServiceImpl에서는 RestTemplate을 이용해서 카카오 서비스를 호출합니다. 호출 결과는 Map 타입으로 나오는데 이 중에서 이메일 주소를 추출합니다.

```
package org.zerock.mallapi.service;

import java.util.LinkedHashMap;
```

```java
import org.springframework.http.HttpEntity;
import org.springframework.http.HttpHeaders;
import org.springframework.http.HttpMethod;
import org.springframework.http.ResponseEntity;
import org.springframework.stereotype.Service;
import org.springframework.web.client.RestTemplate;
import org.springframework.web.util.UriComponents;
import org.springframework.web.util.UriComponentsBuilder;
import org.zerock.mallapi.dto.MemberDTO;
import org.zerock.mallapi.repository.MemberRepository;

import lombok.RequiredArgsConstructor;
import lombok.extern.log4j.Log4j2;

@Service
@RequiredArgsConstructor
@Log4j2
public class MemberServiceImpl implements MemberService {

  private final MemberRepository memberRepository;

  @Override
  public MemberDTO getKakaoMember(String accessToken) {

    String email = getEmailFromKakaoAccessToken(accessToken);

    log.info("email: " + email );

    return null;
  }

  private String getEmailFromKakaoAccessToken(String accessToken){

    String kakaoGetUserURL = "https://kapi.kakao.com/v2/user/me";

    if(accessToken == null){
      throw new RuntimeException("Access Token is null");
    }
    RestTemplate restTemplate = new RestTemplate();

    HttpHeaders headers = new HttpHeaders();
    headers.add("Authorization", "Bearer " + accessToken);
    headers.add("Content-Type","application/x-www-form-urlencoded");
    HttpEntity<String> entity = new HttpEntity<>(headers);

    UriComponents uriBuilder = UriComponentsBuilder.fromHttpUrl(kakaoGetUserURL).build();

    ResponseEntity<LinkedHashMap> response =
```

```
        restTemplate.exchange(
        uriBuilder.toString(),
        HttpMethod.GET,
        entity,
        LinkedHashMap.class);

    log.info(response);

    LinkedHashMap<String, LinkedHashMap> bodyMap = response.getBody();

    log.info("-----------------------------------");
    log.info(bodyMap);

    LinkedHashMap<String, String> kakaoAccount = bodyMap.get("kakao_
account");

    log.info("kakaoAccount: " + kakaoAccount);

    return kakaoAccount.get("email");

  }

}
```

9.4.2 SocialController의 개발

MemberService의 호출은 SocialController로 처리합니다. 우선은 MemberService의 동작을 확인하는 목적으로 문자열의 배열과 같이 의미가 없는 결과를 반환하고 MemberService의 getMemberFromKakao( )를 호출하도록 작성합니다.

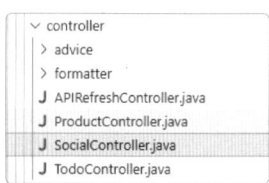

```
package org.zerock.mallapi.controller;

import org.springframework.web.bind.annotation.GetMapping;
import org.springframework.web.bind.annotation.RestController;
import org.zerock.mallapi.service.MemberService;

import lombok.RequiredArgsConstructor;
```

```
import lombok.extern.log4j.Log4j2;

@RestController
@Log4j2
@RequiredArgsConstructor
public class SocialController {

  private final MemberService memberService;

  @GetMapping("/api/member/kakao")
  public String[] getMemberFromKakao(String accessToken) {

    log.info("access Token ");
    log.info(accessToken);

    memberService.getKakaoMember(accessToken);

    return new String[]{"AAA","BBB","CCC"};
  }
}
```

9.4.3 리액트의 호출 테스트

리액트에서는 인가 코드를 이용해서 API 서버를 호출하는 기능을 kakaoApi.js 내 getMemberWithAccessToken( )을 추가합니다.

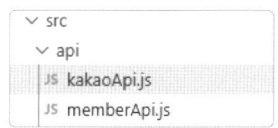

```
import axios from "axios";
import { API_SERVER_HOST } from "./todoApi";

...생략
export const getMemberWithAccessToken = async(accessToken) => {

  const res = await axios.get(`${API_SERVER_HOST}/api/member/kakao?accessToken=${accessToken}`)

  return res.data
}
```

KakaoRedirectPage에서는 Access Token을 받은 후 getMemberWithAccessToken( )을 호출하도록 수정합니다.

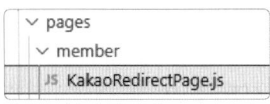

```
import { useEffect } from "react";
import { useSearchParams } from "react-router-dom";
import { getAccessToken, getMemberWithAccessToken } from "../../api/kakaoApi";

const KakaoRedirectPage = () => {

  const [searchParams] = useSearchParams()

  const authCode = searchParams.get("code")

  useEffect(() => {

    getAccessToken(authCode).then(accessToken => {
      console.log(accessToken)

      getMemberWithAccessToken(accessToken).then(memberInfo => {

        console.log("--------------------")
        console.log(memberInfo)

      })

    })
  }, [authCode])

  return (
    <div>
      <div>Kakao Login Redirect</div>
      <div>{authCode}</div>
    </div>
  )
}
export default KakaoRedirectPage;
```

API 서버에서는 리액트에서 카카오 로그인을 수행하고 나면 Access Token이 API 서버에 전달되어서 처리되는 로그들을 확인할 수 있습니다.

```
o.z.mallapi.service.MemberServiceImpl    : ----------------------------
o.z.mallapi.service.MemberServiceImpl    : {id=2973973922, connected_at=2023-08-18T14:41:01Z, properties={nickname=zerock}, kakao_account={profile_nickname_needs_agreeme
is_agreement=false, is_email_valid=true, is_email_verified=true, email=cookie_00@naver.com}}
o.z.mallapi.service.MemberServiceImpl    : kakaoAccount: {profile_nickname_needs_agreement=false, profile={nickname=zerock}, has_email=true, email_needs_agreement=false,
naver.com}
```

9.5 자동 회원 추가 및 회원정보의 반환

API 서버가 Access Token을 처리해서 사용자의 이메일 정보를 추출하는 것을 확인했다면 이를 이용해서 데이터베이스에 존재하는 회원인지 처음으로 접근한 회원인지에 따라서 데이터베이스에서 조회 혹은 추가를 해 주어야 합니다.

9.5.1 MemberService 회원 처리

회원정보는 MemberDTO 타입을 통해서 처리되어야 하므로 Member 엔티티 객체를 MemberDTO 객체로 변환하는 entityToDTO( )를 추가합니다.

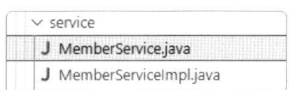

```java
package org.zerock.mallapi.service;

import java.util.stream.Collectors;

import org.springframework.transaction.annotation.Transactional;
import org.zerock.mallapi.domain.Member;
import org.zerock.mallapi.dto.MemberDTO;

@Transactional
public interface MemberService {

  MemberDTO getKakaoMember(String accessToken);

  default MemberDTO entityToDTO(Member member) {

    MemberDTO dto = new MemberDTO(
      member.getEmail(),
      member.getPw(),
      member.getNickname(),
      member.isSocial(),
```

```
        member.getMemberRoleList().stream().map(memberRole -> memberRole.
name()).collect(Collectors.toList()));

    return dto;
  }
}
```

MemberServiceImpl에서는 MemberRepository와 PasswordEncoder를 주입해서 이메일로 회원을 조회하거나 추가합니다(org.springframework.security.crypto.password. PasswordEncoder 추가).

```
@Service
@RequiredArgsConstructor
@Log4j2
public class MemberServiceImpl implements MemberService {

  private final MemberRepository memberRepository;

  private final PasswordEncoder passwordEncoder;
...생략
```

만일 해당 이메일을 가진 회원이 없다면 새로운 회원을 추가할 때 패스워드를 임의로 생성합니다. 이렇게 생성된 패스워드는 PasswordEncoder를 통해서 알아볼 수 없게 되므로 관리자와 사용자 모두 패스워드를 알 수 없게 됩니다(패스워드를 모르기 때문에 일반 로그인은 불가능하게 됩니다. 대신 카카오 로그인 후에는 회원정보를 수정할 수 있도록 구성해서 사용자가 원하는 패스워드를 지정할 수 있도록 변경하도록 유도합니다.).

```
private String makeTempPassword() {

    StringBuffer buffer = new StringBuffer();

    for(int i = 0; i < 10; i++){
      buffer.append( (char) ( (int)(Math.random()*55) + 65 ));
    }
    return buffer.toString();
  }
```

이메일이 존재하지 않는다면 새로운 org.zerock.mallapi.domain.Member 객체를 생성해야 하는데 이를 위한 makeSocialMember( )를 추가합니다(import 필요).

```java
private Member makeSocialMember(String email) {

    String tempPassword = makeTempPassword();

    log.info("tempPassword: " + tempPassword);

    String nickname = "소셜회원";

    Member member = Member.builder()
    .email(email)
    .pw(passwordEncoder.encode(tempPassword))
    .nickname(nickname)
    .social(true)
    .build();

    member.addRole(MemberRole.USER);

    return member;

}
```

추가된 메서드를 이용해서 getKakaoMember( )를 아래와 같이 구성합니다.

```java
@Override
public MemberDTO getKakaoMember(String accessToken) {

  String email = getEmailFromKakaoAccessToken(accessToken);

  log.info("email: " + email );

  Optional<Member> result = memberRepository.findById(email);

  //기존의 회원
  if(result.isPresent()){

    MemberDTO memberDTO = entityToDTO(result.get());

    return memberDTO;

  }
  //회원이 아니었다면
```

```
    //닉네임은 '소셜회원'으로
    //패스워드는 임의로 생성
    Member socialMember = makeSocialMember(email);
    memberRepository.save(socialMember);

    MemberDTO memberDTO = entityToDTO(socialMember);

    return memberDTO;
}
```

9.5.2 컨트롤러의 결과 처리

MemberService 쪽에서 카카오 로그인 사용자에 대한 처리 결과로 반환되는 Member DTO는 SocialController에서 일반 로그인과 동일하게 JSON 데이터가 될 수 있도록 처리합니다. 이때 JWTUtil을 이용해서 API 서버 접근 시에 사용할 Access Token과 Refresh Token을 발행해서 추가합니다.

```
package org.zerock.mallapi.controller;

import java.util.Map;

import org.springframework.web.bind.annotation.GetMapping;
import org.springframework.web.bind.annotation.RestController;
import org.zerock.mallapi.dto.MemberDTO;
import org.zerock.mallapi.service.MemberService;
import org.zerock.mallapi.util.JWTUtil;

import lombok.RequiredArgsConstructor;
import lombok.extern.log4j.Log4j2;

@RestController
@Log4j2
@RequiredArgsConstructor
public class SocialController {
```

```
    private final MemberService memberService;


    @GetMapping("/api/member/kakao")
    public Map<String,Object> getMemberFromKakao(String accessToken) {

      log.info("access Token ");
      log.info(accessToken);

      MemberDTO memberDTO = memberService.getKakaoMember(accessToken);

      Map<String, Object> claims = memberDTO.getClaims();

      String jwtAccessToken = JWTUtil.generateToken(claims, 10);
      String jwtRefreshToken = JWTUtil.generateToken(claims,60*24);

      claims.put("accessToken", jwtAccessToken);
      claims.put("refreshToken", jwtRefreshToken);

      return claims;
    }

}
```

브라우저에서 결과를 확인하면 로그인 결과는 동일한 화면이지만, API 서버와 리액트 양쪽 모두 많은 변화가 있게 됩니다. 우선 카카오 로그인을 브라우저에서 실행합니다.

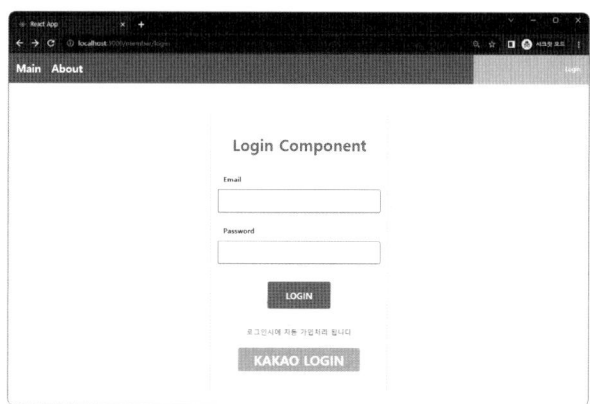

API 서버의 로그를 확인하면 아래와 같이 임의의 패스워드가 생성된 것을 확인할 수 있고, 데이터베이스에 해당 이메일이 없다면 insert문이 처리되는 것을 확인할 수 있습니다.

브라우저의 KakaoRedirectPage에서는 API 서버에서 반환한 사용자 정보를 콘솔창에서 확인할 수 있습니다.

9.5.3 리액트의 로그인 처리

API 서버에서 보내준 데이터는 기존의 로그인 데이터의 구성과 동일하기 때문에 이를 이용해서 로그인을 처리합니다. 로그인 처리는 loginSlice의 login( )을 사용할 수 있습니다.

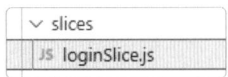

```
import { createAsyncThunk, createSlice } from "@reduxjs/toolkit";
import { loginPost } from "../api/memberApi";

import { getCookie, removeCookie, setCookie } from "../util/cookieUtil";

...생략

const loginSlice = createSlice({
  name: 'LoginSlice',
  initialState: loadMemberCookie()|| initState, //쿠키가 없다면 초깃값사용
  reducers: {
    login: (state, action) => {
      console.log("login.....")

      //{소셜로그인 회원이 사용}
      const payload = action.payload

      setCookie("member",JSON.stringify(payload), 1) //1일
      return payload
    },

    logout: (state, action) => {
        console.log("logout....")

        removeCookie('member')

        return {...initState}
    }
  },
  extraReducers: (builder) => {

    ...생략
  }
})

export const {login,logout} = loginSlice.actions

export default loginSlice.reducer
```

KakaoRedirectPage에서는 API 서버에서 전송한 결과를 dispatch( )를 이용해서 login( )을 호출합니다.

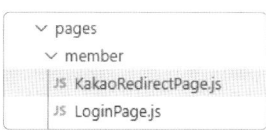

```
import { useEffect } from "react";
import { useSearchParams } from "react-router-dom";
import { getAccessToken, getMemberWithAccessToken } from "../../api/kakaoApi";
import { useDispatch } from "react-redux";
import { login } from "../../slices/loginSlice";

const KakaoRedirectPage = () => {

  const [searchParams] = useSearchParams()

  const dispatch = useDispatch()

  const authCode = searchParams.get("code")

  useEffect(() => {

    getAccessToken(authCode).then(accessToken => {
      console.log(accessToken)

      getMemberWithAccessToken(accessToken).then(memberInfo => {

        console.log("--------------------")
        console.log(memberInfo)

        dispatch(login(memberInfo))

      })

    })

  }, [authCode])

  return (
  <div>
    <div>Kakao Login Redirect</div>
    <div>{authCode}</div>
  </div>
  )
}

export default KakaoRedirectPage;
```

화면에서 카카오 로그인을 실행하면 API 서버에서 전송된 결과로 쿠키가 생성되는 것을 확인할 수 있습니다.

9.5.4 화면 이동 처리

로그인에 대한 쿠키 처리가 완료되었다면 마지막으로 화면을 이동시켜 주어야 합니다. 이 때 카카오 로그인 사용자라면 회원정보를 수정하도록 이동해서 임시로 발행된 패스워드가 아니라 자신이 직접 패스워드나 닉네임을 지정할 수 있어야 합니다.

만일 소셜 로그인한 사용자가 일반 회원이었다면 기존과 동일하게 '/' 경로로 이동할 수 있도록 처리합니다. 이동에 대한 처리는 기존에 만들어 둔 useCustomLogin을 이용합니다.

```
import { useEffect } from "react";
import { useSearchParams } from "react-router-dom";
import { getAccessToken, getMemberWithAccessToken } from "../../api/kakaoApi";
import { useDispatch } from "react-redux";
import { login } from "../../slices/loginSlice";
import useCustomLogin from "../../hooks/useCustomLogin";

const KakaoRedirectPage = () => {

  const [searchParams] = useSearchParams()

  const {moveToPath} = useCustomLogin()

  const dispatch = useDispatch()
```

```
    const authCode = searchParams.get("code")

    useEffect(() => {
      getAccessToken(authCode).then(accessToken => {
        console.log(accessToken)

        getMemberWithAccessToken(accessToken).then(memberInfo => {

          console.log("-------------------")
          console.log(memberInfo)

          dispatch(login(memberInfo))

          //소셜 회원이 아니라면
          if(memberInfo && !memberInfo.social){
            moveToPath("/")
          }else {
            moveToPath("/member/modify")
          }

        })

      })
    }, [authCode])

    return (
    <div>
      <div>Kakao Login Redirect</div>
      <div>{authCode}</div>
    </div>
    )
  }
  export default KakaoRedirectPage;
```

변경된 코드는 현재 데이터베이스에 없는 사용자가 카카오 로그인을 한 경우 '/member/modify'로 이동하게 되는데 아직은 해당 페이지가 없기 때문에 아래와 같이 에러 화면만 보게 됩니다.

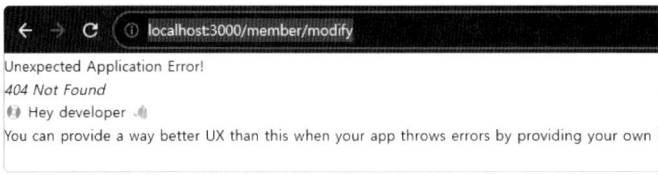

9.6 회원정보 수정

회원정보 수정은 현재 애플리케이션의 상태로 유지되고 있는 사용자 정보로 화면에 출력하고 수정하게 됩니다. 이를 위해서 먼저, 화면에서 회원정보를 수정할 수 있도록 처리하는 작업과, API 서버의 작업, API 서버 연동 순으로 처리합니다.

9.6.1 회원정보 수정 화면 처리

프로젝트의 components/member 폴더에는 ModifyComponent.js를 추가합니다.

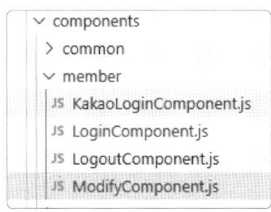

```
import { useEffect } from "react";
import { useState } from "react";
import { useSelector } from "react-redux";

const initState = {
  email: '',
  pw:'',
  nickname:''
}

const ModifyComponent = () => {

  const [member, setMember] = useState(initState)
  const loginInfo = useSelector(state => state.loginSlice)

  useEffect(() => {

    setMember({...loginInfo, pw:'ABCD'})

  },[loginInfo])

  const handleChange = (e) => {

    member[e.target.name] = e.target.value
```

```
    setMember({...member})
  }

  return (
  <div className="mt-6">
    <div className="flex justify-center">
      <div className="relative mb-4 flex w-full flex-wrap items-stretch">
        <div className="w-1/5 p-6 text-right font-bold">Email</div>
        <input className="w-4/5 p-6 rounded-r border border-solid border-neutral-300 shadow-md"
        name="email"
        type={'text'}
        value={member.email}
        readOnly
        >
        </input>

      </div>
    </div>
    <div className="flex justify-center">
      <div className="relative mb-4 flex w-full flex-wrap items-stretch">
        <div className="w-1/5 p-6 text-right font-bold">Password</div>
        <input className="w-4/5 p-6 rounded-r border border-solid border-neutral-300 shadow-md"
        name="pw"
        type={'password'}
        value={member.pw}
        onChange={handleChange}
        >
        </input>

      </div>
    </div>
    <div className="flex justify-center">
      <div className="relative mb-4 flex w-full flex-wrap items-stretch">
        <div className="w-1/5 p-6 text-right font-bold">Nickname</div>
        <input className="w-4/5 p-6 rounded-r border border-solid border-neutral-300 shadow-md"
        name="nickname"
        type={'text'}
        value={member.nickname}
        onChange={handleChange}
        >
        </input>
      </div>
    </div>
    <div className="flex justify-center">
```

```
      <div className="relative mb-4 flex w-full flex-wrap justify-end">
        <button type="button"
          className="rounded p--4 m-2 text-xl w-32 text-white bg-blue-500"
        >
          Modify
        </button>
      </div>
    </div>

  </div>
  );
}

export default ModifyComponent;
```

pages/member에는 ModifyPage를 추가합니다.

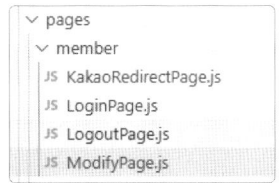

```
import ModifyComponent from "../../components/member/ModifyComponent";
import BasicLayout from "../../layouts/BasicLayout";

const ModfyPage = () => {
  return (
    <BasicLayout>
      <div className=" text-3xl">Member Modify Page</div>

      <div className="bg-white w-full mt-4 p--2">
        <ModifyComponent></ModifyComponent>
      </div>

    </BasicLayout>
  );
}

export default ModfyPage;
```

마지막으로 '/member/modify' 경로에 대한 라우팅 관련 처리를 추가합니다.

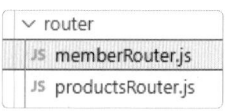

```
import { Suspense, lazy } from "react";
...생략
const MemberModify = lazy(() => import("../pages/member/ModifyPage"))

const memberRouter = () => {
  return [
    ...생략
    {
      path:"modify",
      element: <Suspense fallback={Loading}><MemberModify/></Suspense>,
    },

  ]
}
export default memberRouter
```

데이터 베이스에 존재하지 않는 사용자이거나 카카오 로그인만 했던 사용자의 경우 자동으로 '/member/modify'로 이동하는 것을 확인합니다.

9.6.2 API 서버의 회원정보 수정

API 서버에서는 회원정보를 수정할 수 있도록 기능을 추가합니다. 우선 회원정보를 의미하는 MemberDTO는 스프링 시큐리티와 관련해서 생성자 함수가 존재하므로 컨트롤러에서 파라미터 수집 시에 불편하므로 별도로 MemberModifyDTO를 작성합니다.

```
package org.zerock.mallapi.dto;

import lombok.Data;

@Data
public class MemberModifyDTO {

  private String email;

  private String pw;

  private String nickname;

}
```

MemberService와 MemberServiceImpl에 modify( ) 기능을 추가합니다.

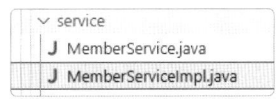

```
package org.zerock.mallapi.service;

import java.util.stream.Collectors;

import org.springframework.transaction.annotation.Transactional;
import org.zerock.mallapi.domain.Member;
import org.zerock.mallapi.dto.MemberDTO;
import org.zerock.mallapi.dto.MemberModifyDTO;

@Transactional
public interface MemberService {

  MemberDTO getKakaoMember(String accessToken);
```

```
    void modifyMember(MemberModifyDTO memberModifyDTO);

    ...생략
}
```

MemberServiceImpl에서는 변경이 가능한 패스워드와 닉네임을 수정하고 social 속성 값을 false로 변경합니다.

```
@Override
public void modifyMember(MemberModifyDTO memberModifyDTO) {

    Optional<Member> result = memberRepository.findById(memberModifyDTO.getEmail());

    Member member = result.orElseThrow();

    member.changePw(passwordEncoder.encode(memberModifyDTO.getPw()));
    member.changeSocial(false);
    member.changeNickname(memberModifyDTO.getNickname());

    memberRepository.save(member);

}
```

SocialController에 회원정보 수정 시에 사용할 메서드를 추가합니다.

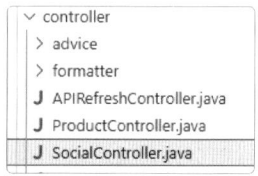

```
@PutMapping("/api/member/modify")
    public Map<String,String> modify(@RequestBody MemberModifyDTO memberModifyDTO) {

    log.info("member modify: " + memberModifyDTO);

    memberService.modifyMember(memberModifyDTO);
```

```
        return Map.of("result","modified");
    }
```

9.6.3 리액트와 API 연동

리액트에서는 작성된 '/api/member/modify' 경로를 호출하는 코드를 memberApi.js에 추가합니다. 회원정보 수정은 로그인이 될 수 있는 사용자만 가능하므로 jwtAxios를 이용합니다.

```
∨ api
  JS kakaoApi.js
  JS memberApi.js
```

```
import axios from "axios"
import { API_SERVER_HOST } from "./todoApi"
import jwtAxios from "../util/jwtUtil"

const host = `${API_SERVER_HOST}/api/member`

export const loginPost = async (loginParam) => {

   ...생략

}

export const modifyMember = async (member) => {

  const res = await jwtAxios.put(`${host}/modify`, member)

  return res.data

}
```

화면을 구성하는 components/member/ModifyComponent에서는 modifyMember( )를 호출하도록 수정합니다.

```
member
  JS KakaoLoginComponent.js
  JS LoginComponent.js
  JS LogoutComponent.js
  JS ModifyComponent.js
```

```javascript
import { useEffect } from "react";
import { useState } from "react";
import { useSelector } from "react-redux";
import { modifyMember } from "../../api/memberApi";

...생략

const ModifyComponent = () => {

  ...생략

  const handleClickModify = () => {

    modifyMember(member)

  }
  return (
    <>
    <div className="text-xl">Member Modify</div>
    ...생략
    <div className="flex justify-center">
      <div className="relative mb-4 flex w-full flex-wrap justify-end">
        <button type="button"
          className="rounded p-4 m-2 text-xl w-32 text-white bg-blue-500"
          onClick={handleClickModify}
        >
          Modify
        </button>
      </div>
    </div>

    </>
  );
}
export default ModifyComponent;
```

브라우저에서 카카오 로그인 후에 회원정보를 수정해 봅니다. 화면에는 변화가 없지만 데이터베이스에서는 변경된 내용을 확인할 수 있는데 특히 기존에 소셜 회원(social) 속성값이 변경된 것을 볼 수 있습니다.

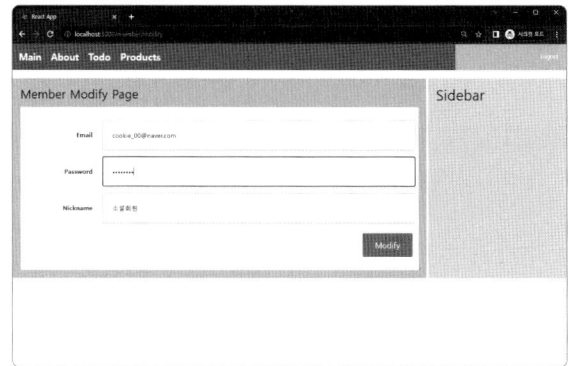

기존의 데이터베이스와 비교해 보면 변경된 부분을 확인할 수 있습니다.

수정 후 다시 로그인 하기

API 서버에서 정상적으로 회원정보가 수정되었다면 결과를 보여주고 다시 로그인 화면으로 이동해서 로그인 해보도록 합니다. 일반 회원으로 전환된 사용자는 카카오 로그인으로 하거나 일반 로그인 모두 가능합니다.

```
import { useEffect } from "react";
import { useState } from "react";
import { useSelector } from "react-redux";
```

```
import { modifyMember } from "../../api/memberApi";
import useCustomLogin from "../../hooks/useCustomLogin";
import ResultModal from "../common/ResultModal";

const initState = {
  email: '',
  pw:'',
  nickname:''
}

const ModifyComponent = () => {

  const [member, setMember] = useState(initState)
  const loginInfo = useSelector(state => state.loginSlice)

  const {moveToLogin} = useCustomLogin()

  const [result, setResult] = useState()

  useEffect(() => {

    setMember({...loginInfo, pw:'ABCD'})

  },[loginInfo])

  const handleChange = (e) => {

    member[e.target.name] = e.target.value

    setMember({...member})

  }

  const handleClickModify = () => {

    modifyMember(member).then(result => {
        setResult('Moodified')
    })
  }

  const colseModal = () => {
    setResult(null)
    moveToLogin()
  }

  return (
  <div className="mt-6">
```

```
        {result? <ResultModal title={'회원정보'} content={'정보수정완료'} 
callbackFn={colseModal}></ResultModal>:<></>}

    <div className="flex justify-center">
       ...생략
    </div>

  </div>
  );
}

export default ModifyComponent;
```

회원정보가 수정되면 로그아웃이 되면서 로그인 페이지로 이동하게 됩니다. 이미 일반 회원으로 전환되었기 때문에 카카오 로그인을 하더라도 '/' 경로로 이동하게 됩니다.

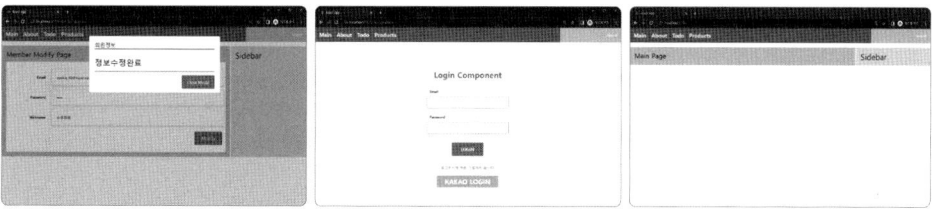

Chapter 10

장바구니 API 만들기

사용자의 인증에 대한 처리가 완료되었다면 로그인한 사용자들이 사용할 수 있는 장바구니 기능을 구현해 보도록 합니다. 장바구니는 JPA의 연관관계를 이용해서 구성하고 @Query를 이용해서 현재 사용자의 장바구니가 가진 상품목록과 수량(장바구니 아이템)들을 반환하는 기능을 구현합니다.

10장의 학습 목표는 다음과 같습니다.

- ➡ JPA의 연관관계를 이용한 장바구니 설계
- ➡ JPQL을 이용한 조인 처리와 Projections를 이용한 DTO 처리
- ➡ 스프링 시큐리티의 로그인 정보를 활용한 사용자 인증 처리

10.1 장바구니 엔티티의 설계

장바구니는 사용자 한 명당 하나의 장바구니를 가지도록 구성되고 하나의 장바구니에는 여러 개의 상품과 해당 상품(장바구니 아이템)의 수량을 넣을 수 있도록 구성됩니다. 이러한 관계를 다이어그램으로 표현하면 아래와 같은 구조가 됩니다.

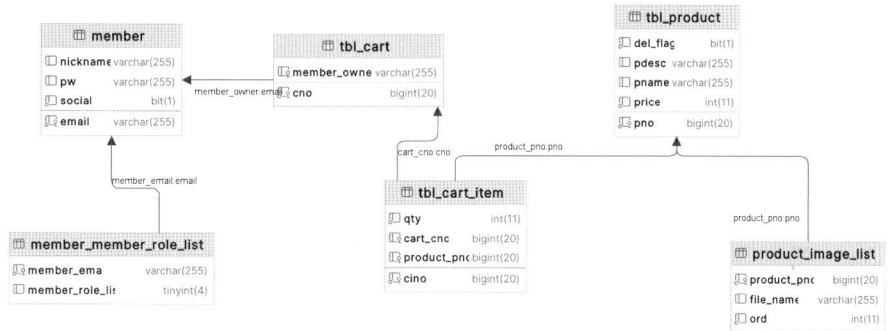

- 사용자(member)과 장바구니(tbl_cart)는 일대일의 관계로 연결됩니다.
- 하나의 장바구니(tbl_cart)는 여러 개의 장바구니 아이템(tbl_cart_item)을 담을 수 있습니다.
- 장바구니 아이템은 상품(tbl_product)과 수량, 장바구니의 번호로 구성됩니다.
- 하나의 상품은 여러 개의 이미지(product_image_list)를 가지고 있습니다.

10.1.1 장바구니 관련 엔티티

장바구니 엔티티는 특정한 사용자(member)의 정보를 일대일(OneToOne)의 관계로 설정하게 됩니다. 프로젝트 내 domain 패키지에 Cart 클래스를 추가합니다.

```
package org.zerock.mallapi.domain;

import jakarta.persistence.*;
import lombok.*;
```

```java
@Entity
@Builder
@AllArgsConstructor
@NoArgsConstructor
@Getter
@ToString(exclude = "owner")
@Table(
  name = "tbl_cart",
  indexes = { @Index(name="idx_cart_email", columnList = "member_owner") }
)
public class Cart {

  @Id
  @GeneratedValue(strategy = GenerationType.IDENTITY)
  private Long cno;

  @OneToOne
  @JoinColumn(name="member_owner")
  private Member owner;

}
```

Cart 엔티티 클래스는 tbl_cart라는 이름의 테이블로 생성하고 주로 사용자의 이메일을 통해서 검색하게 되므로 @Index를 이용해서 테이블 내에 인덱스를 생성합니다.

장바구니 아이템(CartItem)은 상품(Product)과 수량(qty)을 속성으로 가지고 Cart와는 다대일(ManyToOne)의 관계로 tbl_cart_item 이름의 테이블로 생성합니다.

```java
package org.zerock.mallapi.domain;

import jakarta.persistence.*;
import lombok.*;

@Entity
@AllArgsConstructor
@NoArgsConstructor
```

```java
@Getter
@Builder
@ToString(exclude="cart")
@Table(name = "tbl_cart_item", indexes = {
    @Index(columnList = "cart_cno", name = "idx_cartitem_cart"),
    @Index(columnList = "product_pno, cart_cno", name="idx_cartitem_pno_cart")
})
public class CartItem {

  @Id
  @GeneratedValue(strategy = GenerationType.IDENTITY)
  private Long cino;

  @ManyToOne
  @JoinColumn(name = "product_pno")
  private Product product;

  @ManyToOne
  @JoinColumn(name = "cart_cno")
  private Cart cart;

  private int qty;

  public void changeQty(int qty){
    this.qty = qty;
  }

}
```

CartItem의 경우 수정할 수 있는 것이 수량 정도이므로 changeQty( )만을 작성합니다. 장바구니의 아이템은 cino라는 PK가 있긴 하지만 특정한 상품이 특정한 장바구니에 있는지 조회하는 기능이 필요할 수 있으므로 인덱스를 설정해 둡니다.

10.2 장바구니 DTO의 설정

리액트 애플리케이션에서 새로운 상품의 등록이나 상품의 수량 등을 변경하는 등의 작업을 위해서 전달되는 데이터들은 dto 패키지 내에 CartItemDTO 클래스로 작성합니다.

CartItemDTO는 다음과 같은 상황에서 사용됩니다.

- 상품을 조회하는 화면에서 사용자가 자신의 장바구니에 상품을 추가하는 경우 – 전달되는 데이터는 사용자의 이메일, 추가하고 싶은 상품의 번호, 수량
- 장바구니 아이템 목록에서 상품 수량을 조정하는 경우 – 이미 만들어진 장바구니 아이템 번호(cino), 변경하고자 하는 수량

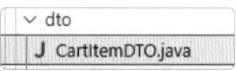

```java
package org.zerock.mallapi.dto;

import lombok.Data;

@Data
public class CartItemDTO {

    private String email;

    private Long pno;

    private int qty;

    private Long cino;

}
```

컨트롤러로 전달되는 목록 데이터는 특정 사용자의 장바구니에 포함된 상품의 정보들과 수량, 이미지 파일들입니다. 이를 CartItemListDTO 클래스를 정의합니다.

```java
package org.zerock.mallapi.dto;

import lombok.Builder;
import lombok.Data;
import lombok.NoArgsConstructor;
```

```java
@Data
@Builder
@NoArgsConstructor
public class CartItemListDTO {

  private Long cino;

  private int qty;

  private Long pno;

  private String pname;

  private int price;

  private String imageFile;

  public CartItemListDTO(Long cino, int qty, Long pno, String pname, int price, String imageFile){
    this.cino = cino;
    this.qty = qty;
    this.pno = pno;
    this.pname = pname;
    this.price = price;
    this.imageFile = imageFile;
  }
}
```

CartItemListDTO에는 특이하게도 직접 생성자를 정의하는데 이는 JPQL을 이용해서 직접 DTO 객체를 생성하는 Projection이라는 방식을 이용하기 위함입니다.

10.3 Repository의 설정

Cart와 CartItem 엔티티 객체를 처리할 Repository를 생성합니다. repository 패키지에 Cart를 처리하는 CartRepository, CartItemRepository 인터페이스를 생성합니다.

10.3.1 CartRepository

CartRepository는 기본적으로 JpaRepository가 제공하는 기능들을 사용자의 이메일을 통해서 Cart를 알아내는 기능을 추가해 줍니다.

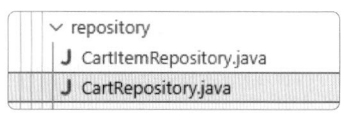

```
package org.zerock.mallapi.repository;

import java.util.Optional;

import org.springframework.data.jpa.repository.JpaRepository;
import org.springframework.data.jpa.repository.Query;
import org.springframework.data.repository.query.Param;

import org.zerock.mallapi.domain.Cart;

public interface CartRepository extends JpaRepository<Cart, Long>{

  @Query("select cart from Cart cart where cart.owner.email = :email")
  public Optional<Cart> getCartOfMember(@Param("email") String email);

}
```

10.3.2 CartItemRepository

CartItemRepository는 여러 엔티티를 JPQL로 조인처리해서 원하는 기능들을 구현해야 합니다.

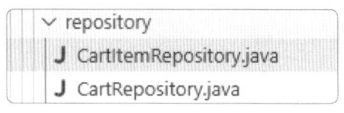

CartItemRepository에는 다음과 같은 기능들을 추가합니다.

- 특정한 사용자의 이메일을 통해서 해당 사용자의 모든 장바구니 아이템을 조회하는 기능
  - 로그인했을 때 사용자가 담은 모든 장바구니 아이템 조회 시에 사용
- 사용자의 이메일과 상품번호로 해당 장바구니 아이템을 알아내는 기능
  - 새로운 상품을 장바구니에 담고자 할 때 기존 장바구니 아이템인지 확인하기 위해서 필요
- 장바구니 아이템이 속한 장바구니의 번호를 알아내는 기능
  - 해당 아이템을 삭제한 후 해당 아이템이 속해 있는 장바구니의 모든 아이템을 알아내기 위해서 필요
- 특정한 장바구니의 번호만으로 해당 장바구니의 모든 장바구니 아이템을 조회하는 기능
  - 특정한 장바구니 아이템을 삭제한 후에 해당 장바구니 아이템이 속해 있는 장바구니의 모든 장바구니 아이템을 조회할 때 필요

CartItemRepository에서 가장 중요한 기능은 여러 엔티티들을 조인처리해서 CartItemListDTO 타입의 객체로 조회하는 기능입니다.

```java
package org.zerock.mallapi.repository;

import java.util.List;
import java.util.Optional;

import org.springframework.data.jpa.repository.JpaRepository;
import org.springframework.data.jpa.repository.Query;
import org.springframework.data.repository.query.Param;
import org.zerock.mallapi.domain.CartItem;
import org.zerock.mallapi.dto.CartItemListDTO;

public interface CartItemRepository extends JpaRepository<CartItem, Long>{

  @Query("select " +
  " new org.zerock.mallapi.dto.CartItemListDTO(ci.cino,  ci.qty,  p.pno, p.pname, p.price , pi.fileName )  " +
  " from " +
  "   CartItem ci inner join Cart mc on ci.cart = mc " +
  "   left join Product p on ci.product = p " +
  "   left join p.imageList pi" +
  " where " +
  "   mc.owner.email = :email and pi.ord = 0 " +
  " order by ci desc ")
  public List<CartItemListDTO> getItemsOfCartDTOByEmail(@Param("email") String email);

  @Query("select" +
  " ci "+
  " from " +
  "   CartItem ci inner join Cart c on ci.cart = c " +
```

```
    " where " +
    "   c.owner.email = :email and ci.product.pno = :pno")
    public CartItem getItemOfPno(@Param("email") String email,
@Param("pno") Long pno );

    @Query("select " +
    "   c.cno " +
    "from " +
    "  Cart c inner join CartItem ci on ci.cart = c " +
    " where " +
    "   ci.cino = :cino")
    public Long getCartFromItem( @Param("cino") Long cino);


    @Query("select new org.zerock.mallapi.dto.CartItemListDTO(ci.cino,
ci.qty,  p.pno, p.pname, p.price , pi.fileName ) " +
    " from " +
    "   CartItem ci inner join Cart mc on ci.cart = mc " +
    "   left join Product p on ci.product = p " +
    "   left join p.imageList pi" +
    " where " +
    "   mc.cno = :cno and pi.ord = 0 " +
    " order by ci desc ")
    public List<CartItemListDTO> getItemsOfCartDTOByCart(@Param("cno") Long
cno);

}
```

인터페이스에 선언된 getItemsOfCartDTOByEmail( )이나 getItemsOfCartDTOByCart( )는 Projection을 이용해서 직접 CartItemListDTO 타입의 객체들을 반환하는 방식으로 작성합니다.

장바구니 아이템 추가 테스트

장바구니에 새로운 장바구니 아이템을 추가하는 경우에 전달되는 데이터는 다음과 같습니다.

- 사용자의 이메일(email)
- 현재 상품의 번호(pno)
- 수량(qty)

장바구니 아이템 추가는 우선 이메일을 이용해서 현재 사용자의 장바구니에 해당 상품으로 만들어진 장바구니 아이템이 있는지를 확인해야 합니다. 만일 해당 장바구니 아이템이 있다면 수량(qty)만 변경해서 저장하고 그렇지 않다면 새로운 장바구니 아이템을 만들어서 저장해야 합니다. 이때 장바구니 자체가 없을 수도 있었기 때문에 장바구니를 체크하는 로직이 중간에 필요합니다.

테스트 코드를 위해 CartRepositoryTests를 작성합니다.

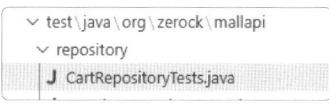

가장 먼저 화면에서 특정한 상품을 선택해서 장바구니에 추가하는 경우를 테스트합니다.

```java
package org.zerock.mallapi.repository;

import java.util.*;

import org.junit.jupiter.api.Test;
import org.springframework.beans.factory.annotation.Autowired;
import org.springframework.boot.test.context.SpringBootTest;
import org.springframework.test.annotation.Commit;
import org.zerock.mallapi.domain.*;

import jakarta.transaction.Transactional;
import lombok.extern.log4j.Log4j2;

@SpringBootTest
@Log4j2
public class CartRepositoryTests {

    @Autowired
    private CartRepository cartRepository;

    @Autowired
    private CartItemRepository cartItemRepository;

    @Transactional
    @Commit
    @Test
    public void testInsertByProduct() {

        log.info("test1----------------------");
```

```java
        //사용자가 전송하는 정보
        String email = "user1@aaa.com";
        Long pno = 5L;
        int qty = 1;

        //만일 기존에 사용자의 장바구니 아이템이 있었다면
        CartItem cartItem = cartItemRepository.getItemOfPno(email, pno);

        if(cartItem != null) {
          cartItem.changeQty(qty);
          cartItemRepository.save(cartItem);

          return;
        }

        //장바구니 아이템이 없었다면 장바구니부터 확인 필요

        //사용자가 장바구니를 만든적이 있는지 확인
        Optional<Cart> result = cartRepository.getCartOfMember(email);

        Cart cart = null;

        //사용자의 장바구니가 존재하지 않으면 장바구니 생성
        if(result.isEmpty()) {

          log.info("MemberCart is not exist!!");

          Member member = Member.builder().email(email).build();

          Cart tempCart = Cart.builder().owner(member).build();

          cart = cartRepository.save(tempCart);

        }else {

          cart = result.get();
        }

        log.info(cart);

        //-------------------------------------------------------------

        if(cartItem == null){
          Product product = Product.builder().pno(pno).build();
          cartItem = CartItem.builder().product(product).cart(cart).qty(qty).build();

        }
        //상품 아이템 저장
        cartItemRepository.save(cartItem);
    }

}
```

테스트 코드를 실행하면 아래와 같은 테이블 생성 DDL이 실행되고 인덱스나 FK 등이 설정됩니다.

```
Hibernate:
    create table tbl_cart (
        cno bigint not null auto_increment,
        member_owner varchar(255),
        primary key (cno)
    ) engine=InnoDB
Hibernate:
    create table tbl_cart_item (
        cino bigint not null auto_increment,
        qty integer not null,
        cart_cno bigint,
        product_pno bigint,
        primary key (cino)
    ) engine=InnoDB
```

```
Hibernate:
    create index idx_cart_email
        on tbl_cart (member_owner)
Hibernate:
    alter table if exists tbl_cart
        drop index if exists UK_4x59g5i516ao54rb4tnf1x85d
Hibernate:
    alter table if exists tbl_cart
        add constraint UK_4x59g5i516ao54rb4tnf1x85d unique (member_owner)
Hibernate:
    create index idx_cartitem_cart
        on tbl_cart_item (cart_cno)
Hibernate:
    create index idx_cartitem_pno_cart
        on tbl_cart_item (product_pno, cart_cno)
```

장바구니 테이블(tbl_cart)에는 아무것도 없었기 때문에 새로운 장바구니가 생성된 후에 새로운 장바구니 아이템이 추가됩니다.

```
Hibernate:
    insert
    into
        tbl_cart
        (member_owner)
    values
        (?)
```

```
Hibernate:
    insert
    into
        tbl_cart_item
        (cart_cno,product_pno,qty)
    values
        (?,?,?)
```

테스트의 결과로는 tbl_cart에 하나의 데이터가 생성되고, tbl_cart_item에도 하나의 데이터가 추가됩니다.

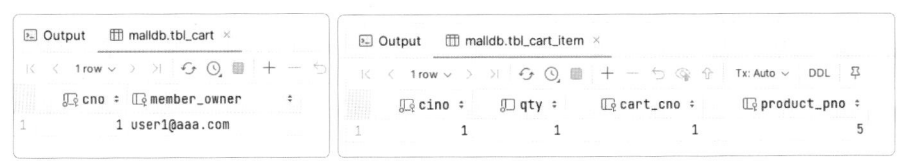

테스트 코드를 다시 한번 실행해 보면 이미 해당 사용자의 장바구니에 해당 상품에 대한 장바구니 아이템이 존재하기 때문에 update가 실행되는 것을 확인할 수 있습니다. 기존의 코드에서 상품의 수량을 아래와 같이 변경하고 테스트를 실행하면 마지막에는 update 문이 실행되는 것을 확인할 수 있습니다(기존과 동일한 경우 update가 실행되지 않으므로 주의).

```
//사용자가 전송하는 정보
String email = "user1@aaa.com";
Long pno = 5L;
int qty = 2;
```

```
Hibernate:
    update
        tbl_cart_item
    set
        cart_cno=?,
        product_pno=?,
        qty=?
    where
        cino=?
```

장바구니 아이템 수정 테스트

일반적인 장바구니 화면을 생각해보면 특정한 장바구니 아이템의 수량을 조정하는 경우가 많습니다. 이 경우에는 이미 장바구니 아이템 고유의 PK가 있는 상황이므로 이를 이용해서 수정할 수 있습니다.

```java
@Test
@Commit
public void tesstUpdateByCino() {

    Long cino = 1L;

    int qty = 4;

    Optional<CartItem> result = cartItemRepository.findById(cino);

    CartItem cartItem = result.orElseThrow();

    cartItem.changeQty(qty);

    cartItemRepository.save(cartItem);

}
```

현재 사용자의 장바구니 아이템 목록 테스트

사용자가 로그인을 했다면 사용자의 장바구니 아이템 목록을 볼 수 있는 기능을 테스트합니다.

```java
@Test
public void testListOfMember() {

    String email = "user1@aaa.com";

    List<CartItemListDTO> cartItemList = cartItemRepository.
getItemsOfCartDTOByEmail(email);

    for (CartItemListDTO dto : cartItemList) {
      log.info(dto);
    }

}
```

테스트 코드를 실행해 보면 여러 테이블이 조인으로 처리되어 한 번에 목록 데이터를 구하고 이를 DTO로 변환한 것을 볼 수 있습니다.

```
select
    c1_0.cino,
    c1_0.qty,
    p1_0.pno,
    p1_0.pname,
    p1_0.price,
    i1_0.file_name
from
    tbl_cart_item c1_0
join
    tbl_cart c2_0
        on c1_0.cart_cno=c2_0.cno
left join
    tbl_product p1_0
        on c1_0.product_pno=p1_0.pno
left join
    product_image_list i1_0
        on p1_0.pno=i1_0.product_pno
where
    c2_0.member_owner=?
    and i1_0.ord=0
order by
    c1_0.cino desc
```

`CartItemListDTO(cino=1, qty=4, pno=5, pname=새로운 상품, price=6000, imageFile=60d25003-e30d-4267-`

장바구니 아이템 삭제와 목록 조회

장바구니 아이템을 삭제하는 기능 자체는 JpaRepository의 기능을 그대로 이용하겠지만 주의해야 하는 부분은 해당 장바구니 아이템이 삭제된 후에 다시 해당 아이템이 있었던 장바구니의 모든 장바구니 아이템 목록을 반환해야만 합니다. 때문에 해당 장바구니 아이템을 삭제하기 전에 해당 장바구니의 번호를 구해두고 삭제 후에 이를 이용해서 장바구니 아이템 목록을 구하는 방식으로 구현합니다.

테스트 코드에서는 임시로 실제 장바구니 아이템의 삭제 부분은 주석으로 처리하고 장바구니 아이템 목록을 구해봅니다(코드에서 deleteById( ).).

```java
@Test
public void testDeleteThenList() {

    Long cino = 1L;

    //장바구니 번호
    Long cno = cartItemRepository.getCartFromItem(cino);

    //삭제는 임시로 주석처리
    //cartItemRepository.deleteById(cino);

    //목록
    List<CartItemListDTO> cartItemList = cartItemRepository.getItemsOfCartDTOByCart(cno);

    for (CartItemListDTO dto : cartItemList) {
       log.info(dto);
    }
}
```

테스트 코드를 실행하면 아래와 같이 특정한 장바구니의 모든 장바구니 아이템들을 조회하는 것을 확인할 수 있습니다.

```
select
    c1_0.cino,
    c1_0.qty,
    p1_0.pno,
    p1_0.pname,
    p1_0.price,
    i1_0.file_name
from
    tbl_cart_item c1_0
join
    tbl_cart c2_0
        on c1_0.cart_cno=c2_0.cno
left join
    tbl_product p1_0
        on c1_0.product_pno=p1_0.pno
left join
    product_image_list i1_0
        on p1_0.pno=i1_0.product_pno
where
    c2_0.cno=?
    and i1_0.ord=0
order by
    c1_0.cino desc
```

10.4 장바구니 서비스 계층의 설계/구현

장바구니 서비스는 service 패키지 내에 CartService와 CartServiceImpl로 구현합니다.

CartService에는 장바구니 아이템을 추가하거나 수정하는 기능이 CartItemDTO를 이용하므로 하나의 메서드로 설계하고 사용자의 장바구니 아이템들의 조회와 장바구니 아이템의 삭제 기능을 선언합니다.

```java
package org.zerock.mallapi.service;

import java.util.List;

import org.zerock.mallapi.dto.CartItemDTO;
import org.zerock.mallapi.dto.CartItemListDTO;

import jakarta.transaction.Transactional;

@Transactional
public interface CartService {

    //장바구니 아이템 추가 혹은 변경
    public List<CartItemListDTO> addOrModify(CartItemDTO cartItemDTO);

    //모든 장바구니 아이템 목록
    public List<CartItemListDTO> getCartItems(String email);

    //아이템 삭제
    public List<CartItemListDTO> remove(Long cino);

}
```

메서드들의 리턴 타입이 모두 List<CartItemListDTO>인 것은 장바구니 아이템을 처리한 후에는 화면에 새로 갱신해야 하는 장바구니 아이템들의 데이터가 필요하기 때문입니다.

CartServiceImpl에서의 구현은 아래와 같습니다.

```java
package org.zerock.mallapi.service;

import java.util.*;

import org.springframework.stereotype.Service;

import org.zerock.mallapi.domain.*;
import org.zerock.mallapi.dto.*;
import org.zerock.mallapi.repository.*;
import lombok.RequiredArgsConstructor;
import lombok.extern.log4j.Log4j2;

@RequiredArgsConstructor
@Service
@Log4j2
public class CartServiceImpl implements CartService {

  private final CartRepository cartRepository;

  private final CartItemRepository cartItemRepository;

  @Override
  public List<CartItemListDTO> addOrModify(CartItemDTO cartItemDTO) {

    String email = cartItemDTO.getEmail();

    Long pno = cartItemDTO.getPno();

    int qty = cartItemDTO.getQty();

    Long cino = cartItemDTO.getCino();

    if(cino != null) { //장바구니 아이템 번호가 있어서 수량만 변경하는 경우

      Optional<CartItem> cartItemResult = cartItemRepository.findById(cino);

      CartItem cartItem = cartItemResult.orElseThrow();

      cartItem.changeQty(qty);

      cartItemRepository.save(cartItem);

      return getCartItems(email);
    }

    //장바구니 아이템 번호 cino가 없는 경우

    //사용자의 카트
    Cart cart = getCart(email);

    CartItem cartItem = null;

    //이미 동일한 상품이 담긴적이 있을 수 있으므로
    cartItem = cartItemRepository.getItemOfPno(email, pno);

    if(cartItem == null){
```

```java
      Product product = Product.builder().pno(pno).build();
      cartItem = CartItem.builder().product(product).cart(cart).qty(qty).build();

    }else {
      cartItem.changeQty(qty);
    }

    //상품 아이템 저장
    cartItemRepository.save(cartItem);

    return getCartItems(email);
  }

  //사용자의 장바구니가 없었다면 새로운 장바구니를 생성하고 반환
  private Cart getCart(String email ){

    Cart cart = null;

    Optional<Cart> result = cartRepository.getCartOfMember(email);

    if(result.isEmpty()) {

      log.info("Cart of the member is not exist!!");

      Member member = Member.builder().email(email).build();

      Cart tempCart = Cart.builder().owner(member).build();

      cart = cartRepository.save(tempCart);

    }else {
      cart = result.get();
    }

    return cart;

  }

  @Override
  public List<CartItemListDTO> getCartItems(String email) {

    return cartItemRepository.getItemsOfCartDTOByEmail(email);
  }

  @Override
  public List<CartItemListDTO> remove(Long cino) {

    Long cno  = cartItemRepository.getCartFromItem(cino);

    log.info("cart no: " + cno);

    cartItemRepository.deleteById(cino);

    return cartItemRepository.getItemsOfCartDTOByCart(cno);
  }
}
```

10.5 컨트롤러 계층과 테스트

장바구니 관련 기능은 controller 패키지에 CartController를 추가해서 구현합니다. 외부에서 호출하는 경로는 '/api/cart/'로 시작하도록 구현합니다. '/api/member'를 제외하면 모든 기능은 JWTCheckFilter를 거치기 때문에 CartController는 스프링 시큐리티 관련 기능을 사용하도록 구현합니다.

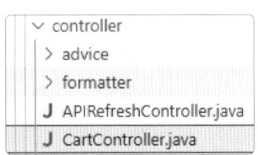

```
package org.zerock.mallapi.controller;

import org.springframework.web.bind.annotation.*;

import org.zerock.mallapi.service.CartService;

import lombok.RequiredArgsConstructor;
import lombok.extern.log4j.Log4j2;

@RestController
@RequiredArgsConstructor
@Log4j2
@RequestMapping("/api/cart")
public class CartController {

    private final CartService cartService;
}
```

CartController는 CartService 타입의 객체를 주입받도록 설계합니다.

10.5.1 장바구니 아이템의 추가/수정

장바구니 아이템의 추가/수정에서는 장바구니 아이템의 수량(qty)에 중점을 두고 코드를 작성합니다. 만일 수량이 0보다 작은 상태가 되면 실제로는 삭제로 처리하고 장바구니 아이템 목록을 반환합니다.

```java
package org.zerock.mallapi.controller;

import java.util.List;

import org.springframework.security.access.prepost.PreAuthorize;
import org.springframework.web.bind.annotation.*;
import org.zerock.mallapi.dto.*;

import org.zerock.mallapi.service.CartService;

import lombok.RequiredArgsConstructor;
import lombok.extern.log4j.Log4j2;

@RestController
@RequiredArgsConstructor
@Log4j2
@RequestMapping("/api/cart")
public class CartController {

  private final CartService cartService;

  @PreAuthorize("#itemDTO.email == authentication.name")
  @PostMapping("/change")
  public List<CartItemListDTO> changeCart( @RequestBody CartItemDTO itemDTO){

    log.info(itemDTO);

    if(itemDTO.getQty() <= 0) {
      return cartService.remove(itemDTO.getCino());
    }

    return cartService.addOrModify(itemDTO);
  }
}
```

chageCart( )에서는 현재 로그인한 사용자의 이메일과 파라미터로 전달된 CartItemDTO의 이메일 주소가 같아야만 호출이 가능하도록 @PreAuthorize 표현식을 적용합니다. 만일 두 이메일 정보가 일치하지 않는다면 접근 권한이 없는(Access Denied) 상황으로 처리됩니다.

테스트를 위해서는 우선 '/api/member/login'을 이용해서 로그인을 통해 만들어지는 Access Token을 활용해야 합니다.

'/api/cart/change'를 호출할 때 Authorization 헤더를 지정합니다.

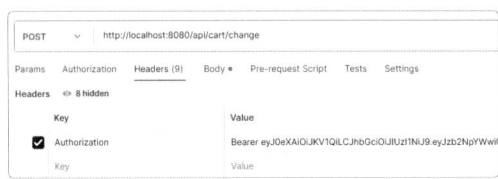

특정한 상품을 추가하는 경우 장바구니 아이템의 번호가 없는 상태가 되므로 이를 JSON 으로 전송합니다.

상품번호(pno)를 변경하면 새로운 상품이 추가되는지 확인합니다.

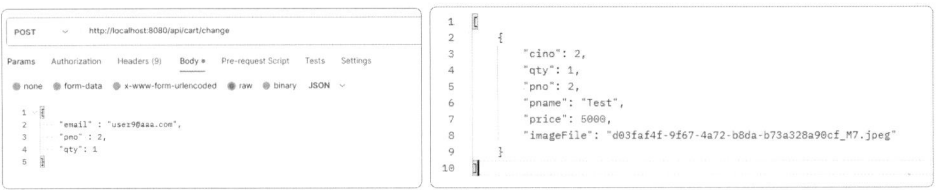

만일 장바구니 아이템 번호가 전달되면 이를 이용하므로 상품번호는 없어도 무방합니다. 예를 들어 아래의 왼쪽과 같이 3번 아이템의 수량(qty)을 변경하고자 했다면 아래의 오른쪽 그림과 같이 cino값을 전달하면 됩니다.

```
{
    "cino": 3,
    "qty": 1,
    "pno": 3,
    "pname": "Test",
    "price": 5000,
    "imageFile": "b3792126-cb05-4b44-ab3c-4890deb61e21_M7.jpeg"
},
```

```
1  {
2      "email" : "user9@aaa.com",
3      "cino" : 3,
4      "qty": 3
5  }
```

10.5.2 사용자의 장바구니 목록

사용자의 장바구니 목록은 '/api/cart/items'로 조회할 수 있도록 구성합니다. 호출 시에는 시큐리티를 통해서 사용자의 인증 정보를 이용하도록 구성합니다.

```java
@PreAuthorize("hasAnyRole('ROLE_USER')")
@GetMapping("/items")
public List<CartItemListDTO> getCartItems(Principal principal) {

    String email = principal.getName();
    log.info("-------------------------------------------");
    log.info("email: " + email );

    return cartService.getCartItems(email);
}
```

getItems( )의 파라미터로 java.security.Principal 타입을 지정하는데 이를 이용하면 현재 사용자의 정보에 접근이 가능합니다. 주로 다운캐스팅해서 사용하거나 예제와 같이 getName( )을 이용해서 username(예제에서는 이메일)값을 파악할 때 사용합니다.

Postman에서는 별도의 파라미터의 전달없이 GET 방식으로 확인이 가능합니다.

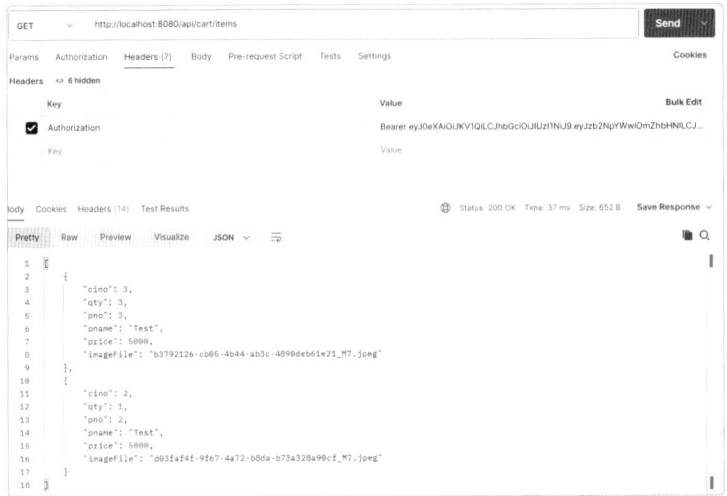

10.5.3 장바구니 아이템의 삭제

장바구니 아이템의 삭제는 장바구니 아이템 번호(cino)를 이용해서 DELETE 방식으로 호출하는 경우에 동작하게 합니다. 다만, 실제 해당 수량(qty)이 0 이하가 된다면 삭제와 동일한 의미이기 때문에 실제로 직접 호출될 가능성은 많지 않을 것입니다.

```java
@PreAuthorize("hasAnyRole('ROLE_USER')")
@DeleteMapping("/{cino}")
public List<CartItemListDTO> removeFromCart( @PathVariable("cino") Long cino){

    log.info("cart item no: " + cino);

    return cartService.remove(cino);
}
```

장바구니는 시큐리티와 같이 접목되기 때문에 각 기능에 대해서 테스트를 반드시 실행해서 동작에 문제가 없는지 확인한 후에 리액트 개발을 이어가야만 합니다.

Chapter 11

리액트 장바구니 구성

11장에서는 이전 장에서 API 서버에 구성된 장바구니 관련 기능을 리액트를 이용해서 실제 화면을 구성해 봅니다. 리덕스 툴킷을 이용해서 로그인 상황에 따라 장바구니에 상품을 추가하고 변경하는 작업을 처리해 봅니다.

11장의 학습 목표는 다음과 같습니다.

- ➡ 리덕스 툴킷을 이용한 장바구니 상태 관리
- ➡ API 서버와 장바구니 상태 동기화 처리

11.1 API 서버와 통신

가장 먼저 할 일은 프로젝트 내 api 폴더에 cartApi.js를 추가하고 장바구니 관련 기능들을 정리해 두는 것입니다.

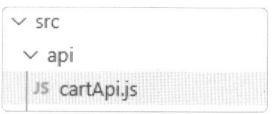

```
import jwtAxios from "../util/jwtUtil"
import { API_SERVER_HOST } from "./todoApi"

const host = `${API_SERVER_HOST}/api/cart`

export const getCartItems = async ( ) => {
  const res = await jwtAxios.get(`${host}/items`)
  return res.data
}

export const postChangeCart = async (cartItem) => {
  const res = await jwtAxios.post(`${host}/change`, cartItem)
  return res.data
}
```

cartApi.js에는 현재 사용자의 로그인 정보를 이용하기 때문에 jwtAxios를 이용해서 API 서버를 호출해야 합니다. getCartItems( )는 현재 사용자의 장바구니에 담겨 있는 장바구니 아이템들을 조회하기 위해서 사용하고 장바구니 아이템을 추가하거나 수량을 변경하는 기능은 postChangeCart( )를 이용할 것입니다.

11.1.1 cartSlice의 작성

cartApi.js의 기능들은 리덕스 툴킷에서 createAsyncThunk( )를 작성해서 사용할 것이므로 cartSlice.js를 구성하고 store.js에 이를 추가해 줍니다.

프로젝트 내 slices 폴더 내에 cartSlice.js를 추가합니다.

```
import { createAsyncThunk, createSlice } from "@reduxjs/toolkit";
import { getCartItems, postChangeCart } from "../api/cartApi";

export const getCartItemsAsync = createAsyncThunk('getCartItemsAsync', () => {

  return getCartItems()

})

export const postChangeCartAsync = createAsyncThunk('postCartItemsAsync',
(param) => {

  return postChangeCart(param)

})

const initState = []

const cartSlice = createSlice({
  name: 'cartSlice',
  initialState: initState,

  extraReducers: (builder) => {
    builder.addCase(
      getCartItemsAsync.fulfilled, (state, action) => {
        console.log("getCartItemsAsync fulfilled")

        return action.payload
      }
    )
    .addCase(
      postChangeCartAsync.fulfilled, (state, action) => {

        console.log("postCartItemsAsync fulfilled")

        return action.payload
      }
    )
  }
})

export default cartSlice.reducer
```

cartSlice에는 우선 cartApi에 정의된 기능들을 createAsyncThunk로 구성하고 이를 이용해서 비동기 호출의 상태에 따른 결과를 처리할 수 있도록 구성합니다. 장바구니의 경우 초기 상태는 빈 배열을 이용하고 API 서버의 호출 결과는 모두 장바구니 아이템들의 배열이므로 이를 상태 데이터로 보관합니다.

장바구니 상태는 로그인과 달리 모든 데이터는 API 서버에 의존합니다. 로그인을 한 순간 API 서버로부터 현재 사용자의 장바구니 아이템들을 가져오고 사용자가 리액트 화면에서 변경하면 즉각적으로 서버와 동기화될 필요가 있습니다. 만일 유지하려는 상태 데이터가 상대적으로 덜 중요하다고 판단된다면 반드시 데이터베이스로 보관되지 않아도 괜찮습니다. 예를 들어 대부분의 쇼핑몰들은 고객이 최근에 본 상품목록의 경우 쿠키나 로컬 스토리지를 이용해서 보관하지만, 해당 상태 데이터의 중요성이 높다고 판단되면 반드시 데이터베이스로 보관합니다.

store.js에는 cartSlice를 추가합니다.

```
import { configureStore } from '@reduxjs/toolkit'
import loginSlice from './slices/loginSlice'
import cartSlice from './slices/cartSlice'

export default configureStore({
  reducer: {
    "loginSlice": loginSlice,
    "cartSlice" : cartSlice
  }
})
```

11.2 장바구니용 컴포넌트

장바구니를 사용하기 위한 기능들이 완성되었다면 컴포넌트를 이용해서 이를 확인하도록 합니다. 장바구니는 화면에서 Sidebar라고 출력되는 화면에 추가하도록 하고 이를 위한 컴포넌트를 작성합니다.

프로젝트 내 components/menus 폴더에 CartComponent.js 파일을 추가합니다.

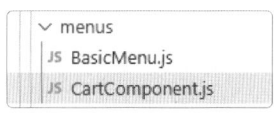

```
const CartComponent = () => {
  return (
  <div className="w-full">
    <div>Cart</div>
  </div>
  );
}

export default CartComponent;
```

CartComponent는 BasicLayout 내부에서 기본 레이아웃의 일부로 사용되도록 수정합니다.

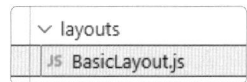

```
import BasicMenu from "../components/menus/BasicMenu";
import CartComponent from "../components/menus/CartComponent";

const BasicLayout = ({children}) => {
  return (
  <>

    {/* 기존 헤더 대신 BasicMenu*/ }
    <BasicMenu/>

    {/* 상단 여백 my-5 제거 */}
    <div
    className="bg-white my-5 w-full min-w-full flex flex-col space-y-1
md:flex-row md:space-x-1 md:space-y-0">

      <main
      className="bg-sky-300 md:w-2/3 lg:w-3/4 px-5 py-5 ">
      {/* 상단 여백 py-40 변경 flex 제거 */}
        {children}
```

```
      </main>

      <aside
      className="bg-green-300 md:w-1/3 lg:w-1/4 px-5 flex py-5">
      {/* 상단 여백 py-40 제거 flex 제거 */}

        <CartComponent/>

      </aside>

    </div>
  </>
  );
}
export default BasicLayout;
```

브라우저를 통해서 Sidebar 영역에 CartComponent가 출력되는지를 확인합니다.

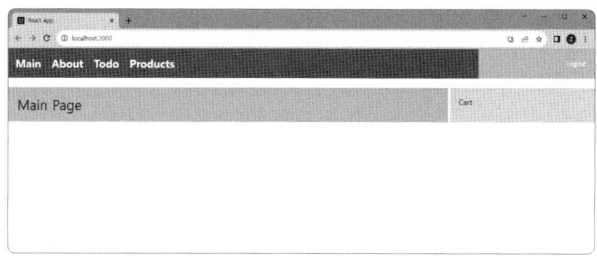

11.2.1 로그인 상태 체크와 장바구니

CartComponent는 현재 로그인한 상황에 따라서 API 서버의 장바구니 기능을 호출해야 합니다. 따라서 CartComponent에서는 useCustomLogin 훅을 이용해서 로그인 여부를 확인합니다.

```
import useCustomLogin from "../../hooks/useCustomLogin";

const CartComponent = () => {

  const {isLogin, loginState} = useCustomLogin();

  return (
  <div className="w-full">
```

```
      {isLogin ?
      <div> {loginState.nickname}'s Cart</div>
      :
      <div></div>
      }
    </div>
    );
}

export default CartComponent;
```

브라우저에서는 로그인 여부에 따라서 사용자의 nickname이 출력되거나(아래 왼쪽) 아무 것도 보이지 않게 됩니다(아래 오른쪽).

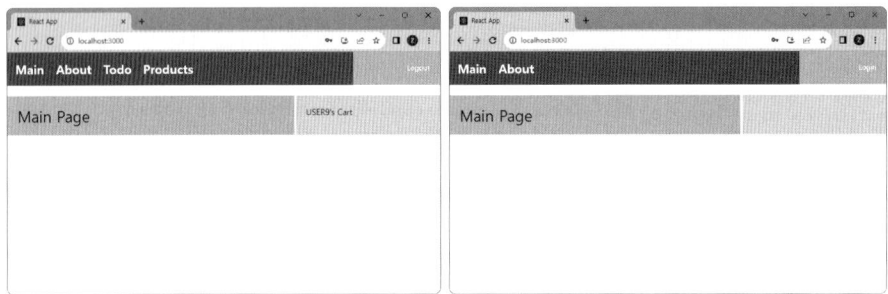

장바구니 아이템 가져오기

현재 사용자가 로그인이 되었다면 장바구니 API를 호출하도록 CartComponent를 수정합니다.

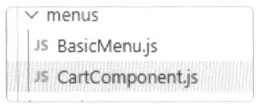

```
import { useEffect } from "react";
import useCustomLogin from "../../hooks/useCustomLogin";
import { getCartItemsAsync } from "../../slices/cartSlice";
import { useDispatch } from "react-redux";
```

```
const CartComponent = () => {
  const {isLogin, loginState} = useCustomLogin();
  const dispatch = useDispatch()
  useEffect(() => {
    if(isLogin) {
      dispatch(getCartItemsAsync())
    }
  },[isLogin])
  return (
  <div className="w-full">
    {isLogin ?
    <div> {loginState.nickname}'s Cart</div>
    :
    <div></div>
    }
  </div>
  );
}
export default CartComponent;
```

코드에서는 useEffect( )를 이용해서 로그인 상황이 되면 cartSlice를 이용해서 장바구니 아이템들을 가져오도록 합니다. 아직 브라우저 화면에서는 아무런 변화가 없지만, 로그인이 된 상황에서 API 서버를 호출하는 것을 확인할 수 있습니다.

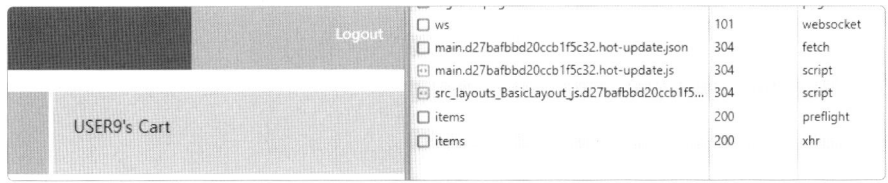

API 서버의 호출이 확인되었다면 화면에 현재 화면에 장바구니 아이템의 숫자를 출력해 보도록 합니다. 예를 들어 아래와 같이 현재 사용자가 2개의 장바구니 아이템이 있다면 화면에 '2'를 출력하도록 구성해 봅니다.

```
1  [
2    {
3      "cino": 2,
4      "qty": 1,
5      "pno": 5,
6      "pname": "상품4",
7      "price": 400,
8      "imageFile": "IMAGE1.jpg"
9    },
10   {
11     "cino": 1,
12     "qty": 1,
13     "pno": 3,
14     "pname": "상품2",
15     "price": 200,
16     "imageFile": "IMAGE1.jpg"
17   }
18 ]
```

```
import { useEffect } from "react";
import useCustomLogin from "../../hooks/useCustomLogin";
import { getCartItemsAsync } from "../../slices/cartSlice";
import { useDispatch, useSelector } from "react-redux";

const CartComponent = () => {

  const {isLogin, loginState} = useCustomLogin();

  const dispatch = useDispatch()

  const cartItems = useSelector(state => state.cartSlice)

  useEffect(() => {

    if(isLogin) {

      dispatch(getCartItemsAsync())
    }

  },[isLogin])

  return (
  <div className="w-full">
    {isLogin ?
    <div className="flex">
      <div className="m-2 font-extrabold">
        {loginState.nickname}'s Cart
      </div>
      <div className="bg-orange-600 w-9 text-center text-white font-bold rounded-full m-2">{cartItems.length}</div>
    </div>
    :
    <div></div>
    }
  </div>
```

```
  );
}

export default CartComponent;
```

11.2.2 커스텀 훅으로 정리하기

장바구니와 관련된 기능들을 정리해 보면 useCustomLogin과도 밀접하게 관련이 있고 useDispatch, useSelecto 등도 사용해야 할 일이 많습니다.

이러한 기능들을 hooks 폴더에 useCustomCart.js로 구성합니다.

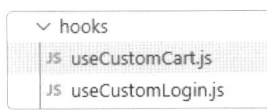

```
import { useDispatch, useSelector } from "react-redux"
import { getCartItemsAsync, postChangeCartAsync } from "../slices/cartSlice"

const useCustomCart = () => {

  const cartItems = useSelector(state => state.cartSlice)

  const dispatch = useDispatch()

  const refreshCart = () => {

    dispatch(getCartItemsAsync())

  }

  const changeCart = (param) => {

    dispatch(postChangeCartAsync(param))
  }

  return {cartItems, refreshCart, changeCart}

}

export default useCustomCart
```

useCustomCart는 로그인 관련 데이터와 장바구니 관련 호출 기능을 refreshCart와 chagneCart로 반환합니다.

CartComponet는 작성된 useCustomCart를 이용하도록 수정합니다.

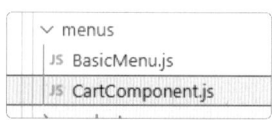

```
import { useEffect } from "react";
import useCustomLogin from "../../hooks/useCustomLogin";
import useCustomCart from "../../hooks/useCustomCart";

const CartComponent = () => {

  const {isLogin, loginState} = useCustomLogin()

  const {refreshCart, cartItems} = useCustomCart()

  useEffect(() => {

    if(isLogin) {

      refreshCart()
    }

  },[isLogin])


  return (
  <div className="w-full">
    {isLogin ?

    <div className="flex">
      <div className="m-2 font-extrabold">
        {loginState.nickname}'s Cart
      </div>
      <div className="bg-orange-600 w-9 text-center text-white font-bold rounded-full m-2">{cartItems.length}</div>
    </div>

    :
```

```
      <div></div>
    }
  </div>
  );
}

export default CartComponent;
```

11.3 장바구니 아이템 컴포넌트

브라우저에서는 장바구니에 있는 장바구니 아이템 목록의 개수만 출력해 주었으므로 실제 내용물을 보여주는 컴포넌트를 구성해 봅니다.

components 폴더에 cart 폴더를 추가하고 CartItemComponent를 추가합니다.

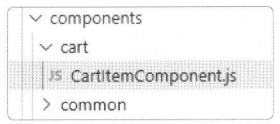

CartItemComponent는 장바구니 아이템을 출력하는 용도이므로 이에 대한 데이터를 속성으로 전달받도록 구성합니다.

```
const CartItemComponent = ({cino, pname, price, pno, qty, imageFile}) => {
  return (
    <>
      <div>{cino} -- {pname} </div>
    </>
  );
}

export default CartItemComponent;
```

menus 폴더의 CartComponent에서 각 장바구니 아이템을 CartItemComponent로 출력합니다.

```
import { useEffect } from "react";
import useCustomLogin from "../../hooks/useCustomLogin";
import useCustomCart from "../../hooks/useCustomCart";
import CartItemComponent from "../cart/CartItemComponent";

const CartComponent = () => {

  const {isLogin, loginState} = useCustomLogin()

  const {refreshCart, cartItems} = useCustomCart()

  useEffect(() => {

    if(isLogin) {
      refreshCart()
    }
  },[isLogin])

  return (
  <div className="w-full">
    {isLogin ?

    <div className="flex flex-col">

      <div className="w-full flex">
        <div className="font-extrabold text-2xl w-4/5">
          {loginState.nickname}'s Cart
        </div>
        <div className="bg-orange-600 text-center text-white font-bold w-1/5 rounded-full m-1">
          {cartItems.length}
        </div>
      </div>

      <div>
        <ul>
          {cartItems.map( item => <CartItemComponent {...item} key={item.cino}/>)}
        </ul>
```

480　　코드로 배우는 리액트

```
        </div>
      </div>
      :
      <></>
      }
    </div>
  );
}
export default CartComponent;
```

브라우저에서는 장바구니의 아이템에 대한 정보가 출력되는 것을 볼 수 있습니다.

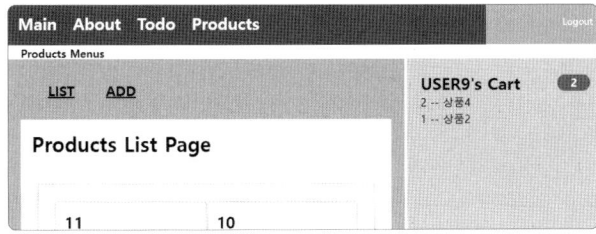

11.3.1 장바구니 아이템 출력

cart 폴더의 CartItemComponent는 〈ul〉 안에 들어가는 내용물이므로 〈li〉를 이용해서 구현합니다.

```
import { API_SERVER_HOST } from "../../api/todoApi";

const host = API_SERVER_HOST

const CartItemComponent = ({cino, pname, price, pno, qty, imageFile}) => {

  const handleClickQty = (amount) => {

  }
```

```
return (
<li key={cino} className="border-2">
    <div className="w-full border-2">
      <div className=" m-1 p-1 ">
        <img src={`${host}/api/products/view/s_${imageFile}`}/>
      </div>

      <div className="justify-center p-2 text-xl ">
        <div className="justify-end w-full">
        </div>
        <div>Cart Item No: {cino}</div>
        <div>Pno: {pno}</div>
        <div>Name: {pname}</div>
        <div>Price: {price}</div>
        <div className="flex ">
          <div className="w-2/3">
            Qty: {qty}
          </div>
          <div>
          <button
            className="m-1 p-1 text-2xl bg-orange-500 w-8 rounded-lg"
            onClick={() => handleClickQty(1)}
            >
            +
          </button>
          <button
            className="m-1 p-1 text-2xl bg-orange-500 w-8 rounded-lg"
            onClick={() => handleClickQty(-1)}
            >
            -
          </button>
          </div>
        </div>
        <div>
        <div className="flex text-white font--bold p-2 justify-center">
          <button
            className="m-1 p-1 text-xl text-white bg-red-500 w-8 rounded-lg"
            onClick={() => handleClickQty(-1 * qty)}
            >
            X
          </button>
        </div>
        <div className='font-extrabold border-t-2 text-right m-2 pr-4'>
          {qty * price} 원
        </div>
      </div>
```

```
            </div>
        </div>
    </li>
    );
}

export default CartItemComponent;
```

CartItemComponent에는 수량을 변경하는 버튼(+, -)과 삭제 버튼(x)을 만들어서 상품의 수량을 변경하고 이를 handleClickQty( )를 이용해서 처리합니다. 특히, 삭제는 현재 수량만큼 음수의 값을 더해서 0으로 변경하는데 API 서버에서는 수량이 0으로 변경되면 장바구니 아이템이 삭제되는 것을 이용하기 위해서입니다. 하나의 장바구니 아이템은 아래 오른쪽 그림과 같은 구성을 가지게 됩니다.

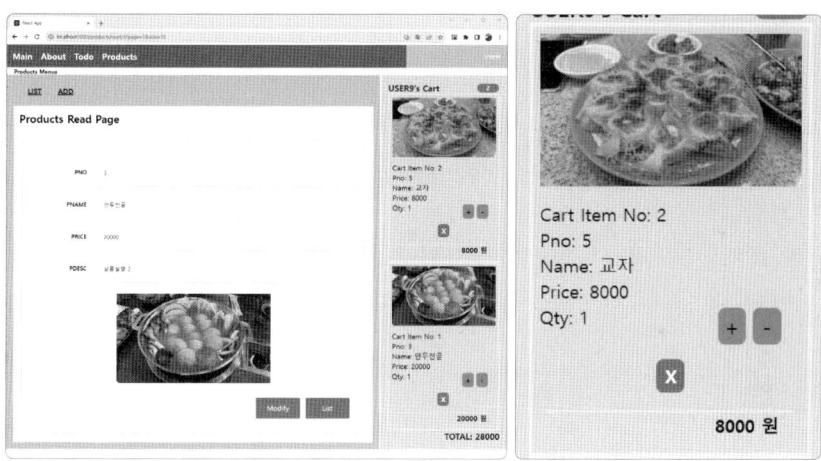

수량 변경 이벤트 처리

수량을 변경하는 부분은 이미 useCustomCart( )에서 꺼낼 수 있는 changeCart를 CartItemComponent에 속성으로 전달해서 사용합니다.

```
import { useEffect, useMemo } from "react";
import useCustomCart from "../../hooks/useCustomCart";
import CartItemComponent from "../cart/CartItemComponent";

const CartComponent = () => {
  ...생략
  const { refreshCart, cartItems, changeCart } = useCustomCart();
...
      <div>
        <ul>
          {cartItems.map( item =>
            <CartItemComponent {...item} key={item.cino}
changeCart={changeCart} />
          )}
        </ul>
      </div>
...생략
```

CartItemComponent는 전달받은 changeCart를 이용해서 호출합니다.

```
const CartItemComponent = ({cino, pname, price, pno, qty, imageFile,
changeCart}) => {

  const handleClickQty = (amount) => {

    changeCart({cino: cino, pno: pno, qty: qty + amount})

  }
...생략
```

changeCart( )로 전달되는 파라미터에는 사용자의 이메일이 없기 때문에 403(Forbidden) 에러가 발생합니다.

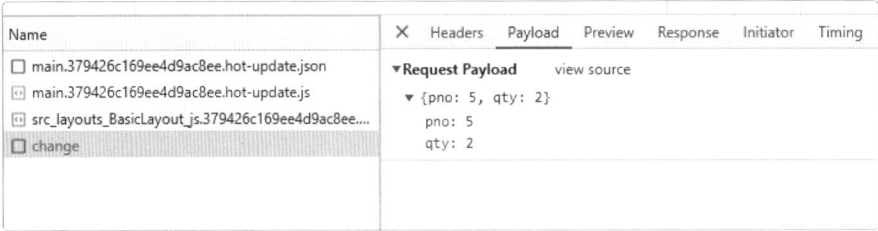

이메일 전달

장바구니 아이템의 수량을 변경하거나 추가하기 위해서 현재 사용자의 이메일이 필요합니다. 이에 대한 처리를 CartComponent에서 추출해서 CartItemComponent의 속성으로 전달해서 처리합니다.

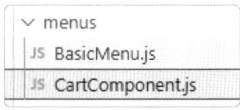

```
<div>
  <ul>
    {cartItems.map( item =>
      <CartItemComponent {...item}
        key={item.cino}
        changeCart ={changeCart}
        email={loginState.email}/>)}
  </ul>
</div>
```

CartItemComponent에서는 email 속성을 추가해서 장바구니 수량 변경 시에 사용합니다.

```
const CartItemComponent = ({cino, pname, price, pno, qty, imageFile,
changeCart, email}) => {

  const handleClickQty = (amount) => {

    changeCart({ email, cino, pno, qty: qty + amount})
  }
```

브라우저에서 버튼들을 클릭해 보면 수량과 해당 아이템의 가격과 수량을 곱한 가격이 변하는 것을 확인할 수 있습니다.

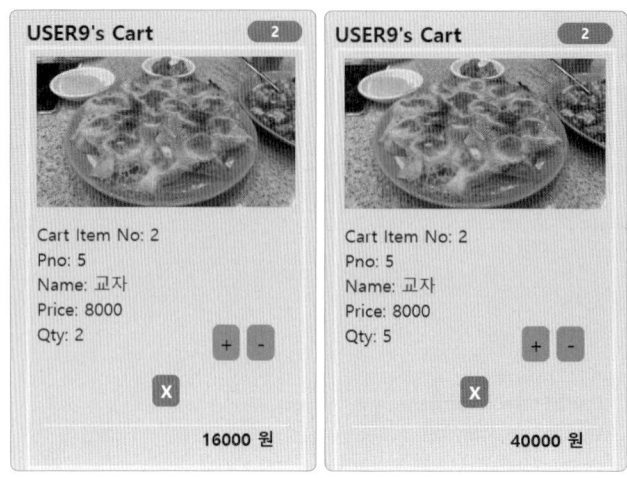

화면에서 삭제 버튼을 클릭하면 해당 장바구니 아이템은 삭제되는 것을 확인할 수 있습니다.

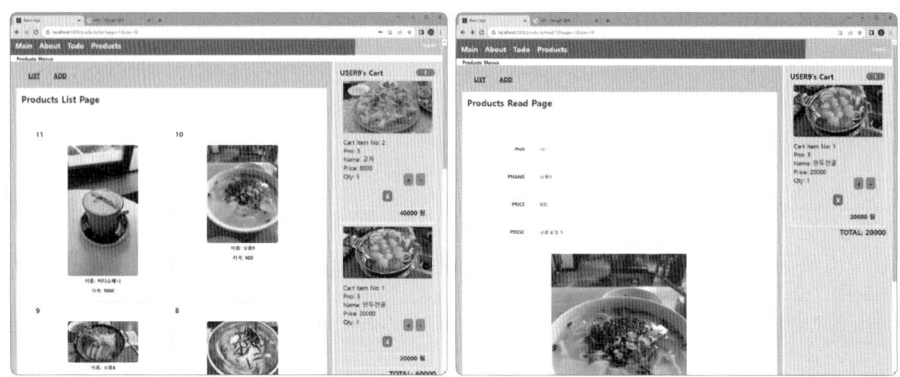

위의 화면을 보면 CartComponent의 마지막에 현재 모든 장바구니 아이템의 수량과 가격의 합산 결과를 볼 수 있는데 이는 다음과 같이 구현할 수 있습니다.

```
import { useEffect,useMemo } from "react";
import useCustomLogin from "../../hooks/useCustomLogin";
import useCustomCart from "../../hooks/useCustomCart";
import CartItemComponent from "../cart/CartItemComponent";

const CartComponent = () => {

  const {isLogin, loginState} = useCustomLogin()

  const {refreshCart, cartItems, changeCart } = useCustomCart()

  const total = useMemo(() => {

    let total = 0

    for(const item of cartItems) {
      total += item.price * item.qty
    }

    return total

  },[cartItems])

  useEffect(() => {

    if(isLogin) {

      refreshCart()
    }

  },[isLogin])

  return (
  <div className="w-full">
    {isLogin ?

    <div className="flex flex-col">

      …생략

      <div>
        <div className="text-2xl text-right font-extrabold">
          TOTAL: {total}
        </div>
      </div>

    </div>
    :
    <></>
    }
```

```
    </div>
  );
}

export default CartComponent;
```

브라우저에서는 상품의 수량을 변경하거나 삭제했을 때 전체 가격이 변경되는 것을 확인할 수 있습니다.

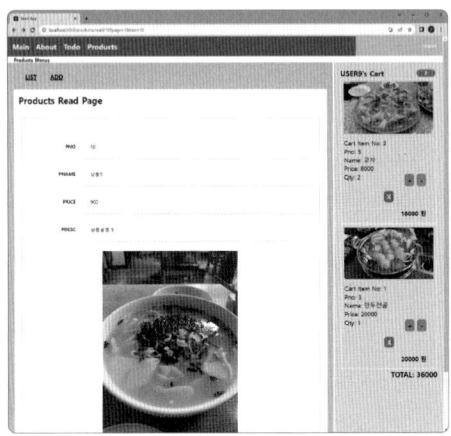

11.4 상품 조회에서 장바구니 추가

장바구니에 존재하는 장바구니 아이템을 변경하거나 삭제하는 작업이 완료되었다면 이제 상품 조회 화면에서 장바구니에 상품을 추가하는 기능을 구현합니다. 상품을 추가하면 장바구니 아이템을 생성하게 되는데 이때 서버에 전달하는 데이터는 '이메일, 상품번호, 수량'입니다. 아래와 같은 상품 조회 화면에는 장바구니에 담기 버튼을 추가해 주어야 합니다.

11.4.1 상품 조회 기능 수정

바구니에 상품 추가 기능은 components/products/ReadComponet.js를 수정해야만 합니다.

화면 아래쪽에는 'Add Cart' 버튼을 추가하고 useCustomCart의 changeCart와 cartItems를 이용합니다. 기존에 장바구니에 해당 상품을 추가했던 적이 있을 수 있으므로 cartItems를 이용해서 검사합니다.

```
import { useEffect, useState } from "react"
import {getOne} from "../../api/productsApi"
import { API_SERVER_HOST } from "../../api/todoApi"
import useCustomMove from "../../hooks/useCustomMove"
import FetchingModal from "../common/FetchingModal"
import useCustomCart from "../../hooks/useCustomCart"
import useCustomLogin from "../../hooks/useCustomLogin"

const initState = {
```

```
  pno:0,
  pname: '',
  pdesc: '',
  price: 0,
  uploadFileNames:[]
}

const host = API_SERVER_HOST

const ReadComponent = ({pno }) => {

  const [product, setProduct] = useState(initState)

  //화면 이동용 함수
  const {moveToList, moveToModify} = useCustomMove()

  //fetching
  const [fetching, setFetching] = useState(false)

  //장바구니 기능
  const {changeCart, cartItems} = useCustomCart()

  //로그인 정보
  const {loginState} = useCustomLogin()

  const handleClickAddCart = () => {

    let qty = 1

    const addedItem = cartItems.filter(item => item.pno === parseInt(pno))[0]

      if(addedItem) {
        if(window.confirm("이미 추가된 상품입니다. 추가하시겠습니까? ") === false) {
          return
        }
        qty = addedItem.qty + 1
      }

      changeCart({email: loginState.email, pno:pno, qty:qty})

}

…생략…
      <div className="flex justify-end p-4">
        <button type="button"
          className="inline-block rounded p-4 m-2 text-xl w-32  text-white bg-green-500"
          onClick={handleClickAddCart}
        >
          Add Cart
        </button>
```

```
            <button type="button"
              className="inline-block rounded p-4 m-2 text-xl w-32  text-
    white bg-red-500"
              onClick={() => moveToModify(pno)}
            >
              Modify
            </button>
            <button type="button"
              className="rounded p-4 m-2 text-xl w-32 text-white bg-blue-500"
              onClick={moveToList}
            >
              List
            </button>
         </div>
    ...생략
```

'Add Cart' 버튼의 이벤트 처리는 handleClickAddCart( )를 통해서 처리하고 내부에서는 추가된 적이 있는 상품인지 검사해서 경고창을 보여줍니다. 장바구니에 추가된 적이 없는 상품은 경고창 없이 장바구니에 바로 추가됩니다.

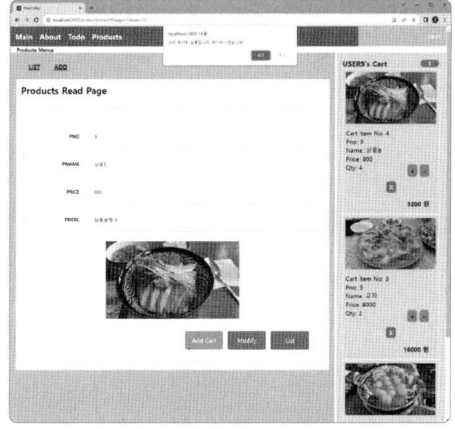

고려해야 하는 점들

장바구니의 모든 정보는 데이터베이스를 이용해서 보관되기 때문에 애플리케이션 내의 상태 데이터라고 인식하기보다는 컴포넌트 간의 공유 데이터라고 보는 것이 더 적합한 설명이 될 수 있습니다. 실제 장바구니 구현의 고민은 조금 다른 곳에 있는데, 상품 정보가 수정되거나 삭제되는 경우입니다. 삭제의 경우는 FK로 작성되기 때문에 서버에서 문제가 발생할 수 있습니다만, 상품의 이름이나 가격을 수정하는 경우는 조금 사정이 다릅니다.

예를 들어 '상품 가격이 수정되었다면 현재 상품을 장바구니에 담은 모든 사용자는 장바구니 내에 존재하는 상품 가격이 실시간으로 변동되어야 할까?'는 상당히 중요한 문제입니다. 이에 대한 가장 완벽한 해결책은 상품 자체가 불변 데이터인 경우가 되겠지만, 이는 변경되지 않는 것을 상정하기 때문에 논외의 상황이 됩니다.

이에 대한 절충안은 약간의 시간(5분/10분)을 두고 자동으로 갱신되도록 하는 것입니다. 최근 개발에서는 다양한 라이브러리를 이용해서 일정 시간 동안만 리액트에서 데이터를 캐싱하는 기능들을 구현할 수 있을 것입니다.

만일 최대한 실시간에 가깝게 데이터를 처리해야 한다면 Firebase를 이용하는 것이 가장 현실적인 해결책이 될 것입니다.

Chapter 12

리액트 쿼리와 리코일

리액트의 인기 요인 중의 하나는 방대한 생태계에 있습니다. 리액트의 버전이 변경되면서 추가되는 기능보다 빠른 속도로 라이브러리나 프레임워크들이 등장하고 있는 상황입니다.

12장에서는 비동기 처리를 더욱 손쉽게 할 수 있는 리액트 쿼리(React Query)와 리덕스 대신에 많이 사용하는 상태관리 라이브러리인 리코일(Recoil)을 이용합니다. 리액트 쿼리는 기존 서버의 데이터를 캐싱하는 기능을 가지고 있어서 불필요한 서버 호출을 줄여줄 뿐 아니라 간략한 코드로 기능을 구성할 수 있습니다. 리코일은 과거 리덕스(리덕스 툴킷 이전)의 복잡함을 없애고 손쉽게 애플리케이션의 상태관리를 가능하게 합니다.

12장의 학습 목표는 다음과 같습니다.

- ➡ 리액트 쿼리(React Query)의 설정과 상품 관리 적용
- ➡ 리코일(Recoil)의 설정과 로그인 처리 적용

12.1 리액트 쿼리

리액트 애플리케이션 내부의 데이터를 구분하자면 애플리케이션 내부에서 유지되는 데이터와 API 서버에서 발생하는 외부 데이터로 구분할 수 있습니다. React Query(이하 리액트 쿼리)는 이 중에서 주로 외부에서 만들어진 데이터를 관리하는데 도움이 되는 라이브러리입니다.

리액트 쿼리의 가장 중요한 특징은 데이터를 일정 시간 동안 보관하는 캐싱 기능입니다. 단순히 데이터를 보관하는 기능이 아니라 일정 시간이 지나면 새로 서버를 호출하도록 구성할 수도 있습니다. 이를 이용하면 프로젝트에서 장바구니에 담긴 상품이 갱신되었을 때 사용자의 장바구니가 일정 시간 후에는 자동으로 갱신되도록 설정할 수 있게 됩니다.

리액트 쿼리가 일정 시간 동안 데이터를 보관하는 기능(캐싱)을 제공하기 때문에 빈번하게 변경되지 않는 데이터에 대해서 서버 호출을 줄여주는 효과를 기대할 수 있습니다. SNS와 같이 실시간에 가까운 데이터가 아니라면 매번 서버를 호출해야 할 필요가 없기 때문에 리액트 쿼리는 이러한 상황에서 도움이 됩니다. 예제에서는 이전에 개발했던 상품과 사용자의 장바구니에 리액트 쿼리를 적용해 봅니다.

12.1.1 리액트 쿼리의 설정

리액트 쿼리는 3, 4, 5 버전의 사용이 가능한데 예제에서는 4 버전(2023년 10월 현재 공식 버전)을 이용해서 코드를 작성합니다(https://tanstack.com/query/v4/docs/react/overview 버전에 따라서 deprecated된 기능들이 있으므로 주의해야 합니다.).

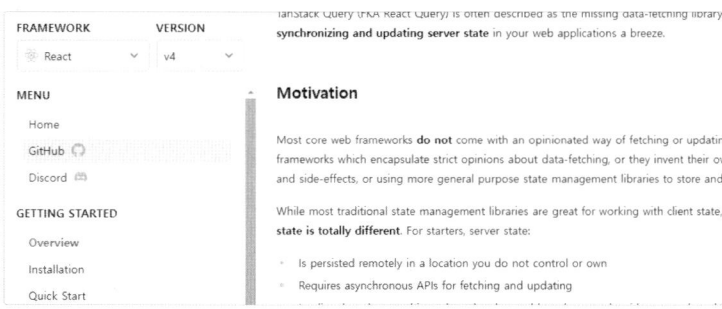

4 버전의 경우 'npm i @tanstack/react-query'를 이용해서 프로젝트에 추가할 수 있습니다.

리액트 쿼리 개발 시에는 개발도구를 같이 설치해서 사용하는 것이 편리하므로 'npm i @tanstack/react-query-devtools'를 이용해서 추가합니다. 추가된 라이브러리는 package.json을 통해서 확인할 수 있습니다.

```
"dependencies": {
  "@reduxjs/toolkit": "^1.9.6",
  "@tanstack/react-query": "^4.35.7",
  "@tanstack/react-query-devtools": "^4.35.7",
  "@testing-library/jest-dom": "^5.17.0",
  "@testing-library/react": "^13.4.0",
  "@testing-library/user-event": "^13.5.0",
```

리액트 쿼리의 기본적인 설정은 애플리케이션 내에서 리액트 쿼리의 QueryClient를 지정하는 것으로 시작합니다. 프로젝트 내에 있는 App.js를 이용해서 설정합니다.

```jsx
import {RouterProvider} from "react-router-dom";
import root from "./router/root";
import { QueryClient, QueryClientProvider } from "@tanstack/react-query";
import { ReactQueryDevtools } from "@tanstack/react-query-devtools";

const queryClient = new QueryClient()

function App() {
  return (
    <QueryClientProvider client={queryClient}>

      <RouterProvider router={root}/>

      <ReactQueryDevtools initialIsOpen={true} />

    </QueryClientProvider>
  );
}

export default App;
```

개발도구와 관련해서 initiallsOpen 속성은 말 그대로 애플리케이션 구동 시에 개발도구를 오픈한 상태에서 시작하는 것을 지정합니다(브라우저 개발자 도구의 application 메뉴에서 localStorage 항목으로 저장된 값을 이용하므로 나중에 이를 조정할 수 있습니다.). 애플리케이션을 실행하면 아래 왼쪽과 같은 화면이 보이고 왼쪽 하단의 'close' 메뉴를 통해서 아이콘만 보이게 설정할 수 있습니다.

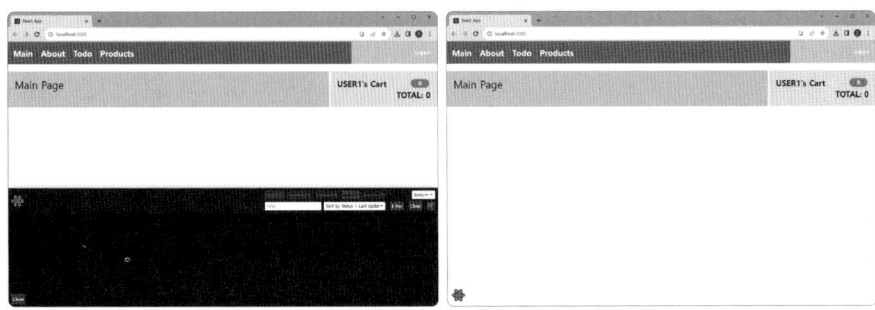

12.1.2 useQuery( )를 이용한 상품 조회

리액트 쿼리의 사용법 중에서 가장 먼저 useQuery( )를 알아보겠습니다. useQuery( )는 특정 데이터를 조회하고 통신 상태나 결과 혹은 에러 데이터 등을 한 번에 처리할 수 있게 도와줍니다. useQuery( )를 이용하기 전에는 useEffect( )를 이용해 서버에서 데이터를 가져온 후에 상태(state)를 변경해 주어야만 했습니다. 이 과정에서 통신 중이거나 통신 완료된 상태를 표현하는 일을 리액트 쿼리로 변환해 봅니다.

상품 조회 기능(components/products/ReadComponent)에서 useQuery( )를 이용해 봅니다.

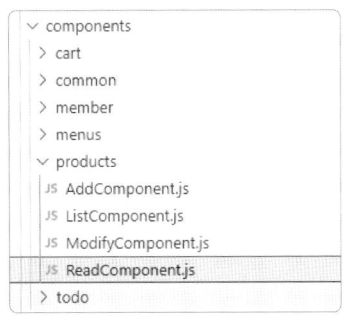

useQuery( )의 파라미터는 크게 '쿼리 키(key), 쿼리 함수, 옵션'으로 구분됩니다. 이 중에서 '쿼리 키(key)'는 리액트 쿼리에서 식별자처럼 사용됩니다.

상품 조회에서 장바구니 부분은 조금 뒤쪽에서 다루기로 하고 상품을 조회해서 출력하는 부분만 다음과 같이 작성해 봅니다(기존의 코드와 비교해 보면 상당히 많은 양의 코드가 줄어드는 것을 확인할 수 있습니다.).

```
import {getOne} from "../../api/productsApi"
import { API_SERVER_HOST } from "../../api/todoApi"
import useCustomMove from "../../hooks/useCustomMove"
import FetchingModal from "../common/FetchingModal"
import { useQuery } from "@tanstack/react-query"

const initState = {
  pno:0,
  pname: '',
  pdesc: '',
  price: 0,
  uploadFileNames:[]
}

const host = API_SERVER_HOST

const ReadComponent = ({pno }) => {

  const {moveToList, moveToModify} = useCustomMove()

  const {isFetching, data } = useQuery(
    ['products', pno],
    ( ) => getOne(pno),
    {
      staleTime: 1000 * 10,
      retry: 1
    }
  )

  const handleClickAddCart = () => {

  }

  const product = data || initState

  return (
```

```
            <div className = "border-2 border-sky-200 mt-10 m-2 p-4">

            {isFetching? <FetchingModal/> :<></>}

                <div className="flex justify-center mt-10">
                    ….생략
                </div>
            </div>
        )
    }
export default ReadComponent
```

useQuery( )의 결과로는 서버 호출의 상태나 데이터 등을 반환하는데 개발자들은 이 중에서 필요한 결과 속성들을 이용하게 됩니다(https://tanstack.com/query/v4/docs/react/reference/useQuery). 예제에서는 isFetching을 이용하는데 isFetching은 서버와 비동기 통신 중인지를 확인할 때 사용할 수 있습니다. data는 서버에서 처리된 결과 데이터를 의미합니다. 이 외에도 error나 isError, isSuccess와 같이 다양한 결과를 활용할 수 있습니다.

isFetching을 이용하면 별도의 useState( ) 없이 FetchingModal을 보여줄 수 있습니다(API 서버의 응답 시간을 Thread.sleep( )을 이용해서 조금 조정한 결과입니다. 로컬 환경에서는 잠깐 눈에 보이는 정도일 수 있습니다.).

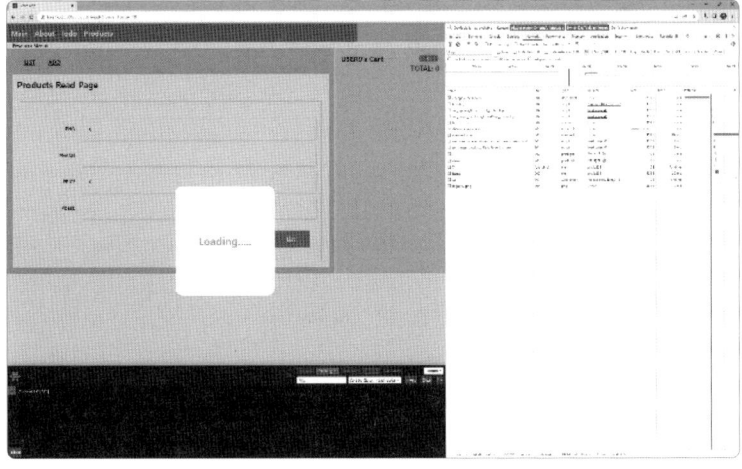

staleTime과 쿼리 키(key)

리액트 쿼리의 가장 중요한 점은 데이터를 보관한다는 것입니다. 데이터의 상태에 따라서 새롭게 데이터를 가져오거나 보관하고 있는 데이터를 활용하게 됩니다.

리액트 쿼리 개발툴에서 서버에서 데이터를 가져오는 동안에는 'fetching' 상태가 되고, 데이터 처리가 완료되면 'fresh' 상태가 됩니다.

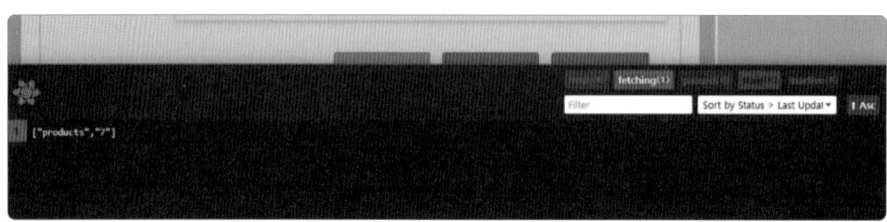

예제 코드에서는 staleTime이라는 것을 지정해 두었는데 staleTime은 '얼마의 시간이 지나면 이 데이터는 더 이상 신선(fresh)하지 않은가?'를 의미합니다. 신선(fresh)하지 않다는 의미는 시간이 지나서 이 데이터를 다시 사용해야 할 때는 다시 최신 데이터를 가져온다는 의미가 됩니다.

개발자 도구를 확인해 보면 'fetching -> fresh -> 10초 후 stale' 상태가 되는 것을 확인할 수 있습니다. 리액트 쿼리는 기본적으로 다시 현재 화면이 활성화될 때 리액트 쿼리가 이를 체크하는데 다른 프로그램을 선택한 후에 다시 리액트 애플리케이션을 선택해 보면 10초 이내에는 서버를 다시 호출하지 않는 것을 볼 수 있습니다(stale이라는 의미가 '신선하지 않은, 상한'의 의미를 가지고 있습니다.).

useQuery( )는 기본적으로 현재 브라우저(윈도)가 활성화되면 다시 서버를 호출하는(refetch) 옵션이 지정되어 있습니다(refetchOnWindowFocus). 이때 stale 상태의 데이터는 이미 오래된 데이터라고 판단되므로 다시 서버를 호출하게 됩니다. 만일 staleTime이 길게 지정되면 fresh한 상태가 오래 지속되므로 다시 서버를 호출하지 않게 됩니다. useQuery( )의 다양한 옵션은 https://tanstack.com/query/v4/docs/react/reference/useQuery에서 확인할 수 있습니다.

12.2 상품목록 페이지

상품목록에서 데이터를 조회하는 기능은 동일하지만 페이지의 번호나 검색 조건 등이 변경될 수 있으므로 useQuery를 이용할 때 주의할 점이 생깁니다.

12.2.1 중복적인 쿼리 키(key)

기존 components/products/ListComponent에 useQuery를 이용해서 page와 size까지 쿼리 키(key)가 되도록 수정합니다.

```
import { getList } from "../../api/productsApi";
import useCustomMove from "../../hooks/useCustomMove";
import FetchingModal from "../common/FetchingModal";
import { API_SERVER_HOST } from "../../api/todoApi";
import PageComponent from "../common/PageComponent";
import useCustomLogin from "../../hooks/useCustomLogin";
import { useQuery } from "@tanstack/react-query";

const initState = {
  dtoList:[],
  pageNumList:[],
  pageRequestDTO: null,
  prev: false,
  next: false,
  totoalCount: 0,
```

```
    prevPage: 0,
    nextPage: 0,
    totalPage: 0,
    current: 0
}

const host = API_SERVER_HOST

const ListComponent = () => {

  const {moveToLoginReturn} = useCustomLogin()

  const {page, size, refresh, moveToList, moveToRead} = useCustomMove()

  const {isFetching, data, error, isError} = useQuery(
    ['products/list' , {page,size}],
    () => getList({page,size})
  )

  if(isError) {
    console.log(error)
    return moveToLoginReturn()
  }

  const serverData = data || initState

  return (
  <div className="border-2 border-blue-100 mt-10 mr--2 ml-2">

    {isFetching? <FetchingModal/> :<></>}

    <div className="flex flex-wrap mx-auto p-6">

      {serverData.dtoList.map(product =>

...생략
      )}
    </div>

    <PageComponent serverData={serverData} movePage={moveToList}></PageComponent>

  </div>

  );
}

export default ListComponent;
```

코드에서는 page와 size까지 쿼리 키(key)로 지정되었습니다. 만일 2페이지를 호출한다면 아래와 같이 쿼리 키(key)가 보관되는 것을 볼 수 있습니다.

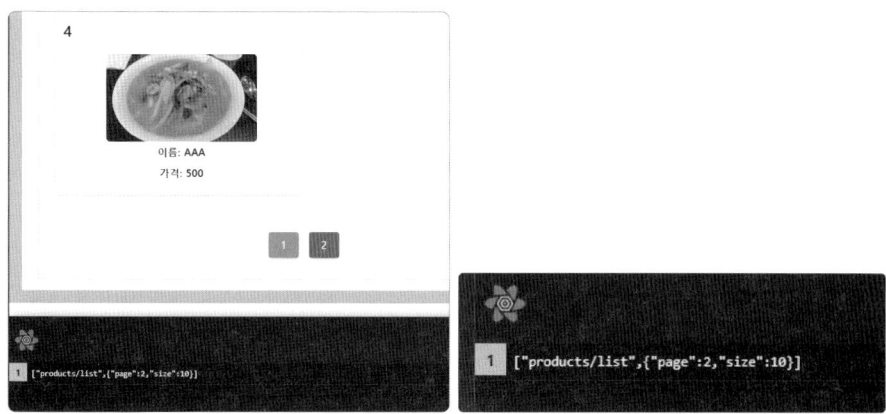

동일 페이지 갱신 문제

현재 코드에서는 staleTime을 지정하지 않았기 때문에 서버에서 가져온 데이터를 사용한 후에 바로 stale한 상태가 됩니다. 따라서 다른 잠시 브라우저를 벗어나서 다른 프로그램을 클릭하거나 이용한 후에 다시 브라우저를 활성화하면 서버를 재호출하는 것을 확인할 수 있습니다(아래 화면 마지막 부분).

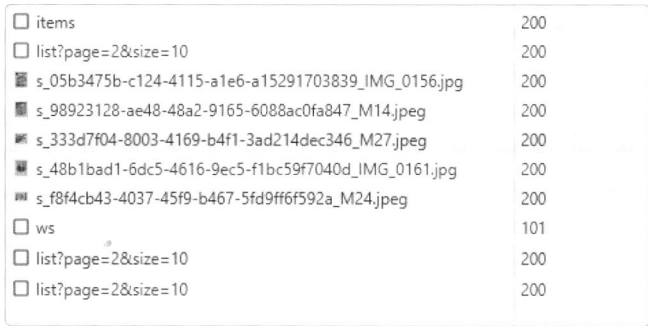

조회 페이지와 달리 상품 목록 페이지는 아래쪽에 페이지 번호를 클릭할 수 있습니다. 이 때 페이지 번호가 다르다면 useQuery( )가 이용하는 쿼리 키(key) 값이 달라지므로 문제

가 없겠지만, 동일한 페이지를 클릭하는 경우에 문제가 됩니다. 아래의 결과는 2페이지를 조회한 상태에서 지속적으로 2페이지를 클릭했지만, API 서버에 호출이 한 번밖에 일어나지 않은 결과입니다.

12.2.2 invalidateQueries( )

동일한 쿼리 키(key)가 반복적으로 호출할 때 문제를 해결하는 가장 간단한 방법은 리액트 쿼리가 보관하는 데이터를 무효화(invalidate) 시키는 방법입니다. 리액트 쿼리는 해당 키(key) 값의 데이터가 무효화되면 다시 서버를 호출해서 데이터를 조회하게 됩니다.

ListComponent에는 현재 리액트 쿼리의 QueryClient를 가져오는 useQueryClient( )를 선언하고 페이지 번호를 클릭했을 때 동작하는 handleClickPage( )를 추가합니다.

```
import { useQuery, useQueryClient } from "@tanstack/react-query";
...생략

  const {isFetching, data, error, isError} = useQuery(
    ['products/list' , {page,size}],
    () => getList({page,size})
  )

  const queryClient = useQueryClient() //리액트 쿼리 초기화를 위한 현재 객체

  const handleClickPage = (pageParam) => {

    if(pageParam.page === parseInt(page)){
      queryClient.invalidateQueries("products/list")
    }

    moveToList(pageParam)
```

```
    }

..생략

        //movePage 속성값으로는 handleClickPage를 전달
    <PageComponent serverData={serverData} movePage={handleClickPage}></
PageComponent>
```

handleClickPage( )는 동일한 페이지를 클릭한 경우에만 invalidateQueries( )를 실행합니다. 리액트 쿼리에서 invalidateQueries( )는 해당 키로 시작하는 결과를 모두 무효화시킵니다.

예를 들어 1페이지와 2페이지를 조회한다면 쿼리 키(key) 값들은 아래와 같이 보관됩니다.

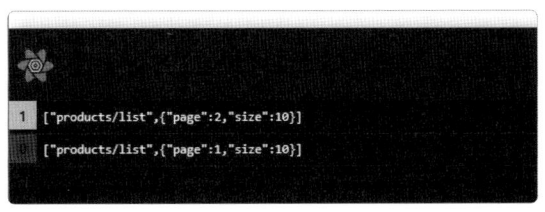

동일한 페이지를 다시 클릭한다면 'products/list' 키로 시작하는 데이터들은 무효화되기 때문에 다시 API 서버를 호출하게 됩니다(아래 화면은 임시로 API 서버가 몇 초 이후에 응답을 보내도록 조정하고 현재 페이지를 다시 클릭했을 때의 화면입니다.). 화면을 보면 freshing 처리가 되면서 매번 서버를 호출하는 것을 확인할 수 있습니다.

12.2.3 refresh 활용

invalidateQueries( )를 이용하는 방식의 단점은 사용자가 짧은 시간 동안 동일한 페이지를 클릭하는 경우 매번 서버의 호출이 너무 많아진다는 점입니다.

list?page=2&size=10	200	xhr
list?page=2&size=10	200	xhr
list?page=2&size=10	200	xhr
list?page=2&size=10	200	xhr
list?page=2&size=10	200	xhr
list?page=2&size=10	200	preflight
list?page=2&size=10	200	xhr
list?page=2&size=10	200	xhr
list?page=2&size=10	200	xhr
list?page=2&size=10	200	xhr

이런 상황을 피하고 싶다면 매번 변경되는 refresh 값과 staleTime을 같이 이용하면 일정 시간 동안은 서버를 반복적으로 호출하는 문제를 해결할 수 있습니다. staleTime을 이용해서 약간의 시간 동안 반복적으로 서버를 호출하는 것을 막고 refresh를 이용해서 동일한 페이지에 대한 쿼리 키(key) 값을 변경하는 방식입니다.

```
const {isFetching, data, error, isError} = useQuery(
   ['products/list' , {page,size, refresh}],   //------------refresh 추가
   () => getList({page,size}),
   {staleTime: 1000 * 5 }  //---------------------------- staleTime 추가
)

//const queryClient = useQueryClient() //필요하지 않음

const handleClickPage = (pageParam) => {

  // if(pageParam.page === parseInt(page)){
  //    queryClient.invalidateQueries("products/list")
  // }

  moveToList(pageParam)

}
```

아래 화면은 짧은 시간 동안 동일한 페이지를 여러 번 클릭했을 경우의 결과로 5초가 지난 후에만 한 번 호출이 되는 상황을 캡처한 것입니다.

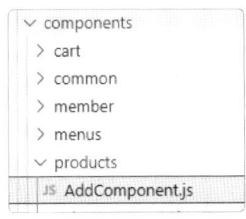

 동일 페이지의 호출은 useQuery( )의 결과 중 refetch를 이용할 수도 있긴 하지만, 이 경우 다른 쿼리 스트링을 변경하는 등의 처리는 어렵기 때문에 컴포넌트의 상태(state)를 이용하는 것이 좋습니다.

12.3 상품등록 처리

리액트 쿼리에서 가장 중요한 기능은 useQuery( )와 useMutation( )입니다. SQL로 비유하자면 useQuery( )가 select를 위해서 사용된다면 useMutation( )은 insert/update/delete를 위해서 사용됩니다. useMutation( )은 파라미터로 서버를 호출하는 함수를 전달하고 mutate( )를 이용해서 처리 결과에 대한 다양한 정보를 얻을 수 있습니다.

상품등록 기능을 처리하는 components/products/AddComponent.js를 수정합니다.

AddComponent에 useMutation( )이 적용되므로 모달창을 처리하기 위한 fetching이나 result와 관련된 내용들을 모두 삭제하고 useMutation( )을 적용합니다.

```javascript
import { useRef, useState } from "react";
import { postAdd } from "../../api/productsApi";
import FetchingModal from "../common/FetchingModal";
import ResultModal from "../common/ResultModal";
import useCustomMove from "../../hooks/useCustomMove";
import { useMutation } from "@tanstack/react-query";

const initState = {
  pname: '',
  pdesc: '',
  price: 0,
  files: []
}

const AddComponent = () => {

  //기본적으로 필요
  const [product,setProduct] = useState({...initState})
  const uploadRef = useRef()
  const {moveToList} = useCustomMove()

  //입력값 처리
  const handleChangeProduct = (e) => {
    product[e.target.name] = e.target.value
    setProduct({...product})

  }

  const addMutation = useMutation( (product) => postAdd(product)) //리액트 쿼리

  const handleClickAdd = (e) => {

    const files = uploadRef.current.files
    const formData = new FormData()

    for (let i = 0; i < files.length; i++) {
      formData.append("files", files[i]);
    }

    //other data
    formData.append("pname", product.pname)
```

```
      formData.append("pdesc", product.pdesc)
      formData.append("price", product.price)

      addMutation.mutate( formData ) //기존 코드에서 변경

  }

  const closeModal = () => {

    moveToList({page:1})
  }

  return (
    <div className = "border-2 border-sky-200 mt-10 m-2 p-4">

      <div className="flex justify-center">
          ...생략 모달 창들은 잠시 삭제
      </div>
    </div>
  );
}

export default AddComponent;
```

변경된 코드를 실행하면 새로운 상품이 등록되기는 하지만 화면상에 변화는 없으므로 직접 목록 페이지로 이동해서 결과를 확인합니다.

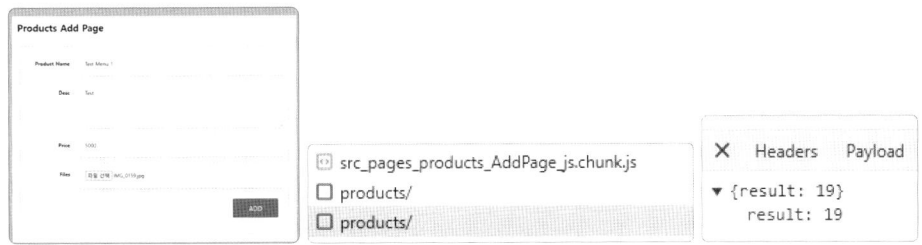

12.3.1 useMutation( )의 반환값

useMutation( )의 반환값들은 'isXXX'와 'data, error'와 같은 실제 결과 데이터들입니다. 기존의 예제와 같이 FetchinModal과 ResultModal을 보이도록 코드를 조정해 봅니다.

```
return (
    <div className = "border-2 border-sky-200 mt-10 m-2 p-4">

    {addMutation.isLoading ? <FetchingModal/>: <></>}

    {addMutation.isSuccess ?
    <ResultModal
      title={'Add Result'}
      content={`Add Success ${addMutation.data.result}`}
      callbackFn={closeModal}/>
    :
    <></>
    }
...생략
```

브라우저에서 새로운 상품을 등록하면 처리 중인 경우와 처리 후 모달창이 보이게 됩니다.

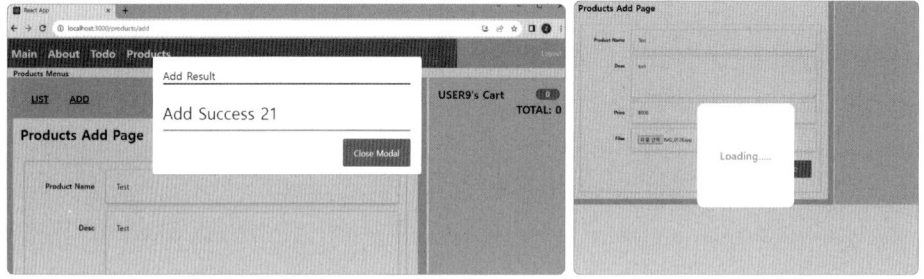

등록 후 처리 invalidateQueries( )

목록 화면에서 사용하는 useQuery( )의 staleTime이 짧은 경우에는 문제가 되지 않겠지만, staleTime이 긴 경우에는 새로운 상품을 등록해도 목록으로 이동한 경우에 서버를 호출하지 않기 때문에 기존 페이지가 그대로 유지되는 현상이 생길 수 있습니다.

예를 들어 아래 화면은 ListComponent에서 staleTime을 1분으로 지정하고 새로운 상품을 추가한 경우입니다. 왼쪽에서는 26번으로 새로운 상품이 등록되었고, 모달창을 닫아서 목록 화면으로 이동하게 되는데 이 경우 26번 상품은 아직 보이지 않는 것을 볼 수 있습니다.

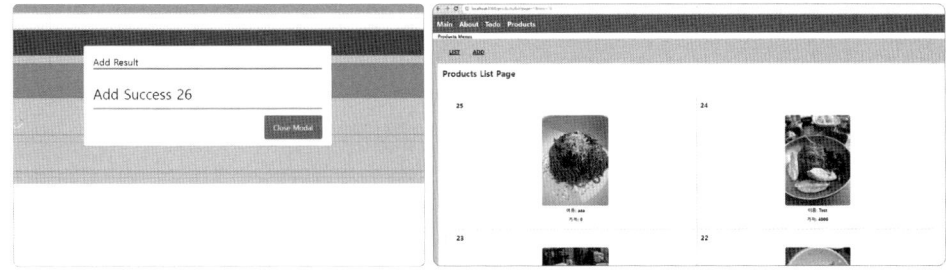

이를 해결하기 위해서는 AddComponent에서 모달창을 닫을 때 invlidateQueries( )를 호출해야 합니다.

```
import { useMutation, useQueryClient } from "@tanstack/react-query";

...생략

  const queryClient = useQueryClient()

  const closeModal = () => {

    queryClient.invalidateQueries("products/list")

    moveToList({page:1})
  }
```

변경된 코드를 이용하면 새로운 상품이 등록된 후에 기존 상품 목록 데이터들이 invalidate 되기 때문에 다시 서버를 호출해서 방금 추가된 상품이 목록에 출력되는 것을 확인할 수 있습니다.

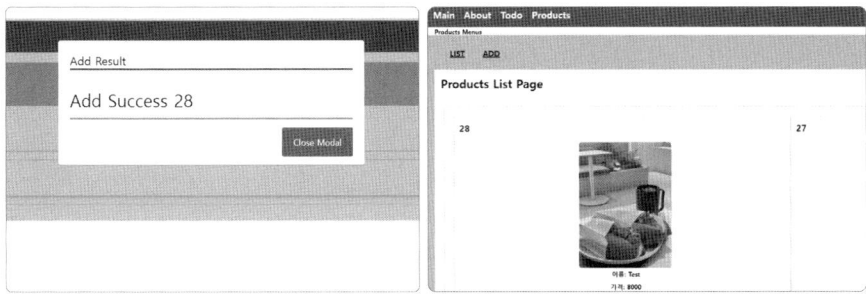

12.4 상품 수정 처리

상품 수정은 조회와 등록 기능이 같이 존재하기 때문에 useQuery( )와 useMutation( )을 같이 사용해야 합니다. 상품의 수정 처리는 기본적으로 다음의 흐름을 따라서 처리됩니다.

- useQuery( )를 이용해서 상품 데이터를 가져온 후 컴포넌트의 상태 값으로 지정합니다.
- ⟨input⟩을 이용해서 컴포넌트의 상태로 유지되는 데이터를 수정합니다.
- 수정이나 삭제를 처리한 후 화면을 이동하게 합니다.

리액트 쿼리 3 버전까지는 useQuery( )의 파라미터로 지정되는 옵션에는 onSuccess를 지정해서 서버의 데이터를 직접 useState( )가 사용하는 상태로 변경할 수 있었지만 5 버전부터는 deprecated 되므로 다른 방법을 사용해야 합니다.

12.4.1 조회 및 상태 처리

components/products/ModifyComponent에서는 우선 useQuery( )를 이용해서 상품 데이터를 가져오는 코드를 작성해야 합니다.

상품 데이터를 가져오는 코드를 추가하면 아래와 같이 됩니다.

```
import { useQuery } from "@tanstack/react-query";

const ModifyComponent = ({pno}) => {

  const [product, setProduct] = useState(initState)

  ...생략
```

```
const query = useQuery(
  ['products', pno],
  () => getOne(pno) )
```

...생략

useQuery( )가 성공했을 경우 setProduct( )를 하기 위해서 과거에는 onSuccess를 옵션으로 지정할 수 있었지만, onSuccess를 지정하는 방식은 deprecated 되었으므로 상태를 이용해서 처리해야 합니다.

```
const query = useQuery(
  ['products', pno],
  () => getOne(pno),
  {
    on
  }   abc onChange
)       abc onClick
        ⊘ onError?
        ⊘ onSettled?
const   ⊘ onSuccess?
        abc getOne
```

때문에 useQuery( ) 결과를 직접 setProduct( )로 지정해야 하는데 이 경우 무한히 컴포넌트의 상태가 변경되었기 때문에 무한히 반복적인 코드가 됩니다.

```
const query = useQuery(
  ['products', pno],
  () => getOne(pno)
)

//절대 실행하면 안되는 무한 반복
if(query.isSuccess) {
  setProduct(query.data)
}
```

```
Uncaught runtime errors:

ERROR
Too many re-renders. React limits the number of renders to prevent an infinite loop.
    at renderWithHooks (http://localhost:3000/static/js/bundle.js:29600:19)
    at updateFunctionComponent (http://localhost:3000/static/js/bundle.js:32472:24)
    at beginWork (http://localhost:3000/static/js/bundle.js:34184:20)
    at HTMLUnknownElement.callCallback (http://localhost:3000/static/js/bundle.js:19182:18)
    at Object.invokeGuardedCallbackDev (http://localhost:3000/static/js/bundle.js:19226:20)
    at invokeGuardedCallback (http://localhost:3000/static/js/bundle.js:19283:35)
    at beginWork$1 (http://localhost:3000/static/js/bundle.js:39157:11)
    at performUnitOfWork (http://localhost:3000/static/js/bundle.js:38404:16)
    at workLoopSync (http://localhost:3000/static/js/bundle.js:38327:9)
    at renderRootSync (http://localhost:3000/static/js/bundle.js:38300:11)
```

이 문제를 해결하기 위해서는 useEffect( )를 이용해서 온전히 데이터가 존재하고 성공했을 경우에만 setProduct( )를 호출하도록 조정합니다. 또한, 조회와 달리 수정 중간에 다시 API 서버를 호출하지 않도록 staleTime을 무한(Infinity)으로 설정합니다.

```
const query = useQuery(
    ['products', pno],
    () => getOne(pno),
    {
        staleTime: Infinity
    }
)

useEffect(() => {

    if(query.isSuccess){
        setProduct(query.data)
    }

},[pno, query.data, query.isSuccess])
```

ModifyComponent에서 모달창이나 이벤트 처리를 제외한 코드는 아래와 같습니다.

```
import { useEffect, useRef, useState } from "react";
import { deleteOne, getOne, putOne } from "../../api/productsApi";
import FetchingModal from "../common/FetchingModal";
import { API_SERVER_HOST } from "../../api/todoApi";
import useCustomMove from "../../hooks/useCustomMove";
import { useQuery } from "@tanstack/react-query";

const initState = {
```

```
    pno:0,
    pname: '',
    pdesc: '',
    price: 0,
    delFlag:false,
    uploadFileNames:[]
}

const host = API_SERVER_HOST

const ModifyComponent = ({pno}) => {

  const {moveToList, moveToRead} = useCustomMove()
  const [product, setProduct] = useState(initState)

  const uploadRef = useRef()

  const query = useQuery(
    ['products', pno],
    () => getOne(pno),
    {
      staleTime: Infinity
    }
  )

  useEffect(() => {

    if(query.isSuccess){
      setProduct(query.data)
    }

  },[pno, query.data, query.isSuccess])


  const handleChangeProduct = (e) => {

    product[e.target.name] = e.target.value

    setProduct({...product})
  }

  const deleteOldImages = (imageName) => {

    const resultFileNames = product.uploadFileNames.filter( fileName =>
 fileName !== imageName)

    product.uploadFileNames = resultFileNames

    setProduct({...product})
  }

  const handleClickModify = () => {
```

```
      const files = uploadRef.current.files

      const formData = new FormData()

      for (let i = 0; i < files.length; i++) {
        formData.append("files", files[i]);
      }

      //other data
      formData.append("pname", product.pname)
      formData.append("pdesc", product.pdesc)
      formData.append("price", product.price)
      formData.append("delFlag", product.delFlag)

      for( let i = 0; i < product.uploadFileNames.length ; i++){
        formData.append("uploadFileNames", product.uploadFileNames[i])
      }

      //기존 처리 관련 코드 삭제
  }

  const handleClickDelete = () => {

    //기존 처리 코드 삭제
  }

  const closeModal = () => {

    //기존 코드 삭제

  }

  return (
    <div className = "border-2 border-sky-200 mt-10 m-2 p-4">

            🖉-----------기존에 모달 창 부분 삭제

      <div className="flex justify-center">
       …이하 생략
      </div>

    );
  }

  export default ModifyComponent;
```

브라우저에서는 ModifyComponent의 동작 과정에서 API 서버를 여러 번 호출하지 않는지 확인합니다(아래 화면은 28번 상품의 조회).

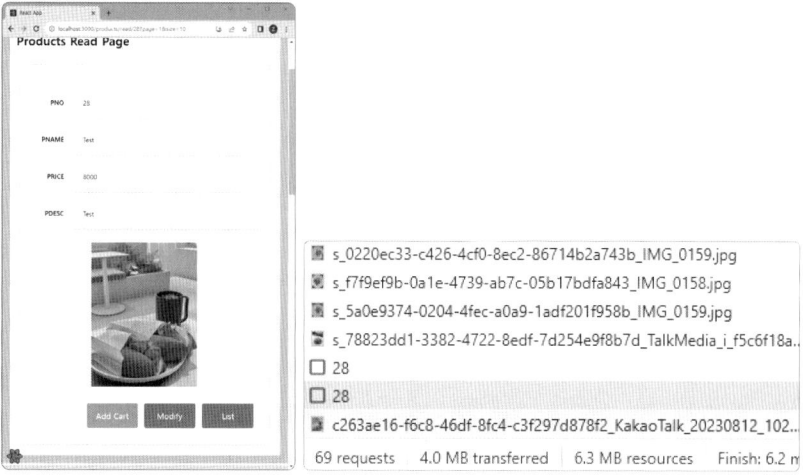

조회 과정에서 FetchingModal을 보여주는 코드를 추가합니다(staleTime이 Infinity로 지정한 이유는 상품 수정 과정에서 시간이 오래 걸리는 것을 대비하기 위함입니다.).

```
return (
<div className = "border-2 border-sky-200 mt-10 m-2 p-4">

{query.isFetching ?
<FetchingModal/>
:
<></>
}
```

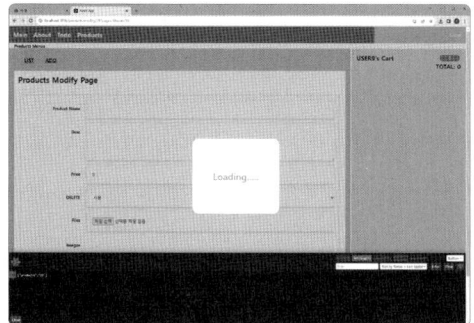

Chapter 12   리액트 쿼리와 리코일   517

12.4.2 삭제 처리

삭제 처리에는 useMutation을 활용해야 합니다. 또한 삭제 후 결과를 보여주는 Result Modal을 활용해야 합니다.

코드에서는 delMutation을 선언하고 delMutation의 isSuccess를 이용해서 삭제 후에 리액트 쿼리의 데이터를 삭제하고 이동하도록 처리합니다.

```
import { useMutation, useQuery, useQueryClient } from "@tanstack/react-query";
import ResultModal from "../common/ResultModal";

...생략

  const delMutation = useMutation((pno) => deleteOne(pno))

  const queryClient = useQueryClient()

  const handleClickDelete = () => {

    delMutation.mutate(pno)

  }

  const closeModal = () => {

    if(delMutation.isSuccess) {
      queryClient.invalidateQueries(['products', pno])
      queryClient.invalidateQueries(['products/list'])
      moveToList()
    }

  }
```

화면에서는 delMutation의 isLoading과 isSuccess를 이용해서 모달창을 처리합니다 (ResultModal에 대한 import 필요).

```
return (
  <div className = "border-2 border-sky-200 mt-10 m-2 p-4">

    {query.isFetching || delMutation.isLoading ?
    <FetchingModal/>
    :
```

```
      <></>
    }
    {
      delMutation.isSuccess ?
      <ResultModal
        title={'처리 결과'}
        content={'정상적으로 처리되었습니다.'}
        callbackFn={closeModal}>

      </ResultModal>
      :
      <></>
    }
    ...생략
```

브라우저에서는 삭제 처리 동안 FetchingModel이 보이고 삭제된 후에는 ResultModel을 이용할 수 있게 됩니다. ResultModal이 종료되면 다시 목록 화면으로 이동하게 됩니다.

12.4.3 수정 처리

수정 처리 역시 useMutation( )을 이용해서 수정 처리한 후에 이동하도록 작성합니다.

```
const modMutation = useMutation((product) => putOne(pno, product))

const handleClickModify = () => {

  const files = uploadRef.current.files

  const formData = new FormData()

  for (let i = 0; i < files.length; i++) {
    formData.append("files", files[i]);
```

```
    }
    //other data
    formData.append("pname", product.pname)
    formData.append("pdesc", product.pdesc)
    formData.append("price", product.price)
    formData.append("delFlag", product.delFlag)

    for( let i = 0; i < product.uploadFileNames.length ; i++){
      formData.append("uploadFileNames", product.uploadFileNames[i])
    }

    modMutation.mutate(formData)

  }
```

수정된 후의 모달창이 닫히면 조회 화면으로 이동하게 합니다. 이때 리액트 쿼리의 보관된 데이터는 삭제하기 위해서 invalidateQueries( )를 이용합니다.

```
const closeModal = () => {

 if(delMutation.isSuccess) {
  queryClient.invalidateQueries(['products', pno])
  queryClient.invalidateQueries(['products/list'])
  moveToList()
  return
 }

 if(modMutation.isSuccess) {
  queryClient.invalidateQueries(['products', pno])
  queryClient.invalidateQueries(['products/list'])
  moveToRead(pno)
 }

}
```

모달창들이 보이는 조건에 modMutation 관련 조건들을 추가합니다.

```
<div className = "border-2 border-sky-200 mt-10 m-2 p-4">

    {query.isFetching || delMutation.isLoading || modMutation.isLoading ?
    <FetchingModal/>
    :
```

```
      <></>
    }
    {
      delMutation.isSuccess || modMutation.isSuccess ?
      <ResultModal
        title={'처리 결과'}
        content={'정상적으로 처리되었습니다.'}
        callbackFn={closeModal}>

      </ResultModal>
      :
      <></>
    }
```

브라우저를 통해서 상품정보가 수정되면 자동으로 조회 화면으로 이동하는지 확인합니다.

12.5 리코일(Recoil) 라이브러리

리코일 라이브러리는 리덕스나 리덕스 툴킷과 유사하게 애플리케이션 내에 상태를 처리하기 위한 라이브러리입니다(https://recoiljs.org/ko/). 리액트의 생태계가 발전하면서 상태관리를 위한 다양한 라이브러리가 등장했는데 리코일은 2020년에 등장하면서 많은 인기를 끌고 있습니다.

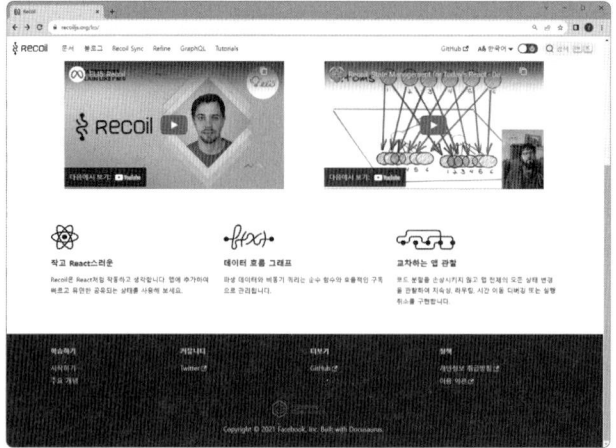

리코일 라이브러리를 이해하기 위해서는 위의 그림에 나오는 Atoms와 useRecoilState( )를 이해해야 합니다. Atoms는 리코일을 통해서 보관하고 싶은 데이터를 의미합니다. 리덕스가 애플리케이션당 하나의 상태를 유지하는 것과 달리 리코일은 여러 개의 Atoms를 만들고 컴포넌트들은 자신이 원하는 상태를 선별적으로 접근해서 사용하는 방식입니다.

useRecoilState( )은 쉽게 말해서 useState( )의 확장판이라고 생각하면 됩니다. useRecoilState( )의 파라미터에는 Atoms을 설정하는데 이를 통해서 useState( )처럼 애플리케이션 내 공유되는 데이터를 접근, 변경할 수 있습니다.

12.5.1 리코일 설치와 설정

리코일 라이브러리는 'npm install recoil'을 통해서 간단히 설치할 수 있습니다. 설치 후에는 package.json을 통해서 확인해 줍니다 (리코일은 2023년 현재 아직 1 버전이 출시 되지 않았습니다. 때문에 예제에서는 리덕스 툴킷을 우선적으로 설명하였습니다.).

```
"react-cookie": "^6.1.1",
"react-dom": "^18.2.0",
"react-redux": "^8.1.3",
"react-router-dom": "^6.16.0",
"react-scripts": "5.0.1",
"recoil": "^0.7.7",
"web-vitals": "^2.1.4"
```

리코일을 사용하기 위해서는 애플리케이션 내에 RecoilRoot를 설정해 주어야 합니다. 프로젝트 내 App.js나 index.js를 이용할 수 있습니다. 예제에서는 index.js를 이용합니다.

```
import React from 'react';
import ReactDOM from 'react-dom/client';
import './index.css';
import App from './App';
import reportWebVitals from './reportWebVitals';
import { Provider } from 'react-redux';
import store from './store'
import { RecoilRoot } from 'recoil';

const root = ReactDOM.createRoot(document.getElementById('root'));
root.render(
    <Provider store={store}>
        <RecoilRoot>
            <App />
        </RecoilRoot>
    </Provider>
);

reportWebVitals();
```

예제에서는 이전에 사용했던 리덕스 툴킷의 설정과 겹치게 되어 있지만, 리코일의 설정이 완료되면 이를 제거할 것입니다(물론 현재와 같이 함께 사용할 수도 있습니다.).

12.5.2 로그인용 Atom

Atom은 공유하고 싶은 데이터를 atom( )을 이용해서 생성하고 컴포넌트에서는 이를 구독합니다. Atom으로 유지되는 데이터가 변경되면 이를 구독하는 컴포넌트들은 다시 렌더링이 이루어집니다.

프로젝트 내 atoms 폴더를 생성하고 signinState.js를 추가합니다.

```
import { atom } from "recoil";

const initState = {
  email:''
}

const signinState = atom({
  key:'signinState',
  default: initState
})

export default signinState
```

Atom을 생성할 때는 key 속성과 default 속성을 이용해서 초깃값을 지정합니다.

useeRecoilState( )

리코일 역시 많은 종류의 훅들을 제공하는데 useeRecoilState( )는 그 중에서 가장 기본이 되는 훅으로 useState( )와 유사하지만 상태 유지의 범위가 애플리케이션 전체라고 생각하면 됩니다. useRecoilState( )가 읽고, 쓰는 용도로 사용한다면 읽기/쓰기를 구분해서 다음과 같은 훅들도 존재합니다.

- useRecoilValue( ): 읽기 전용으로 사용
- useSetRecoilState( ): 쓰기 전용으로 사용
- useResetRecoilState( ): 초기화 용도

기존의 로그인과 관련된 처리는 useCustomLogin( ) 내부에서 리덕스 툴킷을 이용했으므로 이를 리코일로 변경해 봅니다.

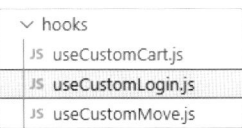

useRecoilState( )를 이용해서 상태관리를 변경하고 이를 사용하는 doLogin( )의 내부도 수정합니다. 로그아웃 처리는 useResetRecoilState( )를 이용하도록 하고, 로그인 관련된 정보를 쿠키로 저장할 수 있는 saveAsCookie( )를 추가해 줍니다.

```js
import { Navigate, createSearchParams, useNavigate } from "react-router-dom"
import { useRecoilState, useResetRecoilState } from "recoil"
import signinState from "../atoms/signinState"
import { loginPost } from "../api/memberApi"
import { removeCookie, setCookie } from "../util/cookieUtil"

const useCustomLogin = ( ) => {

  const navigate = useNavigate()

  const [loginState, setLoginState] = useRecoilState(signinState)

  const resetState = useResetRecoilState(signinState)

  const isLogin = loginState.email ? true : false //----------로그인 여부

  const doLogin = async (loginParam) => { //----------로그인 함수

    const result =  await loginPost(loginParam)

    console.log(result)

    saveAsCookie(result)

    return result
  }

  const saveAsCookie = (data) => {

     setCookie("member",JSON.stringify(data), 1) //1일

     setLoginState(data)
  }


  const doLogout = () => { //--------------로그아웃 함수
```

```
    removeCookie('member')
    resetState()
  }

  const moveToPath = (path) => { … }

  const moveToLogin = () => { … }

  const moveToLoginReturn = () => { … }

  const exceptionHandle = (ex) => {

    …
  }

  //saveAsCookie 추가
  return  {loginState, isLogin, doLogin, doLogout, saveAsCookie,
  moveToPath, moveToLogin, moveToLoginReturn, exceptionHandle}

}

export default useCustomLogin
```

상단의 메뉴를 담당하는 components/menus의 BasicMenu 컴포넌트는 리덕스 툴킷을 이용했으므로 이를 useCustomLogin으로 변경해서 리코일을 이용합니다.

```
import { Link } from "react-router-dom";
import useCustomLogin from "../../hooks/useCustomLogin";

const BasicMenu = () => {

  const {loginState} = useCustomLogin()

…생략
```

로그인 처리를 담당하는 LoginComponent는 별도의 코드 수정 없이 기존과 동일하게 로그인 처리가 가능합니다.

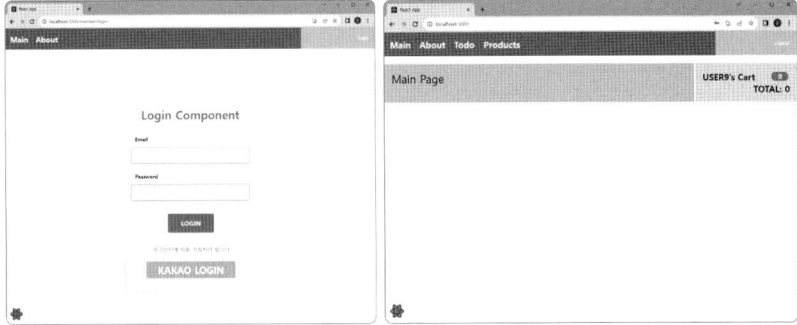

로그아웃은 쿠키를 삭제하는 것은 동일하지만, 리코일의 상태 데이터를 삭제하는 useResetRecoilState()를 이용해서 처리됩니다.

카카오 로그인 처리

카카오 로그인의 경우에는 pages/member/KakaoRedirectPage에서 리덕스 툴킷을 이용하고 있으므로 이를 변경합니다.

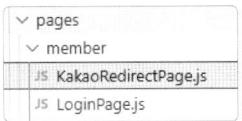

```
import { useEffect } from "react";
import { useSearchParams } from "react-router-dom";
import { getAccessToken, getMemberWithAccessToken } from "../../api/kakaoApi";
import useCustomLogin from "../../hooks/useCustomLogin";

const KakaoRedirectPage = () => {

  const [searchParams] = useSearchParams()

  const {moveToPath, saveAsCookie} = useCustomLogin()

  const authCode = searchParams.get("code")

  useEffect(() => {

    getAccessToken(authCode).then(accessToken => {
      console.log(accessToken)

      getMemberWithAccessToken(accessToken).then(memberInfo => {

        console.log("--------------------")
        console.log(memberInfo)

        saveAsCookie(memberInfo)
        //소셜 회원이 아니라면
        if(memberInfo && !memberInfo.social){
          moveToPath("/")
        }else {
          moveToPath("/member/modify")
        }
      })
    })

  }, [authCode])

...이하 생략
```

변경된 코드를 이용했을 때 문제가 없는지 카카오 로그인을 확인합니다.

로그인의 새로고침 문제

로그인에 대한 마지막 처리는 새로고침으로 인해서 로그인한 모든 정보가 사라지는 현상을 처리하는 것으로 Atom의 초기 상태를 쿠키를 이용해서 체크하도록 수정합니다.

```js
import { atom } from "recoil";
import { getCookie } from "../util/cookieUtil";

const initState = {
  email:'',
  nickname:'',
  social: false,
  accessToken:'',
  refreshToken:''
}

const loadMemberCookie = () => { //쿠키에서 체크

  const memberInfo =  getCookie("member")

  //닉네임 처리
  if(memberInfo && memberInfo.nickname) {
    memberInfo.nickname = decodeURIComponent(memberInfo.nickname)
  }

  return memberInfo
}

const signinState = atom({
  key:'signinState',
  default: loadMemberCookie() || initState
})


export default signinState
```

12.6 장바구니 처리

장바구니 처리는 서버와 연동해야 하는 부분은 리액트 쿼리를 이용해서 처리하고, 장바구니의 아이템에 대한 상태 처리는 리코일을 이용합니다.

```
∨ atoms
  JS cartState.js
  JS signinState.js
```

```js
import { atom } from "recoil";

export const cartState = atom({
  key:'cartState',
  default:[]
})
```

cartState는 카트에 담긴 장바구니 아이템의 배열을 선언합니다.

12.6.1 리코일의 Selector

리코일의 Atom이 데이터 자체를 의미한다면 Selector는 데이터를 이용해서 처리할 수 있는 기능을 의미합니다. 예를 들어 장바구니의 경우 해당 상품의 가격과 수량을 이용해서 전체 장바구니의 총액을 구하는 기능을 사용할 수 있습니다.

리코일의 Selector는 데이터를 가공해서 원하는 기능을 제공하기 때문에 getter처럼 사용되지만, Atom으로 관리되는 데이터를 변경하는 setter의 기능도 같이 사용할 수 있습니다.

```js
import { atom, selector } from "recoil";

export const cartState = atom({
  key:'cartState',
  default:[]
})
```

```
export const cartTotalState = selector( {
  key: "cartTotalState",
  get: ( {get} ) => {

    const arr = get(cartState)

    const initialValue = 0

    const total = arr.reduce((total , current) => total + current.price
* current.qty , initialValue)

    return total
  }
})
```

12.6.2 장바구니 데이터 보관

대부분의 작업은 useCustomCart를 통해서 처리됩니다. useMutation을 통해서 서버에 장바구니 아이템을 조정하고 useQuery를 이용해서 리액트 내에 데이터를 보관하게 만듭니다. 다른 컴포넌트들이 장바구니 데이터를 공유해서 사용할 수도 있기 때문에 이 부분은 리코일로 만든 cartState를 이용합니다.

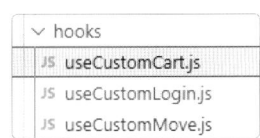

```
import { useMutation, useQuery, useQueryClient } from "@tanstack/react-query"
import { getCartItems, postChangeCart } from "../api/cartApi"
import { useRecoilState } from "recoil"
import { cartState } from "../atoms/cartState"
import { useEffect } from "react"

const useCustomCart = () => {

  const [cartItems,setCartItems] = useRecoilState(cartState)

  const queryClient = useQueryClient()

  const changeMutation = useMutation((param) => postChangeCart(param),
{onSuccess: (result) => {
```

```
      setCartItems(result)
  }})

  const query = useQuery(["cart"], getCartItems, {staleTime: 1000 * 60 *
60}) // 1 hour

  useEffect(() => {

    if(query.isSuccess || changeMutation.isSuccess) {

      queryClient.invalidateQueries("cart")
      setCartItems(query.data)

    }

  },[query.isSuccess, query.data])

  const changeCart = (param) => {
    changeMutation.mutate(param)
  }

  return  {cartItems, changeCart}

}

export default useCustomCart
```

useQuery( )를 이용할 때 1시간의 staleTime을 지정한 이유는 외부에서 어떤 영향으로 상품의 정보가 변경될 수 있기 때문에 자주는 아니지만 가끔은 장바구니 안에 있는 상품 정보를 다시 가져오기 위해서입니다.

components/menus/CartComponent는 리액트 쿼리와 리코일로 처리된 useCustomCart를 이용하고 리코일의 Selector로 만든 총액(total)을 보여주도록 합니다.

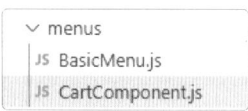

```
import useCustomLogin from "../../hooks/useCustomLogin";
import useCustomCart from "../../hooks/useCustomCart";
import CartItemComponent from "../cart/CartItemComponent";
import { useRecoilValue } from "recoil";
import { cartTotalState } from "../../atoms/cartState";
```

```
const CartComponent = () => {
  const {isLogin, loginState} = useCustomLogin()
  const { cartItems, changeCart } = useCustomCart()
  const totalValue = useRecoilValue(cartTotalState)
  return (
  <div className="w-full">
    {isLogin ?

    <div className="flex flex-col">

      <div className="w-full flex">
        <div className="font-extrabold text-2xl w-4/5">
          {loginState.nickname}'s Cart
        </div>
        <div className="bg-orange-600 text-center text-white font-bold w-1/5 rounded-full m-1">
          {cartItems.length}
        </div>
      </div>

      <div>
        <ul>
          {cartItems.map( item =>
            <CartItemComponent {...item}
            key={item.cino}
            changeCart ={changeCart}
            email={loginState.email}/>)}
        </ul>
      </div>

      <div className="m-2 text-3xl ">
        TOTAL: {totalValue}
      </div>
    </div>
    :
    <div></div>
    }
  </div>
  );
}

export default CartComponent;
```

브라우저를 이용해서 로그인된 상황에서는 장바구니의 내용물들이 출력되는지 확인하고 마지막에 총액(total)이 출력되는지 확인합니다.

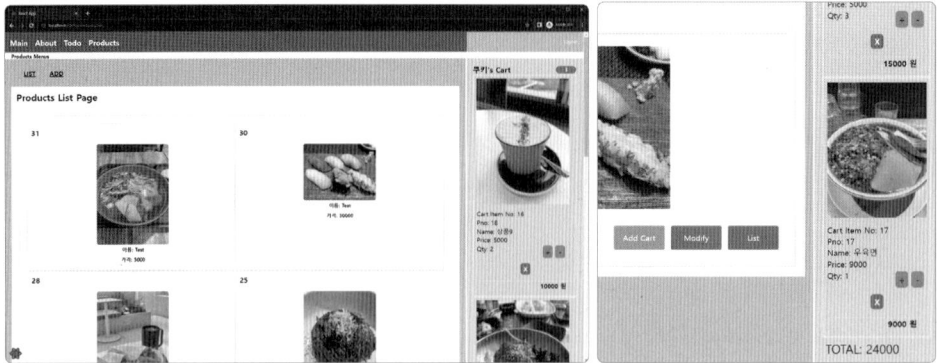

12.6.3 장바구니 아이템 추가

상품 조회 화면에서는 장바구니에 아이템을 추가하는 기능을 추가하기 위해서 useCustom Login()과 useCustomCart()를 이용합니다.

```
v products
  JS AddComponent.js
  JS ListComponent.js
  JS ModifyComponent.js
  JS ReadComponent.js
```

```js
import {getOne} from "../../api/productsApi"
import { API_SERVER_HOST } from "../../api/todoApi"
import useCustomCart from "../../hooks/useCustomCart"
import useCustomLogin from "../../hooks/useCustomLogin"
import useCustomMove from "../../hooks/useCustomMove"
import FetchingModal from "../common/FetchingModal"
import { useQuery } from "@tanstack/react-query"

const initState = {...}

const host = API_SERVER_HOST

const ReadComponent = ({pno }) => {

  const {moveToList, moveToModify} = useCustomMove()

  const {loginState} = useCustomLogin()

  const {cartItems, changeCart} = useCustomCart()
```

```
const {isFetching, data } = useQuery(
  ['products', pno],
  ( ) => getOne(pno),
  {
    staleTime: 1000 * 10 * 60,
    retry: 1
  }
)

const handleClickAddCart = () => {

  let qty = 1

  const addedItem = cartItems.filter(item => item.pno === parseInt(pno))[0]

  if(addedItem) {
    if(window.confirm("이미 추가된 상품입니다. 추가하시겠습니까? ") === false) {
      return
    }
    qty = addedItem.qty + 1
  }

  changeCart({email:loginState.email, pno:pno, qty:qty})

}

const product = data || initState
```

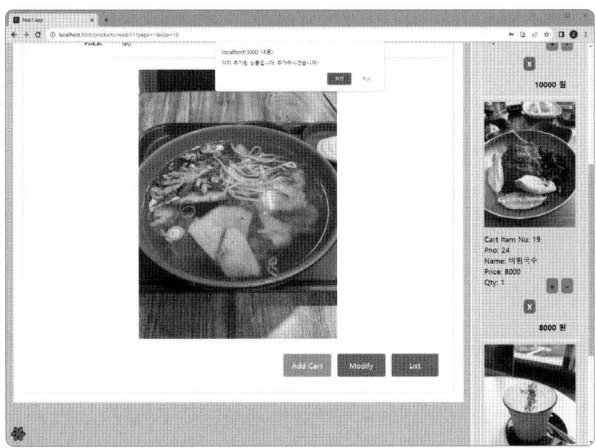

12.6.4 로그아웃 처리

로그인이나 로그아웃은 모두 useCustomLogin( )을 이용해서 처리하고 있는 상황이지만, 로그아웃 시에는 리코일로 유지되는 장바구니 아이템들도 모두 삭제합니다. 리코일의 useResetRecoilState( )를 이용해서 장바구니 데이터들 역시 삭제하도록 합니다.

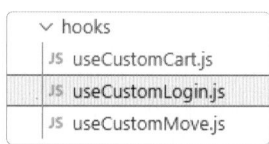

```
import { Navigate, createSearchParams, useNavigate } from "react-router-dom"
import { useRecoilState, useResetRecoilState } from "recoil"
import signinState from "../atoms/signinState"
import { loginPost } from "../api/memberApi"
import { removeCookie, setCookie } from "../util/cookieUtil"
import { cartState } from "../atoms/cartState"

const useCustomLogin = ( ) => {

  const navigate = useNavigate()

  const [loginState, setLoginState] = useRecoilState(signinState)

  const resetState = useResetRecoilState(signinState)

  const resetCartState = useResetRecoilState(cartState) //장바구니 비우기

  …

  const doLogout = () => { //---------------로그아웃 함수

     removeCookie('member')
     resetState()
     resetCartState()

  }

  …이하 생략
```

리덕스 툴킷 설정 지우기

마지막으로 리덕스 툴킷을 사용하지 않도록 index.js를 수정해서 스토어 관련 설정을 삭제합니다.

```
import React from 'react';
import ReactDOM from 'react-dom/client';
import './index.css';
import App from './App';
import reportWebVitals from './reportWebVitals';
import { RecoilRoot } from 'recoil';

const root = ReactDOM.createRoot(document.getElementById('root'));
root.render(
  <RecoilRoot>
    <App />
  </RecoilRoot>
);

reportWebVitals();
```

기존에 리덕스 툴킷을 제거한 후에도 정상적으로 동작하는지 확인해 줍니다.

Appendix A

AWS Elastic Beanstalk

부록 A에서는 개발된 API 서버와 리액트 애플리케이션은 AWS의 Elastic Beanstalk(이하 빈즈톡)을 사용해서 배포해 보겠습니다. 소스코드의 배포는 CI/CD 환경에 대해서 이해해야 하고 개발 관련 도구에 대한 여러 지식이 필요하지만, 책에서는 빈즈톡을 이용해서 최소한의 설정으로 개발한 프로젝트를 클라우드 환경에 배포합니다.

부록 A의 학습 목표는 다음과 같습니다.

- AWS의 사용자 IAM 서비스를 이용한 사용자/역할 생성
- 빈즈톡을 이용한 애플리케이션 구성과 환경설정
- 빈즈톡으로 구성된 RDS 설정과 사용법
- 스프링 부트 애플리케이션 배포와 설정
- 리액트 애플리케이션 배포

A.1 빈즈톡과 IAM 서비스

빈즈톡은 기존의 EC2(가상 서버)와 RDS(데이터베이스), S3(파일 저장) 등의 여러 서비스를 하나로 묶어서 애플리케이션의 설정/생성/관리/배포 등을 쉽게 처리할 수 있는 환경입니다. 일반적으로 특정 애플리케이션을 AWS를 이용해서 배포하기 위해서는 EC2와 같은 가상 서버를 이용해서 필요한 환경을 갖춰야 하고 배포 환경을 구성하는 등의 노력이 필요합니다.

반면에 빈즈톡은 웹 화면상에서 환경을 구성하고 애플리케이션을 업로드해서 배포하는 방식이라 운영체제나 배포 환경에 대한 지식이 많이 필요하지 않다는 장점이 있습니다(대신 화면구성이 자주 변경되므로 이에 대한 적응이 필요하기도 합니다.).

AWS를 이용하기 위해서는 우선 AWS의 계정을 만들어야만 합니다. 이때 프리티어(free tier)를 이용하면 1년간 많은 비용을 줄일 수 있습니다. 예를 들어 EC2 서비스의 경우 한 달에 750시간(31일이 넘는 시간) 동안 무료로 사용할 수 있는데 만일 여러 개의 EC2 서비스를 이용하는 경우에는 모든 서비스의 합산 시간이므로 주의해야 합니다.

A.1.1 IAM 서비스

IAM 서비스는 사용자의 권한이나 역할을 지정하는 서비스입니다. 빈즈톡은 환경구성 시에 적절한 역할이 있어야만 하기 때문에 로그인 후 처음 시작은 IAM 서비스를 이용해서 권한을 설정하는 것이 좋습니다.

AWS 메뉴에서 'IAM'을 검색하고 해당 서비스 화면으로 이동합니다. IAM 메뉴 화면에서 '역할' 메뉴를 선택합니다.

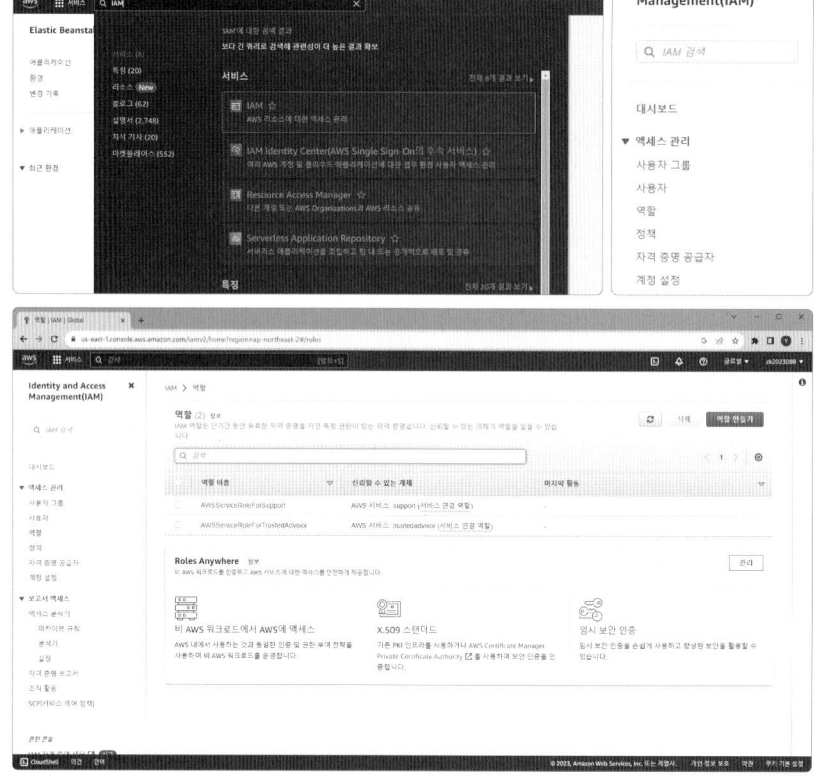

'역할' 메뉴에서는 '역할 만들기'를 선택해서 새로운 역할을 생성합니다.

역할을 생성할 때는 '권한'을 추가해 주어야 합니다. 권한 추가에서는 아래와 같은 3개의 항목을 추가합니다(beans와 같은 키워드를 이용해서 검색하면 쉽게 찾을 수 있습니다.). 3개의 항목을 지정하고 나면 생성하는 권한의 이름을 지정하는데 예제에서는 'EC_ROLE'이라고 지정하였습니다.

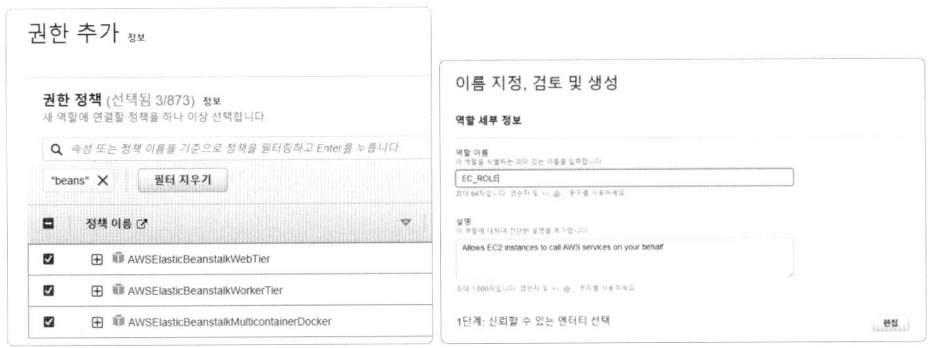

마지막의 태그 생성 부분을 지나면 역할 생성이 완료되고 목록 화면을 볼 수 있게 됩니다.

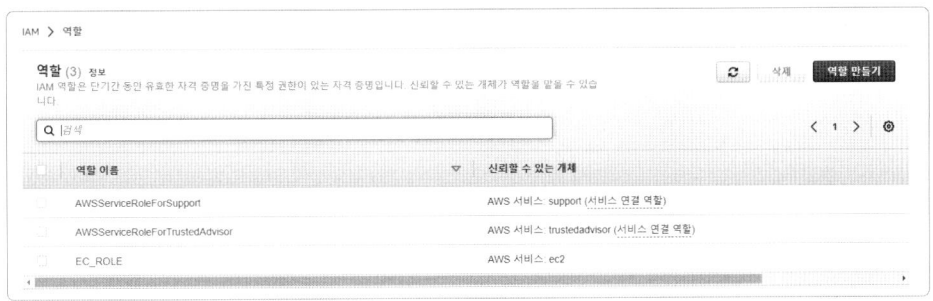

A.2 빈즈톡 애플리케이션 생성

IAM의 역할 생성이 완료되면 'Elastic Beanstalk' 메뉴로 이동합니다.

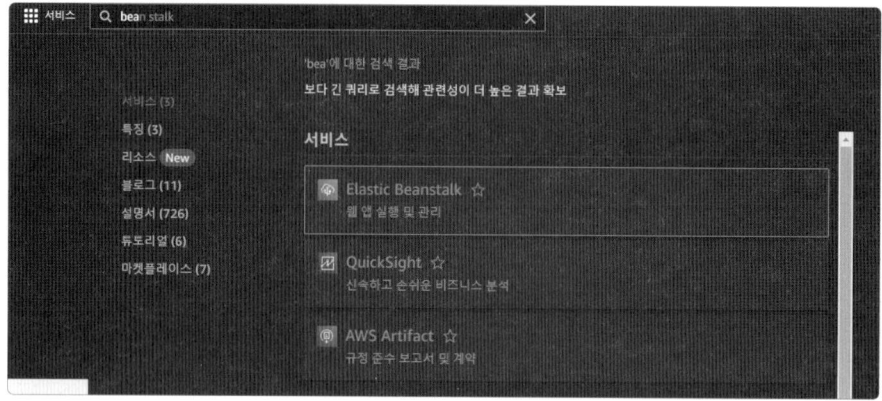

빈즈톡 메뉴에서는 오른쪽 상단의 '애플리케이션 생성' 메뉴를 선택합니다.

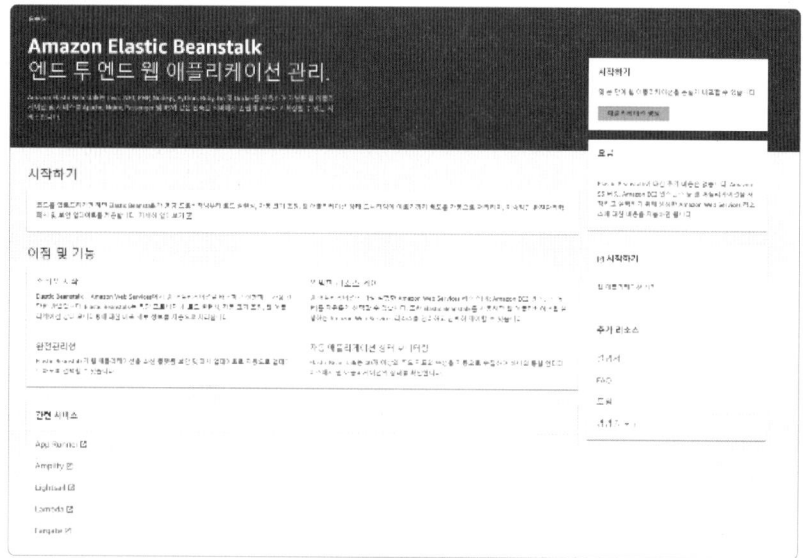

A.2.1 애플리케이션 생성

애플리케이션 생성의 첫 단계는 애플리케이션의 환경을 구성하는 것입니다. '환경 티어'에 서는 '웹 서버 환경'을 선택하고 이름을 지정합니다. 아래쪽의 '플랫폼'은 API 서버의 경우

'Java'로 설정합니다. JDK 버전은 17을 사용합니다.

애플리케이션의 코드는 나중에 jar 파일을 업로드 해서 사용하지만, 처음 시작 단계에서는 정상적으로 실행되는 환경을 구성하는 것을 목표로 하기 때문에 별도의 변경없이 기본값을 사용합니다.

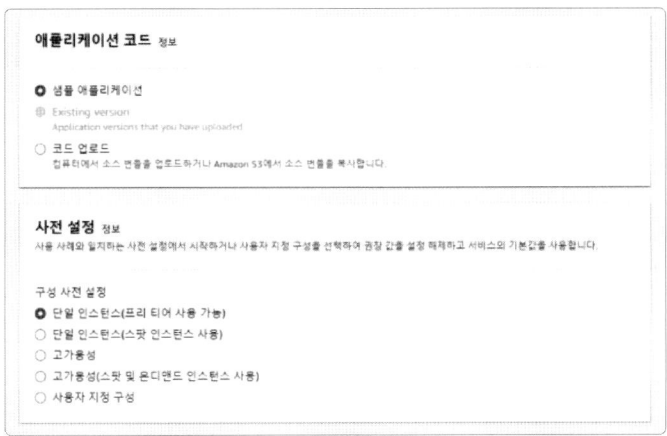

다음 단계의 설정은 서비스 액세스 설정으로 처음 생성 시에는 '새 서비스 역할 생성 및 사용'을 선택합니다.

EC2 인스턴스 프로파일에는 IAM 서비스에서 생성한 'EC2_ROLE'을 지정합니다.

이 단계 까지의 설정만을 완료하고 '검토 단계로 건너뛰기' 버튼을 이용해서 설정 완료를 진행합니다.

검토 화면에서는 처음 단계에서 변경할 내용은 없으므로 아래쪽의 '제출'을 선택하면 환경 설정이 진행됩니다.

환경설정이 진행되는 동안 약간의 시간이 필요합니다(3~ 5분 정도의 시간이 필요합니다.). 화면에서는 현재 구성 상황을 이벤트 목록으로 보여줍니다. 'Successfully… '와 같이 완료 메시지가 출력될 때까지 대기합니다.

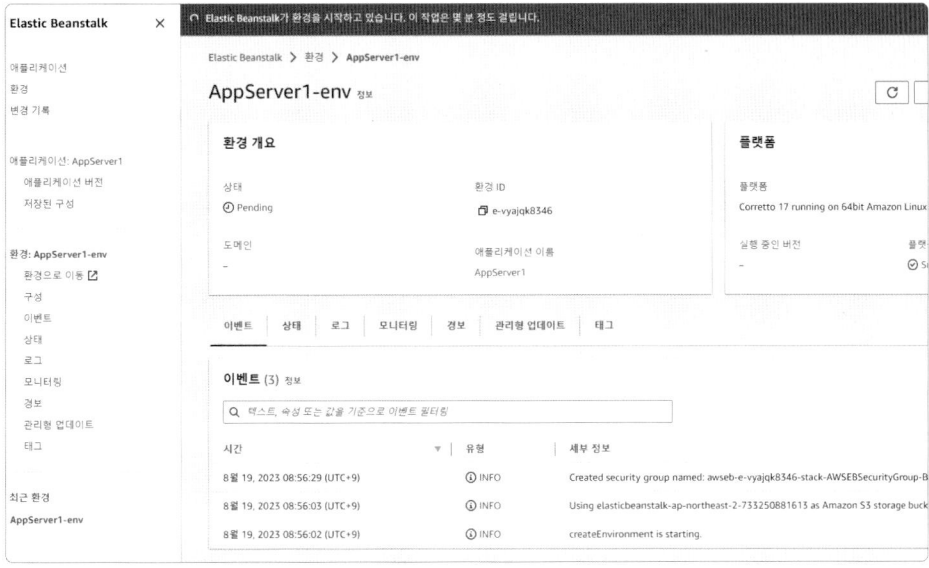

구성이 완료되면 상단에 '도메인'의 링크를 통해서 실행 중인 애플리케이션의 실행 결과를 확인할 수 있습니다(다음 단계의 진행 전에 실행 결과를 확인하고 진행하는 것이 좋습니다.).

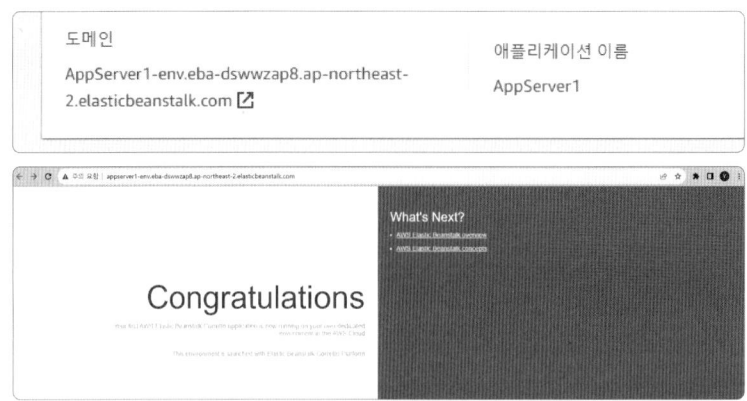

여기까지 정상적으로 실행되었다면 개발된 API 서버 프로젝트를 실행할 수 있는 가장 기본적인 환경이 구축된 것이라고 볼 수 있습니다.

A.3 빈즈톡에 데이터베이스 설정

빈즈톡은 애플리케이션의 모든 구성을 하나로 묶어서 관리할 수 있는데 데이터베이스 역시 애플리케이션의 설정과 같이 처리할 수 있습니다. 데이터베이스를 이용하기 위해서는 구성된 환경의 '구성' 메뉴에서 시작할 수 있습니다. '구성' 메뉴에서는 'Networking and database' 메뉴의 '편집' 버튼을 클릭합니다.

데이터베이스 항목에서는 우선 상단의 '데이터베이스 활성화'를 변경합니다. 데이터베이스는 'mysql'로 지정하고 버전은 '8.0' 버전을 지정합니다. '인스턴스 클래스'의 경우 데이터베이스의 실행 환경을 지정하는데 'db.t2.micro'는 프리티어 버전에서 사용할 수 있으므로 다른 선택을 하지 않도록 주의합니다. 사용자의 이름과 패스워드는 데이터베이스 관리자이므로 반드시 잘 기억해 두도록 합니다(기본 이름은 'ebroot').

데이터베이스를 설정한 후에는 다시 애플리케이션의 환경이 업데이트됩니다. 이때 데이터베이스의 생성 작업이 처리되기 때문에 약간의 시간이 걸립니다(약 5~10분 정도. 마찬가지로 'Successfully…' 메시지가 출력될 때까지 기다려야 합니다.).

A.3.1 데이터베이스 외부 연결

빈즈톡에서 만들어진 데이터베이스는 내부에서는 접근이 가능하지만, 사용자 개발환경에서는 접속이 차단되기 때문에 외부에서 데이터베이스를 이용하는데 제한이 많습니다. 외부에서 데이터베이스를 접속해서 사용하기 위해서는 빈즈톡에서 만들어진 데이터베이스 설정을 RDS 서비스에서 변경해 주어야 합니다.

AWS 콘솔 상단 메뉴에서 RDS를 검색하고 빈즈톡에서 생성된 데이터베이스를 확인합니다.

데이터베이스의 상세 화면에서는 '보안 그룹 규칙'이라는 항목이 있는데 이를 이용해서 외부 접속을 허용하도록 변경해야 합니다. 유형 중에 'CIDR/IP' 항목을 선택합니다.

외부 연결을 위해서는 '인바운드 규칙', '아웃바운드 규칙'을 수정해 주어야 합니다.

'인바운드 규칙'을 선택하고 '인바운드 규칙 편집'을 선택합니다. '규칙 추가' 버튼을 이용해서 새로운 항목을 추가합니다.

새로운 항목은 '사용자 지정 TCP'를 지정하고 3306 포트를 선택합니다. 외부 접속이 가능하도록 'Anywhere IPv4'를 선택하고 저장합니다.

마찬가지로 '아웃바운드 규칙'을 편집합니다.

아웃바운드 규칙 역시 외부 IP에서 접속 가능하도록 3306 포트를 지정합니다.

데이터베이스 연결 확인

변경된 데이터베이스에 외부 연결이 가능한지 확인하기 위해서 데이터베이스의 정보를 다시 확인합니다. 엔드포인트의 주소가 데이터베이스의 연결 주소입니다.

데이터베이스 연결 프로그램을 이용해서 엔드포인트를 지정하고 데이터베이스 이름은 mysql, 사용자 계정은 빈즈톡에서 지정했던 계정(기본값은 ebroot)과 패스워드를 지정합니다.

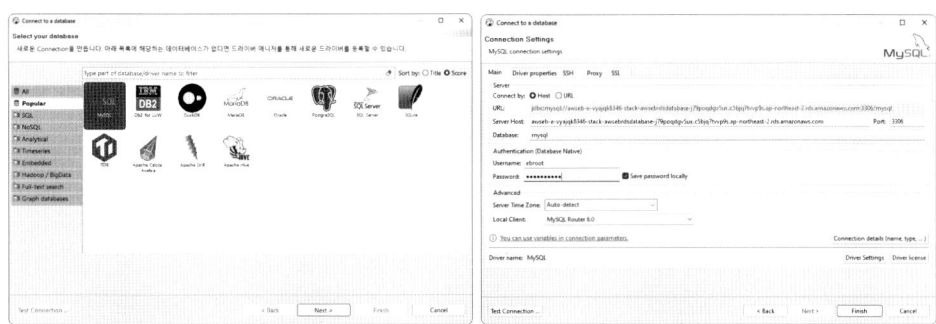

'Test Connection'을 이용해서 연결이 가능한지 확인합니다.

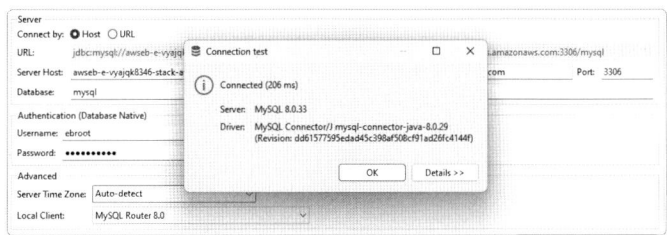

A.3.2 데이터베이스 시간/문자셋 변경

데이터베이스의 연결이 가능하다면 'select now( )'를 사용해서 현재 시간을 확인해 봅니다. 확인되는 결과는 한국의 경우 9시간의 차이가 나는 것을 확인할 수 있습니다.

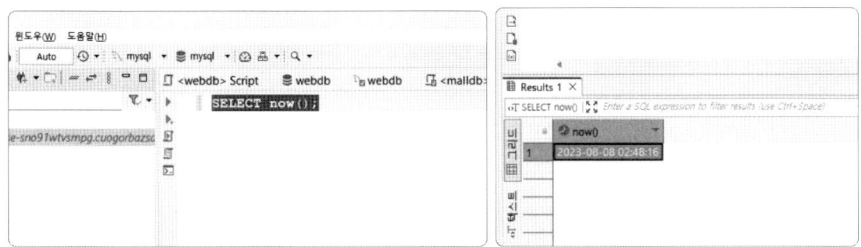

이를 변경하기 위해서는 데이터베이스에서 사용할 설정값들을 수정해야 하는데 '파라미터 그룹'이라는 것을 활용해서 이를 지정합니다.

RDS의 메뉴에서 파라미터 그룹을 선택하고 '파라미터 그룹 생성'을 선택합니다. 설정할 파라미터 그룹은 'mysql 8.0'을 지정합니다. 그룹의 이름은 'timeparam'으로 지정합니다.

파라미터의 그룹을 생성한 후에는 '편집' 버튼을 이용해서 설정 화면으로 이동합니다.

설정 화면에서는 검색을 통해서 'time_zone'을 'Asia/Seoul'로 지정합니다. 변경된 내용은 'Save Changes' 혹은 '저장'을 이용해서 저장합니다.

동일한 방식으로 'charset'을 검색하고 값은 'utf8'로 지정합니다.

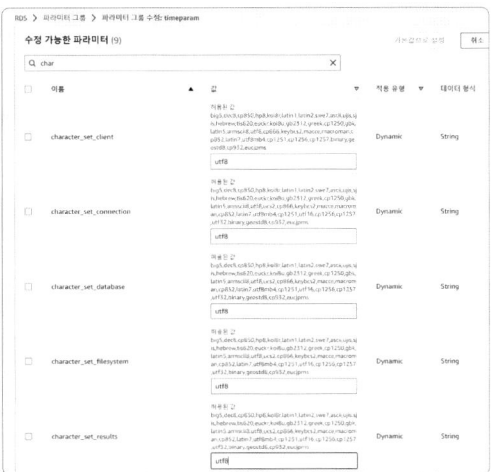

생성된 파라미터 그룹은 데이터베이스 조회 화면에서 설정할 수 있습니다. 현재 데이터베이스를 선택하고 '수정' 버튼을 클릭합니다.

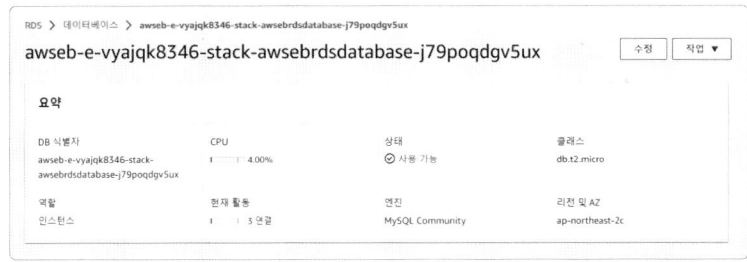

수정 화면에서 아래쪽에 '추가 구성' 항목을 작성한 파라미터 그룹으로 지정합니다. '계속'을 선택한 후 '인스턴스 수정'을 클릭합니다.

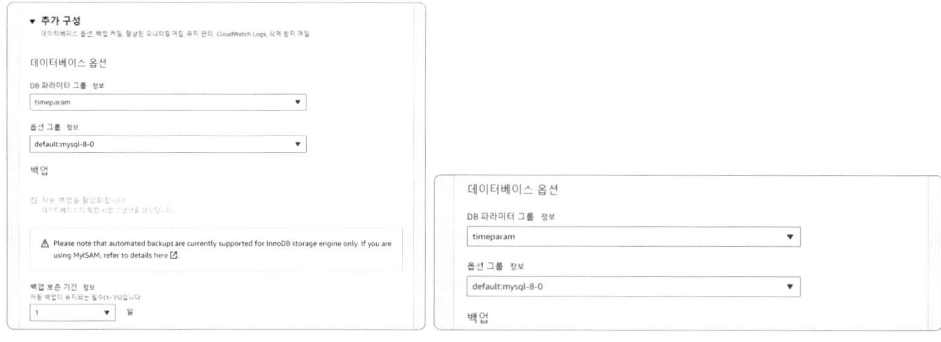

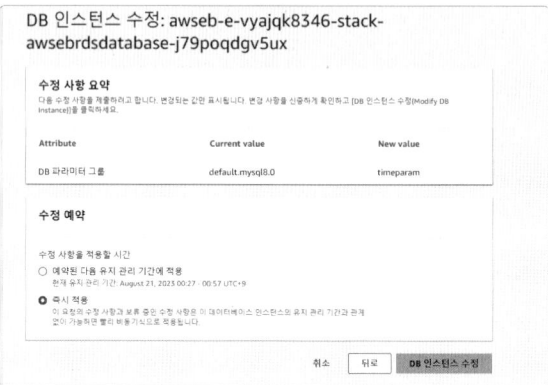

위의 화면에서 '즉시 적용'을 선택하더라도 데이터베이스의 파라미터 설정이 변경되기 위해서는 약간의 시간이 필요한데 확실하게 '재부팅'을 이용해서 직접 재시작이 가장 확실합니다. 데이터베이스의 변경 작업은 5~10분 정도의 시간이 필요합니다.

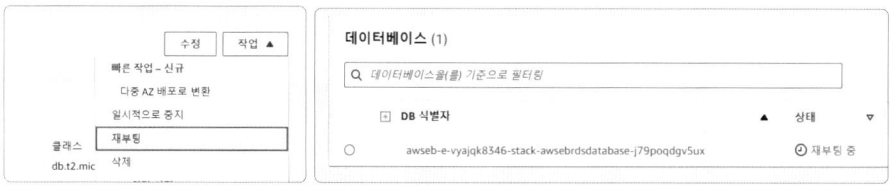

변경된 결과는 데이터베이스 구성 메뉴를 통해서 생성한 파라미터 그룹이 적용된 상태인지 확인합니다.

데이터베이스 개발 도구에서는 변경된 시간 값이 한국 시간으로 처리되는지 확인합니다.

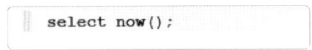

A.3.3 데이터베이스 생성과 계정 생성

데이터베이스의 설정이 완료되었다면 API 서버에서 사용할 데이터베이스를 생성하고 계정을 만들어 주어야 합니다. 'ebRoot' 계정으로 로그인하고 아래의 SQL들을 이용해서 예제에서 사용할 스키마와 계정을 생성합니다.

```
CREATE DATABASE malldb;
CREATE USER 'malldbuser'@'%' IDENTIFIED BY 'malldbuser';
GRANT ALL PRIVILEGES ON malldb.* TO 'malldbuser'@'%';
```

개발 도구에서는 생성된 malldb 데이터베이스와 malldbuser 계정으로 연결이 가능한지 확인합니다.

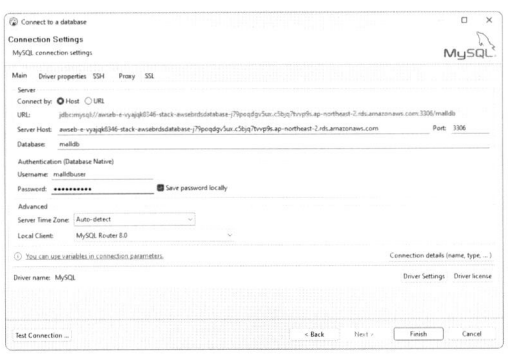

A.4 API 서버 수정

API 서버를 빈즈톡에 올리기 전에 데이터베이스 설정을 변경해서 동작 여부를 확인합니다. 예제에서는 MariaDB를 사용했지만, AWS는 MySQL이므로 이를 변경해 줍니다 (MySQL과 MariaDB는 서로 호환이 되기는 하지만, 문제가 일어날 가능성을 최대한 줄여서 개발하도록 합니다.).

우선 build.gradle에 MariaDB 드라이버 대신 MySQL 드라이버를 추가합니다.

```
dependencies {
 …생략

// runtimeOnly 'org.mariadb.jdbc:mariadb-java-client'
 runtimeOnly 'com.mysql:mysql-connector-j'

 …생략

}
```

application.properties 파일에서는 JDBC 연결 정보와 JDBC 드라이버를 수정합니다. url 정보에는 RDS의 엔드포인트를 지정합니다(데이터베이스 연결 정보와 동일).

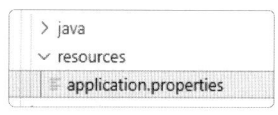

```
spring.datasource.url=jdbc:mysql://RDS주소:3306/malldb
spring.datasource.driver-class-name=com.mysql.cj.jdbc.Driver

spring.datasource.username=malldbuser
spring.datasource.password=malldbuser
```

A.4.1 API 서버 애플리케이션 등록

로컬 환경에서 변경된 API 서버의 실행을 통해서 정상적으로 RDS와 연결이 가능한지 확인합니다. 프로젝트를 실행하면 데이터베이스 내에 테이블이 생성되는 것을 확인할 수 있습니다.

테스트 코드를 활용해서 회원 데이터와 Todo 데이터들을 추가합니다. 추가한 후에 데이터베이스를 확인합니다. 특히, 회원 데이터는 로그인 테스트에 필요합니다.

리액트 프로젝트를 실행해서 정상적인 동작을 확인해 둡니다. 현재 상황은 데이터베이스만 로컬 환경이 아니라 AWS의 RDS를 이용하는 상태입니다.

A.4.2 빈즈톡의 애플리케이션 추가

API 서버를 빈즈톡을 이용해서 배포해 봅니다. 이 작업이 수행되면 리액트에서는 'http://localhost:8080'이 아니라 AWS의 경로를 이용하게 변경됩니다.

빈즈톡은 내부적으로 5000 포트를 이용해서 연결을 처리하므로 application.properties 파일에 server.port를 5000번으로 지정합니다.

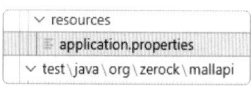

```
server.port=5000
```

API 서버 프로젝트에서는 Gradle의 'bootJar'를 실행합니다. 실행 후에는 프로젝트의 build/libs 폴더와 함께 'mallapi…jar' 파일이 생성된 것을 확인할 수 있습니다.

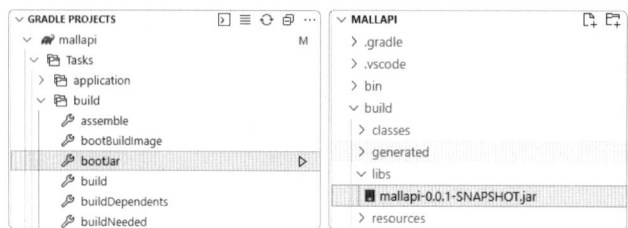

빈즈톡에서는 애플리케이션의 환경에서 '업로드 및 배포'를 선택합니다.

생성된 jar 파일을 선택하고 배포 작업을 실행합니다.

프리티어로 사용하는 EC2의 경우 메모리가 1GB이므로 애플리케이션 배포에 시간이 조금 걸리므로 시간을 두고 확인해 주는 것이 좋습니다(약 5~10분).

정상적으로 배포가 완료되면 화면에는 API 서버에서 발생하는 에러 메시지가 출력되는 것을 확인할 수 있습니다.

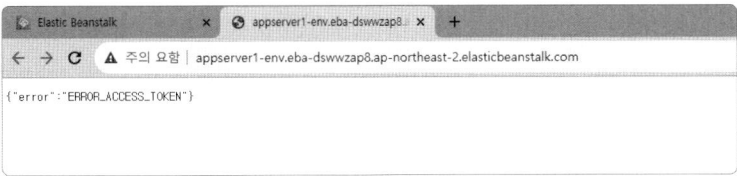

A.5 리액트 연동 확인

리액트는 'http://localhost:8080' 경로를 이용해서 개발해 왔기 때문에 빈즈톡으로 배포된 API 서버를 이용하기 위해서는 API 서버를 호출하는 경로들을 수정해야만 합니다. 리액트 코드에서는 'http://localhost:8080' 경로를 최초로 사용했던 todoApi.js를 수정해서 AWS에 배포된 API 서버를 호출하도록 변경합니다.

```
import axios from "axios"
import jwtAxios from "../util/jwtUtil"

export const API_SERVER_HOST = 'http://apiserver1-env…..elasticbeanstalk.com' (마지막에 '/'가 없도록 주의)

const prefix = `${API_SERVER_HOST}/api/todo`
```

리액트 프로젝트를 실행해서 정상적으로 로그인(일반 로그인만 가능)과 todo 등에 대한 작업을 확인합니다.

로그인 시에 빈즈톡의 경로를 사용하는지 확인해 봅니다.

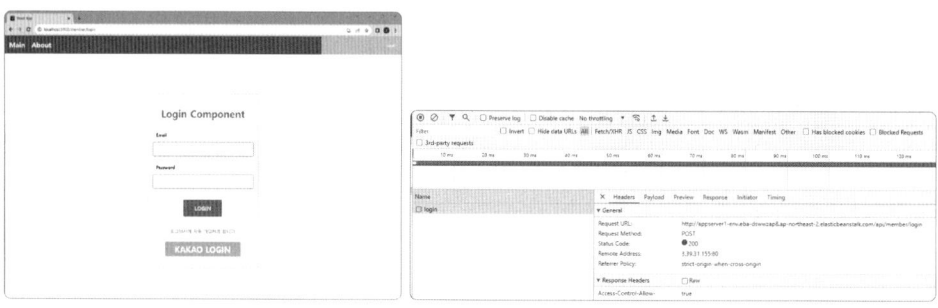

Products 메뉴에서는 상품등록과 조회를 확인합니다. 다만 생성된 환경에서의 ngnix의 기본 설정이 1MB로 제한되기 때문에 이미지 용량이 적은 파일 1개만 이용해야 합니다(이에 대한 설정은 뒤쪽에서 진행합니다.).

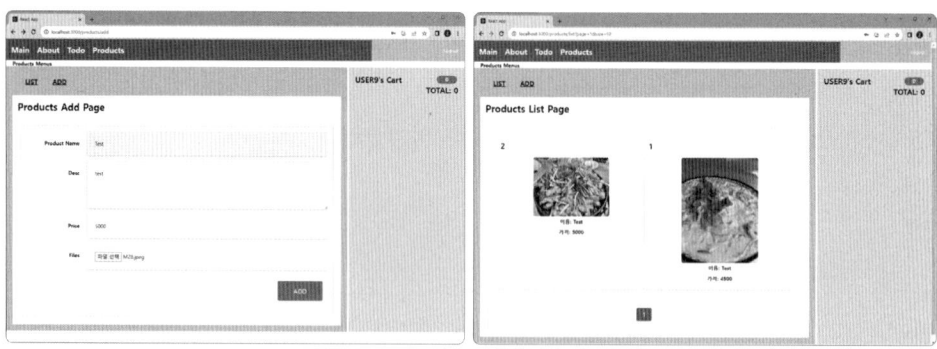

A.5.1 파일 업로드의 사이즈 변경

빈즈톡에 등록된 API 서버에서 파일 업로드의 사이즈가 줄어든 이유는 빈즈톡의 애플리케이션 실행에 관여하는 Nginx 웹 서버의 설정과 관련이 있습니다. 1MB 이상의 파일을 업로드하면 아래와 같은 메시지를 확인할 수 있습니다.

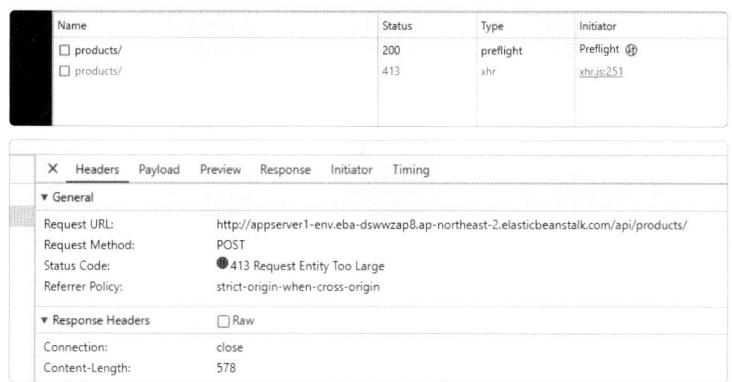

Nginx 설정을 변경하기 위해서는 EC2 환경에 접속해서 /etc/nginx 폴더에 있는 설정 파일을 수정하는 방법도 있지만, 예제에서는 별도의 명령어 없이 할 수 있는 방법으로 해봅니다. Gradle을 이용해서 bootJar를 실행한 결과로 생성된 jar 파일을 특정한 폴더로 복사해 두고 .platform 폴더 내에 ngnix 폴더와 conf.d 폴더를 생성합니다(폴더 이름에 '.'이 있으므로 주의).

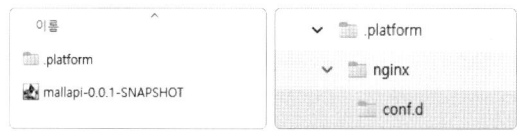

생성된 폴더에 proxy.conf 파일을 생성합니다(파일 생성 시 확장자를 주의합니다. VS Code나 명령어로 생성합니다.).

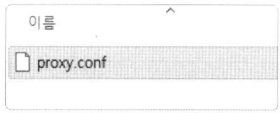

생성한 proxy.conf 파일의 내용물은 아래와 같이 작성합니다(VS Code를 이용하는 것이 안전합니다. 생성되는 파일의 확장자가 .conf여야 합니다.).

```
client_max_body_size 30M;
```

jar 파일과 .platform 폴더를 하나의 압축파일로 묶어 줍니다(파일 이름은 영문으로).

작성된 zip 파일은 빈즈톡 화면에서 배포합니다.

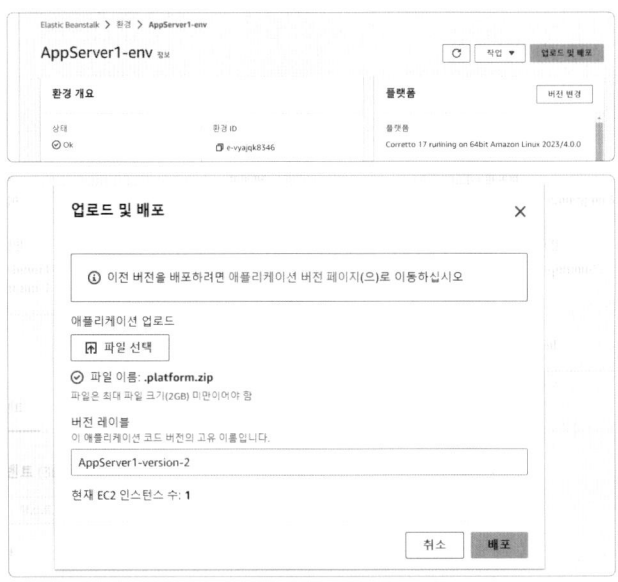

배포 후에는 리액트에서 파일의 크기가 1M 이상의 파일들이 업로드 가능한지 확인합니

다(배포된 API 서버는 EC2 환경을 활용해서 확인할 수 있는데 '/var/app/current' 경로가 jar 파일의 경로가 됩니다. 프로젝트 시에 생성하는 upload 폴더 역시 이곳에 생성됩니다.).

 이 과정에서 지난번 배포 후에 추가된 이미지들은 모두 삭제됩니다. 이를 해결하기 위해서 S3 업로드 방식을 같이 알아 두어야 합니다.

A.6 S3 업로드 처리

AWS의 많은 서비스 중에 S3는 대용량의 파일을 업로드하거나 서비스할 수 있는 기능을 제공하므로 이미지나 기타 파일들에 대해서 저장 및 조회 기능 구현 시에 도움이 됩니다. 빈즈톡을 이용하는 경우 기본적으로 S3를 이용하기 때문에 설정을 이용해서 파일 업로드 기능을 처리할 수 있습니다.

AWS의 메뉴에서 S3를 선택하면 빈즈톡 애플리케이션 생성 시에 만들어진 S3의 버킷(파일을 담는 공간)을 확인할 수 있습니다.

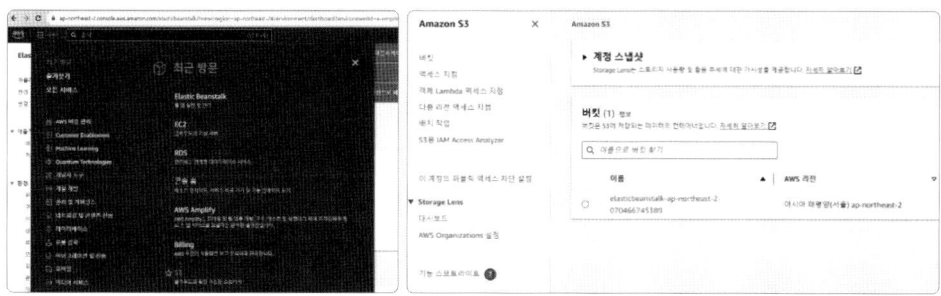

A.6.1 IAM을 이용한 S3 사용자 생성

S3 버킷에 직접 파일을 업로드하는 작업은 가능하지만, 이를 프로그램을 통해서 처리하기 위해서는 사용자를 생성하고 사용자가 가지는 액세스 키(access key), 비밀 액세스 키(secret access key) 등을 사용해야만 합니다.

우선 IAM 서비스로 접근해서 사용자 생성 메뉴를 찾습니다.

사용자의 이름을 지정하고 다음 단계에서 권한을 설정합니다.

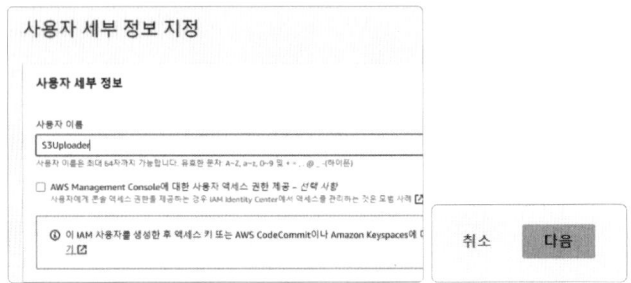

권한을 설정할 때는 '직접 정책 연결' 항목을 선택하고 'AmozonS3FullAccess' 정책을 선택합니다.

엑세스 키 생성

사용자가 생성되면 생성된 사용자의 액세스 키와 비밀 키를 지정하기 위해서 해당 사용자를 조회합니다.

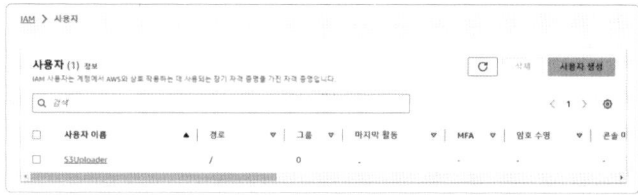

액세스 키 항목에서 새로운 액세스 키를 생성할 수 있습니다.

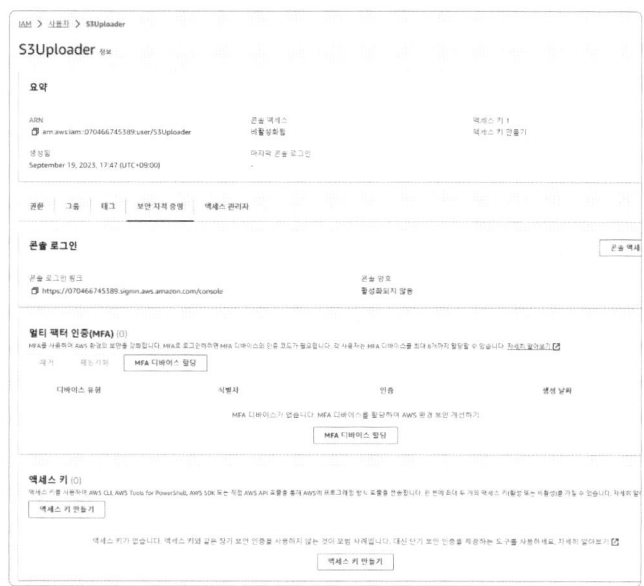

액세스 키의 생성 단계에서는 해당 키를 어떤 상황에서 이용할 것인지를 결정하는데 먼저, 로컬 환경에서 S3를 이용해서 업로드를 실행할 것이므로 '로컬 코드' 항목을 선택합니다. 이후 설명을 입력하면 액세스 키와 비밀 액세스 키가 생성됩니다. 생성된 키는 csv 포맷으로 다운로드해서 보관할 수 있습니다.

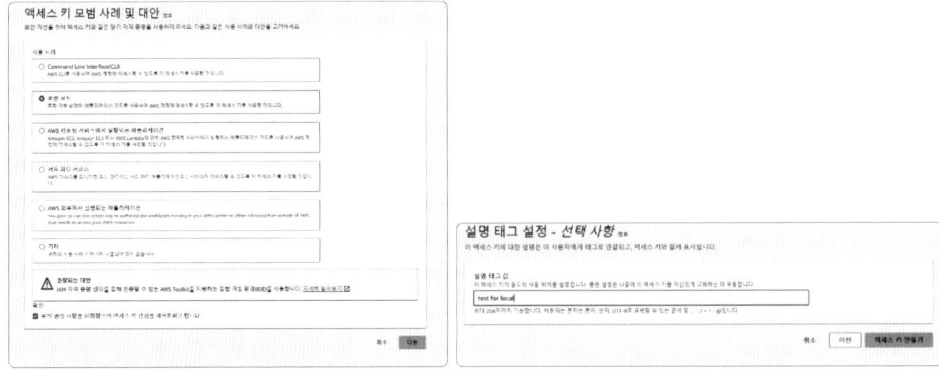

A.6.2 버킷 정책 설정

S3에 버킷 정책은 쉽게 말해서 버킷에 할 수 파일을 올리거나 삭제하거나 등을 할 수 있는 권한 정책을 지정하는 것입니다. S3의 버킷 조회 화면에는 '권한' 탭을 이용해서 버킷 정책을 설정할 수 있습니다.

버킷 정책의 '편집'을 선택하면 '정책 생성기'를 선택해서 버킷 정책에 필요한 JSON 문자열을 생성할 수 있는데 이때 버킷 ARN 값이 필요하므로 미리 보관해 두어야 합니다.

'정책 생성기'에서는 'S3 Bucket Policy'를 선택하고 'Principal' 항목에는 '*'를 지정합니다.

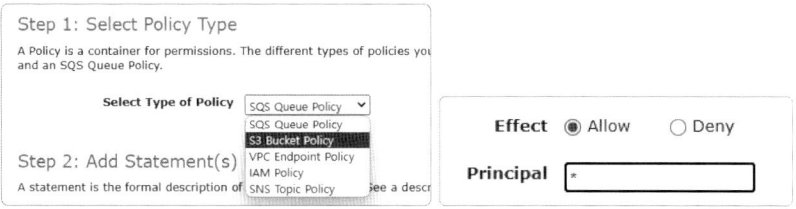

가장 중요한 'Actions' 항목에서는 'DeleteObject, GetObject, PutObject' 항목을 선택합니다.

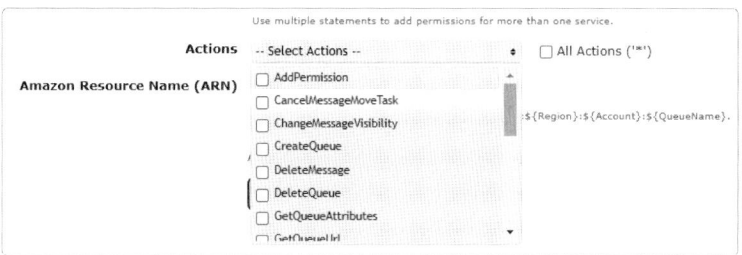

ARN 항목에서는 앞에서 저장해 둔 ARN 값에 '/*'를 반드시 추가해 주어야 합니다.

이렇게 생성된 버킷 정책은 다음과 같은 결과가 됩니다.

생성된 버킷 정책은 아래와 같은 형태로 출력되는데 이 중에서 'Statement' 속성 내부의 값을 이용하게 됩니다.

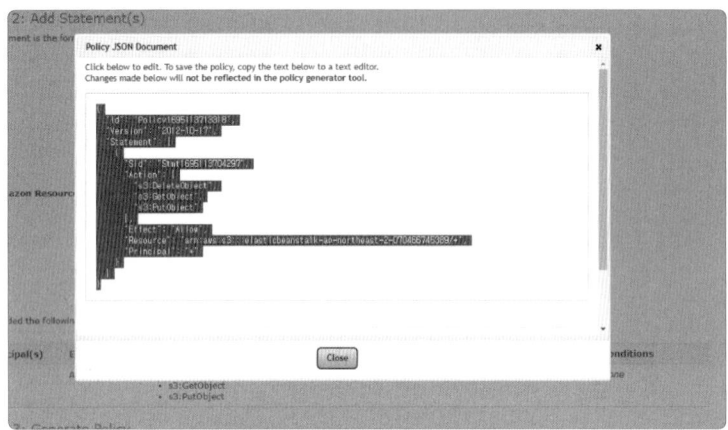

버킷 정책에서 '새 문 추가'를 이용해서 생성된 JSON 문자열 중 'Sid'로 생성되는 항목부터 추가하도록 수정합니다.

외부에서 해당 S3에 있는 파일들을 보기 위해서 버킷의 속성에서 ACL을 편집합니다.

여러 항목 중에서 모든 사용자가 '읽기' 가능하도록 설정합니다.

A.7 API 서버의 S3 설정

설정된 S3 서비스를 이용하기 위해서는 API 서버에 라이브러리를 추가하고 설정을 추가해야만 합니다. 이 설정에 대한 라이브러리는 Spring Cloud AWS(https://github.com/awspring/spring-cloud-aws)를 이용합니다. 스프링 부트의 버전에 따라 사용할 수 있는 라이브러리 버전이 다르기 때문에 주의해야 합니다.

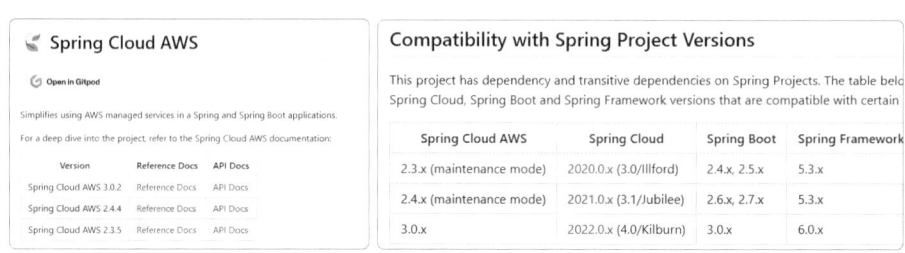

build.gradle 파일의 라이브러리를 추가합니다.

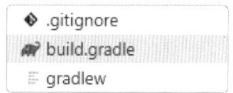

```
dependencies {
    implementation 'org.springframework.boot:spring-boot-starter-data-jpa'
    ...생략
    runtimeOnly 'io.jsonwebtoken:jjwt-jackson:0.11.5'

    implementation 'io.awspring.cloud:spring-cloud-aws-starter-s3:3.0.2'

}
```

A.7.1 application.properties 설정

S3를 이용하기 위해서는 application.properties 파일에 액세스 키와 비밀 액세스 키를 지정하고 S3관련 설정을 추가해야 합니다.

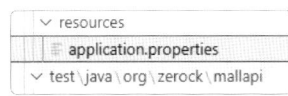

```
server.port=5000

spring.cloud.aws.credentials.access-key=엑세스키
spring.cloud.aws.credentials.secret-key=비밀 엑세스키

spring.cloud.aws.s3.bucket=elasticbeanstalk... 버킷 이름
spring.cloud.aws.region.static=ap-northeast-2
spring.cloud.aws.stack.auto=false
```

A.7.2 S3 업로드 코드 작성 및 테스트

S3에 대한 설정이 정상적인지 확인하기 위해서 S3에 업로드를 처리하는 코드를 생성하고, 이를 테스트해 볼 필요가 있습니다.

프로젝트의 util 패키지 내 CustomS3Util 클래스를 추가합니다.

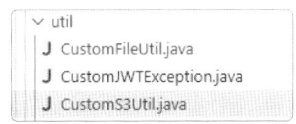

```
package org.zerock.mallapi.util;

import java.io.IOException;
import java.nio.file.Files;
import java.nio.file.Path;
import java.util.List;

import org.springframework.beans.factory.annotation.Value;
import org.springframework.stereotype.Component;

import lombok.RequiredArgsConstructor;
import software.amazon.awssdk.services.s3.S3Client;
import software.amazon.awssdk.services.s3.model.DeleteObjectRequest;
import software.amazon.awssdk.services.s3.model.PutObjectRequest;

@Component
```

```java
@RequiredArgsConstructor
public class CustomS3Util {

  @Value("${spring.cloud.aws.s3.bucket}")
  private String bucket;

  private final S3Client s3Client;

  public void uploadFiles(List<Path> filePaths, boolean delFlag) {

    if(filePaths == null || filePaths.isEmpty()) {
      return;
    }

    for (Path filePath : filePaths) {

      PutObjectRequest request = PutObjectRequest.builder()
        .bucket(bucket)
        .key(filePath.toFile().getName())
        .build();

      s3Client.putObject(request, filePath);

      if(delFlag) {
        try {
          Files.delete(filePath);
        } catch (IOException e) {
          throw new RuntimeException(e.getMessage());
        }
      }
    }
  }

  public void deleteFiles(List<Path> filePaths) {

    if(filePaths == null || filePaths.isEmpty()) {
      return;
    }

    for (Path filePath : filePaths) {
      DeleteObjectRequest deleteObjectRequest = DeleteObjectRequest.builder()
        .bucket(bucket)
        .key(filePath.toFile().getName())
        .build();

    s3Client.deleteObject(deleteObjectRequest);

    }
  }
}
```

CustomS3Util에는 파일들을 업로드 하는 기능과 파일들을 삭제하는 기능을 작성합니다. 업로드 시에는 원본 파일이 업로드 후에 삭제될 것인지를 boolean값으로 추가적으로 지정할 수 있습니다.

test 폴더에는 util 패키지를 생성하고 S3UploadTester.java 파일을 추가합니다.

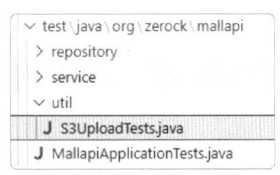

```java
package org.zerock.mallapi.util;

import java.nio.file.Path;
import java.util.List;

import org.junit.jupiter.api.Test;
import org.springframework.beans.factory.annotation.Autowired;
import org.springframework.boot.test.context.SpringBootTest;

import lombok.extern.log4j.Log4j2;

@SpringBootTest
@Log4j2
public class S3UploadTests {

    @Autowired
    CustomS3Util s3Util;

    @Test
    public void testUpload() {

        log.info("update test............");

        Path filePath = new java.io.File("C:\\upload\\m1.jpg").toPath();

        List<Path> fileList = List.of(filePath);

        s3Util.uploadFiles(fileList, false);

    }
}
```

testUpload( )는 C 드라이브 upload 폴더에 m1.jpg 파일을 S3로 업로드하는 것입니다(해당 파일이 존재해야 함). 테스트 코드가 정상적으로 실행되면 S3의 버킷에는 m1.jpg 파일이 추가된 것을 확인할 수 있습니다.

A.7.3 프로젝트에서 S3 업로드 처리

현재 API 서버는 프로젝트가 실행되면 upload라는 폴더를 이용해서 업로드된 파일을 보관해 왔습니다. 하지만, S3를 이용하면 최종적으로 파일은 S3의 버킷으로 업로드되도록 하고, 파일의 조회 역시 API 서버를 거치치 않고 S3 버킷에 있는 파일의 링크를 통해서 접근하게 될 것입니다.

이 과정은 다음과 같은 순서로 처리되어야 합니다.

- 사용자가 업로드한 파일들은 우선 upload 폴더에 저장하고 썸네일을 생성한다.
- upload 폴더에서 모든 파일의 처리가 끝나면 CustomS3Util을 이용해서 S3로 업로드한다.
- 이 과정에서 S3에 업로드가 성공하면 upload 폴더에 있는 파일들은 필요하지 않으므로 삭제한다.

삭제 역시 S3 버킷에 있는 파일들을 삭제하도록 수정해야 합니다.

기존의 CustomFileUtil의 형태는 그대로 유지하고 내부적으로 CustomS3Util을 이용하도록 코드를 아래와 같이 수정합니다.

```
package org.zerock.mallapi.util;

import java.io.File;
```

```java
import java.io.IOException;
import java.nio.file.Files;
import java.nio.file.Path;
import java.nio.file.Paths;
import java.util.ArrayList;
import java.util.List;
import java.util.UUID;

import jakarta.annotation.PostConstruct;
import lombok.RequiredArgsConstructor;
import lombok.extern.log4j.Log4j2;

import org.springframework.beans.factory.annotation.Value;
import org.springframework.core.io.FileSystemResource;
import org.springframework.core.io.Resource;

import org.springframework.http.HttpHeaders;
import org.springframework.http.ResponseEntity;
import org.springframework.stereotype.Component;
import org.springframework.web.multipart.MultipartFile;

import net.coobird.thumbnailator.Thumbnails;

@Component
@Log4j2
@RequiredArgsConstructor
public class CustomFileUtil {

  @Value("${org.zerock.upload.path}")
  private String uploadPath;

  private final CustomS3Util s3Util;

  @PostConstruct
  public void init() {
    File tempFolder = new File(uploadPath);

    if(tempFolder.exists() == false) {
      tempFolder.mkdir();
    }

    uploadPath = tempFolder.getAbsolutePath();

    log.info("---------------------------------------");
    log.info(uploadPath);
  }

  public List<String> saveFiles(List<MultipartFile> files)throws RuntimeException{

    if(files == null || files.isEmpty()){
      return List.of()
```

```java
        }

        List<String> uploadNames = new ArrayList<>();

        for (MultipartFile multipartFile : files) {

            String savedName = UUID.randomUUID().toString() + "_" +
multipartFile.getOriginalFilename();

            Path savePath = Paths.get(uploadPath, savedName);

            List<Path> uploadTargetPaths = new ArrayList<>();

            try {

                Files.copy(multipartFile.getInputStream(), savePath);

                uploadTargetPaths.add(savePath);

                String contentType = multipartFile.getContentType();

                if(contentType != null && contentType.startsWith("image")){
//이미지 확인

                    Path thumbnailPath = Paths.get(uploadPath, "s_"+savedName);

                    Thumbnails.of(savePath.toFile())
                            .size(400,400)
                            .toFile(thumbnailPath.toFile());

                    uploadTargetPaths.add(thumbnailPath);
                }

                uploadNames.add(savedName);

                //s3 upload
                s3Util.uploadFiles(uploadTargetPaths, true);

            } catch (Exception e) {

                e.printStackTrace();
                throw new RuntimeException(e.getMessage());
            }
        }//end for
        return uploadNames;
    }

    public ResponseEntity<Resource>  getFile(String fileName) {

        Resource resource = new FileSystemResource(uploadPath+ File.separator
+ fileName);
```

```java
    if(!resource.exists() ) {

        resource = new FileSystemResource(uploadPath+ File.separator + "default.jpeg");

    }

    HttpHeaders headers = new HttpHeaders();

    try{
       headers.add("Content-Type", Files.probeContentType( resource.getFile().toPath() ));
    } catch(Exception e){
      return ResponseEntity.internalServerError().build();
    }
    return ResponseEntity.ok().headers(headers).body(resource);

  }

  public void deleteFiles(List<String> fileNames) {

    if(fileNames == null || fileNames.isEmpty()){
      return;
    }

    List<Path> deleteTargetPaths = new ArrayList<>();

    fileNames.forEach(fileName -> {

      //썸네일이 있는지 확인하고 삭제
      String thumbnailFileName = "s_" + fileName;
      Path thumbnailPath = Paths.get(uploadPath, thumbnailFileName);
      Path filePath = Paths.get(uploadPath, fileName);

      try {
        Files.deleteIfExists(filePath);
        Files.deleteIfExists(thumbnailPath);

        deleteTargetPaths.add(filePath);
        deleteTargetPaths.add(thumbnailPath);

        s3Util.deleteFiles(deleteTargetPaths);

      } catch (IOException e) {
        throw new RuntimeException(e.getMessage());
      }
    });
  }

}
```

서버 실행과 결과 확인

현재 액세스 키와 비밀 액세스 키는 로컬 환경에 맞는 설정이므로 로컬 환경에서 API 서버를 실행해서 업로드를 확인할 수 있습니다.

리액트 프로젝트는 서버의 주소와 포트를 기록하고 있는 todoApi.js 파일을 수정합니다.

```
import jwtAxios from "../util/jwtUtil"

export const API_SERVER_HOST = 'http://localhost:5000'
```

리액트 프로젝트를 실행하고 로그인 및 상품등록을 시도합니다(테스트 파일의 이름은 M27.jpeg).

상품이 등록된 후에 화면에서는 아직 이미지를 확인할 수 없지만 S3 버킷에 업로드된 것을 확인합니다.

리액트에서 이미지 파일 보기

리액트에서 업로드된 파일의 이미지를 보기 위해서는 이미지를 출력하는 링크를 모두 S3 버킷의 주소로 변경해 주어야 합니다.

주로 상품과 관련된 기능이므로 productApi.js 파일에 S3의 경로를 설정합니다.

```
∨ api
  JS cartApi.js
  JS kakaoApi.js
  JS memberApi.js
  JS productsApi.js
  JS todoApi.js
```

```javascript
import { API_SERVER_HOST } from "./todoApi"
import jwtAxios from "../util/jwtUtil"

const host = `${API_SERVER_HOST}/api/products`

export const s3_host ='https://elasticbeanstalk-ap-northeast………...s3.ap-
northeast-2.amazonaws.com' // 버킷주소

export const postAdd = async (product) => {

…이하 생략
```

이미지를 출력하는 상품목록, 상품 조회, 상품 수정/삭제 장바구니 아이템 목록 컴포넌트들의 이미지 파일의 경로를 수정합니다.

- components/products/ListComponent.js
- components/products/ReadComponent.js
- components/products/ModifyComponent.js
- components/cart/CartItemComponent.js

```javascript
import { s3_host } from "../../api/productsApi";

<img alt="product"
        className="m-auto rounded-md w-60"
        src={`${s3_host}/s_${product.uploadFileNames[0]}`}/>

…혹은
        <img
        alt ="product"
        key={i}
        className="p-4 w-1/2"
        src={`${s3_host}/${imgFile}`}/>
```

이미지 파일들의 링크를 수정하면 브라우저의 개발자 도구를 이용해서 이미지 파일이 S3를 통해서 서비스되는 것을 확인할 수 있습니다.

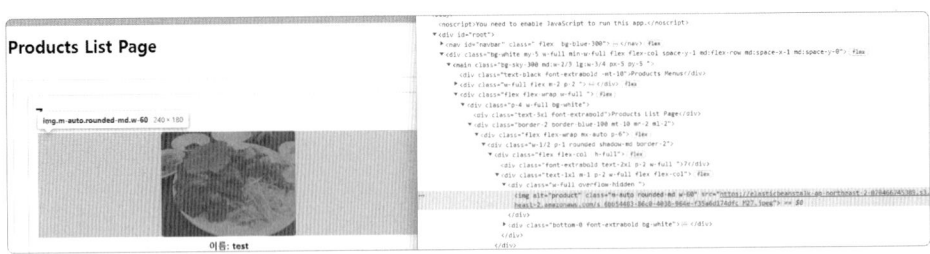

A.7.4 빈즈톡 배포

로컬 환경에서 S3의 이용에 문제가 없는 것을 확인했다면 마지막으로 로컬 환경이 아닌 빈즈톡에서 S3를 이용할 수 있는 액세스 키와 비밀 액세스 키로 변경해 주어야 합니다.

IAM 서비스의 사용자를 수정해서 새로운 액세스 키를 생성합니다.

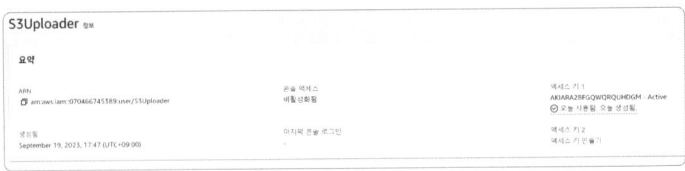

키를 생성할 때는 'AWS 컴퓨팅 서비스에서 실행되는 애플리케이션'을 선택합니다.

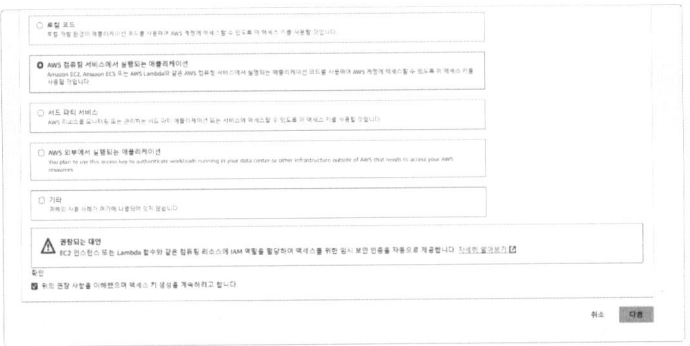

생성된 액세스 키는 application.properties 파일에 적용하고 이전과 같이 bootJar를 실행한 결과를 이용한 압축파일을 생성해서 빈즈톡에 배포합니다.

리액트 API 서버 수정

리액트에서는 todoApi.js 파일에 설정된 API 서버의 경로를 이용하므로 이를 빈즈톡의 주소로 변경합니다.

```
import jwtAxios from "../util/jwtUtil"

export const API_SERVER_HOST = 'http://apiserver1-env.eba-...-2.
elasticbeanstalk.com'

const prefix = `${API_SERVER_HOST}/api/todo`

...이하 생략
```

API 서버를 종료한 상태에서 리액트를 실행했을 때 빈즈톡 서버를 호출하고 S3를 이용하는 것을 확인합니다.

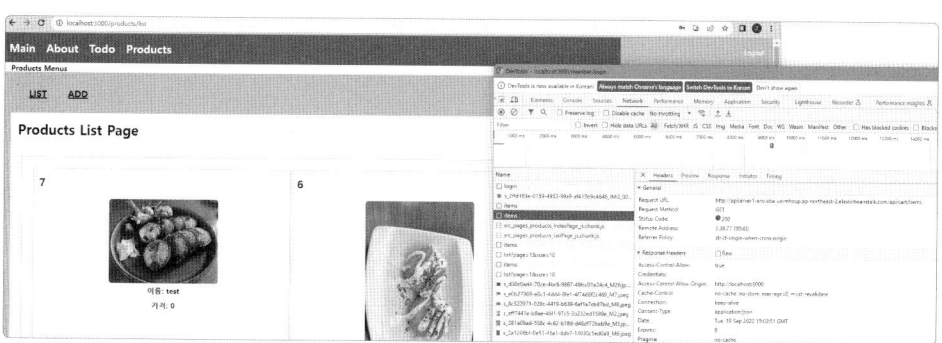

A.8 리액트 애플리케이션의 배포

로컬 환경에서 실행한 리액트 애플리케이션이 정상적으로 동작했다면 남은 작업은 빈즈톡을 이용해서 예제 애플리케이션을 배포하는 것입니다. 리액트 애플리케이션을 배포할 수 있는 방법은 S3를 이용해서 업로드하거나, Amplify 서비스를 이용해서 GitHub의 저장소를 배포하는 등의 다양한 방법이 있습니다.

빈즈톡은 Node.js 기반의 코드를 업로드하면 자동으로 npm install이나 npm start 등을 수행해 주기 때문에 간단하게 리액트 프로그램을 배포할 수 있습니다.

프로젝트의 폴더 구조에서 node_modules를 제외한 파일들을 압축해서 zip 포맷의 파일로 생성합니다(파일이름은 크게 중요하지 않습니다.).

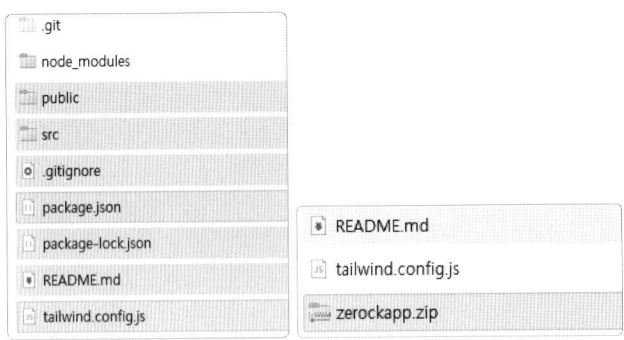

빈즈톡에 새로운 애플리케이션을 생성합니다. 이때 플랫폼은 Node.js를 선택합니다.

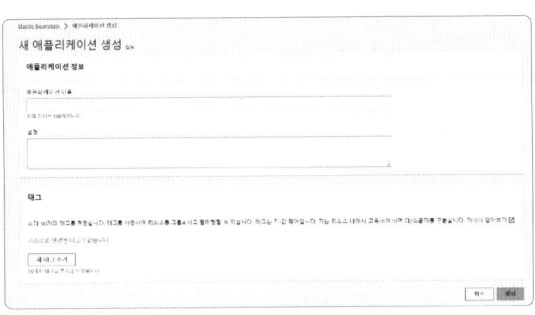

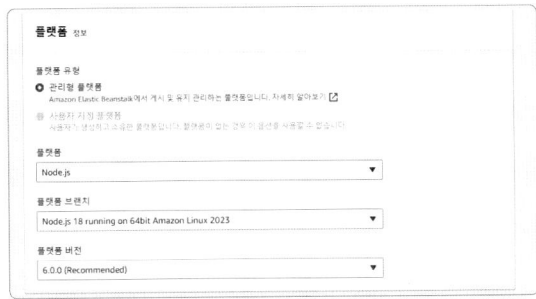

플랫폼의 생성 시에 코드를 압축한 파일을 선택합니다.

이후 서비스 액세스 구성은 기존에 만든 역할들을 이용해서 환경설정을 마무리합니다.

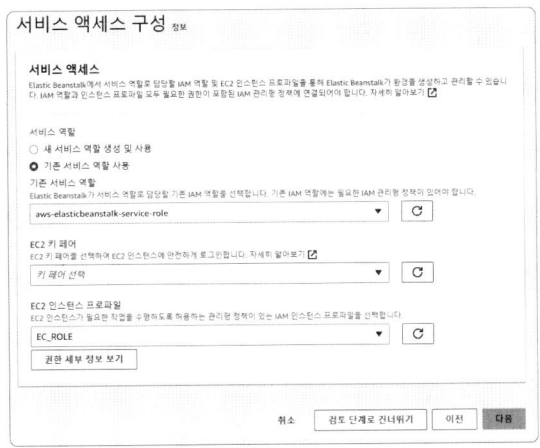

리액트 애플리케이션의 배포에는 상당한 시간과 메모리를 사용하기 때문에 배포가 완료될 때까지 기다려 주는 것이 좋습니다(free-tier의 경우 정말 에러가 많이 발생합니다. 대부분의 에러는 free-tier 환경의 경우 메모리가 1GB밖에 되지 않기 때문입니다. 이런 경우 아예 처음부터 npm build한 결과를 정적 사이트로 배포하는 방법도 고려해볼만 합니다.).

리액트 애플리케이션의 배포가 완료되면 애플리케이션의 URL을 통해서 동작을 확인할 수 있습니다.

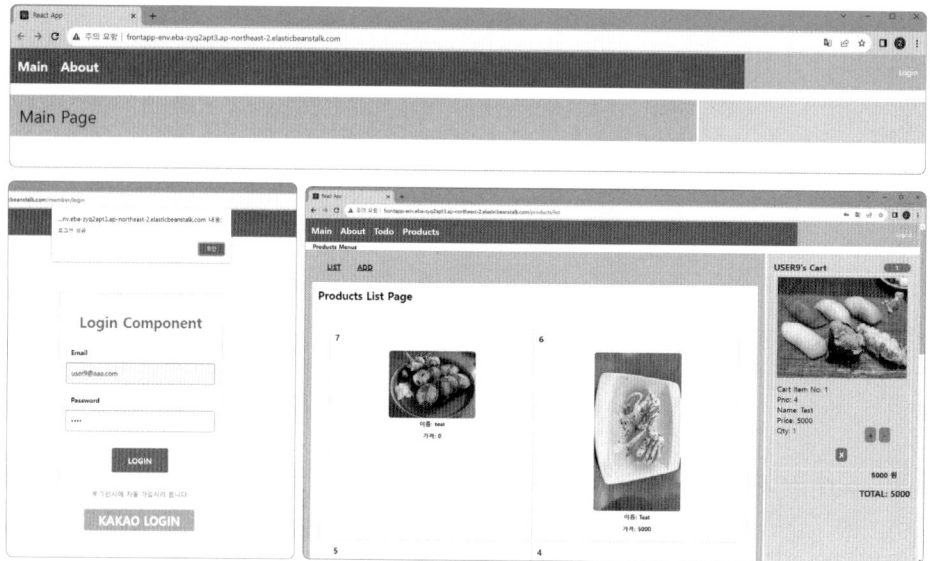

A.8.1 카카오 로그인 설정 변경

API 서버와 리액트 애플리케이션의 정상적인 동작을 확인했다면 카카오 설정을 변경해 줍니다. 우선 카카오 애플리케이션의 설정 도메인을 배포된 주소로 수정합니다.

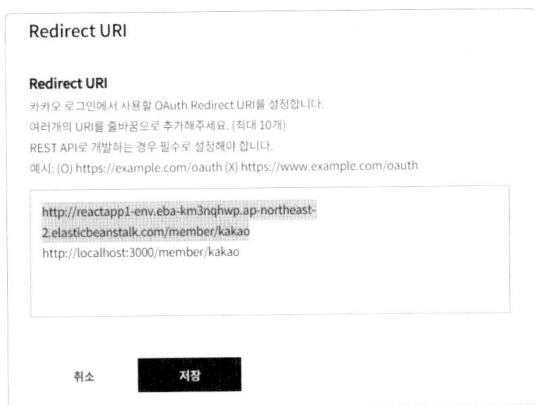

Redirect URI는 리액트 애플리케이션의 실행 주소를 추가합니다(뒤에 '/member/kakao' 경로가 추가).

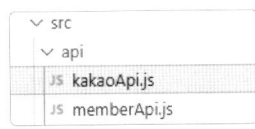

리액트에서 카카오 로그인을 띄우는 KakaoLoginComponent의 주소를 변경해 줍니다.

```
const rest_api_key =`a1234509fff59f94e1...899d5fb97fba7c87d00` //REST키값

const redirect_uri =`http://reactapp1-env.eba-…..2.elasticbeanstalk.com/
member/kakao` //리액트 실행 주소

const auth_code_path = `https://kauth.kakao.com/oauth/authorize`

const access_token_url =` https://kauth.kakao.com/oauth/token`
```

변경된 코드를 다시 압축해서 배포합니다(프리티어 환경에서는 메모리가 부족하므로 가능하면 배포 중간에 외부에서 호출하지 않도록 주의해야 합니다(리액트가 실행중인 브라우저를 종료하는 것을 권장). 만일 중간에 제대로 배포가 되지 못하면 호출 시에 아래와 같은 화면만 출력됩니다. 여러 번 배포가 되지 않는다면 실행 환경의 로그 메뉴를 활용해서 원인을 파악해야 합니다.).

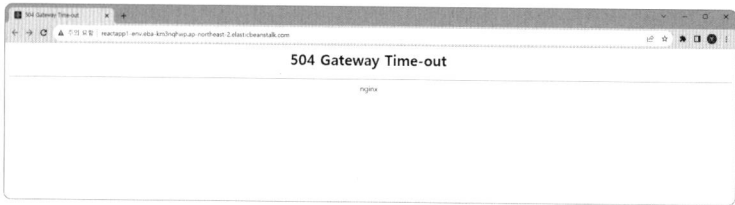

 문제가 해결되지 않는 경우 Node 플랫폼으로 빈 애플리케이션을 생성한 후에 카카오 개발자 사이트를 해당 서버의 주소로 변경한 후에 리액트 애플리케이션 파일을 한 번만 업로드해 보는 것이 좋습니다.

배포 후에는 배포된 환경에서 카카오 로그인을 확인합니다.

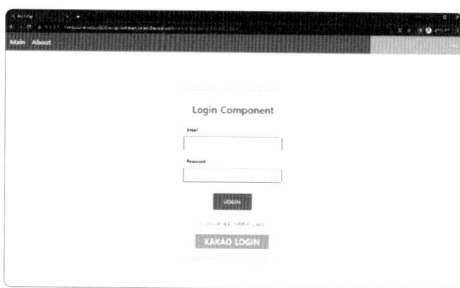 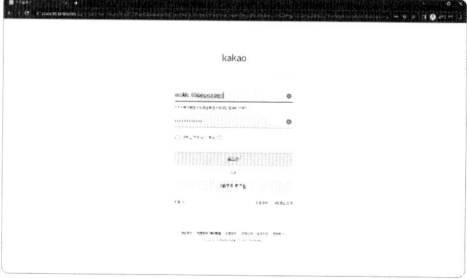

찾아보기

기호

\<Link\>	48
@EntityGraph	203
@RestControllerAdvice	115

ㄱ

개발 환경설정	17

ㄷ

데이터 출력과 이동	276
동적 페이지 이동	73
등록 기능의 처리	217

ㄹ

레퍼지토리 처리	199
로그아웃 상태 변경	368
로그인 동의 설정	405
로그인 상태 변경	362
로그인 컴포넌트	359
로그인 페이지와 로그인	354
로그인 후처리	373
리다이렉션 처리	65
리덕스 툴킷	347
리액트 소셜 로그인	399
리액트 연동	561
리액트와 API 연동	437
리액트 장바구니	467
리액트 쿼리	495
리액트 플러그인 설정	22
리액트 환경설정	19
리액트(React)	18
리코일 라이브러리	521
리코일(Recoil) 라이브러리	521

ㅁ

목록 데이터 처리	144
목록 처리	108

ㅂ

백 엔드	82
버킷 정책 설정	568
비동기 호출	370
빈즈톡	541

ㅅ

사일런트 리프레시(silent refresh)	392
삭제 기능의 처리	232
상품의 삭제	205
상품의 수정	208
상품 API	236
상품 API 서버	181
수정 기능의 처리	226
수정/삭제 처리	169
스프링 부트 설정	30
스프링 부트 RESTful	81
스프링 시큐리티 설정	299

시큐리티	297
썸네일 이미지 처리	189

ㅇ

액션(Action)	352
엑세스 키	567
엔티티 매니저	96
엔티티 처리	196
엔티티 클래스	86
인증 실패 처리	318

ㅈ

장바구니 API	443
장바구니 DTO	447
제삼자 인증 방식	400
조회 기능의 처리	222
중첩 라우팅	62

ㅋ

카카오 로그인	527
카카오 연동 설정	403
커스텀 훅(custom hook)	137
코드 분할(Code Splitting)	50

ㅌ

토큰의 검증	326

ㅍ

파일 업로드	183
페이지 이동	168
페이징 처리	96, 148
프런트 엔드	82

ㅎ

화면 이동 처리	429
회원정보 수정	431

A

Access Token	321, 390
Access Token 받기	412
Access Token 체크 필터	327
Ajax 통신 처리	130
API 서버	82
API 서버 통신	125
AWS	540
Axios 인터셉터	387

C

CartItemRepository	450
CartRepository	450
children	50
CORS	123
CORS, CSRF 설정	301
CRA(create-react-app)	20
createAsyncThunk( )	370

D

DTO	98
DTO와 인증 처리	309

F

FormData	252

I

IA(Information Architecture)	40

IAM 서비스	541
IndexPage	242

J

JDK 설치	31
JSON 데이터 생성	315
JWT 문자열 생성	321

L

Lazy loading	201
ListPage	244

M

Maria DB 설정	28
Member 엔티티 처리	304
ModelMapper	101
ModifyComponent 처리	281

O

OAuth2.0	401

P

PasswordEncoder 설정	303
Postman	118
productsAPI의 개발	253

R

React-Router	39
React-Router 설정	42, 237
ReadComponent 처리	272
Refresh Token	321, 341
Repository의 설정	449

S

S3 업로드	565, 576
Spring Data JPA	85
staleTime	500
STS 플러그인 설치	32

T

tailwind-css 설치	25
TodoRepository 테스트	88

U

URL Params	66
useDispatch( )	354
useEffect( )	131
useeRecoilState( )	524
useNavigate( )	70
useParams( )	68
UserDetailsService 구현	311
useRef( )	252
useSearchParams( )	69
useSelector( )	354
useSelector( ) / useDispatch( )	354

V

VSCode 설치	21